Finanztest Jahrbuch 2022

Mehr als 100 Tests und Reports

Vorwort

Liebe Leserin, lieber Leser,

in diesem Jahrbuch stecken jede Menge guter Tipps, wie Sie Geld sparen oder Ihr Geld besser anlegen können. Welche Versicherungen Sie brauchen – und welche eher nicht. Welche Fragen Sie beim Bauen und Wohnen beachten sollten und welche Rechtsfragen in Ihrem Alltag von Bedeutung sein können. All das kurz und kompakt zusammengefasst, verständlich beschrieben und mit konkreten Handlungsvorschlägen. Damit es in Ihren Alltag passt und für Sie unmittelbar nützlich sein kann.

Die Grundlage dieser komprimierten Zusammenfassung sind unsere gründlichen Untersuchungen, die unsere Expertinnen und Experten durchführen, um Verbraucher zu beraten und vor Fehlentscheidungen zu schützen. Dabei sind wir niemand anderem verpflichtet als Ihnen, den Leserinnen und Lesern. Wir sind nicht von Werbung abhängig, nehmen keine Anzeigen von Anbietern und können deshalb ganz unabhängig berichten.

Nachhaltige Geldanlage

So haben wir beispielsweise beim Thema Geldanlage neue Kriterien entwickelt, mit denen wir aus dem großen Angebot der Fonds für Sie nur diejenigen herausfiltern, die das Versprechen der Nachhaltigkeit auch weitestgehend erfüllen. Denn viele Anleger möchten zusätzlich zu ihrer Rendite sicher sein, dass sie mit ihrem Investment nicht klimaschädliche Industrien, Kinderarbeit oder geächtete Waffensysteme unterstützen.

Wir warnen Sie auch vor dubiosen Zinsportalen und klären Irrtümer bei Energieverträgen, im Arbeitsrecht oder bei der Autoversicherung auf. Sie finden in diesem Jahrbuch Ratschläge zur Eigenheimfinanzierung und zur Anschlussfinanzierung, mit denen Sie hohe Summen sparen können.

Zu vielen Fragen des Alltags haben wir Ihnen Antworten zusammengestellt. Wie kann ich früher in Rente gehen? Welche Versicherung für mein Haus ist die beste? Und wie setze ich die Homeoffice-Kosten von der Steuer ab? Die Antworten finden Sie in diesem Buch.

Eine gute Lektüre wünscht Ihnen
Ihr

Matthias Thieme
Chefredakteur Finanztest & test.de
chefredaktion@finanztest.de

FOTO: MAX LAUTENSCHLÄGER

Inhalt 2022

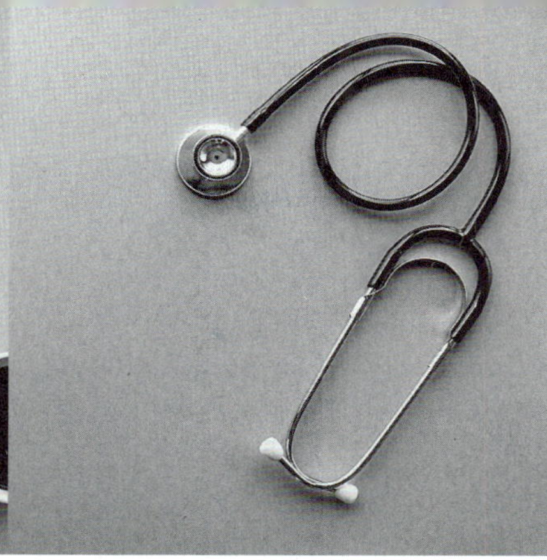

FOTOS: GETTY IMAGES

4 Steuern

5 Gesundheit und Versicherungen

Service

Irrtümer beim Shopping

Hand aufs Herz: Wissen Sie, wie sich Gewährleistung und Garantie unterscheiden und wie lange Sie umtauschen dürfen? Wir klären auf.

1/2021 Ware kaputt oder zu Hause doch nicht so schön wie im Laden? Wie sich ein Kauf rückabwickeln lässt und welche Rechte der Käufer hat, wissen viele nicht genau – wir räumen mit häufigen Irrtümern auf.

1 Jeder Käufer hat ein zweiwöchiges Umtauschrecht.

Ein Irrglaube, der sich besonders hartnäckig hält! Ein Recht auf Umtausch gibt es immer dann, wenn Sie sich im Internet oder im Katalog etwas aussuchen und online, telefonisch oder per Post bestellen. Anders sieht es bei Käufen in Ladengeschäften aus.

Grundsätzlich sind solche Käufe verbindlich und beide Seiten müssen sich daran halten. Viele Geschäfte bieten jedoch aus Kulanz die Möglichkeit, gekaufte Ware innerhalb einer bestimmten Zeit umzutauschen.

Oft geben sie Kundinnen und Kunden sogar das Geld zurück. Denn so muss es der Onlinehandel handhaben – und die Geschäfte wollen mithalten können.

Das heißt: Ist Ihnen die neue Jeans bei nochmaligem Anprobieren doch nicht bequem genug, geht sie meist problemlos zurück ins Ladengeschäft. Einen Anspruch darauf haben Sie aber nicht.

Und selbst wenn Händler freiwillig ein Recht auf Umtausch einräumen, muss das nicht für sämtliche Waren gelten. Bei Unterwäsche zum Beispiel ist ein Umtausch meist ausgeschlossen – aus hygienischen Gründen.

Beim Onlinehandel können Sie innerhalb von 14 Tagen nach Erhalt der Ware den Kauf widerrufen und die Ware zurückschicken – ohne Angabe von Gründen. Ihr Geld bekommen Sie zurück. Es gibt aber Ausnahmen: etwa für Reisen, Tickets für Veranstaltungen oder Sonderanfertigungen. Beim Kauf solcher Dinge ist ein Widerruf ausgeschlossen.

2 Ist die Ware kaputt, bekomme ich mein Geld zurück.

Nein, erst einmal nicht. Wenn die gekaufte Ware einen Mangel hat, also nicht in Ordnung ist, stehen Ihnen die gesetzlich festgelegten Gewährleistungsrechte zu.

Ihr Geld können Sie nicht sofort zurückverlangen. Zunächst können Sie vom Verkäufer nur fordern, dass er die mangelhafte Sache repariert oder Ihnen eine neue liefert, die frei von Mängeln ist. Juristen sprechen vom Anspruch auf Nacherfüllung. Die Regelungen stehen im Bürgerlichen Gesetzbuch ab Paragraf 437.

Ob die gekaufte Ware repariert oder ausgetauscht werden soll, dürfen Sie als Käufer selbst entscheiden. Etwas anderes gilt allerdings, wenn die von Ihnen gewählte Form der Nacherfüllung unverhältnismäßig teuer für den Verkäufer wird, Sie zum Beispiel die Lieferung einer neuen Sache verlangen, die Reparatur für den Verkäufer aber kostengünstig möglich wäre.

Den Kaufpreis mindern oder vom Vertrag zurücktreten können Kunden in der Regel erst, wenn die Reparatur zweimal scheitert oder die Ersatzlieferung fehlschlägt.

Bei der Minderung behalten Sie die mangelhafte Sache und bekommen einen angemessenen Teil des Kaufpreises zurückerstattet. Beim Rücktritt vom Kaufvertrag müssen Sie die Ware zurückgeben und erhalten im Gegenzug Ihr Geld wieder.

3 Ohne Kassenbon ist ein Umtausch ausgeschlossen.

Das stimmt nicht. Ob der Bon nur verbummelt wurde oder im Mülleimer gelandet ist: Können Sie als Käufer auf andere Art belegen, dass Sie die Ware im fraglichen Geschäft gekauft haben, ist ein Umtausch möglich. Das gilt allerdings nur, wenn überhaupt ein Umtausch gestattet ist (siehe Irrtum 1).

Neben dem Bon, der den Einkauf zweifelsfrei belegt, können Sie zum Beispiel Ihre Kreditkartenabrechnung oder einen Kontoauszug vorlegen. Möglich ist auch, dass ein Zeuge Ihren Einkauf bestätigt. Klingt alles umständlich? Ist es auch. Ein Umtausch mit Kassenbon ist der einfachste Weg.

4 Die Frist zur Reklamation beträgt sechs Monate.

Ein weiterer weit verbreiteter Irrtum: Möchten Sie etwas reklamieren – genauer gesagt, von Ihren Gewährleistungsrechten Gebrauch machen –, stehen Ihnen dafür mehr als sechs Monate zu, nämlich zwei Jahre. Tritt in dieser Zeitspanne ein Fehler auf, können Käufer Nacherfüllung verlangen, einen Teil des Geldes zurückfordern oder den Kauf rückgängig machen (siehe Irrtum 2). Das gilt für Online- und Ladenkäufe gleichermaßen.

Die Frist beginnt mit Kauf beziehungsweise Lieferung der Sache, also wenn Sie die Ware erhalten haben. Kauft ein Verbraucher gebrauchte Ware vom Händler, kann dieser die Gewährleistung auf ein Jahr ab Übergabe der Ware verkürzen.

Obwohl die Gewährleistungsrechte zwei Jahre gelten, spielen die ersten sechs Monate nach Kauf eine wichtige Rolle. Nach dieser Zeit ändert sich nämlich die sogenannte Beweislast. Zeigt sich in den ersten sechs Monaten ein Mangel, gilt die gesetzliche Vermutung, dass die Ware von Anfang an fehlerhaft war und der Käufer ihn nicht selbst verursacht hat.

Erst danach muss der Käufer beweisen, dass der Mangel von Beginn an bestanden hat. Das gestaltet sich natürlich oft als schwierig und hat zur Folge, dass sich die Gewährleistungsrechte nach Ablauf von sechs Monaten deutlich schwerer durchsetzen lassen.

Bei Verkäufen unter Privatleuten darf der Verkäufer die Gewährleistung für Mängel übrigens komplett ausschließen, muss also für Fehler nicht geradestehen.

5 Gegen eine falsche Aufbauanleitung ist der Käufer machtlos.

Kennen Sie das? Sie stehen im Schrank und versuchen, die Schiene für die Schiebetür zu montieren – doch die notdürftig vom Schwedischen ins Deutsche übersetzte Aufbauanleitung ist komplett unverständlich. Wenn es Ihnen nicht gelingt, etwas aufzubauen – egal, ob einzelner Schrank oder gesamte Küche –, muss es nicht unbedingt an Ihnen liegen.

Manchmal ist auch einfach die Anleitung schuld. Wenn diese nachweislich fehlerhaft ist, können Sie eine neue und vor allem fehlerfreie verlangen und darüber hinaus vom Verkäufer, dass er die falsch montierten Teile auf eigene Kosten wieder auseinanderbaut. Dafür sorgt eine Regelung im deutschen Kaufrecht, die als Ikea-Klausel bezeichnet wird und in Paragraf 434 Absatz 2 Satz 2 des Bürgerlichen Gesetzbuchs zu finden ist. Danach wird eine falsche oder unverständliche Aufbauanleitung als Mangel angesehen – dass die Sache selbst vollkommen in Ordnung ist, spielt keine Rolle.

6 Gewährleistung und Garantie sind gleichbedeutend.

Das stimmt nicht. Gewährleistung ist das, was das Gesetz für den Fall vorsieht, dass sich eine Sache nach dem Kauf als fehlerhaft herausstellt. Den Käufern stehen verschiedene Rechte zu, die sie gegenüber dem Verkäufer durchsetzen können (siehe Irrtum 2).

Eine Garantie hingegen ist eine freiwillige Zusatzleistung, die meist vom Hersteller, nicht vom Händler, gegeben wird.

Haben Sie Ware mit einer Herstellergarantie gekauft, können Sie bei Mängeln wählen, ob Sie die Garantie des Herstellers in Anspruch nehmen oder gegenüber dem Händler Ihre gesetzlichen Gewährleistungsansprüche geltend machen. Wenn Sie vom Händler etwa die Reparatur verlangen, darf er Sie nicht auf die Garantie des Herstellers verweisen.

Da es sich bei der Garantie um eine freiwillige Leistung handelt, ist der Hersteller auch frei darin, die Voraussetzungen für einen Garantiefall festzulegen. ■

Mit Herz und Verstand

Für Tierschutz und Kinder wird am häufigsten gespendet. Damit möglichst viel Geld in die gute Sache fließt, ist Information das A und O.

1/2021 Wenn sie um Hilfe gebeten werden, öffnet knapp die Hälfte der Menschen in Deutschland ihr Portemonnaie. Stattliche 10,5 Milliarden Euro an Spenden kamen nach Angaben des Deutschen Zentralinstituts für Soziale Fragen (DZI) im Jahr 2019 zusammen. Das sind 4,1 Prozent mehr als im Vorjahr.

Wir wollten wissen, für welchen Zweck Menschen 2019 und 2020 Geld gespendet haben und ob sich wegen der Corona-Krise ihr Spendenverhalten verändert hat.

Zusammen mit dem Marktforschungsinstitut GfK haben wir dazu im September 2020 eine repräsentative Umfrage durchgeführt. Befragt wurden fast 2000 Frauen und Männer im Alter von 18 bis 74 Jahren.

Rund 49 Prozent von ihnen haben in den letzten zwei Jahren gespendet. Die häufigsten Ziele waren Tierschutz (29,4 Prozent), Kindernothilfe (28 Prozent), Gesundheit (19,4 Prozent), Not- und Katastrophenhilfe (17,7 Prozent) und Umweltschutz (17,2 Prozent). Mehrfachnennungen waren möglich.

Die Hilfswerke „Ärzte ohne Grenzen“ und „SOS Kinderdorf/Kinderdörfer weltweit“ wurden besonders häufig genannt (siehe S. 10).

Corona hat Spender kaum beeinflusst

Anders als von vielen erwartet, hat die Corona-Pandemie das Spendenverhalten kaum beeinflusst. 74 Prozent derjenigen, die in den Jahren 2019 und 2020 spendeten, haben ihr Verhalten wegen Corona nicht verändert.

Blickt man auf die Spendenzwecke von Frauen und Männern, fällt auf: Bei der Nothilfe für Kinder liegen sie fast gleichauf. Sie ist für 28,3 Prozent der Männer und für 27,6 Prozent der Frauen besonders wichtig. Bei anderen Spendenzielen gibt es deutliche Unterschiede. So ist für rund 38 Prozent der Frauen der Tierschutz am wichtigsten, Männer nennen ihn nur zu 21 Prozent.

Männer unterstützen mit 20,6 Prozent eher die Not- und Katastrophenhilfe. Bei den Frauen tun das nur 14,7 Prozent.

Auffällige Unterschiede gibt es auch bei der Unterstützung von Sport und Freizeit, genauer bei Spenden für Inklusionsprojekte, den Erhalt und die Schaffung von Sportanlagen und Freizeiteinrichtungen. Hier spenden mit 14,1 Prozent mehr als doppelt so viele Männer wie Frauen (6,7 Prozent).

Seriöse Organisationen erkennen

Doch worauf sollten Spenderinnen und Spender achten, um möglichst wirkungsvoll zu helfen? Oft ist es gar nicht so einfach, bei dem Wust der Spendenwerbung in Zeitungen und Fernsehen, Internet, per E-Mail, Social Media oder an der Haustür die richtige Organisation auszuwählen. Mehr als 600000 Organisationen stehen in Deutschland zur Auswahl. Längst nicht alle arbeiten seriös.

Am einfachsten haben es Menschen, die eine Spendenorganisation persönlich kennen und ihr vertrauen. Das gilt vor allem auch für kleine Organisationen in der näheren Umgebung oder Vereine, deren Arbeit die Spendenden kennen.

Unsere Umfrage zeigt: Frauen spenden für Tierschutz, um die Massentierhaltung abzuschaffen und Tierheime zu erhalten. Tierheime, kleinere Vereine und Stiftungen, die sich für artgerechte Nutztierhaltung oder für kranke und verletzte Tiere einsetzen, sind oft regional organisiert.

Wer möchte, dass möglichst viel von seinem Geld direkt bei einem Projekt ankommt, muss sich gut informieren. Dabei kann man über den Spendenzweck mit dem Herzen entscheiden, nicht aber über die dazu passende Organisation. Organisationen, die aggressiv zum Beispiel mit kostenintensiven Bettelbriefen oder aufwendigen Geschenken werben, sollte niemand Geld geben. Aufwand und Nutzen stehen meist in einem nicht vertretbaren Verhältnis.

Darauf sollten Spender achten

Transparenz ist das A und O jeder Spendensammlung. Generell gilt: Wer Geld einsammelt, sollte darüber auch Rechenschaft ablegen können.

Seriös arbeitende Organisationen stellen alle wichtigen Informationen auf ihre Website. Sie veröffentlichen einen aktuellen Jahresbericht und informieren über Einnahmen und Ausgaben für ihre Projekte. Jährliche Kosten für Verwaltung und Werbung weisen sie getrennt aus. So können Spender nachvollziehen, wie viel von ihrem Geld direkt in ein Hilfsprojekt fließt. Zur Transparenz gehört auch, auf Fragen der Spender zu antworten.

Damit möglichst viel Geld bei den Hilfsprojekten ankommt, sollten die Kosten für Werbung und Verwaltung höchstens 30 Prozent der Gesamtausgaben betragen. Das hält das Deutsche Zentralinstitut für Soziale Fragen (DZI) gerade noch für vertretbar. Im Durchschnitt beträgt der Anteil bei den Siegel-Organisationen laut DZI aber nur 12 Prozent.

Das DZI ist eine Stiftung, die sich zu 45 Prozent aus öffentlichen Zuwendungen und zu 55 Prozent aus Eigeneinnahmen finanziert. Sie vergibt seit 1992 das DZI-Spenden-Siegel.

Erhalten können es Organisationen, die sich jährlich von DZI-Mitarbeitern nach strengen Kriterien prüfen lassen. Nur wer sachlich wirbt, Mittel zweckgerichtet, sparsam und wirtschaftlich einsetzt und eine funktionierende Kontrolle der Planungen und Entscheidungen für jedes Projekt nachweisen kann, bekommt das DZI-Siegel. Aktuell haben rund 230 Organisationen das Siegel. Etwa 30 Prozent der Erstantragsteller scheitern Jahr für Jahr an den strengen Prüfkriterien.

Spender, die eine Organisation nicht kennen und wissen wollen, ob sie seriös arbeitet, erhalten auf der Website des DZI auch Auskünfte über einzelne Organisationen, die das Siegel nicht haben. Kein DZI-Siegel zu haben, bedeutet nicht, dass Organisationen nicht im gewissen Maße gute Arbeit leisten, erklärt das DZI. Es hapere aber im Einzelnen häufig deutlich an einer optimalen Qualität.

Finanztest hält das Siegel des Deutschen Zentralinstituts für Soziale Fragen im Vergleich zu anderen Siegeln für besonders aussagekräftig, da es eine umfassende Prüfung von außen voraussetzt und nicht nur die Kontrolle durch einen Interessenverband, die in der Regel weniger streng ausfällt. ■

Unser Rat

Auswahl. Kennen Sie eine Hilfsorganisation bereits und vertrauen Sie ihr, spenden Sie direkt dorthin. Auskünfte zu Spendenorganisationen erteilt das Deutsche Zentralinstitut für Soziale Fragen (sozialinfo@dzi.de).

Zweck. Binden Sie Ihre Spende nicht an ein konkretes Projekt. Dann kann überschüssiges Geld auch für ähnliche Hilfsprojekte der Organisation eingesetzt werden.

Ziel. Spenden bis zu 150 Euro sollten Sie nicht splitten, damit möglichst viel von Ihrem Geld in die direkte Hilfe fließt. Geht Ihr Geld an mehrere Organisationen, entstehen in der Regel höhere Verwaltungskosten.

Steuer. Spenden an gemeinnützige Organisationen können Sie von der Steuer absetzen. Für Beträge bis 200 Euro reicht ein Buchungsbeleg als Nachweis. Für größere Spenden, die bis zu 20 Prozent der Gesamteinkünfte absetzbar sind, ist eine Spendenquittung nötig.

SOS Kinderdorf

Jedes Kind braucht ein Zuhause

Die Idee, eine „Mutter" für elternlose Kinder zu engagieren und sie in einem Kinderdorfhaus aufwachsen zu lassen, stammt von dem Österreicher Hermann Gmeiner.

Seit 1949 wurden überall auf der Welt Hunderte Kinderdörfer gegründet. Heute gibt es in einem weltweiten Verbund 137 SOS-Kinderdorf-Vereine, die rund 414 000 Kinder in 137 Ländern betreuen.

In Deutschland gibt es zwei Organisationen: Der Verein „SOS Kinderdörfer weltweit" ist im Ausland tätig, während der Verein „SOS Kinderdorf" hauptsächlich in Deutschland arbeitet.

SOS Kinderdorf kümmert sich um elternlose und benachteiligte Kinder in Deutschland. In 39 Einrichtungen werden mehr als 100 000 Kinder, Jugendliche und junge Erwachsene unterstützt.

Der Verein SOS-Kinderdörfer weltweit, der 2018 Geldspenden von rund 91 Millionen Euro erhielt, setzt 20 bis 30 Prozent seiner Ausgaben für Werbung und Verwaltung ein, beim deutschen Verein SOS-Kinderdorf, der 2018 rund 85 Millionen Euro bekam, sind es 10 bis 20 Prozent.

Beide Vereine haben das Spendensiegel des Deutschen Zentralinstituts für Soziale Fragen (DZI) und sitzen in München.

Ärzte ohne Grenzen

Medizinische Hilfe in 70 Ländern

Für die 1971 in Paris gegründete Organisation Ärzte ohne Grenzen arbeiten jährlich etwa 65 000 Ärzte, Pflegekräfte, Psychologen, Logistiker, Hebammen und Finanzexperten. Ziel ist es, in Konfliktgebieten, nach Naturkatastrophen oder nach dem Ausbruch von Epidemien humanitäre und medizinische Nothilfe zu leisten.

Aktuell ist die Organisation weltweit in rund 70 Ländern aktiv. Gemeinsam mit einheimischen Helfern betreibt sie mobile Kliniken, Gesundheits- und Ernährungszentren und Notunterkünfte.

2020 kümmerte sich Ärzte ohne Grenzen beispielsweise um die Wasser- und Sanitärversorgung nach dem Hochwasser im Südsudan. Auf der Sea Watch 4 im Mittelmeer übernahm sie die medizinische Versorgung von Flüchtlingen. In Syrien wurden nach dem Luftangriff auf Idlib Verletzte im von der Organisation betriebenen Krankenhaus behandelt.

Politisch fordert Ärzte ohne Grenzen von der Europäischen Union (EU) eine humane Flüchtlings- und Asylpolitik.

Die Organisation erhielt 2018 Spenden von fast 130 Millionen Euro. Laut Website fließen von jedem Euro 87 Cent in die Projektarbeit, rund 2 Cent in das Erstellen von Berichten und 11 Cent in Verwaltung und Werbung. Die Organisation hat das DZI-Spenden-Siegel.

Wenn Airlines nicht zahlen

Noch nie beschwerten sich so viele Passagiere bei der Schlichtungsstelle wie im Jahr 2020. Was tun, wenn die Airline mauert?

5/2021 Rund 35000 Flugbeschwerden gingen 2020 bei der Schlichtungsstelle für den Öffentlichen Personenverkehr (Söp) in Berlin ein. Im Vergleich zum Vorjahr ist das ein Anstieg um rund 60 Prozent.

Schuld ist das Virus. Während sich in den vergangenen Jahren viele Fluggäste über ausstehende Verspätungsentschädigungen beschwerten, dominierte 2020 die Klage über nicht erstattete Ticketkosten. Laut Gesetz sind die Airlines nach einer Flugannullierung verpflichtet, diese Kosten innerhalb von sieben Tagen zurückzuzahlen.

Leider ist das oft nur graue Theorie. Manchmal zahlen Airlines schlicht nicht, manchmal bieten sie nur Gutscheine an. Und wenn ein Passagier über ein Portal wie Opodo gebucht hat, verweisen sie ihn mitunter dorthin – obwohl nach dem Gesetz die Fluggesellschaft erstatten muss.

Die Schlichtungsstelle ist bei Flugärger die erste Adresse für Verbraucher. Wie Finanztest aus Rückmeldungen weiß, bekommen viele Kunden über diesen Weg ihr Geld. Es gibt aber auch andere Fälle, wie diese Beispiele zeigen.

Laudamotion (Ryanair) lässt sich Zeit

Jürgen Schmitz' Flug mit Laudamotion wird Ende März 2020 wegen Corona annulliert. Trotz mehrer Mahnungen erstattet Laudamotion die Ticketkosten nicht. Schmitz wendet sich an die Söp. Diese gibt ihm recht. Laudamotion stimmt der Schlichtungsempfehlung sogar zu, doch Geld kommt nicht. Weihnachten 2020 platzt Schmitz der Kragen. Er nimmt sich einen Anwalt. Als dieser mit Klage droht, zahlt die Airline im Februar 2021.

TAP Portugal zahlt 1600 Euro nicht

Hermann Norrenbrock erreicht sein Reiseziel mit der portugiesischen Airline TAP im Herbst 2018 mit mehr als drei Stunden Verspätung. Wie es das Gesetz für solche Fälle vorsieht, fordert er 400 Euro Entschädigung pro Person. So sieht es auch die Söp. Sie empfiehlt der Airline im August 2020 die Zahlung der Entschädigung. Im Frühjahr 2021 ist das Geld immer noch nicht überwiesen.

Wenn die Schlichtung erfolglos bleibt

Wenn die Schlichtung nicht zum Erfolg führt, können Passagiere

- selbst ein Mahn- und Gerichtsverfahren einleiten, was Zeit und Recherche erfordert,
- oder sie übergeben ihren Fall einem Anwalt oder einem Fluggastportal wie EUclaim, die notfalls Klage einreichen. Passagiere, die ein Fluggastportal einschalten, müssen bei Erfolg zwischen 20 und 40 Prozent der Summe als Erfolgsprovision abgeben, die beim Portal als Zahlung der Airline eingeht.

Reiserechtsanwalt Holger Hopperdietzel aus Wiesbaden macht Mut: „Nach meiner Erfahrung zahlt etwa die Airline TAP, sobald eine Klage eingereicht wird.“ ■

Unser Rat

Recht. Nutzen Sie die Flugärger-App der Verbraucherzentrale NRW, um die Ticketerstattung zu reklamieren (https://bit.ly/2P7m6nL). Reagiert die Airline nicht innerhalb von zwei Monaten, wird Ihr Fall an die Schlichtungsstelle weitergeleitet. Bleibt das ohne Erfolg, können Sie einen Mahnbescheid beantragen (test.de/mahnbescheid), einen Anwalt oder ein Fluggastportal beauftragen (test.de/fluggastrechte).

Unerwünscht öffentlich

Wer ungewollt auf Youtube, Facebook oder sonst öffentlich im Internet erscheint, sollte rasch handeln. Sind Bilder verbreitet, ist es zu spät.

9/2021 Blöde Sprüche kennt Sandra Schmidt zur Genüge. Doch die dreiste Anmache von Youtuber Nahim Sky bringt selbst die 24-jährige Jura-Studentin aus der Fassung, ihren Namen haben wir geändert. Skys Spruch ist so deutlich unter der Gürtellinie, dass wir ihn nicht wiedergeben. Erst recht ärgert sich Schmidt, als die Szene später auf dem Videokanal Tiktok auftaucht. Eine versteckte Kamera hat sie aufgezeichnet. Der Youtuber probiert aus, welche Anmachsprüche ankommen und welche nicht.

Bis zu 3,8 Millionen Aufrufe

Rund 329 000 Abonnenten hat Nahim Sky auf Youtube. Auf bis zu 3,8 Millionen Aufrufe kommen seine Filme. Freunde, Bekannte, Nachbarinnen, Professoren und potenzielle Chefs: Alle könnten auf Youtube zuschauen, wie sich Sandra Schmidt in der hochnotpeinlichen Situation dreht und windet.

Die Jura-Studentin schreibt sofort an Nahim Sky, nachdem sie den Tiktok-Film gesehen hat: Er soll die Aufnahmen mit ihr unverzüglich löschen. Doch nichts passiert. Schmidt schaltet Rechtsanwalt Lucas Brost von der Kölner Medienkanzlei Brost Claßen ein. Immer noch bleibt das Video online. Brost beantragt beim Landgericht Düsseldorf ein sofortiges Verbot, die Szene weiter zu zeigen. Einstweilige Anordnung nennen Juristen solche Eilentscheidungen. Das Landgericht erlässt sie, ohne auch nur zur mündlichen Verhandlung zu laden. Jetzt endlich verschwindet die Anmache von Sandra Schmidt aus dem Netz.

Laut Gericht hat Sky acht Wochen nach dem Beschluss noch keine Rechtsmittel eingelegt. Kommt vielleicht noch, erklärt er gegenüber Finanztest. Der Gerichtsbeschluss sei ein „Irrtum". Sandra Schmidt sei „mehr als einverstanden" gewesen und habe sich über die Aufnahmen sogar „gefreut". Außerdem sei der Kameramann – und nicht er – verantwortlich. „Wir werden gegen falsche Behauptungen vorgehen", kündigt Sky an.

Ohne Genehmigung keine Sendung

Aufnahmen mit versteckter Kamera sind klar rechtswidrig. Sie verletzen das Recht am eigenen Bild. Erst recht dürfen sie nicht veröffentlicht werden, sofern die Hauptdarstellerin oder der Hauptdarsteller die Aufnahme nicht nachträglich genehmigt und der Veröffentlichung zustimmt.

So handhabt es etwa die ARD mit den Beiträgen für die Show „Verstehen Sie Spaß?". Zu sehen ist am Ende immer nur, was die Opfer der Streiche mit versteckter Kamera ausdrücklich genehmigen.

Den Tätern auf der Spur

Nahim Skys Kameramann hatte auch mit Sandra Schmidt gesprochen. Die Studentin hatte – noch unter dem Eindruck der plumpen Anmache – nicht gleich das Löschen der Videoaufnahmen verlangt und der Veröffentlichung widersprochen. „Das ist aber kein wirksames Einverständnis", erklärt ihr Rechtsanwalt. Sandra Schmidt wusste da ja noch gar nicht, was genau im Video zu sehen ist. Schriftlich muss die Genehmigung nicht vorliegen. Wer Aufnahmen veröffentlicht, muss im Zweifel beweisen, dass seine Protagonisten sie genehmigt haben.

Glück im Unglück für Sandra Schmidt: Nahim Sky hatte damals ein Impressum in seinem Youtube-Channel. Er nannte darin seinen richtigen Namen und seine Adresse. Das machte es leicht für Rechtsanwalt Lucas Brost, die Rechte der jungen Frau gegen den Youtuber durchzusetzen.

Inzwischen ist Skys Impressum verschwunden. Wer nicht weiß, wie ein Youtuber wirklich heißt und wo er wohnt, kommt erst einmal nicht weiter. Finanztest gelang es zunächst nicht, Skys richtigen Namen und seine ladungsfähige Anschrift herauszufinden. Ohne die Daten lassen sich Rechte gegen den Videoproduzenten nicht durchsetzen. Immerhin: „Oft lassen sich zumindest bekannte Youtuber indirekt identifizieren", berichtet Anwalt Brost. Erfahrene Rechtsanwälte wie er wissen, wie sie anonymen Filmemachern vielleicht doch noch auf die Schliche kommen.

Löschung auch über Youtube

Sind Name und Anschrift des Verantwortlichen nicht herauszufinden, bleibt nur, sich bei der Videoplattform zu beschweren. Allerdings verlangen ihre Vertreter Belege für die Rechtsverletzung und prüfen sie. Und das kann dauern.

Wenn es schnell gehen soll, hilft nur, einen Rechtsanwalt mit Social-Media-Erfahrung einzuschalten. Der geht dann gegen die Plattform vor und beantragt zur Not auch ein gerichtliches Verbot im Eilverfahren. Allerdings: Die Kosten dafür trägt in der Regel zunächst das Opfer des Youtubers selbst. Im Fall Nahim Sky summierten sich Gerichts- und Anwaltskosten bis jetzt auf fast 2 800 Euro.

Selbst wenn eigentlich der Täter die Kosten zu tragen hat, gehen Opfer oft leer aus. Kann der Gerichtsvollzieher beim Täter kein pfändbares Vermögen ausfindig machen und übersteigt das Einkommen die Freigrenzen nicht, bleibt das Opfer auf Gerichts- und Anwaltskosten sitzen.

Bei erfolgreichen Youtubern wie Nahim Sky lassen sich die Zahlungen von Youtube an den jeweiligen Filmemacher pfänden. Das Portal beteiligt nämlich „Creators", wie das Unternehmen seine Filmemacher gerne nennt, an den Werbeerlösen, die ihm ihre Videos bringen. Es geht um viel Geld. Insider rechnen mit 10 bis 20 Cent je Abonnent und Jahr. Danach käme Nahim Sky etwa auf 33 000 bis 66 000 Euro jährlich.

Unser Rat

Kontrolle. Prüfen Sie ab und zu, ob und wie Sie im Internet erscheinen. Sie können nach Fotos von sich suchen, indem Sie ein möglichst gutes Foto in die Google-Bildersuche oder den Spezialsuchdienst Tineye.com hochladen.

Tempo. Bei unerwünschtem Erscheinen im Internet sollten Sie möglichst schnell gegensteuern. Wenn sich Bilder, Videos oder Texte über soziale Medien ausbreiten, sind sie kaum noch zu stoppen.

Forderung. Fast alle Medien bieten die Möglichkeit, Kontakt zum Urheber von Beiträgen aufzunehmen. Fordern Sie, das Erscheinen zu stoppen. Beschweren Sie sich beim jeweiligen Medium, wenn das nicht hilft.

Rechtsweg. Schalten Sie zumindest, wenn Ihr guter Ruf in Gefahr ist, so schnell wie möglich einen Rechtsanwalt mit Social-Media-Erfahrung ein.

Eine normale Rechtsschutzversicherung übernimmt die Kosten nur, wenn der Urheber bekannt ist. Nur Policen mit sogenanntem Cyberrechtsschutz zahlen auch dann, wenn bei anonymen Veröffentlichungen ein Rechtsanwalt bei Youtube oder Facebook die Löschung durchsetzen soll.

Menschen mit geringem Einkommen können Prozesskostenhilfe beantragen. Doch die Freibeträge sind gering. Arbeitnehmer ohne Unterhaltsverpflichtung dürfen höchstens 744 Euro monatlich verdienen.

Tipp. Wenn Sie sich gegen unerlaubte Bildaufnahmen wehren möchten, hilft eine gute Rechtsschutzversicherung. Leistungsstarke und preiswerte Policen nennen wir unter: test.de/rechtsschutz ■

Irrtümer im Straßenverkehr

Im Großen und Ganzen kennt fast jeder die Verkehrsregeln. Doch manchmal kommen Zweifel auf: Was ist erlaubt, was verboten?

2/2021 Ob Führerschein- oder Fahrradprüfung – für die meisten Auto- und Fahrradfahrer liegt sie länger zurück. Für die sichere Teilnahme am Straßenverkehr räumen wir mit häufigen Fehlvorstellungen rund ums Auto- und Fahrradfahren auf.

1 Wer einem anderen auffährt, hat Schuld am Unfall.

Das stimmt oft, aber nicht immer. Der Satz „Wer auffährt, hat Schuld" beschreibt einen sogenannten Anscheinsbeweis: eine Beweisführung, die auf Erfahrungswerten beruht. Gerade im Straßenverkehr kann bei typischen Geschehensabläufen davon ausgegangen werden, dass ein bestimmtes Ereignis die Folge eines bestimmten Ablaufs ist. In vielen Fällen hat der Auffahrende nämlich tatsächlich Schuld, zum Beispiel weil er den geforderten Sicherheitsabstand nicht eingehalten hat. Oder er hat zu spät gebremst, weil er unaufmerksam war. Anderes gilt natürlich, wenn der Vordermann grundlos bremst oder gar rückwärts fährt. Dieser Unfallhergang ist deutlich seltener.

Wenn sich der Unfall für den hinteren Fahrer allerdings nicht vermeiden ließ, dann kann er ihm auch nicht angelastet werden.

Streiten die Unfallbeteiligten über die Schuldfrage, muss der Auffahrende beweisen, dass er alles richtig gemacht hat. Den Hergang des Unfalls zu beweisen, ist in solchen Fällen oft schwierig.

Geraten Sie in die beschriebene Situation, sollten Sie Passanten oder andere Verkehrsteilnehmer suchen, die den Unfall beobachtet haben und Ihre Schilderung bezeugen können. Im besten Fall können Sie sich entlasten.

2 Andere Fahrzeuge rechts zu überholen, ist streng verboten.

Schon wieder so ein Grundsatz, der Ausnahmen zulässt. Manchmal ist es nämlich erlaubt, dass ein Fahrzeug auf der rechten Seite vorbeizieht. Rechts überholen dürfen Sie zum Beispiel auf mehrspurigen Straßen innerhalb von Ortschaften, wenn Sie mit einem Fahrzeug bis zu 3,5 Tonnen zulässigem Gesamtgewicht unterwegs sind. Dann dürfen Sie den Fahrstreifen selbst wählen. Links abbiegende Fahrzeuge und Schienenfahrzeuge müssen Sie sogar rechts überholen.

Auf Autobahnen dürfen Sie rechts an anderen Fahrzeugen vorbeifahren, wenn der Verkehr zäh fließt und auf allen Fahrstreifen so dicht ist, dass Autos nebeneinander fahren und mal auf einer Fahrspur schneller sind, mal auf der anderen.

Außerdem ist es erlaubt, Fahrzeuge auf der Autobahn dann mit geringfügig höherer Geschwindigkeit zu überholen, wenn sie auf dem linken Fahrstreifen stehen oder langsam fahren, also maximal 60 Kilometer pro Stunde. Dabei gilt: Steht der Verkehr, dürfen Sie auf dem rechten Fahrstreifen mit einer Geschwindigkeit von maximal 20 Stundenkilometern überholen. Rollt er langsam, dürfen Sie rechts höchstens mit einer Differenzgeschwindigkeit von 20 Stundenkilometern fahren. Auf der rechten Fahrspur sind in einer solchen Situation also maximal 80 Stundenkilometer erlaubt.

3 Autofahren mit Flip-Flops oder High Heels ist verboten.

Das stimmt nicht. Es gibt kein Gesetz, das Ihnen vorschreibt, welche Art von Schuhen Sie beim Autofahren tragen müssen. Flip-Flops, Sandalen oder High Heels – keiner muss befürchten, wegen seines Schuhwerks von der Polizei angehalten zu werden und ein Bußgeld aufgedrückt zu bekommen. Selbst barfuß fahren ist erlaubt. Werden Sie aber in einen Unfall verwickelt, kann es sein, dass Ihnen eine Teilschuld zugesprochen wird oder es Probleme mit der Versicherung gibt. Denn Flip-Flops oder Schlappen können schneller vom Fuß gleiten und sich sogar in Gas- oder Bremspedal verhakeln und so die Gefahr eines Unfalls erhöhen. Ob Sie eine Teilschuld trifft, wird je nach Einzelfall entschieden.

4 Nach einem Unfall hinterlasse ich einfach meine Kontaktdaten.

Ein Zettel an der Windschutzscheibe genügt nicht. Denn er könnte ja vom Wind weggerissen werden oder auf andere Art und Weise abhandenkommen – und dann weiß der Geschädigte nicht, an wen er sich wegen des Schadens wenden soll.

Streifen Sie beispielsweise jemanden beim Ein- und Ausparken, fahren den Außenspiegel ab oder beschädigen das Rücklicht, müssen Sie eine angemessene Zeit darauf warten, dass der Fahrer des Autos auftaucht.

Wie lange Sie warten müssen, was also „angemessen" heißt, hängt von den Umständen des Einzelfalls ab. Nachts bei Eis und Schnee müssen Sie nicht stundenlang in einem Wohngebiet in der Kälte zittern und warten, bis der Geschädigte erscheint. Passiert der Unfall auf dem Parkplatz eines Supermarkts zu normalen Geschäftszeiten, sollten Sie für die Warterei schon mindestens eine Stunde einplanen.

Am einfachsten ist es, nach einem Unfall die Polizei zu rufen – vor allem dann, wenn nicht damit zu rechnen ist, dass jemand in absehbarer Zeit erscheint. Die Polizei kann den Halter anhand des Kennzeichens ermitteln.

Wenn Sie nur einen Zettel hinterlassen, könnte Ihr Verhalten als Fahrerflucht ausgelegt werden. Die kann – je nach Sachverhalt – eine Geldstrafe bis hin zu einer Freiheitsstrafe nach sich ziehen.

5 Die Mindestgeschwindigkeit auf Autobahnen beträgt 60 km/h.

Das stimmt nicht. Zwar dürfen auf deutschen Autobahnen nur Fahrzeuge fahren, die technisch dazu in der Lage sind, mehr als 60 Stundenkilometer zu fahren. Das heißt aber nicht, dass das die zu erreichende Mindestgeschwindigkeit ist. Denken Sie mal an Starkregen oder Blitzeis. Jeder Fahrer muss für sich selbst entscheiden, wie schnell er unterwegs ist – und der Witterung und anderen Gegebenheiten entsprechend so fahren, dass er weder sich noch andere gefährdet.

Daraus, dass es keine Regelungen zur Mindestgeschwindigkeit gibt, darf aber nicht geschlossen werden, dass ein Fahrer beliebig langsam sein darf. Die eigene Geschwindigkeit muss dem Verkehrsfluss angepasst sein.

6 Es ist verboten, während der Fahrt Alkohol zu trinken.

Sagen wir mal so: Es gibt zumindest kein Gesetz, das den Griff zur Flasche während der Fahrt verbietet. In Deutschland gilt die 0,5-Promille-Grenze. Alkohol trinken und fahren schließen sich also nicht grundsätzlich aus. Etwas anderes gilt für Fahranfänger, die noch in der Probezeit sind: Sie müssen 0,0 Promille einhalten. Alkohol ist also tabu!

Alle anderen sind etwas freier, solange sie die geltende Grenze nicht überschreiten. Ein Schlückchen während der Fahrt wäre also in Ordnung, wenn auch nicht ratsam. Sind Sie mit 0,5 bis 1,09 Promille unterwegs, gibt es zwei Punkte in Flensburg, einen Monat Fahrverbot und ein Bußgeld von 500 Euro. Und sind Sie unter Alkoholeinfluss an einem Unfall beteiligt, kann Ihnen eine Mitschuld daran gegeben werden – auch wenn Ihr Blutalkoholwert unter 0,5 Promille liegt.

7 Zeigt die Ampel Gelb, dürfen Autofahrer weiterfahren.

Nein, das Gegenteil ist der Fall. Sie dürfen eine Kreuzung nicht bei Gelb überqueren. Gelbes Licht bedeutet: Anhalten! Eine Ausnahme gilt für den Fall, dass Sie nicht gefahrlos bremsen können. Soll heißen: Wenn Ihnen der Hintermann an der Stoßstange klebt, müssen Sie bei Gelb weiterfahren. Aber wirklich nur dann! Eine gelbe Ampel ohne Not zu missachten, kann Sie 10 Euro kosten. ■

Wenns kracht – Geld für Streit

Ob Unfallärger oder Montagsauto – mit einer guten Versicherung lässt sich ohne Angst vor den Kosten streiten.

4/2021 Im Jahr 2019 haben Amts- und Landgerichte in rund 160 000 Verkehrsunfallsachen über Haftung und Schadenersatz entschieden. Die Verwaltungsbehörden sprachen 460 000 Fahrverbote aus und ordneten 90 000 Mal den Führerscheinentzug an.

Wer Ärger dieser Art hat und rechtsschutzversichert ist, muss sich keine Gedanken um Anwalts- und Gerichtskosten machen. Denn Verkehrsunfälle, Ärger nach dem Autokauf und der Einspruch gegen einen Führerscheinentzug sind über eine Verkehrsrechtsschutzversicherung versichert. Den Schutz gibt es schon für unter 100 Euro pro Jahr.

Ohne den Schutz muss man einen Anwalt selbst bezahlen. Verliert man den Prozess, kommen Gerichtskosten dazu, Ausgaben für einen Sachverständigen und Anwaltskosten des Gegners. Das kann teuer werden.

Auch die Schwerverletzten eines Verkehrsunfalls können Rechtsschutz gut gebrauchen. Selbst wenn die Schuldfrage recht klar ist, müssen Geschädigte manchmal um die Höhe des Schadenersatzes mit der Versicherung des Unfallverursachers vor Gericht streiten.

Nützliche Versicherung

Eine Verkehrsrechtsschutzversicherung können Interessierte als einzelne Police abschließen oder als Teil eines großen Rechtsschutzpakets, das zusätzlich die Bereiche Privat, Beruf und Wohnen versichert.

Für das große Paket bieten wir einen Dauertest (siehe test.de/rechtsschutz, mit Flatrate kostenlos). Für den Test des Verkehrsrechtsschutzes sind wir so vorgegangen: Wir haben aus dem Dauertest die Angebote ausgewählt, die mindestens das Qualitätsurteil Gut erreicht haben, und untersucht, welchen Schutz sie bieten, wenn man nur den Streit rund um den Straßenverkehr versichern möchte.

Herausgekommen ist ein Leistungsvergleich für 15 Verkehrsrechtsschutzangebote. Das beste Preis-Leistungs-Verhältnis bietet die Allianz (siehe Unser Rat).

Häufig vorkommende Streitereien rund um Führerschein, Autokauf und Höhe des Schadenersatzes nach einem Verkehrsunfall sind bei allen Tarifen versichert. Deshalb kann bei der Auswahl der Preis ausschlaggebend sein.

Billiger bei nur einem Auto

Unser Preis- und Leistungsvergleich nennt Angebote für Familien mit mehreren Fahrzeugen. Wer nur ein Auto versichern muss, zahlt oft weniger. Beispiel: Der Mehrere-Fahrzeuge-Tarif der WGV kostet eine Berliner Familie (Postleitzahl 14195) 104 Euro pro Jahr. Will dieselbe Familie nur ein Auto versichern, zahlt sie nur 63 Euro pro Jahr, jeweils bei einer Selbstbeteiligung in Höhe von 150 Euro.

Versichert bei Bußgeld mit Punkten

Grundsätzlich versichert jede Verkehrsrechtsschutzversicherung auch Streitigkeiten rund um ein Bußgeld für eine Ordnungswidrigkeit. Wer etwa einen Bußgeldbescheid erhalten hat, weil er während der Autofahrt ein Handy in der Hand gehalten haben soll, das aber bestreitet, kann sich einen Anwalt nehmen und Einspruch einlegen. Auch die Abwehr eines Bußgelds wegen eines mutmaßlichen Tempoverstoßes ist versichert. Bei VGH und BGV Badische greift dieser Schutz aber erst ab einem Bußgeld von 40 und 60 Euro.

Kleine Unterschiede gibt es auch beim Schutz fürs Falschparken. Ein Einspruch gegen ein Knöllchen ist nur bei der Allianz (Komfort) und Ergo (Best) versichert. Nämlich dann, wenn die Behörde dem Fahrer zum Bußgeld noch einen Punkt in Flensburg aufbrummt.

Beispiel. Ein Autofahrer soll 70 Euro Bußgeld für das Parken auf einem Radweg zahlen. Da er dort länger als 60 Minuten geparkt haben soll, erhält er zudem einen Punkt. Ist sich der Fahrer sicher, dass er nicht so lange dort stand und will er gegen den Bescheid Einspruch einlegen, wäre er bei Allianz und Ergo versichert.

Wichtig: Der Leistungsausschluss vieler Versicherer für Streit um behördliche Parknöllchen gilt nicht bei „Vertragsstrafen", die private Parkplatzüberwacher für angeblich rechtswidriges Parken auf Supermarktparkplätzen verteilen. Zoff um diese Privatknöllchen fällt unter den Vertrags-Rechtsschutz, den jeder Verkehrsrechtsschutz bietet.

Streit nach Unfall auf Arbeitsweg

Bei unserem Test zeigte sich, dass nicht jede Verkehrsrechtsschutzversicherung „Sozialgerichts-Rechtsschutz" bietet. Zunächst mag man denken, welcher Autofahrer braucht sowas? Aber diese Leistungsart kann durchaus wichtig sein. Einen Streit um eine Unfallrente etwa wegen eines Autounfalls auf dem Weg zur Arbeit (Wegeunfall) müssen Betroffene mit der gesetzlichen Unfallversicherung vor den Sozialgerichten ausfechten. 2019 gab es rund 190 000 solcher Unfälle.

Immerhin 10 der 15 untersuchten Verkehrsrechtsschutzversicherungen übernehmen die Kosten für einen Prozess rund um einen Wegeunfall.

Versicherung früh abschließen

Generell müssen Interessierte aufpassen, dass sie ihre Rechtsschutzversicherung nicht zu spät abschließen. „Zu spät" ist es in der Regel, wenn das Problem schon da ist. Es hat also keinen Sinn, nach einem Wegeunfall für den Streit mit der Unfallversicherung noch eine Police abzuschließen.

Wer für eine mögliche gerichtliche Auseinandersetzung mit seinem Autohändler im Falle eines Mangels am Fahrzeug versichert sein will, muss die Verkehrsrechtsschutzversicherung schon vor dem Autokauf abgeschlossen haben.

Unser Rat

Nützlich. Bei Streit um Verkehrsunfälle geht es oft um viel Geld. Verkehrsrechtsschutz ist daher für alle Verkehrsteilnehmer nützlich, auch für Fahrradfahrer und Fußgänger. Autobesitzer können den Versicherungsschutz gut gebrauchen, wenn sie etwa wegen eines Mangels am Auto gegen den Verkäufer vorgehen wollen. Verkehrsrechtsschutz kann als Teil eines großen Rechtsschutzpakets abgeschlossen werden (siehe test.de/rechtsschutz) oder als Einzelpolice.

Einzelpolice. Leistungsstark und günstig ist der Tarif **Komfort** der **Allianz** (Kosten: 84 bis 94 Euro, bei Selbstbehalt 150 Euro). Wir raten zu einer Selbstbeteiligung von 150 Euro. Ohne diese steigt der Jahresbeitrag teils erheblich.

Familienschutz. Die Tarife im Test bieten Schutz für Familien mit mehreren Fahrzeugen. Singles oder Familien mit nur einem Auto können einen Tarif abschließen, der sich nur auf dieses Fahrzeug erstreckt. Das wird oft günstiger.

Anbieter, der zur Schlichtung bereit ist

Weil es nach Abschluss einer Rechtsschutzversicherung nicht selten zwischen Kunde und Versicherer zum Streit um die Übernahme von Anwaltskosten kommt, ist es ratsam, bei einem Anbieter abzuschließen, der Mitglied der privaten Schlichtungsstelle „Versicherungsombudsmann" ist. Bis auf die ADAC Versicherung sind alle Anbieter im Test dort angeschlossen.

Der Schlichter kann Kunden bei Streit mit dem Anbieter weiterhelfen und Versicherer sogar zur Übernahme der Kosten verpflichten: versicherungsombudsmann.de ■

Konkurrenz fürs Taxi

Vielerorts fahren nicht nur Taxis. Auch Apps von Uber oder Free Now vermitteln Fahrten. Trotz gleicher Dienstleistung gibt es Unterschiede.

8/2021 Das Handydisplay zeigt den Countdown: Noch 80 Meter entfernt, noch 60 Meter, dann hält ein schwarzes Uber-Auto. Der Fahrgast hat den Wagen per App gebucht und sieht auf seinem Handy Ankunftszeit, Endpreis sowie das Autokennzeichen.

Für Fahrgäste kommt dieser Service wie ein Taxi daher. Doch es gibt Unterschiede. Die US-amerikanische Firma Uber ist eine Vermittlungsplattform für Fahrdienste und hat selbst keine Taxi- oder Mietwagenlizenz. Die Frage, ob dieses Geschäftsmodell zulässig ist, war Gegenstand vieler Gerichtsprozesse. Am Markt ist Uber noch, weil die Firma mehrfach ihr Geschäftsmodell änderte.

Heute vermittelt die App Mietautos mit Fahrer. Die Beförderung läuft in Deutschland über die Firma Safedriver Ennoo oder deren Subunternehmer. Dieses Unternehmen im Hintergrund bemerkt der Fahrgast nur einmal kurz während des Buchungsprozesses, wenn er die Geschäftsbedingungen von Safedriver Ennoo akzeptieren muss.

Bezahlung und Rechnung laufen über Uber. Die Autos sind anders als Taxis nicht immer

Kleiner Überblick: Fahrdienste, die per App buchbar sind

Kunden finden im App-Store oder Play-Store diese überregionalen Fahrdienstvermittler, wenn sie in die Suche „Taxi" eingeben.

Fahrtenvermittler	Angebot	Preis	Bezahlung	Geeignet für …
Free Now App	Taxibeförderung und Mietwagenfahrdienst (Ride)	**Taxi.** Preisspanne vor der Fahrt bekannt **Ride.** Variable Preise, Endpreis vor der Fahrt bekannt	Apple Pay, bar, Google Pay, Kreditkarte, Paypal	Personen, die verschiedene Mobilitätsdienste über eine App buchen möchten und den Preis zwischen Taxi- und Mietwagenfahrdienst (Ride) vergleichen wollen
Taxi-Deutschland App	Taxibeförderung	Preisspanne vor der Fahrt bekannt	Apple Pay, bar, Girocard, Kreditkarte, Paypal[1]	Menschen, die den Taxiservice per App nutzen wollen und schnell durch die Stadt kommen möchten (Taxis dürfen Busspuren nutzen)
Taxi.eu App	Taxibeförderung		Amazon Pay, Apple Pay, bar, Kreditkarte, Paypal[1]	
Uber App	Mietwagenfahrdienst	Variable Preise, Endpreis vor der Fahrt bekannt	Girocard, bar, Klarna, Kreditkarte, Paypal	Personen, die verschiedene Mobilitätsdienste über eine App buchen möchten

1) Nicht in allen Orten verfügbar.

Stand: 15. Juni 2021

eindeutig als Uber-Autos zu erkennen. Auch die App von Free Now vermittelt Mietautos mit Fahrer. Hier heißen sie „Ride". Verfügbar sind die Rides oder Fahrten von Uber zum Beispiel in Berlin, Hamburg oder München.

Nachfrage beeinflusst den Preis

Taxis sind anders als Uber-Autos oder Rides Teil des öffentlichen Personennahverkehrs. Das verschafft ihnen Privilegien: Sie dürfen zum Beispiel Busspuren nutzen und Taxistände im öffentlichen Raum, etwa am Ende von Fußgängerzonen, wo sie auf Fahrgäste warten. Außerdem dürfen sie spontan Fahrgäste aufnehmen, die am Straßenrand nach einem Taxi winken.

Ein weiterer Unterschied: Nur Taxis haben eine Beförderungs- und Bereitstellungspflicht. Sie müssen rund um die Uhr verfügbar sein und das auch zu unrentablen Zeiten. Außerdem sind sie verpflichtet, in ihrem Betriebsgebiet alle Fahrgäste zu befördern, auch wenn eine Fahrt nur wenige Minuten dauert.

Spätestens beim Preis bemerkt man den Unterschied zwischen Taxis und ihrer Konkurrenz. Taxis haben einheitliche Tarife, die sie sich von den Kommunen genehmigen lassen müssen. Uber und Ride sind frei in der Preisgestaltung. Fahrgäste sehen zwar vor der Buchung in den Apps den Endpreis. Dieser kann sich aber – abhängig von Angebot und Nachfrage – bei künftigen Fahrten ändern.

Bei unseren zwei Preisrecherchen während der Pandemie in Berlin waren die über Uber oder Free Now vermittelten Fahrten immer etwas günstiger als ein Taxi. Bei hoher Nachfrage etwa zu Messezeiten oder Silvester kann dies anders sein. Die Fachzeitung Taxi Times stellte uns Screenshots vom Oktoberfest 2019 zur Verfügung: Eine Uber-Fahrt vom Münchener Flughafen zum Oktoberfest kostete fast 120 Euro – gut 40 Euro mehr als mit einem Taxi.

Rückkehrpflicht für Uber und Ride

Auch für Mietwagendienste gibt es Auflagen. Sie müssen nach jeder Fahrt zu ihrem Betriebssitz zurückkehren, sofern sie keinen Folgeauftrag haben. Diese Rückkehrpflicht regelt das Personenbeförderungsgesetz. Auch dürfen die Fahrer keinen Umweg fahren, um die Zeit bis zum neuen Auftrag zu überbrücken. Mit dieser Rückkehrpflicht soll das Taxigewerbe geschützt werden. Sie soll zudem verhindern, dass zusätzlicher Verkehr durch Autos entsteht, die ziellos ihre Runden drehen.

Die Taxibranche kritisiert: Fahrzeuge der Uber-App würden sich nicht an die Rückkehrpflicht halten, was sie unter anderem in einem Gerichtsprozess bewiesen habe (Landgericht Frankfurt am Main, Az. 3-06 O44/19).

Uber sagt, sie hätten eine hoch entwickelte Software, die das Einhalten der Rückkehrpflicht sicherstelle.

Fest steht: Kontrollen sind schwierig. Markus Burgdorf, Sprecher von Taxi Deutschland, sagt: „Weder Zoll noch Aufsichtsbehörde dürfen Mietwagen aus dem fließenden Verkehr fischen, um die Rückkehrpflicht zu überprüfen, und die Aufsichtsbehörden sind wohl überlastet. Mir sind keine Kontrollen bekannt." ■

Unser Rat

Taxi. Ein Taxi können Sie per App buchen, etwa über die Apps Taxi.eu oder Taxi Deutschland und per Telefon, zum Beispiel, wenn Sie Ihre örtliche Vorwahl plus 19410 wählen.

Taxi-Alternative. In vielen Städten können Sie einen Mietwagen mit Fahrer bestellen. Oft ist dies etwas günstiger als ein Taxi. Beim Versicherungsschutz gibt es keinen Unterschied. Buchen können Sie über die Apps von Free Now oder Uber (siehe Tabelle). In manchen Städten heißen diese Dienste Minicar oder einfach Taxialternative und haben eigene Buchungssysteme. Busspuren und öffentliche Warteplätze in der City dürfen sie nicht nutzen.

Was passiert in der Blackbox?

Ob Verträge zustande kommen, entscheidet oft ein Bonitätswert der Schufa. Die Berechnung ist geheim. Antworten auf wichtige Fragen.

4/2021 Die Schufa, die Schutzgemeinschaft für allgemeine Kreditsicherung, hat großen Einfluss darauf, ob Menschen ein Auto finanzieren und Möbel in Raten zahlen dürfen und ob Mobilfunkanbieter mit ihnen einen Vertrag schließen. Sie weiß nach eigenen Angaben von 68 Millionen Menschen in Deutschland, wie viele Girokonten, Kreditkarten oder Handyverträge sie jeweils haben. Sie weiß, wie viele Kredite laufen. Sie weiß auch, wer in der Vergangenheit Zahlungsschwierigkeiten hatte.

Aus diesem Wissen bildet die Schufa ein Urteil über das Zahlungsverhalten jeder einzelnen gespeicherten Person. Finanztest klärt wichtige Fragen zur Schufa und ihren Berechnungen.

? Woher holt die Schufa ihre Informationen? Warum darf sie das?

Rund 10 000 Vertragspartner, darunter Banken, Versandhändler, Mobilfunkunternehmen und Energieversorger, melden der Schufa zum Beispiel Girokonten, Kreditkarten, Kredite und andere Verträge. Das ist rechtens, wenn die Kunden zuvor eingewilligt haben. Das tun sie etwa, wenn sie den Antrag auf Eröffnung eines Girokontos oder einen Stromliefervertrag unterschreiben.

Die Schufa nutzt auch Daten aus Schuldnerverzeichnissen und Insolvenzbekanntmachungen. Sie speichert persönliche Daten wie Name, Geburtsdatum, Adresse und auch vorherige Wohnadressen.

Finanztest-Kritik. Eine Zustimmung zur Datenübermittlung – im Volksmund die Schufa-Klausel – ist seit 25. Mai 2018 nicht mehr ausdrücklich notwendig. Die Information kann bei Vertragsschluss untergehen, sodass sich Verbraucher oft nicht erinnern, dass sie über die Datenweitergabe informiert wurden.

? Was macht die Schufa mit den vielen gesammelten Daten?

Sie berechnet aus den meisten Daten einen Zahlenwert in Prozent, den sogenannten Score. Er beschreibt nicht das Zahlungsverhalten der jeweiligen Person, sondern das einer Gruppe, der sie laut Schufa angehört. Trotzdem wird der Score herangezogen, um das individuelle Risiko zu bewerten, dass jemand nicht zahlt. Je höher der Score ist, desto besser.

Verbraucher erfahren auf Anfrage ihren Basisscore, der eine branchenübergreifende Bonität ausdrückt. Viel wichtiger sind aber spezielle Branchenscores oder individuelle Scores, die die Schufa tagesaktuell berechnet und ihren Vertragspartnern zur Verfügung stellt. Sie können vom Basisscore abweichen. Denn die Wahrscheinlichkeit, dass jemand den Baufinanzierungskredit zurückzahlt, muss nicht der Wahrscheinlichkeit entsprechen, dass er eine Rechnung beim Versandhandel bezahlt.

Die Vertragspartner der Schufa können den Score anfordern, wenn sie ein berechtigtes Interesse haben, wie eine Bank, bei der Kunden einen Kredit oder eine Kreditkarte beantragen.

Finanztest-Kritik. Die branchenspezifischen Scores bekommen Verbraucher nur, wenn sie für die Bonitätsauskunft der Schufa 29,95 Euro bezahlen. In der einmal im Jahr kostenlosen „Datenkopie" nach Artikel 15 der Datenschutz-Grundverordnung (DSGVO) stehen nur Branchenscores, die Unternehmen in den vergangenen zwölf Monaten angefragt haben und die Schufa an sie übermittelt hat.

? Welche Daten nutzt die Schufa für die Berechnung eines Scorewertes? Wie ist die Formel?

Die Schufa nutzt dafür allgemeine Daten wie Geburtsdatum, Geschlecht und Anzahl der

Voranschriften, um den Score zu ermitteln. Auch Finanzdaten wie Girokonten, Kreditkarten, Mobilfunkverträge fließen ein. Hinzu kommen Kreditaktivitäten im vergangenen Jahr, die Höhe der in Anspruch genommenen Kredite, der Zeitpunkt, seit wann Kredite genutzt werden und bisherige Zahlungsstörungen.

Die Anschrift spielt laut Schufa nur eine Rolle, wenn sie keine kreditrelevanten Informationen von einer Person hat und das anfragende Unternehmen trotzdem einen Score haben möchte.

Informationen über nicht vertragsgemäßes Verhalten können zum Beispiel ein durch die Bank gekündigter Kredit, Zahlungsausfälle oder Informationen aus öffentlichen Schuldnerverzeichnissen sein.

Finanztest-Kritik. Wie die Schufa die Kreditwürdigkeit berechnet, bleibt geheim. Das hat der Bundesgerichtshof bestätigt (Az. VI ZR 156/13). Es reiche, wenn sie Auskunft erteile, welche personenbezogenen und kreditrelevanten Daten in die Berechnung eingeflossen seien. Verbraucherschützer kritisieren, dass Kunden damit weiterhin keine Möglichkeit haben zu prüfen, ob dem Urteil der Schufa eine Fehlannahme zugrunde liegt.

Unser Rat

Nachfragen. Wird Ihnen ein Vertrag mit Verweis auf Ihre schlechte Schufa-Bewertung verwehrt, forschen Sie nach. Fragen Sie das Unternehmen, das der Schufa Unvorteilhaftes über Sie mitgeteilt hat. Antwortet es nicht, wenden Sie sich an die Schufa.

Gratis-Auskunft. Einmal pro Jahr können Sie unter meineschufa.de kostenlos Auskunft über die Daten anfordern, die die Schufa von Ihnen speichert. Klicken Sie auf der Internetseite ganz unten auf „Datenkopie (nach Art. 15 DSGVO)". Sonst landen Sie auf kostenpflichtigen Schufa-Angeboten. Deren Zusatznutzen ist, dass Sie über kreditrelevante Anfragen oder Änderungen Ihrer Bonität sofort per E-Mail oder Kurznachricht auf dem Handy informiert werden.

? Wenn die Kreditkarte oder der Dispokredit gesperrt wurden, sind dann stets die Schufa-Daten schuld?

Sie sind zumindest ein Bestandteil der Entscheidung einer Bank. Es ist empfehlenswert, hartnäckig nach dem Grund zu fragen oder gleich eine Eigenauskunft bei der Schufa einzuholen. Darauf hat jeder Mensch laut Datenschutz-Grundverordnung (DSGVO) Anspruch. Einmal im Jahr muss die Schufa kostenlos Auskunft geben. Wenn falsche Daten enthalten sind, muss sie sie umgehend korrigieren.

Finanztest-Kritik. Vor einem halben Jahr haben wir berichtet, dass einer Finanztest-Kollegin aufgrund einer falschen Meldung eines Energieversorgers an die Schufa von einem Tag zum anderen der Dispositionskredit und die Kreditkarte gekündigt wurden. Den Fehler behob das Unternehmen zwar nach acht Tagen, da waren die Kündigungen aber schon ausgesprochen (test.de/falscher-schufa-eintrag).

? Kann ich selbst darüber bestimmen, wie lange die Schufa meine Daten speichert?

Die DSGVO regelt nichts Genaues. Auskunfteien dürfen Daten speichern, solange es „erforderlich" ist. Alle Auskunfteien in Deutschland haben sich auf einheitliche Löschfristen geeinigt.

Girokonten, Kreditkarten, Rahmenkredite, Mobilfunk- und Stromverträge bleiben gespeichert, solange die Geschäftsbeziehung besteht. Anfragen, wie zu Kreditkonditionen oder Kreditkarten, bleiben zwölf Monate gespeichert.

Daten über Insolvenzverfahren sowie Kredite bleiben ab dem Tag, an dem sie beendet oder zurückgezahlt sind, noch weitere drei Jahre im Datenbestand. ■

Fünf sind Trumpf

Kreditkarten erleichtern den Onlinekauf und gehören in die Reisekasse. Bei kluger Wahl sparen unsere Modellkunden bis zu 136 Euro im Jahr.

3/2021 Eine Kreditkarte steckt in vielen Geldbörsen hierzulande: Mehr als 37 Millionen sind derzeit im Umlauf, im Jahr 2019 wurden mit ihnen rund 119 Milliarden Euro ausgegeben. Das sind gut 10 Milliarden Euro mehr als ein Jahr zuvor.

Finanztest hat für 28 weit verbreitete Kreditkarten ohne Premiumleistungen berechnet, was der Karteneinsatz die Nutzerinnen und Nutzer im Jahr kostet.

Die Spanne reicht von 0 bis 136 Euro. Die Preise sind im Vergleich zur Untersuchung im Vorjahr stabil. Verglichen wurde anhand von zwei Modellkunden:

Standardnutzerin. Sie setzt ihre Kreditkarte hauptsächlich für Einkäufe im Internet ein, bezahlt aber auch im Laden damit.

Reisender. Er nutzt die Karte hauptsächlich während mehrerer Reisen im Ausland zum Bezahlen und Geldabheben.

Neben dem Vergleich gibt es einiges, was jeder über Kreditkarten wissen sollte:

? Wozu brauche ich denn eine Kreditkarte?

Eine Kreditkarte ist neben der Girocard (früher ec-Karte) eine Möglichkeit, bargeldlos zu bezahlen. Mit allen Karten im Test können Sie auch kontaktlos bezahlen – also die Karte im kurzen Abstand vor das Kassenterminal halten. Sie brauchen dafür ab 50 Euro Ihre Geheimzahl (Pin). Finanztest zeigt unter test.de/kreditkarten, welche Karten die mobilen Bezahlverfahren Apple Pay und Google Pay unterstützen.

Die Kreditkarte ist praktisch, wenn Sie im Internet einkaufen wollen. Sehr viele Onlinehändler bieten Kreditkartenzahlung an. Dafür geben Sie Kartennummer, Ablaufdatum und Prüfnummer ein.

Seit Mitte März 2021 müssen Onlinehändler eine zusätzliche Sicherheitsprüfung durchführen. Das kann zum Beispiel eine Transaktionsnummer (Tan) sein, die Sie auf Ihr Handy bekommen.

Ihren größten Vorteil spielt die Kreditkarte aus, wenn Sie – so es wieder möglich ist – ins Ausland reisen. Damit können Sie nahezu überall auf der Welt bezahlen oder bei Bedarf Geld abheben.

? Was kostet es mich, eine Kreditkarte zu nutzen?

Kreditkartenanbieter berechnen meist eine Jahresgebühr und Sie müssen etwas bezahlen, wenn Sie damit Geld am Automaten abheben oder mit der Karte im Ausland in fremder Währung bezahlen.

Außerdem haben wir bei der Deutschen Bank, der Norisbank, der Postbank und der Targobank auch eine Wechselkursgebühr im Preisverzeichnis gefunden.

Ausnahmen. Fünf Karten in unserem Test stechen positiv hervor, weil sie kostenlos oder sehr preiswert im Einsatz sind: die Visa-Card der DKB, die Visa World Card von ICS, die Visa-Karte von Barclaycard, die Genialcard der Hanseatic Bank und die Deutschland-Kreditkarte Classic von Paysol (siehe Unser Rat).

? Ich nehme einfach die Kreditkarte meiner Hausbank. Wozu suchen?

Wenn Ihnen die Kosten für den Kreditkarteneinsatz egal sind, müssen Sie nicht suchen. Sie können aber sparen, wenn Sie die Karte nach Ihrem Haupteinsatzgebiet auswählen. An unseren beiden Modellfällen wird deutlich, dass sich die Suche lohnen kann.

Im besten Fall können Sie mehr als 100 Euro im Jahr sparen. Zum Beispiel, wenn Sie statt der Mastercard Standard der Deutschen Bank eine der fünf empfehlenswerten Kreditkarten aus unserem Test nehmen.

In unserem Test sind keine Karten von Sparkassen und Volksbanken. Die Karten sind dort an ein Girokonto geknüpft. Wir wissen, dass zur monatlichen Kontoführungsgebühr häufig ein jährlicher Grundpreis für die Kreditkarte zwischen rund 25 und 40 Euro kommt, selten ist es weniger.

Vor allem auf Reisen ist Abheben an Geldautomaten mit etwa 2 Prozent und mindestens 5 Euro oft teuer.

? Bekomme ich mit der Kreditkarte einen echten Kredit?

Bei den gängigen Kreditkarten in Deutschland zieht der Anbieter die Umsätze nur einmal im Monat per Lastschrift vom Girokonto ein. Kreditzinsen verlangen die Anbieter während dieses etwa vierwöchigen Zahlungsaufschubs nicht (Chargecard).

Sofort belastet wird in unserem Test das Konto nur bei der Visa Card der Consorsbank, der ING Visa Card und der N26 Mastercard (Debitkarten).

19 Kreditkarten im Test bieten den Nutzerinnen und Nutzern eine flexible Rückzahlung ihrer Umsätze an, bei 8 von ihnen ist sie im Kartenantrag bereits voreingestellt. Es wird nur ein Teilbetrag der Umsätze eingezogen. Der Zahlungsaufschub ist teuer, denn für den restlichen Betrag werden Zinsen von bis zu rund 19 Prozent ab dem Tag der Transaktion fällig. Die Teilzahlung können Sie meist im Onlinebanking selbst auf den vollen Ausgleich umstellen.

Das geht aber nicht bei allen Kreditkarten. In unserem Test sind das die Mastercard Gold der Advanzia Bank und der TF Bank sowie die 1 plus Visa Card der Santander Consumer Bank. Mancher kommt damit klar, die Kartenumsätze selbst zum vorgegebenen Termin zu begleichen. Alle anderen können die Zinsen teuer kommen.

Bei Advanzia, TF Bank und auch Targobank fallen bei Bargeldabhebungen immer Zinsen bis zum Ausgleich der Rechnung an.

Unser Rat

Auswahl. Eine Kreditkarte ist für Onlinekäufe praktisch. Wenn Urlaubsreisen wieder möglich sind, sollten Sie auch eine Kreditkarte in der Reisekasse haben. Sie sind nicht an Ihre Hausbank gebunden und können eine günstige Karte bei anderen Anbietern wählen.

Mit Girokonto. Komplett kostenlos ist die **DKB Visa-Card** für Kundinnen und Kunden mit einem monatlichen Geldeingang ab 700 Euro auf ihrem DKB-Girokonto.

Ohne Girokonto. Günstig ist die **Visa World Card** (ICS). Kostenlos nutzen können Sie folgende Karten, wenn Sie die voreingestellte Teilzahlung ab- und auf vollen Ausgleich der Rechnung umstellen: **Genialcard** (Hanseatic Bank), **Deutschland-Kreditkarte Classic** (Paysol) und **Visa-Karte** von **Barclaycard**. Sonst zahlen Sie hohe Zinsen. Können Sie die Teilzahlung nicht deaktivieren, müssen Sie Ausgaben selbst pünktlich ausgleichen.

? Wer haftet für falsche Kreditkartenabbuchungen?

Im Schadensfall haften Sie bis zur Sperre der Kreditkarte mit höchstens 50 Euro, danach nicht mehr. Manchmal entfällt die Selbstbeteiligung, wenn Kreditkarteninhaber nicht grob fahrlässig gehandelt haben.

Unberechtigte oder irrtümliche Buchungen können Sie unter Umständen im Chargeback-Verfahren zurückfordern. Alle Details zum Verfahren finden Sie unter test.de/chargeback erläutert.

Tipp. Im Internet unter test.de/kreditkarten finden Sie viele Details zu mehr als 30 Kreditkarten. ■

Wie Banken Kredite vergeben

Oft wird erst auf den zweiten Blick klar, warum Banken Kredite ablehnen. Finanztest hat bei 21 Banken nach den Gründen gefragt.

6/2021 Die Menschen in Deutschland kaufen auch in Corona-Zeiten Möbel, Kücheneinrichtungen und teure Technik auf Pump. Doch ein Ratenkredit ist kein Selbstläufer. Banken lehnen Kreditanträge oft ohne Erklärung ab, obwohl Kundin oder Kunde sich nach eigener Rechnung den Kredit leisten können. Oder die Institute verlangen einen viel höheren Zins als in der Werbung.

Finanztest zeigt, welche Kriterien für die Kreditvergabe wichtig sind. Dazu wurden 21 Banken befragt.

? Wie ermittelt die Bank, ob sie mir einen Kredit gibt?

Voraussetzung für jede Kreditzusage ist, dass Kreditnehmende volljährig sowie voll rechts- und geschäftsfähig sind. Sie benötigen ein festes Monatseinkommen, wie Gehalt oder Rente. Die Bank muss sehen, dass die monatlichen Einnahmen höher als die Ausgaben sind.

Für die Ausgaben setzen einige Banken Pauschalwerte an. Das ergaben die Anträge für Onlinekredite bei 21 Banken. Häufig fragen Banken die Ausgaben nicht einzeln ab, sondern nur, wie viele Personen einem Haushalt angehören und wie viele Personen zu den Einkünften des Haushalts beitragen.

Einige Banken wie die DKB und die SKG Bank haben einen Sofortkredit im Angebot, für den sie direkt auf die Umsätze des Girokontos schauen – sofern Kreditnehmende zustimmen. So kann sonst nur die Hausbank arbeiten, wenn eigene Kunden einen Kredit beantragen. Rechtsgrundlage für diesen Kontoeinblick ist die europäische Zahlungsdienste-Richtlinie (PSD2).

Tipp. Wenn die Bank Ihren Online-Kreditantrag ablehnt, Sie aber der Meinung sind, dass Sie sich den Kredit leisten können, suchen Sie das Gespräch mit einer Kundenberaterin oder einem Kundenberater und erläutern Sie Ihre Einnahmen und Ausgaben. Erwarten Sie zum Beispiel eine größere Summe wie eine Abfindung, die Auszahlung eines Sparplans oder einer Lebensversicherung?

Lassen Sie auf jeden Fall die Finger von „Schufa-freien" Krediten, für die der Kreditgeber keine Anfrage bei der Auskunftei Schufa stellt. Die Anbieter wissen, dass in der Regel nur Kunden kommen, die anderswo erfolglos einen Kredit beantragt haben. Ein solcher Vertrag hat häufig deutlich höhere Zinsen.

? Ist die Schufa-Auskunft das einzige Kriterium für die Zusage?

Der Schufa-Score ist ein Zahlenwert in Prozent und sagt einer Bank, mit welcher Wahrscheinlichkeit ein Kunde den Kredit ordnungsgemäß zurückzahlt. Er beschreibt nicht das Zahlungsverhalten der Person, sondern das einer Gruppe, der sie angehört.

Der Schufa-Score ist nur eines von mehreren Kriterien. Zutreffend ist, dass es mit einer Kreditzusage schlecht aussieht, wenn der Score einen bestimmten Wert unterschreitet.

Tipp. Sollte Ihnen ein Kredit mit Hinweis auf Ihre Schufa-Daten verweigert werden, prüfen Sie die dort gespeicherten Daten. Stehen dort falsche Angaben, fordern Sie die Schufa auf, das umgehend zu korrigieren. Dazu ist sie verpflichtet.

? Was unterscheidet die Kreditwürdigkeit von der Bonität?

Die beiden Begriffe werden meist synonym dafür verwendet, wie wahrscheinlich es ist, dass Schuldner künftigen Zahlungsverpflichtungen pünktlich und vollständig nachkommen können oder wollen. Der Unterschied beider Begriffe liegt im Detail.

Kreditwürdigkeit. Hier schaut die Bank, ob die Kundin sich die monatliche Rate überhaupt leisten kann. Das hängt ab vom gewünschten Betrag und der Laufzeit. Sie prüft, ob Einnahmen und Ausgaben in einem wirtschaftlich akzeptablen Verhältnis stehen und ob bereits Kredite vertragsgemäß bedient worden sind oder es Zahlungsausfälle gab.
Bonität. Hier prüft die Bank, wie gut sich die Person die Rate leisten kann – wie viel Einkommen sie nach Abzug ihrer Lebenshaltungskosten noch frei verfügbar hat. Liegt dieses zum Beispiel bei 800 Euro, ist es einfacher, sich eine monatliche Rate von 300 Euro als von 700 Euro zu leisten. Aus diesem Grund ist die Bonität für denselben Kunden bei einer Rate von 300 Euro meist besser als bei einer Rate von 700 Euro. Das kann dazu führen, dass die Bank für den Kredit mit einer Rate von 300 Euro einen niedrigeren Zinssatz anbietet als für den Kredit mit einer Rate von 700 Euro.

Aus diesem Grund geben Banken die Konditionen häufig mit dem Vermerk „ab ... Prozent" an. Sie machen den Zins von der Bonität des Kunden abhängig.
Tipp. Bei bonitätsabhängigen Zinsen müssen Sie den Zins beachten, der auf Ihrem Angebot steht. Häufig ist er deutlich höher als der beworbene. Auf der sicheren Seite sind Sie bei einer Bank, die bonitätsunabhängige Konditionen hat. Kreditwürdige bekommen dort die Konditionen aus der Werbung.

Vergleichen Sie mehrere Angebote, auch jenseits der Hausbank. Der Ratenkreditvergleich unter test.de/ratenkredite enthält monatlich aktuelle Effektivzinssätze für Ratenkredite über 5 000, 10 000 und 20 000 Euro für verschiedene Laufzeiten.

? Bekomme ich jede Kreditsumme, die ich will?

Nein, das kommt auf Ihr monatliches Einkommen, Ihre Ausgaben und weitere Zahlungsverpflichtungen an. Maximal möglich sind bei den Banken im Test Summen bis 100 000 Euro (Sparkasse Hannover und SWK Bank). Das gilt für Kredite, für die keine besonderen Sicherheiten gefordert werden. Bei anderen Banken, beispielsweise der Comdirect, der Frankfurter Sparkasse und der Hypovereinsbank, beträgt die Höchstkreditsumme 50.000 Euro.

Seit Mai 2018 dürfen Banken Kredite nur noch vergeben, wenn kein erheblicher Zweifel besteht, dass der Darlehensnehmer den Kredit zurückzahlen kann. „Der vom Gesetzgeber gewünschte Schutz hat auch Nachteile", erklärt Susanne Götz von der Verbraucherzentrale Bayern. „Um das Risiko einer falschen Einschätzung zu vermeiden, lehnen Banken ältere Personen, Selbstständige oder Kreditnehmer mit befristeten Arbeitsverhältnissen manchmal vorschnell ab." Einige Banken im Test schränkten ihr Angebot beim Alter des Kreditnehmenden oder der Kreditsumme ein.
Tipp. Mit unserem Ratenrechner unter test.de/ratenkredite können Sie sehen, wie hoch Ihre Monatsrate je nach Kreditwunsch und Laufzeit ausfällt.

Wenn Sie den Kredit für bauliche Maßnahmen am Haus benötigen, sollten Sie prüfen, ob ein Immobilienkredit oder eine Fördermaßnahme Alternativen sind.

? Rät mir die Bank zu Recht zu einer Restschuldversicherung?

Nein, in den meisten Fällen nicht. Banken und Händler bieten zum Ratenkredit oft eine Kreditversicherung an – eine Restschuld- oder Ratenversicherung. Sie soll helfen, wenn Bankkunden die monatlichen Raten wegen langer Krankheit, Arbeitslosigkeit oder gar Tod nicht mehr bezahlen können. Die Risiken lassen sich allein oder kombiniert absichern.

Der Kreditschutz ist sehr teuer. Das fällt oft nicht auf, weil Kosten für die Versicherung nicht in den effektiven Jahreszins eingerechnet werden müssen und Kunden so die Kreditkosten nicht vergleichen können. Außerdem enthalten die Bedingungen oft überraschende Einschränkungen, sodass die Versicherung die Rate trotz Arbeitslosigkeit oder Arbeitsunfähigkeit nicht übernimmt.
Tipp. Aus diesen Gründen raten wir von einer Restschuldversicherung ab. ■

Die letzten Gratiskonten

Nur noch 14 Gehaltskonten in unserem Test sind ohne Bedingungen kostenlos. Finanztest zeigt, wie Sie ein günstiges Konto finden.

9/2021 Die Kosten für private Girokonten sind in den vergangenen Jahren überdurchschnittlich gestiegen. Bankkundinnen und Bankkunden mussten im Oktober 2020 gut 6 Prozent mehr an Gebühren bezahlen als im Jahr zuvor, so das Statistische Bundesamt. Die allgemeinen Verbraucherpreise dagegen stagnierten in diesem Zeitraum nahezu. Zwischen 2015 und 2019 verteuerten sich Bankdienstleistungen insgesamt um 25 Prozent.

Gehalts- und Rentenkonten im Test

Mit unserem Test der Kontoführungspreise haben wir die Preise für rund 380 Kontomodelle von 152 Banken ermittelt – so viele wie nie zuvor. Sie decken etwa 70 Prozent des Marktes ab. Es sind meist Konten, auf die regelmäßig Geld eingeht, wie Gehalt, Rente, Arbeitslosengeld oder Bafög. Neuerdings gibt es häufiger Konten, auf die kein Geld eingehen muss.

Für die Vergleichbarkeit haben wir in bewährter Weise den Preis für eine Modellkundin gerechnet: Sie bekommt ein Gehalt, führt das Konto wie 65 Prozent aller Bankkunden online und nutzt es durchschnittlich. Im Kontopreis inbegriffen ist die Girocard (früher ec-Karte), die zur Kontoführung notwendig ist.

Gefunden haben wir 14 Konten, die ohne Bedingungen für unsere Modellkundin gratis sind. Zehn davon gibt es bei bundesweit tätigen Banken, wobei die Edekabank nur eigenen Mitarbeitern offensteht. Vor einem Jahr hatten wir noch 20 Gratiskonten gezählt.

Gratis sind inzwischen immer mehr Girokonten nur noch, wenn es einen monatlichen Geldeingang in bestimmter Höhe gibt. Zum Beispiel bei der Norisbank: Das Top-Girokonto kostet jetzt 3,90 Euro pro Monat, der monatliche Grundpreis entfällt ab einem Geldeingang von 500 Euro.

Auch das Konto der Comdirect und das Girokonto von O_2 Banking waren 2020 noch ohne Wenn und Aber gratis. Jetzt gilt das nur noch unter bestimmten Voraussetzungen: Entweder gibt es einen Geldeingang von 700 Euro, die Bankkundin leistet drei Zahlungen mit Apple Pay oder Google Pay oder erledigt eine Wertpapiertransaktion. Wer das nicht macht, muss im Monat 4,90 Euro bezahlen.

Das sind knapp 60 Euro im Jahr inklusive der Girocard. Bis zu diesem Preis sprechen wir von einem günstigen Girokonto. So viel darf ein Konto kosten, denn die Bank wickelt Buchungen ab, stellt Geldautomaten und sichere Technik für das Onlinebanking bereit.

Drei Wege, Kosten zu senken

Wer mehr als 60 Euro im Jahr für das Konto bezahlt, hat drei Möglichkeiten seine Kosten zu senken. Die Person kann ihr Verhalten ändern, das Kontomodell wechseln oder zu einer anderen Bank gehen:

1. Verhalten ändern. Es lohnt sich genau hinzuschauen, welche einzelne Bankdienstleistung welchen Preis hat. Denn nicht alle sind im monatlichen Grundpreis enthalten.

Teuer wird es etwa, wenn bei einem Onlinekonto eine Papierüberweisung genutzt wird. Bei der Sparda West und der Raiffeisenbank im Hochtaunus kostet das 5 Euro, bei Comdirect und O_2 Banking 4,90 Euro.

Wer am fremden Automaten, der weder zur eigenen Bank noch zum Bankenverbund gehört, Geld abheben möchte, wird jedes Mal mit bis zu 6 Euro zur Kasse gebeten.

Auch Bargeldeinzahlungen auf das eigene Konto können extra kosten, vor allem bei Direktbanken. Mindestens 7,50 Euro werden fällig, wenn etwa Kunden der C24 Bank, Edekabank oder der Ethikbank über die Reisebank Bares einzahlen.

2. Kontomodell wechseln. Die meisten Banken und Sparkassen bieten mehrere Kontomodelle an. Wer sein Konto zu teuer findet, sollte erst bei der eigenen Bank nach preiswerteren Konten fragen.

Die Salzlandsparkasse führt für unsere Modellkundin eines der teuersten Konten im Test: Rund 238 Euro im Jahr werden für das Konto Classic fällig. Zwar steht der Grundpreis bei gefälligen 4,80 Euro pro Monat. Der extrem hohe Preis für unsere Modellkundin kommt zustande, weil die Bank für jede einzelne Buchung zusätzlich 0,50 Euro berechnet.

Wechselt unsere Modellkundin bei derselben Sparkasse in das Kontomodell Aktiv, zahlt sie mit gut 57 Euro weniger als ein Viertel des ursprünglichen Preises inklusive Girocard und aller Onlinebuchungen – und hat somit ein Konto mit günstigem Jahrespreis.

3. Bank wechseln. Ein Bankenwechsel geht heute schneller als noch vor ein paar Jahren. Wenn Kunden wechseln wollen, müssen alte und neue Bank per Gesetz zusammenarbeiten. Die meisten bieten einen Kontowechselservice an (siehe Unser Rat).

Zuvor müssen Kunden jedoch wissen, was das Girokonto bei der neuen Bank kostet. Das steht in der sogenannten Entgeltinformation, die jede Bank zu jedem Kontomodell im Internet veröffentlichen muss. Nicht immer ist diese Information leicht zu finden. Auf einem dieser Wege werden Interessierte meist fündig:

- Sie können das Wort „Entgeltinformation“ in die Suchfunktion auf der Homepage der Bank eingeben.
- Sie können sich zuerst das Kontomodell aussuchen und anklicken und finden dort die dazugehörige Entgeltinformation.
- In der Fußzeile der Bankenwebseite – in der auch das Impressum steht – finden sie entweder den Hinweis auf „Pflichtinformationen“, „Entgeltinformation gemäß Zahlungskontengesetz (ZKG)“ oder Kunden klicken auf den Button, bei dem irgendetwas mit „Preise“ steht.

Die Entgeltinformation listet rund 20 Bankdienstleistungen mit den dazugehörigen Preisen auf. Dadurch sind die verschiedenen Girokontomodelle vergleichbar.

Unsere Modellkundin, die bisher bei der Salzlandsparkasse war, könnte zum Beispiel zu einer Bank mit einem der 14 Gratiskonten ohne Bedingungen wechseln, zum Beispiel zur Santander. Diese Bank hat bundesweit auch Filialen.

Achtung. Im Blick haben sollten Bankkundinnen und Bankkunden auch, ob eine Bank Strafzinsen für Guthaben auf dem Konto verlangt. Das ist derzeit immer häufiger der Fall. Der zinsfreie Betrag gilt mal für das Girokonto, mal für alle Guthaben.

Bei der Sparda Berlin etwa liegt der Freibetrag für Girokonten bei 25 000 Euro, darüber werden 0,5 Prozent Minuszins fällig. Die meisten Kunden werden davon aber wohl verschont bleiben, weil sie nicht so viel Geld auf dem Girokonto liegen haben, sondern eher zu verzinsten Tages- und Festgeldkonten wechseln.

Unser Rat

Gratis. Wenn Sie Ihr Girokonto online führen, können Sie auf Seite 28 aus 14 bedingungslos kostenlosen Konten wählen. Bei der Hälfte muss nicht einmal Gehalt oder anderes Geld eingehen. Wollen Sie eine Filiale nutzen, gibt es Gratiskonten bei zehn Kreditinstituten, davon sechs bei bundesweit tätigen.

Günstig. Kostet Ihr Konto nicht mehr als 60 Euro im Jahr inklusive Girocard und allen Buchungen, ist das akzeptabel. Ist es mehr, sollten Sie einen Wechsel erwägen.

Wechseln. Mit dem Kontowechselservice gelingt der Umstieg zur neuen Bank besser. Details finden Sie online: test.de/wechselservice

Kostenlose Girokonten ohne Wenn und Aber

Diese 14 online geführten Girokonten sind inklusive einer Girocard kostenlos. Es muss meist nur einmal monatlich Geld, Gehalt oder Rente eingehen. Informationen zu rund 380 Kontomodellen von mehr als 150 Banken bietet unsere Vergleichswebsite unter: test.de/girokonto

Anbieter Kontomodell	**Filialen**	**Kosten bei Nutzung von …**				
		beleghafter Überweisung / Telefonservice (Euro pro Überweisung)	**Kreditkarte**			
			Preis (Euro pro Jahr)	**Kostenlos Bargeld abheben im …**		
				Inland	**Euroland**	**Ausland** in Fremdwährung
Überregionale Angebote						
1822direkt 1822Mobile	□	4,50	–	–	–	–
C24 Bank Smartkonto	□	–	0[8]	◩[7]	◩[7]	□
DKB Cash	□	2,95 / –	0	■	■	□[2]
Edekabank Edeka-Konto[10]	□	0 / –	30,00	□	□	□
KT Bank Girokonto ●	■	1,50 / –	30,00[8]	◩[5]	◩[5]	□
Raiffeisenbank im Hochtaunus OnlineOnly-Konto	■	5,00 / –	0[8]	◩[6]	◩[6]	□
PSD Nürnberg GiroDirekt	■	1,00 / 1,50	0	□	□	□
Santander BestGiro	■	1,50	0	◩[9]	◩[9]	◩[9]
Sparda Hessen Giro	■	0,95 / 0	20,00[1]	□	□	□
VR Bank Niederbayern-Oberpfalz Mein GiroDirekt	■	0	25,00[1]	□	□	□
Regionale Angebote						
PSD Hessen-Thüringen GiroOnline	■	2,50 / 0,99	25,00	□	□	□
PSD München GiroDirekt	■	1,90	30,00	□	□	□
PSD Rhein-Ruhr GiroDirekt[3]	■	1,50 / 0	25,00[1)4)]	□	□	□
Volksbank BraWo MeinKonto	■	–	0[8]	□	□	□

■ = Ja. □ = Nein. ◩ = Eingeschränkt.
– = Entfällt/ Nicht möglich.
Reihenfolge nach Alphabet.
● = Bank mit Nachhaltigkeitsanspruch.

1) Reduzierung abhängig vom Jahresumsatz bis auf 0 Euro.
2) Für Aktivkunden möglich.
3) Konto mit Guthabenverzinsung.
4) Im ersten Jahr kostenlos.
5) Dreimal im Monat.
6) 52-mal im Jahr.
7) Zweimal im Monat.
8) Debitkarte, Zahlung wird sofort abgebucht.
9) Viermal im Monat.
10) Nur für Angestellte der Edeka-Gruppe.

Stand: August 2021

Rundfunkbeitrag loswerden

Sie benötigen:

- Antrag auf Befreiung vom Rundfunkbeitrag
- Nachweis über den Befreiungsgrund als gut lesbare Kopie

4/2021 Sie schauen kein Fernsehen mehr und wollen sich vom Rundfunkbeitrag befreien lassen oder Sie wollen nicht mehrfach zahlen? Eine Befreiung ist nur ausnahmsweise aus sozialen oder gesundheitlichen Gründen möglich oder für eine Zweitwohnung. Denn der Europäische Gerichtshof bestätigte erst 2018, dass die Gebühr zulässig ist (Az. C-492/17). Sie finanziert Radio und TV des öffentlich-rechtlichen Rundfunks, auch deren Mediatheken oder die YouTube-Formate des Content-Netzwerks Funk.

Schritt 1. Klären Sie, ob bei Ihnen ein Befreiungsgrund vorliegt. Das ist etwa der Fall bei Bafög-Empfängern, die nicht mehr bei ihren Eltern wohnen, und bei Beziehern von Sozialleistungen wie Arbeitslosengeld 2 oder Grundsicherung. Befreien lassen können sich auch taubblinde Personen und Menschen, die schon für eine erste Wohnung zahlen.

Schritt 2. Klären Sie alternativ, ob bei Ihnen eine Ermäßigung infrage kommt. Möglich ist das bei Schwerbehinderten mit Merkzeichen „RF" im Ausweis. Sie zahlen auf Antrag monatlich nur 6,12 Euro statt 18,36 Euro.

Schritt 3. Wenn bei Ihnen ein Befreiungsgrund vorliegt, gehen Sie auf die Internetseite des Beitragsservice (rundfunkbeitrag.de) und klicken Sie auf „Befreiung/Ermäßigung beantragen". Füllen Sie das Formular aus und laden Sie dann den erstellten Antrag herunter, drucken Sie ihn aus und unterschreiben Sie ihn. Wer keinen Drucker oder Computer hat, kann einen Antrag auch bei der Gemeinde abholen.

Schritt 4. Als Nächstes brauchen Sie einen Nachweis über Ihren Befreiungsgrund (siehe Schritt 1 und 2). Das kann beispielsweise eine Kopie des Bafög-Bewilligungsbescheids sein.

Schritt 5. Schicken Sie den Antrag samt Kopie des Nachweises an den Beitragsservice. Die Ermäßigung des Rundfunkbeitrags beginnt mit dem Datum der Zuerkennung des Merkzeichens RF. Die Befreiung von der Beitragspflicht beginnt zum Beispiel mit Beginn der nachgewiesenen Sozialleistung. Zurückliegende Zeiträume können maximal drei Jahre rückwirkend ab Antragstellung berücksichtigt werden. Fallen die Befreiungsvoraussetzungen weg, müssen Sie das dem Beitragsservice mitteilen. ■

Offene Rechnungen

Viele Selbstständige und Privatleute haben durch Corona Schulden. Sie können sie durch ein Insolvenzverfahren jetzt schneller loswerden.

2/2021 Sorge um die finanzielle Zukunft treibt viele Selbstständige um, die durch die Coronakrise Einnahmeverluste haben. Auch Privatleute fragen sich, was passiert, wenn sich die Schulden häufen und sie Rechnungen nicht mehr bezahlen können. Droht dann die Insolvenz?

Sind Verbindlichkeiten wie Miete und Kreditraten höher als das Vermögen, gilt eine Person als überschuldet. Zahlungsunfähig oder insolvent ist jemand erst, wenn er bereits fällige Forderungen nicht mehr bezahlen kann. Dann kann die Person einen Insolvenzantrag stellen, ist anders als Geschäftsführer von GmbHs aber nicht dazu verpflichtet. Trotz Corona gab es 2020 nicht mehr, sondern weniger Insolvenzen: Von Januar bis September 2020 stellten 25 Prozent weniger Einzelpersonen einen Insolvenzantrag als im Vorjahreszeitraum.

Schnellere Entschuldung

Als Grund für den Rückgang vermutet das Statistische Bundesamt ein Ende 2020 verabschiedetes Gesetz, das eine EU-Richtlinie aus dem Jahr 2019 in nationales Recht umsetzt. Einzelpersonen können jetzt innerhalb von drei Jahren ihre Schulden loswerden. Zuvor hat das sogenannte Verfahren zur Restschuldbefreiung in der Regel sechs Jahre gedauert. Da nur Anträge ab Oktober 2020 von der neuen Drei-Jahres-Frist profitieren, haben vermutlich einige Schuldner abgewartet. Auch die Unternehmensinsolvenzen waren 2020 rückläufig, was an der zeitweise wegen Corona ausgesetzten Antragspflicht liegt. Experten rechnen jedoch damit, dass die Zahl der Insolvenzanträge im Jahr 2021 zunehmen wird.

Beratung suchen

Was tun, wenn das Geld tatsächlich knapp wird? „Leider kommen viele Menschen zu spät zu uns, wenn die Überschuldung schon eingetreten ist", sagt Christoph Zerhusen von der Verbraucherzentrale Nordrhein-Westfalen. Menschen mit finanziellen Schwierigkeiten sollten sich frühzeitig beraten lassen, weil es dann noch mehr Handlungsmöglichkeiten gibt (siehe Unser Rat).

Prüfen der finanziellen Situation

Mit Hilfe der Beratungsstelle verschaffen Schuldner sich einen Überblick über die Finanzen und können versuchen, sich mit den Gläubigern außergerichtlich zu einigen. Für das Verbraucherinsolvenzverfahren, auch Privatinsolvenz genannt, ist ein solcher Versuch zwingend vorgeschrieben. Bei dem Regelinsolvenzverfahren für Selbstständige und für ehemalige Selbstständige mit mehr als 19 Gläubigern oder mit Forderungen aus Arbeitsverhältnissen ist das freiwillig.

Das Insolvenzverfahren

Scheitert der Versuch, eine Einigung zu erzielen, stellt der Schuldner, oft mithilfe der Beratungsstelle, einen Insolvenzantrag beim zuständigen Gericht. Für Verbraucher ist meist das Amtsgericht des Wohnorts zuständig, für Selbstständige ein zentrales Insolvenzgericht.

Die beiden Verfahren – Verbraucher- und Regelinsolvenz – unterscheiden sich nicht wesentlich. Das Gericht benennt einen Insolvenzverwalter, der ein Verzeichnis der Gläubiger erstellt. Die Insolvenz wird öffentlich bekannt gemacht, zum Beispiel auf der Webseite Insolvenzbekanntmachungen.de.

Bislang nicht bekannte Gläubiger können ihre Forderungen beim Insolvenzverwalter anmelden. Dieser hat die Aufgabe, das vorhandene Vermögen – die Insolvenzmasse – unter den Gläubigern aufzuteilen. Er kann Vermögenswerte wie Immobilien, Luxusgegenstände oder Autos auch verkaufen. Wurde das Vermögen des Schuldners auf diese Weise verteilt, endet das Insolvenzverfahren. Es dauert üblicherweise ein bis zwei Jahre.

Der Insolvenzplan

Eine weitere Möglichkeit, seine Schulden loszuwerden, bietet der Insolvenzplan. Er kommt nur für Menschen infrage, die einen Geldgeber haben. Die Grundidee: Man kann Gläubiger durch eine Einmalzahlung besserstellen, als es mit dem Insolvenzverfahren der Fall wäre, und verkürzt so das mehrjährige Verfahren. Es müssen nicht alle Gläubiger zustimmen, sondern nur die Mehrheit der bei der Gläubigerversammlung Anwesenden. Auch Schulden aus Straftaten, sonst nicht Teil des Insolvenzverfahrens, kann man so loswerden.

Die Restschuldbefreiung

Für die meisten kommt nur das Insolvenzverfahren infrage. Zeitgleich mit dem Insolvenzantrag beim Gericht stellt der Schuldner einen Antrag auf Restschuldbefreiung. Dieses Verfahren läuft zunächst „still" neben dem Insolvenzverfahren. Wenn dieses abgeschlossen ist, beginnt die sogenannte Wohlverhaltensphase.

In dieser Zeit muss der Schuldner gewisse Vorgaben erfüllen, beispielsweise arbeiten oder Arbeit suchen. Außerdem muss er einen Teil seines Einkommens an einen Treuhänder abgeben, der das Geld wiederum an die Gläubiger verteilt. Dabei ist der Pfändungsfreibetrag von derzeit 1252,64 Euro geschützt; er darf also nicht gepfändet werden. Es sollte ein Pfändungsschutzkonto eingerichtet werden. Die Pfändungsfreigrenze liegt je nach Höhe des Einkommens und der Anzahl unterhaltspflichtiger Personen höher. Mehr dazu gibt es online (test.de/pfaendungsrechner).

Was viele Selbstständige nicht wissen: Sie können auch während eines Insolvenzverfahrens selbstständig tätig sein. Häufig dürfen sie sogar Einnahmen jenseits dessen, was für sie als fiktives Gehalt als Angestellte kalkuliert wurde, behalten. So können sie sich finanziell besserstellen. Hat sich der Schuldner an die Vorgaben gehalten, ist er am Ende des Verfahrens schuldenfrei und kann mit einer schwarzen Null einen Neustart wagen.

Eintrag bei Schufa und Co

Doch selbst wer schuldenfrei ist, kann Schwierigkeiten bei Vertragsabschlüssen haben. Auskunfteien wie die Schufa dürfen drei weitere Jahre lang speichern, dass einer Person Schulden erlassen wurden. Das hat das neue Gesetz nicht geändert. Das Oberlandesgericht in Schleswig hält jedoch nur sechs Monate für gerechtfertigt. Über die Revision der Schufa wird der Bundesgerichtshof entscheiden. ■

Unser Rat

Beratung für Verbraucher. Suchen Sie sich Hilfe, wenn Sie finanzielle Probleme haben. Für Angestellte, Rentner, Arbeitslose und viele ehemals Selbstständige ist das kostenlos. Schuldnerberatungsstellen gibt es beispielsweise von Städten, Verbraucherzentralen und Wohlfahrtsorganisationen wie Diakonie und Arbeiterwohlfahrt. Sie sollte im jeweiligen Bundesland anerkannt sein. Sie finden eine Übersicht der Schuldnerberatungsstellen in Ihrer Nähe auf der Webseite des örtlichen Regierungspräsidiums und auf der Webseite schuldnerberatungsatlas.destatis.de. Die Wartezeit kann Wochen bis Monate betragen.

Hilfe für Selbstständige. Für die Gruppe der Selbstständigen gibt es weniger kostenfreie Angebote. Viele Industrie- und Handelskammern haben für ihre Mitglieder eine Insolvenzsprechstunde. Die Beratung durch einen Fachanwalt für Insolvenzrecht ist nicht kostenfrei, dafür bekommt man in der Regel schnell einen Termin und wird durch das gesamte Verfahren begleitet.

Irrtümer rund um den Job

Arbeitsrecht ist kompliziert. Oft machen sich Arbeitnehmer und Arbeitgeber falsche Vorstellungen. Wir klären über 14 häufige Irrtümer auf.

5/2021 Das Arbeitsrecht wird nicht nur durch Gesetze, sondern durch den Arbeitsvertrag, Tarifverträge und Betriebsvereinbarungen bestimmt.

1 Beim Vorstellungsgespräch muss ich immer die Wahrheit sagen.
Nein, Sie dürfen bei unzulässigen Fragen lügen und sollten das auch tun. Ihre Privat- und Intimsphäre geht Ihre Arbeitgeberin nichts an. Auf die Frage nach einem Partner, Heiratsplänen, Kinderwunsch oder Schwangerschaft dürfen und sollten Sie so antworten, wie die Chefin es gern hören möchte. Das Gleiche gilt für Fragen nach Konfession, Gewerkschaftsmitgliedschaft sowie Gesundheitszustand.

2 Ein Arbeitsvertrag muss immer schriftlich geschlossen werden.
Nein, ein Arbeitsvertrag oder Änderungen eines solchen können auch mündlich, per Handschlag oder sogar stillschweigend durch die Aufnahme der Tätigkeit geschlossen werden. Aber Achtung: Befristungen müssen immer schriftlich festgehalten sein.

3 In der Probezeit kann mir jederzeit und fristlos gekündigt werden.
Nein. In der Regel beträgt die Kündigungsfrist in der Probezeit zwei Wochen. Einen Grund für die Probezeitkündigung muss der Arbeitgeber aber nicht nennen.

4 In der Probezeit darf ich keinen Urlaub nehmen.
Falsch. Es gibt keine Urlaubssperre in der Probezeit. Mit jedem Monat Beschäftigung erwerben Sie einen Urlaubsanspruch in Höhe eines Zwölftels des Jahresurlaubs.

5 Ein Arbeitsvertrag darf höchstens auf zwei Jahre befristet werden.
Das stimmt nicht ganz. Nur ohne Begründung befristete Verträge dürfen nicht mehr als zwei Jahre laufen.

6 Ich darf niemandem sagen, wie viel ich verdiene.
Doch, über das Gehalt zu sprechen, ist erlaubt. Eine Anweisung von Vorgesetzten, über den Verdienst zu schweigen, ist unzulässig.

7 Meine Chefin darf bestimmen, wann ich Urlaub machen kann.
Das ist falsch. Sie darf Urlaub nur ablehnen, wenn dringende betriebliche Erfordernisse entgegenstehen. Wollen mehrere Kollegen zur selben Zeit Urlaub nehmen, müssen Chefs eine soziale Auswahl treffen, etwa in Schulferien Mitarbeitern mit Kindern Vorrang geben.

8 Wenn ich krankgeschrieben bin, darf ich das Haus nicht verlassen.
Doch, wenn es der Heilung dient, sollen Sie sogar. Sie können sogar in den Urlaub fahren, zum Beispiel ans Meer bei Atemwegserkrankungen. Verboten ist nur, was der Genesung schadet. Fragen Sie im Zweifel Ihre Ärztin.

9 Ich kann Resturlaub mit ins neue Jahr nehmen.
Das Bundesurlaubsgesetz erlaubt einen Übertrag von Urlaub aufs nächste Jahr nur, wenn Mitarbeiterin oder Mitarbeiter aus dringenden betrieblichen oder persönlichen Gründen nicht in den Urlaub gehen konnten.

10 Überstunden sind pauschal mit dem Lohn abgegolten.
Das ist falsch. Klauseln im Arbeitsvertrag, wonach Überstunden grundsätzlich nicht extra

bezahlt werden, sind regelmäßig unwirksam. Dasselbe gilt für Klauseln wie „übliche Überstunden", „Überstunden in geringfügigem Umfang" oder „in angemessenem Rahmen".

11 In meinem Büro kann ich schalten und walten, wie ich will.

Nein, kraft seines Direktionsrechts bestimmt der Arbeitgeber die Arbeitsbedingungen. Für Mitarbeiter mit Kundenkontakt sind auch Regeln für die Kleidung zulässig. Chef und Chefin müssen ihr Weisungsrecht aber nach „billigem Ermessen" ausüben.

12 Bei der Arbeit darf ich nicht privat im Internet surfen.

Oft stimmt das nicht. Viele Arbeitgeber erlauben die gelegentliche private Nutzung des Internets. Übertreiben Sie es aber nicht. Nur mit ein paar Minuten pro Tag sind Sie zuverlässig auf der sicheren Seite.

Unser Rat

Arbeitsvertrag. Der Arbeitsvertrag regelt die Bedingungen Ihrer beruflichen Tätigkeit. Gibt es Streit zwischen Ihnen und Ihrem Arbeitgeber, ist er Grundlage für die Lösung des Konflikts. Lesen Sie ihn sorgfältig durch. Sehen Sie sich auch die Tarifverträge und Betriebsvereinbarungen an, die für Sie gelten.

Beratung. Benötigen Sie rechtlichen Beistand, suchen Sie am besten nach einem Fachanwalt für Arbeitsrecht, der Erfahrungen mit Fällen wie Ihrem hat. Sind Sie Mitglied einer Gewerkschaft, erhalten Sie in der Regel eine kostenfreie Rechtsberatung.

13 Ich muss ins Homeoffice, wenn die Chefin das will.

Die Chefin kann Sie auch bei Infektionsgefahr nicht zu Homeoffice verpflichten. Einzige Ausnahme: Schon im Arbeitsvertrag ist die Pflicht zur Heimarbeit vereinbart.

Klar ist allerdings: Wenn das Gesundheitsamt oder die Landesregierung den Betrieb auf der Grundlage des Infektionsschutzgesetzes verbietet oder schließt, dann ist es mit der Wahlmöglichkeit vorbei. Sie bekommen dann entweder Lohn oder Kurzarbeitergeld. Im Einzelfall können Sie nach Treu und Glauben zur Heimarbeit verpflichtet sein.

Umgekehrt gilt aber auch: Als Arbeitnehmer haben Sie kein Recht auf Heimarbeit, solange es nicht im Einzelfall vereinbart ist, es keine entsprechende Betriebsvereinbarung oder eine Regelung im Tarifvertrag gibt.

Wenn der Chef Sie nicht freiwillig von zu Hause aus arbeiten lässt, müssen Sie in den Betrieb kommen. Allerdings: Immer mehr Unternehmen fördern inzwischen Heimarbeit. Außerdem wird über eine Gesetzesänderung diskutiert.

14 Mein Chef muss mich vor einer Kündigung dreimal abmahnen.

Nein, so eine Regel gibt es nicht. Manchmal braucht ein Arbeitgeber sogar überhaupt keine Abmahnung, um einem Angestellten zu kündigen.

Aber der Reihe nach. Verhält sich ein Arbeitnehmer vertragswidrig, kann der Arbeitgeber mit Kündigung im Wiederholungsfall drohen. Das kann er auch mehrfach machen, wenn er seinem Angestellten eine weitere Chance einräumen möchte.

Manches Verhalten kann auch ohne Abmahnung direkt zur Kündigung führen. Wer zum Beispiel Firmeneigentum entwendet, kann in der Regel ohne Vorwarnung vor die Tür gesetzt werden. Das gilt auch, wenn der Wert des gestohlenen Gegenstands nicht besonders hoch ist.

Schon ein paar private Kopien auf Kosten des Chefs rechtfertigen arbeitsrechtliche Sanktionen – ebenso wie ein geklauter Radiergummi. Selbst wer unerlaubt Essensreste aus der Kantine mitnimmt, riskiert sein Arbeitsverhältnis. ■

Neue Familie für Kinder

Wenn Kinder nicht bei ihren leiblichen Eltern leben können, übernehmen oft Pflegeeltern. Das ist eine große Verantwortung.

2/2021 Die Ruhe in Christiane und Ingo Kehls Haus ist vorbei, wenn Hailey, Anna-Lena, Enni und Sherin aus dem Kindergarten und der Schule kommen. Sie alle wohnen hier, aber alle haben unterschiedliche leibliche Eltern. Das Ehepaar Kehl hat sie als Pflegekinder aufgenommen, um ihnen Stabilität und einen geregelten Alltag zu bieten, den die Mädchen in ihren Herkunftsfamilien nicht hatten.

Durch Zufall zur Pflegefamilie

„Wir sind in den 90er-Jahren von einer Drei-Zimmer-Wohnung in ein Haus gezogen und dachten uns, da ist noch Platz für ein weiteres Kind", erinnert sich die Pflegemutter. Über einen Spielkameraden ihrer Söhne, der in einem Heim lebte, kamen sie mit dem Thema Pflegefamilien in Berührung. 1999 nahmen sie einen dreijährigen Jungen als erstes Pflegekind auf, der inzwischen ausgezogen ist. Seitdem hat das Ehepaar fünf weiteren Kindern bei sich ein Zuhause gegeben, wovon die vier Mädchen im Alter zwischen drei und zwölf Jahren aktuell noch bei ihnen wohnen.

Diese Form der Hilfe heißt Vollzeitpflege. Rund 81000 junge Menschen lebten 2019 laut Statistischem Bundesamt in Pflegefamilien. Weitere knapp 94000 lebten in Heimen oder sonstigen betreuten Wohnformen. Die Kinder- und Jugendhilfe ist in Deutschland kommunal organisiert. Jugendämter als öffentliche Träger der Jugendhilfe kooperieren häufig mit freien Trägern, die Aufgaben wie die Betreuung der Pflegefamilien übernehmen.

Bei Vollzeitpflege nehmen Einzelpersonen oder Paare Kinder oder Jugendliche bei sich auf und bekommen finanzielle Unterstützung. Die leiblichen Eltern geben die Kinder entweder freiwillig ab, weil sie überfordert oder nicht bereit für die Elternrolle sind, oder das Jugendamt nimmt die Kinder von sich aus in Obhut, weil die Eltern sich nicht richtig um sie kümmern oder sie gefährden. Pflegekinder werden ein Teil der neuen Familie und leben dort.

Bei Dauerpflege ist das Pflegeverhältnis für einen langen Zeitraum angelegt – oft bis zur Volljährigkeit. Kurzzeitpflege kommt infrage, wenn absehbar ist, dass das Kind in seine Herkunftsfamilie zurückkehren kann. In akuten Krisensituationen werden Kinder in einer Bereitschaftspflege versorgt.

Informationsabende geben Überblick

„Die Motivation der Menschen, ein Pflegekind aufzunehmen, ist ganz unterschiedlich", sagt Ellen Hallmann. Die Sozialpädagogin arbeitet bei Familien für Kinder, einem gemeinnützigen Unternehmen, das potenzielle Pflegeeltern in Berlin berät. Die meisten Bewerber interessieren sich für eine langfristig angelegte Pflege, bei der Kinder bis zur Volljährigkeit bleiben. Dafür gebe es aber keine Garantie. Hallmann und ihre Kolleginnen veranstalten regelmäßig Informationsabende, um einen ersten Überblick über das Thema zu geben. Nach einem Vorbereitungskurs überprüft der örtliche Pflegekinderdienst durch mehrere Gespräche und Hausbesuche, ob die Interessenten sich als Pflegepersonen eignen.

Eine solche Überprüfung haben Christian Häckl, 39, und Kai Koeser, 42, aus Stade hinter sich. Sie bewarben sich erst für eine Adoption – ohne Erfolg. So saßen sie irgendwann doch beim Pflegekinderdienst, obwohl sie sich das anfangs schlecht vorstellen konnten. Häckl erzählt: „Der Prüfprozess ist für alle potenziellen Pflegeeltern in Hamburg sehr umfangreich, auch vor dem Hintergrund des möglichen Missbrauchs und der Vernachlässigung von Kindern, weil es dort in der Vergangenheit schwerwiegende Fälle gegeben hat." Als später wegen eines Umzugs ein anderes Jugendamt zuständig wurde, brachte die Mitarbeiterin schon beim ersten Termin einen Vorschlag mit, zwei Schwestern. Die Anbahnung, eine Art Kennenlernphase, habe ein halbes Jahr gedauert. In anderen Fällen sind es nur wenige Wochen. „Die Kinder waren schon ein paar Jahre in einem Heim untergebracht", sagt Koeser. Dass die Mädchen nun bei zwei Männern aufwachsen, stelle kein Problem für die Zusammenarbeit mit der leiblichen Mutter dar.

Sorgerecht bei leiblichen Eltern

Vermittelt ein Jugendamt Kinder oder Jugendliche erfolgreich in eine Pflegefamilie, werden ein Pflegevertrag geschlossen und Ziele in einem Hilfeplan festgehalten. Mindestens einmal im Jahr findet ein Gespräch mit allen Beteiligten statt. Dabei besprechen die Anwesenden zum Beispiel die Regeln für Treffen mit den Herkunftseltern, auf welche Schule das Kind gehen soll und Fragen der religiösen Erziehung. „Pflegeeltern dürfen Dinge des täglichen Lebens regeln", erklärt Sozialpädagogin Hallmann, sie haben die sogenannte Alltagssorge. Andere Aspekte, die das Leben des Kindes nachhaltig beeinflussen, müssen sie in der Regel mit dem oder der Sorgeberechtigten besprechen. Das sind oft die leiblichen Eltern oder Amtsvormunde, denen ein Familiengericht das Sorgerecht übertragen hat.

Leibliche Eltern dürfen Kind treffen

Ob mit oder ohne Sorgerecht: Die leiblichen Eltern dürfen ihre Kinder regelmäßig besuchen, sofern sie keine Gefährdung darstellen. Trotz des zusätzlichen Organisationsaufwands war es für die beiden Pflegeväter die richtige Entscheidung, auf diese Weise eine Familie zu gründen. „Wir sind wirklich froh, dass wir diesen Schritt gewagt haben. Und zu 95 Prozent ist der Alltag der gleiche wie von ganz normalen Familien", sagt Häckl.

Das Ehepaar Kehl hatte auch viele schwierige Momente, besonders mit ihrem ersten Pflegesohn. Christiane Kehl, die Vorsitzende von zwei Landesverbänden des Vereins Pflege- und Adoptivfamilien (PFAD) ist, tauscht sich regelmäßig mit anderen Mitgliedern aus. „Ich kenne kein Pflegekind, das nicht irgendeinen Mehrbedarf an Förderung hat."

Adoption im Erwachsenenalter

Nach dem Auszug der Pflegekinder bleibt die Verbindung zur Pflegefamilie häufig bestehen. Mit dem Erreichen der Volljährigkeit sind junge Erwachsene voll geschäftsfähig und können selbst entscheiden, ob sie sich adoptieren lassen möchten. Sind sie bei der Pflegefamilie aufgewachsen, geht das auch dann noch zu Bedingungen der Minderjährigenadoption und hat weitreichende Folgen in Sachen Unterhaltsverpflichtungen und Erbschaft. Ihr erstes Pflegekind wünscht sich das. Ingo und Christiane Kehl haben sich noch nicht entschieden. ■

Pflegeeltern werden

Vielerorts suchen Jugendämter nach Paaren und Singles, die jungen Menschen ein neues Zuhause geben möchten. Das Jugendamt oder ein Pflegekinderdienst vor Ort bieten meist Informationsabende sowie persönliche Beratung an.

Voraussetzungen

- In der Anfangsphase sollte mindestens eine Pflegeperson höchstens teilzeitbeschäftigt sein.
- Ausreichend großer Wohnraum.
- Gesicherte finanzielle Situation.
- Erweitertes polizeiliches Führungszeugnis (für Pflegefamilien kostenfrei).
- Ärztliches Gesundheitsattest.
- Teilnahme an Schulungen.
- Bereitschaft zur Kooperation mit dem Jugendamt, mit Pflegekinderdiensten und den leiblichen Eltern.
- Zustimmung aller Familienmitglieder, auch der leiblichen Kinder.

Pflegegeld, Elternzeit und Alterssicherung

Finanzielle Unterstützung für Pflegefamilien

Welche staatlichen Leistungen bekommen Pflegeeltern?

■ Das Jugendamt zahlt Pflegegeld für Ernährung, Unterkunft, Bekleidung und Taschengeld für Kinder in Vollzeitpflege (siehe Tabelle). Es ist steuerfrei.

■ Der Betrag für die Pflege und Erziehung ist für die Pflegepersonen gedacht. Bei der Kurzzeitpflege oder erweitertem Förderbedarf des Kindes liegt er höher.

■ Das Jugendamt übernimmt den Beitrag für eine Unfallversicherung und bezuschusst die Alterssicherung für eine Pflegeperson zur Hälfte (bis etwa 43 Euro pro Monat). Abweichungen sind möglich.

■ In den ersten drei Lebensjahren des Pflegekindes hat eine Pflegeperson Anspruch auf Anrechnung der Kindererziehungszeiten für die Rentenversicherung.

■ Für größere Ausgaben wie für Möbel, Bekleidung, religiöse Feste und Einschulung erhalten Pflegefamilien auf Antrag oft Zuschüsse.

■ Pflegekinder sind über die gesetzliche Krankenversicherung ihrer leiblichen Eltern oder der Pflegeeltern versichert. Bei einer privaten Krankenversicherung übernimmt das Jugendamt die Kosten.

■ Auch in die Haftpflichtversicherung können Pflegekinder aufgenommen werden. Manche Vereine und Pflegekinderdienste bieten spezielle Tarife an.

Bekommen Pflegeeltern Elterngeld?

Nein, Pflegeeltern haben keinen Anspruch auf Elterngeld. Sie können ab der Aufnahme des Pflegekindes aber bis zu drei Jahren Elternzeit nehmen (maximal bis zum achten Lebensjahr des Kindes). Einige Kommunen zahlen einen Förderbetrag, um den Verdienstausfall etwas abzufedern.

Steht Pflegeeltern Kindergeld zu?

Lebt ein Pflegekind dauerhaft bei Pflegeeltern und ist fester Teil der Familie, haben diese Anspruch auf Kindergeld. Es wird zu Teilen auf das Pflegegeld angerechnet. Bei der Ermittlung der Einkommensteuer prüft das Finanzamt automatisch, ob sich Kinderfreibetrag und Erziehungsfreibetrag günstiger auswirken als das Kindergeld.

Wie kann ich für das Pflegekind Geld sparen?

Die Vermögenssorge liegt oft bei den leiblichen Eltern und Pflegekinder sind mit Erreichen der Volljährigkeit in der Regel für diese unterhaltspflichtig. Wenn Pflegeeltern für ihr Pflegekind finanziell vorsorgen möchten, können sie das Geld auf ihren eigenen Namen anlegen. So stellen sie sicher, dass es dem Kind zugutekommt und nicht dessen leiblichen Eltern.

Monatliche Pauschalbeträge[1] pro Pflegekind

Alter des Pflegekindes	Sachaufwand (Euro)	Pflege und Erziehung (Euro)	Pflegegeld insgesamt (Euro)
0 bis unter 6 Jahre	571	249	820
6 bis unter 12 Jahre	657	249	906
12 bis unter 18 Jahre	722	249	971

1) Empfehlungen des Deutschen Vereins für öffentliche und private Fürsorge für das Jahr 2021. Die Höhe des Pflegegelds variiert je nach Bundesland und Kommune.

Babysitter anmelden

Sie benötigen:

- Haushaltsscheck oder Onlineformular, beides über die Minijob-Zentrale
- Einkommensteuererklärung
- Kontobelege

2/2021 Wer im eigenen Haushalt einen Babysitter beschäftigt, wird zum Arbeitgeber. Mit einer Anmeldung bei der Minijob-Zentrale sind beide Parteien abgesichert – zum Beispiel, wenn der Kinderbetreuer einen Unfall hat. Eltern können zudem vom Steuervorteil profitieren.

Schritt 1. Prüfen Sie zunächst, ob die Beschäftigung des Babysitters bei der Minijob-Zentrale angemeldet werden kann. Meldepflichtig ist sie, wenn es sich um eine abhängige Beschäftigung handelt. Als Arbeitgeber bestimmen Sie beispielsweise über Zeit, Ort und Art der Arbeit. Das monatliche Gehalt der Person mit Minijob darf 450 Euro nicht überschreiten. Ein Minijob ist auch neben einem Hauptjob möglich. Bei der Einschätzung, ob eine Tätigkeit als Minijob angemeldet werden kann, hilft diese Internetseite: minijob-zentrale.de

Schritt 2. Die Anmeldung erfolgt telefonisch, über ein Onlineformular oder per Post mit dem „Haushaltsscheck". Dort geben Sie an, wie viel der Babysitter monatlich verdient. Auf Basis dieser Auskünfte berechnet die Minijob-Zentrale Ihre Sozialversicherungsabgaben und zieht sie per Lastschriftverfahren ein. Außerdem kümmert sie sich um die gesetzliche Unfallversicherung.

Schritt 3. Entscheiden Sie, ob Sie den Minijob pauschal mit 2 Prozent oder individuell nach der Lohnsteuerklasse Ihres Babysitters versteuern. Die einheitliche Pauschalsteuer enthält bereits Lohnsteuer, Kirchensteuer und Solidaritätszuschlag. Als Arbeitgeber haben Sie damit weniger Aufwand als mit der Individualbesteuerung. Mehr Informationen zum Thema Minijob und Steuern finden Sie unter: minijob-zentrale.de

Schritt 4. Auch bei der Steuererklärung haben Sie die Wahl. Wenn Sie die Betreuungskosten als Sonderausgaben geltend machen, können Sie die Kosten wie Kitakosten absetzen. Pro Jahr und Kind unter 14 Jahren sind es bis zu 4000 Euro. Alternativ setzen Sie die Babysitter-Ausgaben bei Hilfen im Haushalt ab. Damit können Sie jährlich 20 Prozent der Kosten – höchstens 510 Euro – von Ihrer Steuerschuld abziehen. Als Zahlungsnachweis gelten ausschließlich Kontobelege. ■

E-Auto-Prämie sichern

Sie benötigen:

- Internetzugang
- Kopie der Rechnung des zu fördernden Autos
- Fahrzeugschein und Fahrzeugbrief, ausgestellt auf den Antragsteller

9/2021 Damit Deutschland seine Klimaziele bis 2030 erreicht, müssen in diesem Zeitraum anstelle von Autos mit Verbrennermotoren 7 bis 10 Millionen Elektrofahrzeuge zugelassen werden. Bundesregierung und Hersteller fördern Anschaffung oder Leasing eines E- oder Hybridwagens. Maximal gibt es für E-Autos 9 000 Euro. Den staatlichen Teil der Förderung, höchstens 6 000 Euro, beantragen Interessierte beim Bundesamt für Wirtschaft und Ausfuhrkontrolle (Bafa). Die Aktion läuft bis spätestens Ende 2025 und gilt für Neuwagen und eingeschränkt auch für Gebrauchte. Und so geht es:

Schritt 1. Prüfen Sie vor dem Kauf des Wagens, ob Sie eine Förderung erhalten können und wie hoch diese ausfällt. Der Bund fördert Kauf oder Leasing von Elektro- oder Hybridfahrzeugen, die in Deutschland auf die Antragsteller zugelassen werden. Das Basismodell der E-Autos darf dabei einen Netto-Listenpreis von 65 000 Euro nicht überschreiten. Damit ist der Preis ohne Mehrwertsteuer und ohne eine etwaige Sonderausstattung gemeint. Nur noch bis zum 31. Dezember 2021 wird der Kauf von außen aufladbarer Hybridelektrofahrzeuge gefördert, deren elektrische Reichweite mindestens 40 Kilometer beträgt. Anschließend gibt es noch bis Ende 2024 Fördermittel für Hybridautos mit einem E-Antrieb, der mindestens 60 Kilometer schafft. Weitere Infos zur detaillierten Förderhöhe stehen auf der Internetseite des Bafa (bafa.de/umweltbonus, „Einzelantrag stellen“ anklicken). Dort können Sie auch prüfen, ob Ihr Wunschmodell zu den förderfähigen Automodellen gehört. Das Bafa veröffentlicht dazu eine Liste.

Schritt 2. Erst nach dem Kauf oder dem Leasing des Fahrzeugs haben Sie Anspruch auf die Förderung, sofern der Wagen auf der Liste der förderfähigen Autos steht.

Schritt 3. Den Förderantrag können Sie erst stellen, nachdem das Auto zugelassen ist. Dazu haben Sie nach der Erstzulassung ein Jahr Zeit. Beantragen Sie die Prämie online beim Bafa, dafür bafa.de/umweltbonus, „Einzelantrag stellen“ anklicken.

Tipp. Bei Fragen können Sie sich an die Bafa-Hotline wenden (Tel. 0 61 96/9 08 10 09). ■

Einfach kündigen

Bequem Verträge loswerden vom Handy bis zur Bahncard. Im Test waren sieben Online-Kündigungsdienste, die das versprechen.

7/2021 Die Werbeaktion im Fitnessstudio endet bald, vorbei ist dann die Trainingsphase für kleines Geld. Danach wird der Betreiber viel mehr pro Monat abbuchen. Auch die Mindestvertragslaufzeit für das nicht mehr genutzte Zweithandy neigt sich dem Ende zu. Höchste Zeit, die Verträge zu kündigen. Wenn es nur nicht so lästig wäre, die Adressen und Unterlagen herauszukramen und zu überlegen, was genau zu tun ist.

Meist ist der Ausstieg ganz leicht, eine E-Mail reicht aus. Doch noch einfacher geht es mit Online-Kündigungsdiensten. Da ist es bei gängigen Vertragspartnern nicht mal nötig, nach der richtigen E-Mail-Adresse zu suchen. Zeit und Nerven sparen vor allem Menschen, die öfter mal Neues ausprobieren und Lockangebote für Neukunden nutzen. Das wird teuer, wenn sie nicht rechtzeitig kündigen.

Finanztest hat bei sieben Online-Kündigungsdiensten getestet, ob das zuverlässig funktioniert, was es kostet und wie es mit dem Datenschutz aussieht.

Erfreulich: Alle 42 eigens für den Test abgeschlossenen Verträge wurden gekündigt. Irritationen gab es nur, weil ein Vertragspartner zwei Kündigungen zunächst nicht so recht wahrhaben wollte. Am beauftragten Onlinedienst lag das nicht. Er brachte die Kündigungen wie gewünscht auf den Weg.

Datenübertragung in die USA

Im Detail unterschieden sich die Dienste erheblich. Nutzerfreundlichkeit und Datenschutz waren mal gut und mal nur mäßig.

Nur bei Volders.de und Aboalarm.de haben die Datenschutzerklärungen keine oder nur geringe Mängel. Die anderen Anbieter erklären, sie übertragen personenbezogene Daten an Dienste in den USA und verweisen teilweise noch auf den Privacy Shield, eine Absprache zwischen der EU und den USA, die der Europäische Gerichtshof längst gekippt hat, weil es in den USA an Rechtsschutz gegen Datenzugriffe der Behörden fehlt.

Daten wie vor allem Name und Adresse, die die Nutzer selbst eingeben, waren – soweit erkennbar – sicher. Die Anbieter versprechen außerdem, sie nicht jenseits gesetzlicher Regelungen weiterzugeben.

Keiner der Kündigungsdienste im Test leistet sich handfeste Datenschutzmängel. In den Standardeinstellungen fanden wir keine Anzeichen für das verbreitete seitenübergreifende Datensammeln zu Werbezwecken.

Cookies ohne Einwilligung

Kurios: Kuendigung.org, Kündigen.de und Kuendigung.services speichern „Cookies", also kleine Datenpakete, auf Rechnern von Besuchern, ohne zuvor die nötige Einwilligung einzuholen. Da die Anbieter aber, soweit erkennbar, nur Daten über die Nutzung der eigenen Seiten sammeln, haben wir das nicht allzu streng bewertet.

Auch bei Preis und Leistung unterscheiden sich die Angebote. Die besten Noten für Informationen auf der Webseite sowie Support und Hilfe verdienten sich Aboalarm.de und Volders.de. Sie haben außerdem umfangreiche Adressdatenbanken, in denen die Suche nach dem eigenen Vertragspartner mit hoher Wahrscheinlichkeit Erfolg hat.

Bei Kuendigung.org und Kuendigung.services erfuhren unsere Tester erst spät und nach Eingabe aller nötigen Daten, was die Kündigung kosten soll. Der Preis sollte von Anfang an bekannt sein, spätestens aber, wenn feststeht, wer der Vertragspartner ist. Kunden erteilen den Auftrag sonst vielleicht nur, weil sie die Daten nicht noch einmal eingeben wollen.

Konkurrenzlos preisgünstig ist Smartkündigen.de. Hier ist Kündigen grundsätzlich kostenlos. „Kleine Provisionen von Anbietern" machen es nach eigenen Angaben möglich. Wer wofür zahlt, sagt Smartkündigen.de nicht. Wir vermuten: Es sind Anbieter, bei denen Nutzer einen neuen Vertrag abschließen.

Zweifelhafte Zusatzsicherheit

Am teuersten ist Volders.de. Dort kostet die Kündigung mindestens 5,99 Euro und in der Variante „Extrasicher" sogar 14,99 Euro.

„Extrasicher" heißt: Volders.de verschickt das Kündigungsschreiben sowohl per Einschreiben als auch per E-Mail, die ein Anwalt in Kopie erhält. Einen Brief als Einschreiben zu verschicken, ist tatsächlich sicherer. Doch selbst der Einlieferungsbeleg und die Sendungsverfolgung erlauben es nicht, den Zugang der Kündigung beim Vertragspartner gerichtsfest nachzuweisen.

Absolut sicher ist das Zustellen über einen Gerichtsvollzieher. Das bietet keiner der Kündigungsdienste an. Dabei ist das mit Kosten ab etwa 10 Euro nicht sehr teuer. Ratsam ist eine solche Hochsicherheitskündigung allerdings auch nur bei unseriösen Vertragspartnern, die von Kündigungen nichts wissen wollen.

Sieben Online-Kündigungsdienste im Test

Wir haben 42 Verträge abgeschlossen und mit genug Vorlaufzeit über sieben Online-Vertragskündigungsdienste gekündigt. Alle Kündigungen kamen an, aber bei Preisen, Nutzerfreundlichkeit und Datenschutz gab es Unterschiede.

		Aboalarm.de	Kuendigen.com	Kuendigung.org
Preise bei Kündigung per ... (Euro)	**E-Mail**	3,99[1)]	3,95[1)]	Nicht verfügbar
	Fax	3,99[1)]	3,95[1)]	3,79[5)]
	Brief	3,99[1)]	3,95[1)]	4,99
	Einschreiben	8,99[2)]	8,95[3)]	7,99
Informationen auf der Webseite		**sehr gut (0,9)**	**gut (2,2)**	**ausreichend (3,7)**
Adressdatenbank und Suche		**sehr gut (0,8)**	**gut (2,5)**	**gut (2,2)**
Kündigungsschreiben erstellen		**gut (1,9)**	**befriedigend (3,5)**	**gut (2,2)**
Kündigungsversand		**sehr gut (1,2)**	**gut (2,4)**	**gut (1,6)**
Support und Hilfe		**sehr gut (1,0)**	**befriedigend (3,2)**	**gut (2,2)**
Basisschutz persönlicher Daten		**gut (1,7)**	**befriedigend (3,5)[4)]**	**befriedigend (3,5)[4)]**
Mängel in den AGB		**keine**	**keine**	**keine**

Bewertung: sehr gut (0,5–1,5), gut (1,6–2,5), befriedigend (2,6–3,5), ausreichend (3,6–4,5), mangelhaft (4,6–5,5).
Bewertung der Mängel in den allgemeinen Geschäftsbedingungen (AGB): keine, sehr gering, gering, deutlich, sehr deutlich.
Sortierung nach Alphabet.

1) Verfügbar über „Direktversand". Versandmethode wird vom Anbieter ausgewählt.
2) Verfügbar über „Einschreiben" oder „Einschreiben Plus".
3) Verfügbar über „Direktversand+".
4) Abgewertet, da Datenschutzerklärung gravierende Mängel aufweist.
5) Nicht bei allen Vertragspartnern verfügbar.
6) Verfügbar über „Sichere Kündigung" oder „Extrasichere Kündigung". Versandmethode bei „Sicherer Kündigung" wird vom Anbieter ausgewählt. „Extrasichere Kündigung" für 14,99 Euro immer per Einschreiben und E-Mail (mit Anwalt in Kopie).
7) Wird vom Anbieter ausgewählt.

Die E-Mail-Kopie an einen Anwalt mag Eindruck schinden, ist aber von Rechts wegen bedeutungslos. Sie beweist den Zugang der Kündigung nicht.

Einscannen der Unterschrift unnötig

Es ist auch unnötig, das Schreiben um eine mit Maus oder Finger auf dem Bildschirm erzeugte oder als Foto oder Scan übermittelte Unterschrift zu ergänzen. Bei allen ab Oktober 2016 geschlossenen Verbraucherverträgen reicht jede E-Mail aus, um wirksam zu kündigen.

Will der Vertragspartner bei älteren Verträgen nur eine Kündigung in Schriftform akzeptieren, hilft die elektronisch eingefügte Unterschrift nicht. Da zählt nur das Originalschreiben mit persönlicher Unterschrift.

Aboalarm.de und Kündigen.de werben mit einer „Kündigungsgarantie". Sie gilt aber nur für ausgewählte Vertragspartner. Kündigen.de bietet außergerichtliche Unterstützung durch einen Anwalt und bis zu 100 Euro Ausgleich für Kosten wegen einer gescheiterten Kündigung. Aboalarm.de stellt Kunden einen Anwalt zur Seite, zahlt bei Bedarf für einen Rechtsstreit um die Kündigung und übernimmt die mit der ungewollten Fortsetzung des Vertrags verbundenen Mehrkosten. ■

Kuendigung.services	Kündigen.de	Smart kündigen.de	Volders.de
Nicht verfügbar	4,99[7)]	Kostenfrei[10)]	5,99 / 9,99[13)]
3,50[5)]	[8)]	Nicht verfügbar	5,99[14)]
4,50[5)]	Nicht verfügbar	Kostenfrei[10)]	5,99[12)]
9,50	6,99[9)]	[11)]	9,99 / 14,99[6)]
ausreichend (3,9)	**ausreichend (3,6)**	**sehr gut (1,4)**	**sehr gut (1,2)**
sehr gut (1,2)	**befriedigend (3,0)**	**gut (2,4)**	**sehr gut (0,8)**
befriedigend (3,2)	**gut (2,2)**	**befriedigend (3,5)**	**gut (2,2)**
sehr gut (1,4)	**befriedigend (3,0)**	**gut (2,3)**	**gut (1,6)**
ausreichend (3,6)	**sehr gut (1,5)**	**befriedigend (3,2)**	**sehr gut (0,9)**
befriedigend (3,5)[4)]	**befriedigend (3,5)**[4)]	**befriedigend (3,5)**[4)]	**gut (2,0)**
deutlich	**keine**	**keine**	**keine**

8) Wird laut Anbieter in wenigen Einzelfällen statt E-Mail ausgewählt.
9) Wird vom Anbieter ausgewählt. Laut Anbieter in wenigen Einzelfällen 5,99 Euro.
10) Versandmethode wird vom Anbieter ausgewählt. Laut Sendebericht „E-Mail o. Post".
11) Wird laut Anbieter in wenigen Einzelfällen aus gewählt. Laut Sendebericht „E-Mail o. Post".
12) Verfügbar über „Einfache Kündigung" bei ausgewählten Vertragspartnern. Versandmethode wird vom Anbieter ausgewählt.
13) Verfügbar über „Einfache Kündigung" oder „Sichere Kündigung". Versandmethode wird jeweils vom Anbieter ausgewählt.
14) Verfügbar über „Einfache Kündigung". Versandmethode wird vom Anbieter ausgewählt.

Testzeitraum: Mitte Januar bis Mitte März 2021.
Stand Preise: Mai 2021

Mit Förderung zum Berufsziel

Ich habe eh keinen Anspruch auf Bafög, denken viele. Doch oft ist das ein Irrtum. Die jüngste Gesetzesreform senkte die Hürden.

10/2021 In Deutschland soll jeder die Ausbildung machen können, die er will. Ganz egal, ob Mathestudium, Pflegeausbildung oder Meistertitel im Friseurhandwerk. Damit das auch Kindern ohne reiche Eltern möglich ist, gibt es finanzielle Unterstützung vom Staat.

Wer das Angebot nicht wahrnimmt, verschenkt viel Geld, denn oft muss nicht mal die Hälfte zurückgezahlt werden.

Bafög ist nicht gleich Bafög

Dem Gesetz nach sind Eltern verpflichtet, die Ausbildung ihrer Kinder zu finanzieren. Liegt deren Gehalt aber unter einer bestimmten Höhe, fördert der Staat die Kinder mit Bafög. Die Abkürzung bedeutet Bundesausbildungsförderungsgesetz. Dort ist genau festgelegt, welche Regeln rund ums Bafög gelten.

Studium. Wer von Bafög spricht, meint oft die finanzielle Unterstützung für Studierende. Die Hälfte schenkt der Staat den Empfängern. Die andere Hälfte müssen sie einige Jahre nach Studienbeginn als zinsloses Darlehen ganz oder teilweise zurückzahlen. Aktuell gibt es bis zu 861 Euro Bafög im Monat.

Ausbildung. Personen, die eine Berufsausbildung machen, können Schüler-Bafög erhalten. Sie müssen das Geld nicht zurückzahlen. Maximal gibt es für Azubis 832 Euro im Monat. Ab der 10. Klasse können Schüler und Schülerinnen Bafög bekommen, wenn sie nicht bei ihren Eltern wohnen.

Weiterbildung. Personen, die eine berufliche Weiterbildung machen, zum Beispiel zum Handwerksmeister, können Aufstiegs-Bafög erhalten. Für diese Art von Förderung gelten besondere Regeln.

Mehr Berechtigte nach Reform

Im Jahr 2019 wurde das Gesetz reformiert. Beispielsweise wurden die Freibeträge für das Einkommen der Eltern stufenweise erhöht. Seit August 2021 können Eltern noch mal 6 Prozent mehr verdienen. Ob und wie viel Bafög gezahlt wird, hängt immer von mehreren Faktoren ab:

Einkommen. Zunächst kommt es auf das eigene Einkommen und das der Eltern an. Dabei zählt die Summe aller Einkünfte, abzüglich Einkommen- und Kirchensteuer, Sozialversicherungsbeiträge und teilweise Beiträge zur Riester-Rente. Bei Kindern, die bereits einen Ehe- oder Lebenspartner haben, wird auch dessen Einkommen mitgerechnet.

Vermögen. Das Vermögen des Geförderten wird ab einer Höhe von 8 200 Euro angerechnet. Summiert werden unter anderem Giro- und Tagesgeldkonten, Wertpapierdepots und etwa der Zeitwert eines Autos. Das Vermögen der Eltern zählt nicht.

Geld für die eigene Wohnung

Neben den Einkommensverhältnissen zählt auch, ob jemand noch bei seinen Eltern wohnt und ob er über diese kranken-und pflegeversichert ist. Danach unterscheidet sich die maximale Höhe, die eine Person an Bafög bekommen kann. Für die Rechnung stellt das Bafög-Amt fest, welcher Höchstsatz den Antragstellenden zusteht. Dann summiert es, wie viel Geld es davon aufgrund der Einkommens- und Vermögensverhältnisse abzieht.

Tipp. Für Auslandsaufenthalte gibt es Zuschläge: Das Bafög-Amt übernimmt etwa Reisekosten oder manchmal auch Studiengebühren.

Ständiger Kontakt zum Bafög-Amt

Wenn Studium oder Ausbildung mit Bafög gefördert werden, wird das Bafög-Amt in den nächsten Jahren ein ständiger Begleiter. Die Förderung wird in der Regel für ein Jahr bewilligt. Danach muss jährlich ein Folgeantrag gestellt werden.

Legal Techs

Teure Hilfe bei Anträgen

Geschäftsmodell. Einige Internetfirmen bieten Hilfe beim Bafög-Antrag. Geworben wird mit einer einfachen Antragstellung in nur 30 Minuten. Der Service kostet oft Geld. Bei meinbafoeg.de etwa sind es 24,99 Euro.

Alternative. Der Staat bietet online einen kostenlosen Antragsassistenten: bafoeg-digital.de

Sinnvoll? Das Studierendenwerk Berlin rät auf seiner Internetseite von kostenpflichtigen Diensten ab: „Hierüber gestellte Anträge mit Online-Unterschrift dürfen wir gesetzlich nicht akzeptieren." Im Studierendenwerk ist nicht nur die Antragsstellung sondern auch die Beratung kostenlos.

Unser Rat

Versuch. Beantragen Sie für Ihr Studium oder Ihre Ausbildung Bafög. Sonst verschenken Sie womöglich viel Geld. Für die Berechnung zählen viele Kriterien. Der Onlinerechner des Studentenwerks Göttingen hilft, die Höhe des Anspruchs zu überschlagen.

Digital. Nutzen Sie, wenn möglich, den Antragsassistenten des Bundes und der Länder. Der kostenlose Service erspart Ihnen das analoge Ausfüllen komplizierter Formblätter: bafög-digital.de

Sparen. Nach dem Studium müssen Sie einen Teil der Förderung zurückzahlen. Legen Sie rechtzeitig Geld zurück, um vom Rabattsystem profitieren zu können. Viele Geförderte sparen bei vorzeitiger Rückzahlung einige Tausend Euro.

Studentinnen und Studenten können dann bis zum Abschluss ihres Masterstudiums oder Staatsexamens gefördert werden.

Nebenverdienste sind möglich

Wer Bafög bezieht, darf sich etwas Geld dazuverdienen. Empfängerinnen und Empfängern wird bis zu einem Lohn von 450 Euro im Monat die Förderung nicht gekürzt.

Wer nur zeitweise mehr verdient, etwa während eines Ferienjobs, muss sich ebenfalls keine Sorgen machen. Hier wird die Summe der Einkünfte aus dem ganzen Jahr der Berechnung zugrunde gelegt. Bei Studierenden dürfen das 5420 Euro brutto sein.

Schulden müssen beglichen werden

Für Studentinnen und Studenten ist das Thema Bafög nach dem Abschluss noch nicht beendet. Das Bundesverwaltungsamt wird ihnen einen Brief schicken: Der Staat fordert dann die Hälfte der Förderung zurück. Wann genau der Brief kommt, hängt vom Ende der sogenannten Förderungshöchstdauer ab. Sie steht auf jedem Bafög-Bescheid und richtet sich nach der Regelstudienzeit des angestrebten Abschlusses. Die Post kommt rund viereinhalb Jahre nach Ende dieser Förderungshöchstdauer. Mehr als 10010 Euro muss niemand zurückzahlen. Höhere Schulden werden erlassen.

Bei der Rückzahlung kräftig sparen

Der Staat bietet die Möglichkeit, die gesamten Schulden auf einen Schlag zurückzuzahlen. Wer das vor Tilgungsbeginn erledigt, kann bis zu 21 Prozent Rabatt bekommen. Die genauen Konditionen teilt das Bundesverwaltungsamt im Rückzahlungsbescheid mit.

Tipp. Wie viel Rabatt Sie bekommen können, zeigt Ihnen unser kostenloser Rechner unter: test.de/bafoegzurueck ■

Hund anmelden

Sie benötigen:

- Computer mit Internetzugang
- Personalausweis
- Alle Daten Ihres Hundes
- Je nach Bundesland: Tierhalter-Haftpflichtversicherung, Sachkundenachweis, polizeiliches Führungszeugnis

7/2021 Wenn Sie einen Hund anschaffen, sind Sie verpflichtet, ihn in Ihrer Gemeinde für die Hundesteuer anzumelden.

Schritt 1. Suchen Sie auf der Internetseite Ihrer Kommune die zuständige Hundesteuerstelle und finden Sie heraus, ob Sie das Tier zusätzlich beim Ordnungsamt anmelden oder in ein Hunderegister eintragen lassen müssen. In Berlin, Hamburg, Niedersachsen, Sachsen-Anhalt, Schleswig-Holstein und Thüringen ist das für alle Pflicht, in Brandenburg und Nordrhein-Westfalen nur ab einer bestimmten Größe. Jede Gemeinde erlässt eigene Regeln, auch zum Leinenzwang und zu „verbotenen" Rassen. Fast immer gibt es Anmeldeformulare zum Herunterladen, oft auch Online-Anmeldeverfahren.

Schritt 2. Halten Sie alle wichtigen Informationen über sich und Ihren Hund bereit. Dazu gehören etwa Ihre Adresse, der Kaufvertrag oder Übernahmevertrag aus dem Tierheim, sowie Alter, Geschlecht und Rasse des Hundes. Erkundigen Sie sich, welche Voraussetzungen Sie außerdem erfüllen müssen. In einigen Bundesländern benötigen Hundehalter zum Beispiel einen Sachkundenachweis, ein polizeiliches Führungszeugnis, eine Tierhalter-Haftpflichtversicherung oder eine Hundekennzeichnung mit Mikrochip.

Schritt 3. Gibt es keine Onlineanmeldung, laden Sie das Anmeldeformular herunter. Schicken Sie es ausgefüllt an die Behörde, per Post oder abfotografiert per E-Mail. Anmelden zur Hundesteuer ist kostenlos, beim Ordnungsamt oft gebührenpflichtig.

Schritt 4. Das Finanzamt versendet einen Steuerbescheid. Manche Behörden schicken die Hundesteuermarke gleich mit – bei anderen müssen Sie sie abholen. Befestigen Sie die Marke am Halsband Ihres Hundes und gehen Sie nie ohne sie mit ihm raus.

Tipp. Sie können sich von der Hundesteuer befreien lassen, wenn Ihr Hund ein Blinden- oder Assistenzhund ist. Dafür müssen Sie einen Antrag ausfüllen. Ermäßigungen können Sie oft auch beantragen, wenn Sie einen Hund aus dem Tierheim adoptieren oder wenn Sie schwerbehindert sind. Mehr Informationen finden Sie unter: test.de/hundesteuer ■

Irrtümer rund um die Vorsorge

Geht es um Patientenverfügung und Vorsorgevollmacht, gerät schnell mal etwas durcheinander. Wir klären über neun Irrtümer auf.

10/2021 Patientenverfügung und Vorsorgevollmacht sind sperrige Begriffe. Sie erklären sich nicht selbst. Kein Wunder, dass viele das eine meinen und über das andere sprechen oder gar keinen Unterschied erkennen.

1 Vorsorgevollmacht oder Patientenverfügung – das ist doch ein und dasselbe.

Nein, das ist nicht dasselbe. Jeder Begriff steht für einen anderen Inhalt. In der Vorsorgevollmacht geht es darum, mit einer Person des Vertrauens eine Vereinbarung für den Zeitraum zu treffen, in dem der Verfasser nicht mehr entscheidungsfähig ist. Die Vertrauensperson trifft dann Entscheidungen. Das kann für eine vorübergehende Situation sein, etwa wegen eines Aufenthalts auf der Intensivstation nach einem schweren Unfall oder dauerhaft, etwa infolge einer fortschreitenden Demenz. Die Vertrauensperson muss oft viel regeln: mit der Krankenversicherung sprechen, dem Vermieter, Finanzamt, Versicherer, Telefonanbieter, Bank und oft mit Ärzten.

Hingegen geht es in einer Patientenverfügung darum festzulegen, auf welche medizinische Behandlung am Lebensende ein Mensch verzichten möchte oder welche er sich wünscht. Es geht um Situationen, in denen sich eine Person dauerhaft nicht mehr äußern kann. Wünscht sich der Patient zum Beispiel eine lebenserhaltende Maßnahme, wie eine künstliche Ernährung, wenn Ärzte bei unheilbarer Krankheit keine Aussicht auf Wiedererlangen des Bewusstseins prognostizieren? Eine Patientenverfügung hilft Ärzten und Angehörigen, im Sinne des Patienten zu handeln.

2 Eine Patientenverfügung muss ich handschriftlich verfassen.

Das stimmt nicht. Handschriftlich muss ein Testament verfasst sein, nicht aber die Patientenverfügung. Sie muss allerdings schriftlich vorliegen (Paragraf 1901a Bürgerliches Gesetzbuch). Mündliche Äußerungen sind nicht automatisch gültig. Ein Vordruck oder Formular, das eigenhändig und mit Datum unterschrieben ist, ist gültig. Selbstverständlich kann ein Verfasser seine Wünsche auch handschriftlich oder per Computer schreiben.

Eine Patientenverfügung können Verfasser regelmäßig aktualisieren, indem sie ein aktuelles Datum mit Unterschrift auf das Blatt Papier setzen. Das ist aber keine Pflicht.

Tipp. Medizinische Laien sollten einen Vordruck oder vorgefertigte Textbausteine verwenden. Es gibt eine Vielzahl von Vordrucken: in Papierform oder zum Herunterladen im Internet, kostenlos oder kostenpflichtig.

Unser Rat

Rechtlich vorsorgen. Jeder Erwachsene, ob Single oder verheiratet, sollte für den Fall rechtlich vorsorgen, dass er oder sie nicht mehr eigenständig entscheiden kann. Auch Menschen ohne Angehörige sollten ihre Angelegenheiten regeln. Ein Notar ist dafür selten notwendig.

Selbst regeln. Mit dem Ratgeber „Das Vorsorge-Set" der Stiftung Warentest können Sie Ihre Vorsorge selbst in die Hand nehmen. Der Ratgeber enthält alle Formulare und und erklärt diese Schritt für Schritt. Den Ratgeber gibt es für 14,90 Euro im Buchhandel und online: test.de/vorsorgebuch

Die Stiftung Warentest bietet Vorsorgeformulare auch für die Patientenverfügung an. Die Vorgaben des Bundesgerichtshofs sind dabei berücksichtigt: kostenlos online unter test.de/vorsorgeformulare-pdf

3 Eine Patientenverfügung ist nur gültig, wenn eine Ärztin oder ein Arzt mitunterschreibt.

Das ist ein häufiges Missverständnis. Viele denken, eine Patientenverfügung sei nur mit der Unterschrift von Ärztin oder Arzt gültig. Das ist aber nicht der Fall. Richtig ist: Eine Patientenverfügung muss nur von der Person unterschrieben sein, die sie verfasst.

4 Wir sind verheiratet. Als Ehepaar brauchen wir keine Vorsorgevollmacht.

Falsch. Auch Ehepartner benötigen eine Vorsorgevollmacht. Eine Ehe begründet zwar bestimmte Rechte und Pflichten, doch ein Ehepartner ist nicht der juristische Vertreter des anderen. Ein Ehepartner darf nicht gesundheitliche Entscheidungen für den anderen treffen, dessen Kfz- oder Rentenversicherung kündigen oder über sein Konto verfügen – sofern es sich nicht um ein Gemeinschaftskonto handelt. Möchten Ehepartner sich gegenseitig vertreten, muss jeder eine Vorsorgevollmacht erstellen und den anderen bevollmächtigen.

Achtung: Ab dem 1. Januar 2023 gilt, dass sich Ehepartner für sechs Monate gegenseitig ohne Vorsorgevollmacht vertreten dürfen. Dieses Notfallvertretungsrecht gilt nur für gesundheitliche Angelegenheiten, etwa wenn in einer medizinischen Akutsituation ein Ehepartner vorübergehend bewusstlos ist oder wegen Krankheit keine eigenen Entscheidungen mit Ärzten treffen kann.

5 Ich kann nichts regeln. Ich habe keine Angehörigen, denen ich eine Vorsorgevollmacht geben möchte.

Sie können trotzdem etwas regeln. Menschen, die keine Vertrauensperson haben, können alternativ zur Vorsorgevollmacht eine sogenannte Betreuungsverfügung erstellen.

Darin schlägt der Verfasser einen Wunschbetreuer vor, den das Betreuungsgericht im Ernstfall einsetzen kann. Im Vergleich zu einem Bevollmächtigten hat ein Betreuer eingeschränktere Entscheidungsbefugnisse und wird vom Betreuungsgericht kontrolliert.

Es gibt auch die Möglichkeit, sich an eine Betreuungsbehörde oder einen Betreuungsverein zu wenden. Sie sind Ansprechpartner für Betreuungsfragen. Betreuungsvereine gibt es in vielen Städten und Gemeinden.

Kann ein Mensch die eigenen Angelegenheiten nicht mehr regeln, können zum Beispiel im Betreuungsverein engagierte Menschen die Betreuung übernehmen.

Wer nichts regelt, steht im Ernstfall nicht allein da. Dann springt der Staat ein und beauftragt einen gesetzlichen Betreuer. Mehr online: test.de/gesetzliche-betreuung

6 Für eine Vorsorgevollmacht und Patientenverfügung muss ich unbedingt zum Notar.

Das ist ein verbreiteter Irrtum. Tatsächlich ist ein Notartermin nicht notwendig, um die rechtliche Vorsorge zu klären. Patientenverfügung und Vorsorgevollmacht sind mit Unterschrift und Datum gültig. Nur in wenigen Fällen ist eine vom Notar beurkundete Vollmacht vorgeschrieben. Etwa dann, wenn der Bevollmächtigte einen Kredit zulasten des Vollmachtgebers aufnehmen darf. Das kann manchmal sinnvoll sein, etwa um im Vorsorgefall einen behindertengerechten Umbau oder einen Wohnungsumzug zu finanzieren.

Viele denken, ein Notartermin sei notwendig, wenn es um Immobilien geht. Doch es reicht aus, wenn die Unterschrift unter der Vorsorgevollmacht „öffentlich beglaubigt" ist. Das sieht die Grundbuchordnung in Paragraf 29 vor. Solch eine öffentliche Unterschriftsbeglaubigung ist für 10 Euro bei einer Betreuungsbehörde möglich. Ein Notartermin kann hilfreich sein, wenn es Beratungsbedarf gibt, etwa bei komplizierten Familienverhältnissen oder bei Geschäftsvermögen. Der Notar sorgt dafür, dass die Formulierungen in der Vollmachtsurkunde rechtssicher sind. Mit einer Urkunde haben Bevollmächtigte zudem Zugriff auf das Konto des Vollmachtgebers (siehe Irrtum 7).

Tipp. Ihre zuständige Betreuungsbehörde oder -stelle finden Sie online: test.de/betreuungsbehoerde

7 Ich habe eine Vorsorgevollmacht und benötige keine extra Bankvollmacht.

Das stimmt nicht ganz. Zwar beauftragen viele Vollmachtgeber ihren Bevollmächtigten in einer Vorsorgevollmacht mit der Vermögenssorge und geben ihm die Kontobefugnis, doch in der Praxis hilft das meist nicht weiter.

Der Grund dafür: Banken und Sparkassen erkennen die Vorsorgevollmacht oft nicht an, obwohl sie nach der Rechtslage dazu verpflichtet sind. Banken akzeptieren häufig nur ihre institutseigene Bankvollmacht oder eine von einem Notar beurkundete Vorsorgevollmacht.

Die Banken begründen das mit einem hohen Bearbeitungsaufwand: Lege ein Bevollmächtigter eine Vorsorgevollmacht vor, müsse für jede Kontoverfügung die Rechtsabteilung der Bank prüfen, ob die Vorsorgevollmacht wirksam und echt sei. Denn wenn eine Bank Geschäfte zulässt, obwohl eine Vollmacht unwirksam war, ist sie gegebenenfalls schadenersatzpflichtig.

Mit der Bankvollmacht können Bevollmächtigte Rechnungen begleichen, Geld abheben oder Daueraufträge stoppen. Die Verwaltung von Depots oder Sparvermögen können Vollmachtgeber zusätzlich festlegen. Mehr ab Seite 48 und online: test.de/bankvollmacht

8 In meine Vorsorgevollmacht trage ich zwei Bevollmächtigte ein. Im Ernstfall ist dann jemand da.

Aufgepasst, so einfach ist es nicht. Grundsätzlich ist die Idee gut, zwei oder mehr Menschen zu bevollmächtigen. Wer mehrere Vertraute hat, die im Ernstfall einspringen wollen, kann das Angebot annehmen. Häufig möchten sich in einer Familie die Ehepartner gegenseitig und zusätzlich ihre erwachsenen Kinder bevollmächtigen. Mit dem Formular der Stiftung Warentest für eine Vorsorgevollmacht ist es möglich, für jede Person eine eigene Vorsorgevollmacht auszustellen. Es gibt dann zum Beispiel im Fall von zwei Vertrauten insgesamt zwei Vorsorgevollmachten. Jede bevollmächtigte Person kann unabhängig von der anderen Entscheidungen treffen.

In einer sogenannten Innenverhältnisregelung, die intern gilt, können Vollmachtgeber festlegen, wer wann Entscheidungen trifft und im Streitfall schlussendlich entscheidet. Zu bedenken ist, dass es bei mehreren Bevollmächtigten zum Nachteil des Vollmachtgebers zu Unstimmigkeiten kommen könnte. Manche Fälle landen vor Gericht. Deshalb der Rat: Wer Streit befürchtet, sollte rechtssichere Regeln schaffen und sich zur Vorsorgevollmacht rechtlich beraten lassen.

9 In meine Patientenverfügung kann ich schreiben, dass ich unbedingt Sterbehilfe möchte.

Nein. Eine Patientenverfügung muss im Einklang mit den geltenden Gesetzen stehen. Anweisungen zur aktiven Sterbehilfe sind in Deutschland nicht erlaubt.

Erlaubt ist laut Rechtsordnung Beihilfe zu einem freiverantwortlichen Suizid. Ein Mensch, der unter dieser Bedingung einen unabwendbaren Sterbewunsch hat, darf Hilfe von Dritten in Anspruch nehmen. Eine Ärztin oder ein Arzt darf zum Beispiel ein tödlich wirkendes Medikament verordnen, das ein Patient selbstständig zu sich nimmt.

Strafbar ist eine Hilfeleistung, wenn der Helfende selbst den Tod des anderen herbeiführt oder beschleunigt, etwa ihm ein Medikament verabreicht. Solche eine „Tötung auf Verlangen“ ist nach Paragraf 216 Strafgesetzbuch weiterhin verboten. In Deutschland wird derzeit darüber diskutiert, ob die Sterbehilfe in einem Gesetz geregelt werden soll. Die Debatte ist noch nicht abgeschlossen. ■

Der Weg zur Bankvollmacht

Sinnvoll ist, sich bei der Filiale oder Onlinebank um eine Vollmacht fürs Konto zu kümmern. Bei Auslandsbanken ist das nicht immer möglich.

8/2021 Ob Girokonto, Onlinedepot oder Spareinlagen bei in- und ausländischen Banken: Wer ein Bankkonto hat, sollte klären, welche Person die Bankgeschäfte erledigt, wenn er selbst dazu nicht mehr in der Lage ist. Manchmal geht alles ganz schnell: Eine Erkrankung oder ein schwerer Unfall können dazu führen, dass jemand vorübergehend oder dauerhaft nicht mehr fähig ist, selbst zu entscheiden. Dann ist es nicht mehr möglich, über das Konto zu verfügen.

Auf der anderen Seite laufen Verbindlichkeiten weiter, vielleicht sind Krankenhaus- und Arztrechnungen oder Pflegeheimkosten zu bezahlen. Gut ist es dann, wenn eine Vertrauensperson eine Bankvollmacht in den Händen hat und damit über das Konto verfügen darf. Um eine Bankvollmacht sollten sich Kontoinhaber frühzeitig kümmern.

Angehörige nicht automatisch befugt

Ohne Vollmacht verweigern Banken und Sparkassen fremden Personen den Kontozugriff, dazu zählen auch Angehörige und Ehepartner. Denn falls sich nachweisen lässt, dass ein Unbefugter das Konto verwaltet, sind die Kreditinstitute in der Haftung. Deshalb müssen Berechtigte nachweisen, dass sie aufs Konto zugreifen dürfen.

Das ist mit einer Bankvollmacht oder mit einer notariell beurkundeten Vorsorgevollmacht möglich. Eine Vorsorgevollmacht mit einfacher Unterschrift akzeptieren Banken und Sparkassen dagegen oft nicht.

Keine Vollmacht ist bei Gemeinschaftskonten nötig, die als Oder-Konto geführt werden, wie oft bei Paaren üblich. Hier kann jeder Kontoinhaber und jede Kontoinhaberin unabhängig von der anderen Person handeln.

Bankvollmacht gilt ab Unterschrift

Um eine Bankvollmacht zu bekommen, vereinbaren Kontoinhaber und Vertrauensperson einen Termin bei der Bank vor Ort und unterschreiben gemeinsam das institutseigene Formular. Bei Onlinebanken ist es möglich, die Vollmacht herunterzuladen. Die Identität weist der oder die Bevollmächtigte per Post- oder Videoidentverfahren nach.

Wichtig: Die Vollmacht gilt in der Regel ab dem Zeitpunkt der Unterschrift und nicht erst, wenn jemand krankheitsbedingt Bankgeschäfte nicht mehr erledigen kann. Das Risiko des Missbrauchs tragen diejenigen, denen das Konto gehört. Daher ist es von großer Bedeutung, eine Person zu wählen, zu der großes Vertrauen besteht.

Onlinebanking und Bankschließfach

Finanztest hat für eine Stichprobe 48 Kreditinstitute und 3 Zinsportale angeschrieben und deren Antworten ausgewertet, siehe online: test.de/bankvollmacht

Ergebnis: Viele Banken bieten eine Vollmacht an, die ab Unterschrift und dann über den Tod hinaus gilt. Sie ist in Deutschland die am häufigsten verwendete Variante.

Mit einer Vollmacht sind bei allen Banken grundlegende Geschäfte erlaubt, zum Beispiel Geld überweisen oder abheben. Generell ist es nicht möglich, Untervollmachten für Dritte zu erteilen oder Kredite aufzunehmen. Wollen Kontoinhaber, dass auch das umfasst ist, muss eine vom Notar beurkundete Vorsorgevollmacht vorliegen.

Darüber hinaus unterscheiden sich die Bankvollmachten in Details, zum Beispiel wenn es darum geht, ein Konto auf sich selbst auf Onlinebanking umzustellen. Der Zugang zum Bankschließfach ist oft nur mit einer separaten Vollmacht möglich.

Unterschiedlich ist auch geregelt, ob sich fest angelegte Beträge kündigen oder neue Sparkonten eröffnen lassen. Bei einem bestehenden Depot dürfen Bevollmächtigte oft auch Wertpapiere wie ETF (Exchange Traded Funds, also börsennotierte Fonds), Aktien oder Anleihen kaufen und verkaufen. Finanztermingeschäfte sind meistens ausgenommen.

Achtung beim Tagesgeld

Achtung: Nicht alle Banken bieten eine Bankvollmacht an. Ausländische Direktbanken und Zinsportale, die in den Finanztest-Zinsvergleichen für Festgeld- und Tagesgeldkonten attraktive Zinsangebote haben, bieten manchmal keine oder nur spezielle Vollmachten an.
Tipp. In unserem monatlichen Zinsvergleich erkennen Sie diese Institute und Zinsportale. Wir kennzeichnen sie mit einer Fußnote, online unter: test.de/zinsen

Nicht jeder hat eine Bankvollmacht

Längst nicht alle Kontoinhaber haben eine Bankvollmacht. Viele regeln ihre rechtliche Vorsorge mit einer Vorsorgevollmacht und legen darin fest, wer ihre Bank- und Depotgeschäfte erledigen darf.

Das reicht nach der Rechtslage auch aus. Das Problem: Banken und Sparkassen verweigern in der Regel trotzdem den Zugriff auf das Konto. Sie begründen das oft mit einem hohen Bearbeitungsaufwand.

Für jede Verfügung müsse die Originalvollmacht vorliegen, die Rechtsabteilung müsse überprüfen, ob sie wirksam und echt ist. Denn wenn eine Bank Geschäfte zulässt, obwohl eine Vollmacht unwirksam war, ist sie gegebenenfalls schadenersatzpflichtig.

Sie sind dabei aber zu vorsichtig. In einem Rechtsstreit mit der Sparkasse Detmold bekam ein Bevollmächtigter recht. Seine Vorsorgevollmacht hatte die Sparkasse nicht anerkannt. Sie erstattete seinen Zinsschaden und Anwaltskosten von insgesamt rund 2580 Euro (Landgericht Detmold, Az. 10 S 110/14).
Tipp. Berufen Sie sich auf die Rechtslage, wenn eine Bank die Vorsorgevollmacht ablehnt.

Unser Rat

Bankvollmacht. Soll neben Ihnen eine weitere Person über Ihr Konto verfügen dürfen, sollten Sie sich um eine Bankvollmacht kümmern. Wenden Sie sich an Ihre Filial- oder Onlinebank. Jede Bank und Sparkasse verwendet ein eigenes Formular.

Geltung. Eine Bankvollmacht ist in der Regel ab dem Zeitpunkt der Unterschrift und über den Tod hinaus gültig (transmortale Vollmacht). Kontoinhaber und Erben können sie jederzeit widerrufen. Achtung: Manche Banken bezeichnen ihre Bankvollmacht irreführend als „Vorsorgevollmacht“. Sie gilt jedoch nicht erst im Vorsorgefall, sondern schon ab dem Zeitpunkt der Unterschrift.

Vorsorgevollmacht. Haben Sie eine Vorsorgevollmacht, die Konto- und Depotverwaltung einschließt, ist es trotzdem sinnvoll, eine Bankvollmacht zu beantragen. Banken und Sparkassen akzeptieren Vorsorgevollmachten oft nicht, obwohl sie es nach der Rechtslage müssten.

Anlaufstellen nach einer Ablehnung können auch die Schlichtungsstellen der Banken und Sparkassen sein. Die Beschwerdestelle der Volks-und Raiffeisenbanken prüfte jüngst einen Fall und schlug der Bank vor, die Vorsorgevollmacht anzuerkennen. Die Bank folgte dem Schlichterspruch.

Mehr Informationen über die Schlichtungsstellen stehen online: test.de/schlichter

Kommen Bevollmächtigte gar nicht weiter, ist das Betreuungsgericht der richtige Ansprechpartner. Das Gericht kann eine Person als Betreuer für die Vermögenssorge beauftragen. Sie hat dann Kontozugriff. ■

Fehler beim Vererben

Jeder kann selbst regeln, wie er sein Vermögen verteilen will. Wir erklären, worauf Sie dabei achten sollten und wie Sie Fehler vermeiden.

11/2021 Planen Sie es noch oder haben Sie es schon gemacht? Die Rede ist davon, sich damit zu befassen, was nach Ihrem Tod mit Ihrem Vermögen geschehen soll. Das mag ein unbeliebtes Thema sein – schließlich hat es mit dem eigenen Ende zu tun –, aber es lohnt sich und ist vermutlich nicht annähernd so kompliziert, wie Sie vielleicht denken. Im Übrigen ist die Nachlassplanung nicht nur etwas für Vermögende. Es geht um Selbstbestimmtheit: Sie entscheiden, wer nach Ihrem Tod von Ihren Ersparnissen profitieren soll. Passt das Gesetz? Umso besser. Wenn nicht, können Sie mit einem Testament oder Erbvertrag davon abweichen. Wichtig ist: Bloß nicht in eine der Fallen tappen, vor denen wir warnen.

Fehler 1: Kein Testament machen

Den Kardinalfehler nehmen wir vorweg. Der liegt nämlich in vielen Fällen darin, gar kein Testament zu verfassen. Wer seinen letzten Willen nicht zu Papier bringt, beraubt sich der Möglichkeit, sein Vermögen nach eigenen Wünschen zu verteilen. Denn ohne Testament oder andere letztwillige Verfügung wie einen Erbvertrag gelten die Regeln, die das Bürgerliche Gesetzbuch für den Erbfall vorsieht. Ein Testament ist also nicht zwingend erforderlich, das Erbe wird so oder so verteilt.

Das Gesetz folgt einem Schema, das vielleicht nicht den eigenen Vorstellungen entspricht. Es knüpft an die beiden Merkmale Verwandtschaft und Ehe an. Das heißt: Ohne Testament profitieren in erster Linie Familienmitglieder und Ehe- oder eingetragene Lebenspartner von der Erbschaft. Setzen Sie sich mit den Regelungen auseinander und entscheiden dann: Wenn die gesetzliche Erbfolge zu Ihrer Nachlassplanung passt, müssen Sie sich nicht zwingend kümmern. Wenn Sie von der gesetzlichen Erbfolge abweichen wollen, müssen Sie tätig werden. Besonders wichtig ist das zum Beispiel für Unverheiratete, weil sie kein gesetzliches Erbrecht haben und ohne letztwillige Verfügung leer ausgehen würden; für kinderlose Ehepaare, weil nicht automatisch der Ehepartner allein erbt; und für Alleinstehende, die vermeiden wollen, dass ihr Vermögen an den Staat geht.

Fehler 2: Die falsche Form wählen

Schnell an den Computer gesetzt und das Testament runtergetippt? Bitte nicht! Wenn Sie Ihren letzten Willen aufschreiben wollen, müssen Sie zwar nicht zwingend zum Notar. Ihr Testament allein zu verfassen, ist durchaus möglich. Damit es rechtsgültig ist, muss es aber einer bestimmten Form genügen.

Das privatschriftliche Testament muss im Gegensatz zum notariellen handschriftlich und eigenhändig geschrieben sein, und zwar vom ersten bis zum letzten Wort. Computerausdrucke oder Videobotschaften genügen den Formvorschriften nicht! Hintergrund der Regelung: Das Testament soll Ihnen zweifelsfrei anhand Ihrer Handschrift zugeordnet werden können. Eine Ausnahme gilt beim sogenannten Berliner Testament. Hier darf einer schreiben, der andere Ehepartner unterschreibt nur noch mit einem kurzen Zusatz.

Versehen Sie Ihr Testament mit Ort, Datum und Ihrer Unterschrift und lassen Sie erkennen, dass es sich bei dem Schriftstück wirklich und wahrhaftig um Ihr Testament handelt. Immer wieder müssen Gerichte darüber entscheiden, ob eine Zettelwirtschaft als letzter Wille anzuerkennen ist und ob zur Not auch ein Bierdeckel reicht. Am besten, Sie vermeiden eine solche Situation. Ein Testament ist eine Urkunde, die regelt, was nach dem Tod mit dem eigenen Vermögen geschehen soll. Dementsprechend sollte es aussehen, also einen offiziellen Charakter haben. Grundsätzlich gilt nur das Original, keine Kopien.

Fehler 3: Unklar formulieren

Formulierungen, die nicht ganz und gar eindeutig sind, machen es Hinterbliebenen schwer, den letzten Willen des Verstorbenen umzusetzen. Manchmal führen sie sogar zu Streit, vor allem, wenn sich ein Erbe benachteiligt fühlt. Die Auslegung des Testaments ist bei Zweifeln Sache der Gerichte: Der Wille der verstorbenen Person soll ermittelt werden. Dabei spielt der Wortlaut eine Rolle sowie der Zusammenhang, in dem die Person ihre Aussagen getroffen hat.

Was unklar ist und was nicht, ist für Laien oftmals gar nicht so leicht zu beurteilen. Vererbende meinen vielleicht, sie hätten sich eindeutig ausgedrückt – aber das Gegenteil ist der Fall. Gerade bei privat erstellten Testamenten kommt es zum Beispiel immer wieder vor, dass der oder die Vererbende zwar mehrere Personen als Erben benennt, aber nicht festlegt, in welchem Umfang und mit welcher Quote diese am Nachlass beteiligt werden sollen. Quote meint dabei, dass zum Beispiel zwei Erben jeweils zur Hälfte erben sollen oder ein Erbe zur Hälfte, zwei weitere zu je einem Viertel. Schreibt beispielsweise Rolf, dass seine Ehefrau Regina, seine Kinder Katja und Sebastian, seine Schwester Maria und sein Skatkumpel Hans erben sollen, ohne die Quote festzulegen, könnte es zu Streit kommen. Denn Regina und die Kinder fragen sich vielleicht, warum Skatkumpel Hans einen ebenso großen Anteil vom Erbe wie sie bekommen soll. Deshalb sind Formulierungen wie „zu gleichen Teilen“ oder „jeweils zur Hälfte“ so wichtig.

Um Zweifeln vorzubeugen, sollten sämtliche Erben namentlich benannt und Wünsche konkret formuliert werden. Zu Schwierigkeiten kann es zum Beispiel kommen, wenn jemand in seinem Testament „Mutti“ als Erbin einsetzt, damit aber nicht die Mutter, sondern die Ehefrau meint.

Ein weiterer häufiger Fehler: Der Verfasser verwechselt juristische Fachbegriffe und schreibt zum Beispiel „Vorerbe“, wo er „Vollerbe“ meint. Im Hinblick auf die richtigen Formulierungen steckt der Teufel wie so oft im Detail.

Unser Rat

Letzter Wille. Um Ihren Nachlass zu regeln, können Sie ein Testament verfassen – allein oder mit Expertenhilfe. Für Verheiratete kommt ein gemeinschaftliches Testament in Betracht. Wollen Sie mit einer anderen Person oder mit mehreren regeln, was nach dem Tod mit Ihrem Vermögen geschehen soll, geht das nur mit notariellem Erbvertrag.

Kosten. Die anwaltliche Erstberatung kostet rund 225 Euro inklusive Umsatzsteuer. Notargebühren hängen vom Vermögen ab. Beträgt dieses 500 000 Euro, kostet ein Einzeltestament inklusive Auslagen und Umsatzsteuer rund 1 200 Euro.

Fehler 4: Erbschaftsteuer nicht bedenken

Wenn Vermögen im Rahmen einer Erbschaft vom einen auf den anderen übergeht, wird unter Umständen Erbschaftsteuer fällig. Das gilt immer dann, wenn das erworbene Vermögen die Freibeträge des oder der Erben überschreitet. Ehepartner haben einen allgemeinen Freibetrag von 500 000 Euro, Kinder einen von 400 000 Euro, unverheiratete Partner nur einen von 20 000 Euro.

Für die Differenz zwischen Freibetrag und Wert der Erbschaft gelten abhängig vom Näheverhältnis zwischen Verstorbenen und Erben verschiedene Steuerklassen. Abhängig von der Höhe der Erbschaft gelten verschiedene

Steuersätze. Für Ehegatten und Kinder gilt die Steuerklasse I, in der zwischen 7 und 30 Prozent Steuer zu zahlen sind.

Wenn Sie Ihr Vermögen geschickt verteilen, helfen Sie Ihren Erben beim Steuersparen.

Beispiel. Witwe Tanja hat ein Vermögen von 900 000 Euro. Sie vererbt ihren zwei Kindern jeweils 400 000 Euro, ihrer Enkelin einen Betrag in Höhe von 100 000 Euro. Alle Erben bleiben innerhalb ihrer Freibeträge, sodass sie keine Erbschaftsteuer zahlen müssen.

Steuern lassen sich noch leichter beim Verschenken sparen. Es gelten zwar dieselben Freibeträge und Steuersätze wie bei einer Erbschaft. Die Freibeträge des Beschenkten lassen sich aber alle zehn Jahre aufs Neue nutzen. Sie können also Teile Ihres Vermögens schon jetzt steuerfrei übertragen. Vergehen bis zum Erbfall wieder zehn Jahre, kann der Begünstigte seinen Freibetrag erneut ausschöpfen. Falls keine zehn Jahre zwischen Schenkung und Erbschaft liegen, werden geschenktes und geerbtes Vermögen addiert. Die Steuer richtet sich nach dieser Summe.

Achtung. Nicht jede Testamentsform hilft jedem beim Steuersparen. Ein Berliner Testament kann zum Beispiel bei größeren Vermögen sogar zur Steuerfalle werden.

Fehler 5: Keine Fachleute zu Rate ziehen

Sie können Ihr Testament allein aufsetzen – aber Sie müssen es nicht tun. Jeder kann die Hilfe eines Fachanwalts für Erbrecht oder Notars in Anspruch nehmen und sich wegen steuerlicher Fragen an einen Steuerberater wenden. Manchmal ist das sogar angeraten.

Ein Notar bespricht mit Ihnen, wie Sie sich die Verteilung Ihres Vermögens vorstellen, und entwirft je nach Wunsch Testament oder Erbvertrag. Sie müssen nur unterschreiben.

Ein notarielles Testament kann häufig den Erbschein ersetzen, den die Erben ansonsten etwa beim Grundbuchamt brauchen, und spart den Hinterbliebenen Zeit und Geld.

Auch ein Fachanwalt für Erbrecht hilft Ihnen beim Verfassen des Testaments und berät oft auch im Hinblick auf die Erbschaftsteuer. Den vorbereiteten Text schreiben Sie später handschriftlich ab. Sie können dieses Testament auch beim Notar beurkunden lassen.

Fehler 6: Zu spät testieren

Ein Testament ist nichts für junge Leute? Das stimmt nicht. Es gibt viele Gründe, sich frühzeitig mit seiner Vermögensnachfolge zu befassen. Einer davon: Sie haben minderjährige Kinder und eine Immobilie erworben. Bei Ihrem Tod würden Ihre Kinder gemeinsam mit Ihrem Ehepartner eine Erbengemeinschaft bilden, bestimmte Entscheidungen sind dadurch erschwert. Soll die Immobilie etwa verkauft werden, muss das Familiengericht mitentscheiden. Um das zu verhindern, können Sie Ihren Ehepartner zum Alleinerben machen.

Ein anderer Grund dafür, sich frühzeitig um seine Vermögensnachfolge zu kümmern: Sie sind unverheiratet und Ihr Partner würde ohne Testament leer ausgehen. Oder Ihr Erbfall hat in irgendeiner Weise mit dem Ausland zu tun, zum Beispiel, weil Sie sich selbst dauerhaft in einem anderen Land aufhalten, einen Umzug ins Ausland planen oder Sie Vermögen wie Immobilien oder Bankkonten außerhalb Deutschlands besitzen.

Zu spät testieren meint aber auch, dass Sie nicht so lange damit warten sollten, Ihren letzten Willen zu verfassen, bis Sie nicht mehr testierfähig sind. Gründe dafür können in Krankheiten wie Demenz, Psychosen oder manisch-depressiven Zuständen liegen

Führt die psychische Erkrankung oder die Bewusstseinsstörung dazu, dass jemand nicht imstande ist, sich einen Willen zu bilden und diesen zu formulieren, wird er als testierunfähig bezeichnet.

Jemand ist also nicht per se testierunfähig, weil er dement ist, sondern nur, wenn er im Zeitpunkt des Verfassens des Testaments aufgrund dessen nicht mehr in der Lage ist, Informationen aufzunehmen, Ereignisse zu bewerten und die Gründe sowie den Inhalt des Testaments richtig zu erfassen.

Befürchten Sie, jemand könnte Ihre Testierfähigkeit anzweifeln, können Sie ein fachärztliches Gutachten einholen. Das Gesetz geht aber ohnehin davon aus, dass testiermündige Personen ab dem vollendeten 16. Lebensjahr grundsätzlich testierfähig sind. Sprich: Die Testierfähigkeit wird vermutet. Wer bezweifelt, dass der Verstorbene beim Verfassen des Testaments testierfähig war, muss diesen Verdacht vor Gericht beweisen.

Steht eine Person unter Betreuung, heißt das übrigens nicht, dass sie nicht mehr testierfähig ist. Auch bei Betreuten wird wie bei allen anderen testiermündigen Personen die Testierfähigkeit gesetzlich vermutet.

Fehler 7: Patchwork außer Acht lassen

Die eigene Tochter aus erster Ehe, der Ex-Mann oder die Kinder der Partnerin – je mehr Personen in einen Erbfall verwickelt sind oder auch nur sein könnten, desto größer die Herausforderung, Ihr Vermögen nach Ihren Wünschen zu verteilen. Leben Sie in einer Patchworkfamilie, kommen Sie nicht umhin, ein Testament zu verfassen. Denn die gesetzliche Erbfolge stammt aus einer Zeit, in der heutige Familienkonstellationen undenkbar waren. Sind Ihre Familienverhältnisse derart komplex, sollten Sie Ihr Testament nicht allein, sondern mit fachlicher Hilfe aufsetzen.

Probleme entstehen zum Beispiel bei Unverheirateten, die keine gemeinsamen, aber Kinder aus einer anderen Beziehung haben. Stirbt einer der Partner, geht sein Vermögen nur an die leiblichen Kinder. Der Lebensgefährte geht leer aus. Ebenfalls oft unerwünscht: Hinterlässt ein Elternteil ein minderjähriges Kind, bekommt normalerweise der Ex-Partner die Vermögenssorge für das Geerbte – und damit Zugriff auf den Nachlass.

Fehler 8: Testament unauffindbar machen

Ein Testament sollte nicht in die falschen Hände geraten. Der enterbte Sohn, der es zufällig entdeckt, wird es vielleicht nicht unbedingt ans Nachlassgericht weiterleiten, wozu er nach Eintritt des Erbfalls eigentlich verpflichtet wäre. Das sollte aber noch lange kein Grund sein, das Testament so zu verstecken, dass es im entscheidenden Moment unauffindbar bleibt. Sie können Ihrem Ehepartner oder einer anderen Person Ihres Vertrauens den Ort mitteilen, an dem Sie Ihr Testament verwahren. Geeignet ist etwa ein Ordner mit wichtigen Dokumenten.

Experten raten dazu, das Testament beim Nachlassgericht zu hinterlegen. Dann können Sie wirklich sichergehen, dass Ihr Testament berücksichtigt wird. Handelt es sich um ein notarielles Testament, wird es dort ohnehin verwahrt. Das veranlasst der Notar.

Die Kosten hierfür betragen 75 Euro. Hinzukommen Gebühren für die Registrierung im Zentralen Testamentsregister: Bei einem notariellen Testament zahlt jeder Testierende 15 Euro, bei privatschriftlichen 18 Euro.

Fehler 9: Das Testament nicht aktualisieren

Ein Testament ist nicht unumstößlich und es kann immer wieder gute Gründe geben, den Inhalt des Testaments zu überdenken – und dazu muss es nicht etwa zu einem Familienstreit oder überraschenden Todesfall kommen. Sollten sich künftig etwa die gesetzlich vorgesehenen Freibeträge für die Erbschaftsteuer ändern, lohnt es sich, das Testament vor diesem Hintergrund nochmals durchzugehen. Ähnliches gilt, wenn Ihre Immobilie derart an Wert gewinnt, dass die geplante Erbschaft die Freibeträge der Erben überschreitet.

Wollen Sie Ihr Testament aktualisieren, können Sie Änderungen vornehmen, ohne noch mal alles neu schreiben zu müssen. Für Ergänzungen gelten dieselben Formerfordernisse wie für ein neues Testament.

Um Ihr Testament zu aktualisieren, müssen Sie es nicht aus der Verwahrung nehmen. Sie können es auch aufheben oder ändern, indem Sie ein neues Testament verfassen und darin erklären, welche Inhalte des früheren Testaments geändert, ergänzt oder aufgehoben werden sollen. ■

Wege in die Zukunft

Nachhaltig anlegen liegt im Trend. Viel Geld fließt in Fonds, ETF, grüne Anleihen oder Bürgerbeteiligungen. Doch bewirkt das auch etwas?

1/2021 Das Geschäft mit nachhaltigen Geldanlagen boomt. In Fonds dieser Art fließt so viel Kapital wie nie. Doch tragen nachhaltige Geldanlagen überhaupt dazu bei, dass sich etwas verändert? Klares Ja – auch wenn der Einfluss nicht immer auf der Hand liegt. Die Geldanlage in Aktienfonds zum Beispiel entfaltet ihre Wirkung anders als die in eine grüne Anleihe oder eine geschlossene Beteiligung an einem Windpark.

Geld bei ethischen Banken

Wer Sparguthaben bei einer nachhaltigen Bank anlegt, etwa als Tages- oder Festgeld, trägt auf zwei Arten zu Veränderungen bei.

Die Banken vergeben das Geld der Kunden zum Beispiel als Kredit an soziale Einrichtungen oder Biobauernhöfe. Die GLS Bank etwa hat rund 56 000 Hektar Anbauflächen für die Ökolandwirtschaft finanziert. Auch Privatleute bekommen Kredite, nicht aber Unternehmen wie Waffenproduzenten, Kohlekraftwerke und Atomkraftwerksbetreiber. Mit Geld, das die Institute nicht als Kredit vergeben, kaufen sie zum Beispiel Aktien oder Anleihen.

Aktienfonds

Viele Anleger legen in Aktienfonds an. Sie wollen kein Geld mit Waffen, Kinderarbeit oder anderen umstrittenen Geschäften verdienen. Doch nur weil Kohle- oder Rüstungskonzerne bei manchen Fondsanbietern auf der Ausschlussliste stehen, sind sie ja nicht weg. Kann das Investment trotzdem dazu beitragen, dass die Welt besser wird? Gunter Schaefer, Kommunikations- und Marketingchef bei der Fondsgesellschaft Ökoworld, einer Pionierin im Bereich nachhaltige Geldanlagen, sagt: „Mit ethisch-ökologischen und sozialen Investments werden Weichen gestellt.“ Er vergleicht das etwa mit fleischloser Ernährung. „Erst einmal machen es nur wenige, ehe es Trend wird.“ Ökoworld legte Mitte der 90er Jahre, als Nachhaltigkeit noch Nischenthema war, den Ökovision Classic auf.

Heute wirft unsere Fondsdatenbank im Internet (test.de/fonds) mehr als 1 000 nachhaltige Fonds aus. Auch das Thema Impact ist dort angekommen.

Auf den Trend ist auch die Fondsgesellschaft Deka aufgesprungen. Ihr Deka Nachhaltigkeit Impact Aktien etwa (Isin LU 210 958 819 9) ist seit Juni 2020 am Markt. Ingo Speich, Leiter Nachhaltigkeit und Corporate Governance bei Deka erläutert, wie Börsenkäufe wirken: „Wenn viele Anleger die Aktien eines Unternehmens kaufen, steigen die Kurse.“ Wenn das Unternehmen neue Aktien ausgibt und sich Geld an der Börse beschafft, bekommt es so mehr Kapital, das es in die Entwicklung neuer umweltfreundlicher Produkte stecken könnte.

Florian Koss, Leiter Kommunikation und Marketing bei der Triodos Bank, nennt einen weiteren Effekt steigender Kurse: „Die Vergütung der Manager hängt davon ab.“ Je höher der Kurs, desto besser das Gehalt. „Inzwischen sind sogar Nachhaltigkeitsaspekte selbst Gegenstand der Zielvereinbarungen“, ergänzt Koss. Das stärkt den Anreiz weiter.

In unserem Nachhaltigkeitstest hat der globale Aktienfonds Triodos Global Equities Impact (LU 027 827 1951) vier Punkte, das ist die zweithöchste Bewertung. Einen hohen Stellenwert hat bei Triodos das Engagement, das Abstimmungsverhalten auf Hauptversammlungen sowie der Dialog mit den Unternehmenslenkern. Da geht es um die Vermeidung von Plastik ebenso wie um Umweltrisiken bei der Herstellung von Batterien. Um für die Anteilseigner mehr Einfluss zu nehmen, schließen sich oft mehrere Anbieter zusammen. „Triodos zum Beispiel hat die Plattform Living Wages mitgegründet, die für existenzsichernde Löhne kämpft", sagt Koss.

Anleihen finanzieren grüne Projekte

Legen Unternehmen neue Anleihen auf, fließt ihnen das Geld daraus direkt zu. Normalerweise ist es nicht zweckgebunden. Bei manchen Anleihen, Green Bonds und Social Bonds, ist das anders. Sie finanzieren gezielt ökologische oder soziale Projekte. Staatliche Einrichtungen oder Unternehmen geben sie heraus. Diese müssen selbst nicht grün sein.

Einer der größten Green-Bond-Emittenten ist der französische Versorger und Atomkraftwerksbetreiber EdF. Das Geld nutzt EdF etwa für Windparks. Für den Rentenfonds Erste Responsible Bond Global Impact der österreichischen Gesellschaft Erste Asset Management (AT000A1EK48), kommen die Anleihen nicht infrage. Fondsmanager Martin Cech sagt: „Wir schauen uns vorgelagert den Emittenten an. Verstößt das Unternehmen gegen unsere Nachhaltigkeitskriterien, kaufen wir nicht, selbst wenn die Anleihe noch so grün ist."

Geschlossene Fonds oft zu riskant

Über Investmentfonds hinaus gibt es Angebote ganz anderer Art, mit denen sich Anleger sogar direkt an grünen Projekten wie Wind- oder Solarparks beteiligen können. Sie sind oft sehr riskant. Bei geschlossenen Fonds oder Alternativen Investmentfonds (AIF) müssen Anleger hohe Mindestsummen investieren, können nur schwer vor Laufzeitende aussteigen und tragen Risiken bis zum Totalverlust.

Es gibt auch Unternehmen, an denen sich Bürger beteiligen können, um vor Ort zum Beispiel einen Windpark zu bauen und zu betreiben. Bei einer Analyse von sechs Angeboten für vier Windparks fand Finanztest 2018 aber Haken, wie Risiken durch hohe Kredite.

Die sieben von Finanztest im Jahr 2018 getesteten Walddirektinvestments waren alle mangelhaft. Ob die in Aussicht gestellte Rendite erwirtschaftet wird, ist höchst ungewiss.

Unser Rat

Nachhaltig anlegen. Es ist möglich, komplett nachhaltig anzulegen. Achten Sie auf breite Streuung und mischen Sie nachhaltige Aktienfonds Welt mit nachhaltigen Zinsanlagen. Schwellenländerfonds eignen sich als Beimischung.

Nachhaltigkeitsbewertung. Wir haben eine neue Nachhaltigkeitsbewertung für Fonds eingeführt. Die Testergebnisse für nachhaltige Aktienfonds Welt und nachhaltige Schwellenländerfonds finden Sie unter test.de/nachhaltige-fonds und in unserer Fondsdatenbank (test.de/fonds).

Nachhaltige Zinsangebote. Die Konditionen von Tagesgeld und Festgeld ethischer Banken werden laufend aktualisiert. Sie können sie online abrufen (test.de/oekozinsen).

Warnliste. Nicht jede grüne Geldanlage ist gut. Das Spektrum reicht von sicher bis riskant, von hochseriös bis betrügerisch. Einige nicht empfehlenswerte Anlageangebote finden Sie auf unserer Warnliste Geldanlage (test.de/warnliste).

Crowdfunding

Über Crowdfunding-Plattformen im Internet können Anleger Projekten für erneuerbare Energien, dezentrale Energieversorgung oder Maßnahmen zum Energiesparen Geld zur Verfügung stellen, in der Regel als nachrangige Darlehen über mehrere Jahre. Im Insolvenzfall stehen sie hinter erstrangigen Gläubigern. Meist bleibt nichts für sie übrig. Interessierte sollten streuen und kleine Beträge auf mehrere Projekte verteilen.

Einige nicht empfehlenswerte Geldanlageangebote mit grünem Anstrich stehen auf der Warnliste Geldanlage. ■

Geld für gute Geschäfte

Mit dem Kundengeld auf Spar- und Girokonten finanzieren nachhaltige Banken Schulen, Krankenhäuser und Klimaschutzprojekte.

3/2021 Grün boomt. Vor zehn Jahren hatten GLS Bank, Ethikbank, Umweltbank und die Bank für Kirche und Diakonie zusammen knapp 230 000 Kunden. Heute hat allein die GLS Bank 280 000. Angesichts von 80 Millionen Kundinnen und Kunden von Sparkassen und Genossenschaftsbanken in Deutschland ist das wenig – aber das Interesse steigt.

Banken mit Tages- oder Festgeld

Wir haben elf Banken mit nachhaltigem Kerngeschäft gefragt, welche Geschäfte sie ausschließen und welche Auswahlkriterien sie anlegen, wenn sie Kredite vergeben oder Wertpapiere kaufen. Einbezogen haben wir Banken, die Tages- oder Festgeld anbieten. Das ist zum Beispiel interessant als Sicherheitsbaustein für Anleger mit nachhaltigem Pantoffel-Portfolio (test.de/pantoffelmethode), dem Anlagekonzept von Finanztest.

Die Banken sollten bundesweit zugänglich und für alle Kunden offen sein. Manche Kirchenbanken wenden sich nur an Menschen mit kirchlichem Beruf. Die Evernord Bank ist dieses Mal nicht dabei, weil sie derzeit weder Tagesgeld noch Festgeld mit fester Laufzeit anbietet. Grün ist sie immer noch.

In vielen Punkten unterscheiden sich nachhaltige Banken nicht von herkömmlichen. Sie bieten die üblichen Bankgeschäfte wie Girokonten, Tagesgeld, Fonds oder Baufinanzierungen, werden von der Finanzaufsicht Bafin kontrolliert und sind in der Einlagensicherung. Gesetzlich sind in der Europäischen Union 100 000 Euro pro Person und Bank gesichert, doch viele Banken gehören zusätzlich noch freiwilligen Sicherungssystemen an.

Was sie unterscheidet, ist der Umgang mit dem Geld der Kundinnen und Kunden. Nachhaltige Banken verleihen das Geld, das auf Giro-, Tages- oder Festgeldkonten liegt, nicht an jeden. Geld, das die Institute nicht als Kredit weitergeben, legen sie selbst am Kapitalmarkt an – aber sie kaufen dafür keine Aktien oder Anleihen von ausgeschlossenen Firmen.

Waffen und Kinderarbeit tabu

Keines der Institute vergibt Kredite an Waffen- und Rüstungsproduzenten, ebenfalls tabu sind Glücksspiel und Pornografie. Bis auf die KT Bank vergeben die Banken auch keine Kredite an Atomkraftwerksbetreiber und Firmen, die Menschen- und Arbeitsrechte missachten. Kohle steht ebenfalls auf der Tabuliste der Institute, jedoch nicht bei der KT Bank und nur unzureichend bei der Bank im Bistum Essen und der Evangelischen Bank. Auch Erdölförderer sind nicht bei allen ausgeschlossen.

Bei Staatsanleihen gelten andere Regeln. Rüstung generell lässt sich hier nicht ausschließen – fast alle Staaten unterhalten eine Armee –, doch zumindest geächtete Waffen wie Landminen und Streumunition sind bei vielen Instituten außen vor. Auch bei Staatsanleihen könnten Klimakriterien strenger sein. Einige Banken schließen nur Staaten aus, die internationale Klimaabkommen nicht unterzeichnet haben, und stellen sonst keine Anforderungen – zu wenig aus unserer Sicht.

Gezielte Investitionen

Ausschlüsse sind nur ein Aspekt. Nachhaltige Banken unterstützen auch gezielt ökologische und soziale Projekte, etwa Biobauernhöfe, Krankenhäuser oder kirchliche Einrichtungen, erneuerbare Energien oder die Förderung der wirtschaftlichen Entwicklung in Ost- und Südosteuropa. Das sind nur einige Beispiele von vielen. Wer mehr erfahren will, findet ausführliche Berichte auf den Internetseiten der Institute.

Zinsen meist niedrig wie überall

Zurück zum Geld. Die Zinsen nachhaltiger Banken liegen mit herkömmlichen Filialbanken etwa gleichauf. Hier wie dort gibt es derzeit nur wenig oder keine Zinsen.

Gute Renditen für längere Laufzeiten bietet die KT Bank. Sie kann bei Laufzeiten über ein, drei oder fünf Jahre mit den Schnäppchenangeboten klassischer Banken mithalten. Einziges Manko: Bei Laufzeiten von mehr als einem Jahr profitieren die Anleger nicht vom Zinseszinseffekt, die Erträge gibt es auf einen Schlag am Ende, denn als islamkonforme Bank darf die KT Bank keine Zinsen zahlen.

Girokonten

Außer bei der ProCredit und der Umweltbank kann man bei allen Nachhaltigkeitsbanken ein Girokonto eröffnen. Gratis sind die Konten der Bank im Bistum Essen und der KT Bank. Wir gehen von einem Modellkunden aus, der Gehalt oder Rente bekommt und das Konto nur online nutzt. Am teuersten sind die Ethikbank sowie die GLS Bank. Wer einen Dispokredit braucht, muss bei den nachhaltigen Banken höchstens 8 Prozent Zinsen zahlen –, teils deutlich weniger als bei klassischen Instituten.

Ratenkredite für Konsumwünsche gibt es bei einigen Instituten nicht. GLS Bank bietet sie beispielsweise nicht an, Triodos auch nicht.

Die Banken finanzieren ökologische Bauvorhaben, die Umweltbank zum Beispiel gibt auch Kredite für den Kauf von Elektroautos.

Auch Wertpapierdepots möglich

Wer anlegt, kann bei den meisten Banken auch ein Wertpapierdepot einrichten und Fonds, ETF oder Aktien und Anleihen kaufen. GLS Bank und Triodos Bank zum Beispiel haben selbst Fonds aufgelegt. Der GLS Bank Aktienfonds (Isin DE 000 A1W 2CK 8) hat in der Finanztest-Nachhaltigkeitsbewertung die Bestnote von fünf Punkten bekommen. Der Triodos Global Equities Impact (LU 027 827 241 3) kommt auf vier Punkte. Auch Steyler hat einen Vier-Punkte-Fonds: den Warburg Steyler Fair Invest Equities (DE 000 A1J UVL 8).

Unser Rat

Auswahl. Sie wollen Ihr Tagesgeld oder Ihr Girokonto bei einer nachhaltigen Bank führen? Die Banken in unserem Test verfolgen verschiedene Philosophien. Suchen Sie eine aus, die zu Ihnen passt.

Praxistipps. Achten Sie auf Kosten und Zinskonditionen. Für ein neues Girokonto können Sie den Wechselservice der Bank beanspruchen. Die meisten Institute bieten auch ein Wertpapierdepot, falls Sie Fonds oder ETF kaufen wollen.

Bewertung und Zinsen. Mehr zur Bewertung der nachhaltigen Banken und aktuelle Zinsen für Tages- und Festgeld aller Laufzeiten finden Sie online (test.de/oekozinsen).

Fonds und ETF. Sie können hauseigene Angebote der nachhaltigen Banken, aber auch andere Fonds und ETF kaufen. Achten Sie neben der Nachhaltigkeitsbewertung auf die Finanztest-Bewertung des Anlageerfolgs. Mehr unter test.de/oekofonds und test.de/fonds.

Die Umweltbank bietet ebenfalls ein Depot, allerdings erlaubt sie dort nur Wertpapiere, die in ihren Augen streng nachhaltig sind. Dazu gehört als einzige Aktie die der Umweltbank. Zur Wahl stehen fünf Aktienfonds, etwa der von uns mit drei Nachhaltigkeitspunkten bewertete Swisscanto Equity Sustainable (LU 013 617 155 9). Wer von einer anderen Bank kommt, muss nicht-passende Papiere verkaufen. KD Bank oder Pax-Bank beispielsweise bieten einen Nachhaltigkeits-Check fürs Depot an. Ähnlich die Steyler Bank, hier heißt es Ethik-Check. Den Ratschlägen muss man aber nicht folgen. ■

Grüne Fonds und ETF

Das Angebot an nachhaltigen Fonds steigt. Unser Test zeigt, wie ethisch und ökologisch sie wirklich sind und welche Fonds Rendite bringen.

9/2021 Lange hielt sich das Vorurteil, Nachhaltigkeit gehe auf Kosten des Gewinns. Unser Test ethisch-ökologischer Fonds zeigt, das ist widerlegt. Längst können Anleger Gutes unterstützen und ihr Geld trotzdem vermehren.

Wie bei unserem Testsieger. Er ist ein Urgestein der nachhaltigen Fondsanlage: der Ökovision Classic. Seit 1996 legt er das angelegte Geld nach ethischen und ökologischen Kriterien an. Mittlerweile gibt es mehrere Hundert nachhaltige Fonds. Auf sie entfiel im vergangen Jahr, laut Fondsverbands BVI, die Hälfte des Neugeschäfts.

Schmutzige Geschäfte meiden

Grüne Fonds investieren nicht überall, sondern schließen Branchen wie die Waffenindustrie, Öl- und Kohlekonzerne aus. Bei der Wahl der Aktien achten sie auf soziale Aspekte wie Gleichberechtigung oder Gewerkschaftsarbeit. Die Fonds tragen Begriffe im Namen wie sustainable, Englisch für nachhaltig, SRI oder ESG.

Wie nachhaltig die Fonds wirklich sind, lässt sich auf den ersten Blick kaum erkennen. Wir haben den Anbietern von 172 Aktienfonds Welt

Vier Tipps zum Fondskauf

1 Depot. Um Fonds zu kaufen, brauchen Sie ein Wertpapierdepot. Das können Sie eröffnen bei Banken oder Sparkassen, Discountbrokern, Fondsvermittlern im Internet oder übers Handy bei Smartphone-Brokern. Ein Onlinedepot, bei dem Sie alles selbst machen, ist meist günstiger, als wenn Ihnen ein Berater hilft. Eine Auswahl an günstigen Depots finden Sie online (test.de/depotkosten).

2 Aktiv gemanagte Fonds. Wenn Sie einen aktiv gemanagten Fonds kaufen wollen, müssen Sie einen Ausgabeaufschlag zahlen, eine Art Kaufgebühr. Diese beträgt bei Aktienfonds oft 5 Prozent des Kaufpreises oder mehr. Wenn Sie die Fondsanteile im Internet, bei einer Direktbank, einem Broker oder Fondsvermittler kaufen, bekommen Sie oft Rabatt auf den Ausgabeaufschlag. Weitere Infos finden Sie online (test.de/fondsvermittler).

3 ETF. Einen ETF kaufen Sie über die Börse. Das geht nur über eine Bank oder einen Onlinebroker. Sie berechnen die Zahl der Anteile, die Sie kaufen wollen. Wählen Sie dann aus, ob Sie an der Börse, etwa bei Xetra, oder im Direkthandel kaufen wollen. Der Direkthandel ist oft günstiger. Kaufen Sie am besten zu den Handelszeiten der Börse, bei Xetra zwischen 9 und 17.30 Uhr.

4 Sparplan. Wollen Sie in Raten sparen, müssen Sie einen Sparplan eröffnen. Das ist mit den Fonds Ihrer Wahl nicht überall möglich. Welche Fonds sparplanfähig sind, hängt von der Bank ab. So bieten etwa Filialbanken häufig keine ETF-Sparpläne an. Onlinebanken haben oft Hunderte Sparpläne im Angebot, sowohl für ETF als auch aktiv gemanagte Fonds. Ausführlichere Infos online (test.de/etf-sparplan).

Fragebögen geschickt und für 99 Fonds die Nachhaltigkeit bewertet. Die Finanztest-Nachhaltigkeitsbewertung umfasst fünf Stufen, von fünf Punkten bis zu einem Punkt.

Klimawandel im Fokus

Die nachhaltigen Fonds lenken ihre Aufmerksamkeit immer mehr auf den Klimawandel. Die Anbieter sind strenger geworden, was die Ausschlüsse der Förderung oder Verstromung von Kohle, Öl und Gas angeht. Viele ETF verschärfen den Ausschluss fossiler Energie.

In unsere Wertung fließen daneben ein: die Strenge der Auswahl, die Auswahlstrategien und ob es einen Nachhaltigkeitsbeirat gibt.

Vier aktive Fonds liegen vorn

In puncto Nachhaltigkeit liegen vier aktiv gemanagte Fonds vorn: neben dem Ökovision Classic der Superior 6 Global Challenges, der GLS Bank Aktienfonds und der Steyler Fair Invest. Ein weiterer Fonds, der WI Global Challenges Index-Fonds, hat ebenfalls fünf Punkte. Er ist ein Indexfonds, bildet den Global Challenges Index nach und ist an Regionalbörsen in Deutschland handelbar. Er ist aber kein ETF: Beim Kauf funktioniert er wie ein aktiv gemanagter Fonds.

ETF maximal mittelgrün

ETF, börsengehandelte Fonds, sind weniger streng als die besten aktiv gemanagten Fonds. Selbst die besten haben nur drei Punkte in der Finanztest-Nachhaltigkeitsbewertung. Viele haben zwei oder sogar nur einen Punkt. Das liegt daran, dass sie weniger oder laxere Ausschlusskriterien haben. Zudem haben die untersuchten ETF keinen Nachhaltigkeitsbeirat.

Breite Auswahl an ETF

Die besten nachhaltigen ETF in unserem Test sind der Amundi MSCI World SRI, der BNP Easy MSCI SRI S-Series 5% Capped, der iShares MSCI World SRI, der Lyxor MSCI World ESG Leaders Extra sowie von UBS der UBS MSCI World Socially Responsible und der UBS MSCI ACWI Socially Responsible.

Unser Rat

Testsieger. Die beste Nachhaltigkeitsbewertung haben die vier aktiv gemanagten Fonds **Ökovision Classic, Superior 6 Global Challenges, GLS Bank Aktienfonds** und **Steyler Fair Invest** sowie der **Indexfonds Warburg Invest Global Challenges**. Wir empfehlen, daneben auch auf die Finanztest-Bewertung des Anlageerfolgs zu achten. Gut sind hier der **Ökoworld Ökovision Classic** und der **GLS Bank Aktienfonds** mit jeweils vier Punkten. Aktuelle Bewertungen finden Sie unter test.de/fonds.

Pantoffel-Portfolio. Für das nachhaltige Einsteigerdepot kommen ETF infrage, die mit 1. Wahl ausgezeichnet sind. Diese Fonds eignen sich als Grundlage fürs Depot. Die besten sechs solcher ETF haben eine Nachhaltigkeitsbewertung von drei Punkten.

ETF mit 1. Wahl als Basis

ETF, die typisch sind für den Markt, den sie abbilden, zeichnen wir mit 1. Wahl aus – gleich, ob sie nachhaltig oder herkömmlich anlegen. Anleger können weltweit anlegende 1. Wahl-ETF als Grundlage für ihr Depot kaufen und darauf vertrauen, dass sie mit ihnen dauerhaft ähnlich abschneiden wie der Markt.

Aktiv gemanagte Fonds können ein besseres Chance-Risiko-Verhältnis haben als ETF und eine höhere Rendite erzielen. Auf lange Sicht schaffen es aber nur wenige Fondsmanager, den Markt zu schlagen. Viele enttäuschen, was nicht zuletzt an den höheren Kosten liegt. Anleger müssen sich überlegen, was ihnen wichtiger ist: Legen sie großen Wert auf Nachhaltigkeit, führt kein Weg an aktiv gemanagten Fonds vorbei, selbst wenn sie teuer sind. Der Ökoworld Ökovision kostet etwa 2,3 Prozent pro Jahr plus Erfolgsgebühr. ■

Mit ETF das Klima im Blick

Auf das wachsende Interesse am Klima geht die Finanzbranche mit neuen Fonds ein. So funktionieren die Aktien-ETF mit Klimaidee.

6/2021 Das Ziel ist klar: Die Erde soll sich möglichst um nicht mehr als 1,5 Grad gegenüber der vorindustriellen Zeit erwärmen. Darauf hat sich die Staatengemeinschaft 2015 in Paris geeinigt, sie ringt aber noch um die Schritte. Derweil bringt die Finanzbranche bereits ETF auf den Markt, die den Pariser Klimazielen folgen. Diese börsengehandelten Fonds bilden Klima-Indizes ab, die auf Vorschlägen der EU aus dem Jahr 2020 fußen, um Kapital Richtung Klimaschutz zu lenken.

Der Grundgedanke hinter solchen Klimavarianten von Börsenindizes: Die dort gelisteten Unternehmen müssen insgesamt eine bessere CO_2-Bilanz aufweisen als ihr Mutterindex, etwa der MSCI World.

EU macht Vorgaben für Klima-Indizes

Die Europäische Union hat zwei Messlatten vorgeschlagen. Die strengere der beiden soll so zusammengesetzt sein, dass sie bereits konform zu den Pariser Klimazielen ist. Sie heißt Paris-Aligned Benchmark, kurz PAB. Die weniger strenge befindet sich noch auf dem Weg dorthin. Das ist die Climate Transition Benchmark, kurz CTB.

Bei beiden muss der CO_2-Ausstoß jährlich um 7 Prozent sinken. Bei der PAB-Messlatte muss er zudem um die Hälfte geringer sein als beim Mutterindex. Bei der CTB-Messlatte muss er um 30 Prozent geringer sein.

Indexanbieter wie MSCI oder S&P haben auf dieser Basis Klima-Indizes entwickelt, Anleger können sie bei Amundi, BNP, iShares, Lyxor oder UBS kaufen.

ETF mit den Zielen von Paris

Die Anbieter erreichen die von der EU geforderten CO_2-Einsparungen nicht durch Ausschlüsse, sondern durch Umgewichtungen: Klimafreundliche Firmen bekommen im Vergleich zum Mutterindex ein höheres Gewicht, Klimasünder werden untergewichtet. Beispiel Tesla: Der Elektroautobauer hat im normalen MSCI World Index einen Anteil von 0,9 Prozent, im MSCI World Climate Paris Aligned sind es 1,5 Prozent.

Einfluss auf das Klima ist umstritten

Über den Nutzen der Klima-ETF gehen die Meinungen auseinander. „Nur weil die schmutzigen Unternehmen in den ETF weniger stark gewichtet sind, sind sie ja nicht weg", argumentiert Niels Nauhauser, Finanzexperte bei der Verbraucherzentrale Baden-Württemberg. „Ob ein Anleger den ETF kauft oder nicht – es wird kein Gramm Kohlendioxid weniger in die Luft geblasen."

Ingo Speich, Leiter Nachhaltigkeit der Fondsgesellschaft Deka, räumt ein, dass Impact-Investments mit direktem Einfluss – etwa eine Windkraftanlage – einen höheren Wirkungsgrad haben. Er verweist jedoch auf die Signalfunktion, die von Investitionen in Klima-ETF ausgehen. „Sie geben Aktienkursen Rückenwind und können Unternehmen somit signalisieren, wo das Interesse liegt."

Unser Rat

Klima und Nachhaltigkeit. Mit einem börsengehandelten Fonds (ETF) mit Klimafokus können Sie Ihre Geldanlage klimafreundlicher gestalten. Legen Sie auch auf andere ethisch-ökologische Kriterien Wert, wählen Sie einen nachhaltigen Fonds oder ETF (test.de/fonds und test.de/nachhaltige-fonds).

Arne Scheehl, Direktor Produktentwicklung beim französischen Anbieter Lyxor, sagt: „Kapitalströme können Firmen zum Umdenken bewegen.“ Dies habe bereits begonnen, so Scheehl. „Die Mitarbeiter in den Investor-Relations-Abteilungen wissen genau, worauf es den Anlegern heutzutage ankommt.“

Thomas Wiedenmann, Leiter ETF von Amundi Deutschland, betont: „Es ist wichtig, die Konzerne auf ihrem Weg in ein umweltfreundliches Geschäftsmodell zu begleiten.“ Für die dafür notwendigen Investitionen brauche es Geld. Ein weiterer Grund sei Einfluss: „Wer investiert bleibt, kann Druck auf die Firmen ausüben.“

Finanztest bewertet Nachhaltigkeit

Auch Finanztest kann dem Gedanken der EU, Kapitalströme umzulenken, etwas abgewinnen. In unserer Finanztest-Nachhaltigkeitsbewertung haben der Amundi MSCI Europe Climate Paris Aligned oder der Lyxor S&P Europe Paris-Aligned Climate allerdings nur einen von fünf möglichen Punkten. Das liegt an unserer Methodik, die stark auf Ausschlusskriterien abzielt: ETF auf Indizes, die vorwiegend Unternehmen umgewichten statt auszuschließen, kommen in unserer Nachhaltigkeitsbewertung schlechter weg – obwohl der Fokus auf das Klima nichts Schlechtes und die CO_2-Bilanz ähnlich ist wie die anderer Nachhaltigkeits-ETF.

Wer explizit klimafreundlich investieren will, für den sind die Klima-ETF, aber auch ETF mit Ausschluss fossiler Brennstoffe geeignet. Wer Wert auf umfassendere Nachhaltigkeit legt, muss Fonds nehmen, die konsequent bei der Auswahl sind. In der Regel kommen dann ETF weniger infrage. Die strengsten Nachhaltigkeitsfonds sind aktiv gemanagt. ■

Nachhaltige Weltaktienindizes mit besserer Klimabilanz

Für die CO_2-Bilanz von Unternehmen berechnet der Indexanbieter MSCI Kennzahlen. Eine davon ist die CO_2-Intensität, das ist der CO_2-Ausstoß im Verhältnis zum Unternehmenswert.

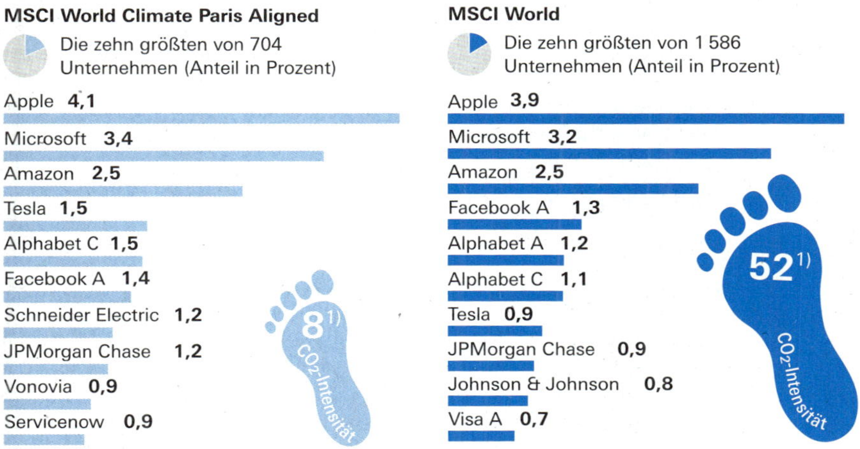

1) Die CO_2-Intensität gibt an, wie viele Tonnen CO_2 die im Index gelisteten Unternehmen pro eine Million Dollar Unternehmenswert ausstoßen. Gerechnet wird mit CO_2-Äquivalenten, das heißt, andere Treibhausgase werden in CO_2 umgerechnet.

Quelle: MSCI, Stand: 31. März 2021

Geschenktes Geld mitnehmen

Beschäftigte verschenken Geld, weil sie vermögenswirksame Leistungen ihres Arbeitgebers nicht abrufen. Wir sagen, welche Verträge sich lohnen.

4/2021 Mit dem Geld in einem Vertrag für Vermögenswirksame Leistungen lässt sich für eine Immobilie sparen, mit ETF in den Aktienmarkt reinschnuppern oder ein sicherer Banksparplan eröffnen. Die Rede ist vom Zuschuss des Arbeitgebers, auf den sehr viele Beschäftigte Anspruch haben. Seit 1965 sollen die sogenannten Vermögenswirksamen Leistungen (VL) beim Vermögensaufbau helfen. Damals wurde das fünfte Vermögensbildungsgesetz verabschiedet.

Doch von etwa 20 Millionen Berechtigten steht rund ein Drittel ohne Vertrag da, zeigt eine etwa drei Jahre alte Studie des Münchner Research Center for Financial Services (CFin). Wer Anspruch hat, aber bisher den Zuschuss nicht abruft, kann das leicht ändern. Wir sagen, welche VL-Varianten sich für wen eignen.

Vertrag läuft sieben Jahre

Wie viel die Chefs zahlen müssen, ist nicht festgelegt. Manche Firmen gewähren den Höchstsatz von 40 Euro pro Monat. Dann kommen in der siebenjährigen Laufzeit, die sich aus sechs Jahren Spar- und bis zu einem Jahr Wartezeit zusammensetzt, mehrere Tausend Euro zusammen. Die Höhe der Summe hängt auch vom gewählten Vertrag ab.

Nicht alle können frei wählen

Finanztest hat die wichtigsten VL-Varianten untersucht, nämlich Bank- und Fondssparpläne sowie Bausparverträge.

Nicht alle berechtigten Beschäftigten können frei entscheiden, welchen Vertrag sie abschließen wollen. In manchen Branchen macht der Tarifvertrag klare Vorgaben, etwa in der Metallindustrie, wo alles in die betriebliche Altersvorsorge fließt.

Nach sieben Jahren ist Geld verfügbar

Unabhängig von der Höhe des Arbeitgeberzuschusses können Sparerinnen und Sparer den monatlichen Betrag sogar auf mehr als 40 Euro aufstocken. Spätestens nach sieben Jahren können sie über das angesparte Geld verfügen.

Einen kleinen Haken gibt es bei der Sache: Der Arbeitgeberzuschuss ist ein Bruttobetrag, auf den Mitarbeiterinnen und Mitarbeiter Steuern und Sozialabgaben entrichten müssen. Jede Person ist also auch dann mit einem Eigenanteil dabei, wenn sie den Betrag nicht aufstockt.

Fondssparplan mit besten Chancen

Die dauerhaft niedrigen Zinsen wirken sich auch auf fast alle VL-Angebote aus. Einzige Ausnahme: Sparpläne auf Aktienfonds haben so gute Renditechancen wie eh und je. VL-Sparer setzen damit auf die Ertragskraft von börsennotierten Unternehmen. In der Vergangenheit hat sich das bezahlt gemacht.

Allerdings sollte jedem klar sein, dass am Ende der Festlegungsfrist ein Minus stehen kann. Das ist für sicherheitsbetonte Anleger ungewohnt, aber nicht weiter tragisch. Solange Sparende ihre Fondsanteile nicht voreilig verkaufen, gibt es kein Problem.

Wenn der Fondssparplan ausgerechnet kurz nach einem Börsencrash ausläuft, sollte man die Fondsanteile einfach stehen lassen. Bei breit streuenden globalen Aktienfonds-ETF, die sich besonders gut für VL-Sparpläne eignen, stehen die Chancen gut, dass später wieder ein besserer Preis zu erzielen sein wird.

Ein Stück Ungewissheit bringt das Aktienfondssparen aber auf jeden Fall mit sich. Anlegerinnen und Anleger wissen nie, welcher Betrag nach sieben Jahren auf dem Kontoauszug stehen wird.

Geeignete ETF

Für Fondssparpläne für Vermögenswirksame Leistungen (VL) eignen sich am besten breit streuende Welt-ETF mit dem Siegel „1. Wahl". Diese ETF gibt es bei mindestens einem Anbieter als VL-Sparplan:

MSCI World (Isin)
Invesco (IE 00B 60S X39 4)
iShares (IE 00B 4L5 Y98 3)
Lyxor (FR 001 031 577 0)
Lyxor (LU 039 249 456 2)
UBS (LU 034 028 516 1)
Xtrackers (LU 027 420 869 2)

FTSE All-World (Isin)
Vanguard (IE 00B 3RB WM2 5)

MSCI All Country World (Isin)
iShares (IE 00B 6R5 225 9)
Lyxor (LU 182 922 021 6)
Xtrackers (IE 00B GHQ 0G8 0)

FTSE Developed (Isin)
Vanguard (IE 00B KX5 5T5 8)

Unser Rat

Banksparpläne. Konkurrenzlos ist der Sparplan der **Degussa Bank.** Dank seines Schlussbonus bringt er eine Rendite von fast 2,4 Prozent pro Jahr.

Bausparverträge. Wenn Sie jünger als 25 Jahre sind und staatliche Förderung erhalten, kommt ein Rendite-Bausparvertrag für Sie infrage. Die Verzinsung spielt keine Rolle. Wenn Sie einen Immobilienkauf planen, sind Sie mit einem normalen Bausparvertrag gut bedient.

Kredittilgung. Zahlen Sie einen Baukredit ab, ist es für Sie attraktiv, Vermögenswirksame Leistungen zur Tilgung einzusetzen.

ETF. Für einen VL-Fondssparplan eignen sich vor allem Weltaktien-ETF. Wenn Ihnen ethisch-ökologische Kriterien besonders wichtig sind, werden Sie eher bei aktiv gemanagten Fonds fündig, etwa beim Monega Steyler Fair Invest-Equities, Triodos Global Equities Impact Fund und TerrAssisi Aktien I AMI.

Banksparplan mit festem Ertrag

Wer das vermeiden will, nimmt besser einen verzinsten Banksparplan und setzt damit auf einen verlässlichen Wertzuwachs.

Das empfehlenswerteste Produkt, der Sparplan der Degussa Bank, bringt mit 2,38 Prozent pro Jahr eine nach heutigen Maßstäben sehr attraktive Rendite. Wir kennen keine seriösen Zinssparprodukte mit vergleichbar guten Konditionen – unter der Bedingung, dass die Person den Vertrag zu Ende führt. Bei vorzeitigem Abbruch entfällt der für die Rendite entscheidende Schlussbonus.

Insgesamt ist die Auswahl an Banksparplänen sehr überschaubar. Finanztest hat nur noch ein halbes Dutzend Angebote durchgerechnet, von denen nur das der Degussa Bank mehr als eine marginale Rendite hat.

Bausparen immer noch beliebt

Trotz der niedrigen Verzinsung gehören Bausparverträge immer noch zu den beliebtesten VL-Produkten. Wer einen Immobilienkauf fest eingeplant hat, macht damit nichts falsch. Sparer setzen in diesem Fall nicht auf die Zinsen, die sie erhalten, sondern auf ein möglichst niedrig verzinstes Darlehen.

Für junge Menschen bis 25 Jahre kann sogar auch ein „Renditebausparvertrag" interessant sein. Dabei muss das gesparte Geld nicht in einen Immobilienkauf fließen, sondern kann nach Belieben verwendet werden.

Zulagen an Einkommen geknüpft

Attraktiv ist das aber nur mit zusätzlicher staatlicher Förderung. Menschen mit geringem Einkommen haben Anspruch auf die sogenannte Arbeitnehmersparzulage oder die Wohnungsbauprämie, die zum Jahresbeginn erhöht worden ist. Die Zulagen sind an Einkommensgrenzen geknüpft, die viele Arbeitnehmer überschreiten. Maßgeblich ist aber nicht der Bruttoverdienst, sondern das zu versteuernde Einkommen. Es ist niedriger, da sich Werbungskosten und andere Posten absetzen lassen.

Kredit tilgen geht nicht bei jeder Bank

Eine weitere Variante, seine Vermögenswirksame Leistungen zu nutzen, ist vielen gar nicht bekannt: Immobilienbesitzerinnen und -besitzer, die Haus oder Wohnung abbezahlen, können die angesparten VL-Beiträge oft auch zur Tilgung ihres Kredits einsetzen.

Voraussetzung: Bank oder Bausparkasse lassen sich auf diese Lösung ein. Unsere Nachfrage bei den Anbietern zeigt leider: Die Bereitschaft ist bei vielen Banken gering. Alle, die einen Baukredit abzahlen, sollten sich dennoch bei ihrem Institut nach dieser Option erkundigen. Je nachdem, wann und zu welchen Konditionen der Kredit abgeschlossen wurde, kann sie ausgesprochen attraktiv sein.

Fünf Schritte zum Vertrag

1 Information. Erkundigen Sie sich in der Personalstelle Ihres Arbeitgebers oder beim Betriebsrat, ob Ihnen laut Tarifvertrag oder Betriebsvereinbarung Vermögenswirksame Leistungen (VL) zustehen und wie hoch der monatliche Zuschuss ausfällt. Das Geld fließt aber nur, wenn Sie einen speziellen VL-Vertrag für diese Leistungen abschließen oder Sie es in die Tilgung eines Baukredits einbinden können.

2 Vertragsart. Wägen Sie ab, welche Anlageform am besten zu Ihnen passt. Mit Aktienfonds bekommen Sie die besten Renditechancen, haben aber keine Gewähr, dass der Vertrag am Ende der Laufzeit im Plus steht. Banksparpläne und Bausparverträge bieten sichere Erträge, aber in der Regel keine gute Rendite. Wenn Sie aktuell einen Baukredit tilgen, ist es interessant, das VL-Geld dafür einzusetzen. Das geht aber nicht bei jedem Anbieter.

3 Sparzulage. Je nachdem, wie viel Sie verdienen, haben Sie Anspruch auf staatliche Förderung. Arbeitnehmersparzulage gibt es für Aktienfonds, Bausparverträge und die Tilgung eines Baukredits. Beim Bausparen können Sie außerdem die sogenannte Wohnungsbauprämie erhalten.

4 Vertragsabschluss. Wenn Sie sich für eine Variante entschieden haben, können Sie abschließen. Eine Kopie des Vertrags leiten Sie an die Personalstelle Ihrer Firma weiter.

5 Aufstocken. Sie können die Vermögenswirksamen Leistungen aufstocken oder ganz aus eigener Tasche zahlen. Das kann sich lohnen, wenn Sie Anspruch auf staatliche Zulagen haben oder einen sehr attraktiven Vertrag gewählt haben. Das Geld können Sie aber nicht selbst überweisen, sondern es muss vom Arbeitgeber kommen.

Den passenden ETF finden

Sie benötigen:

- Wertpapierdepot bei einer Filialbank, einer Direktbank oder einem Smartbroker Ihrer Wahl
- Fondstabellen von Finanztest

3/2021 Sie wollen sich an den Aktienmarkt wagen und suchen eine sinnvolle Langfristanlage? Dann eignen sich Fonds, die einen Index nachzeichnen, auch bekannt als ETF (Exchange Traded Funds). Ein Wertpapierdepot, wie man es auch für Aktien benötigt, reicht, um loszulegen:

Schritt 1. Wählen Sie eine Fondsgruppe aus. Als Einsteiger beginnen Sie am besten mit einem ETF, der weltweit investiert. Ein Blick in unsere Fondstabellen in jedem Heft oder auf test.de/fonds in die Fondsgruppe „Aktien Welt“ zeigt, die Auswahl ist groß.

Schritt 2. Für die Basisanlage eignen sich ETF mit der Finanztest-Bewertung „1. Wahl“. Diese Fonds sind typisch für den Markt, den sie abbilden. Die meisten dieser 1. Wahl-ETF bilden den Weltaktienindex MSCI World nach, der passt auf jeden Fall. Wollen Sie auch Aktien aus Schwellenländern, nehmen Sie etwa den MSCI All Country World Index.

Schritt 3. Nun kommt es darauf an, wie Sie investieren wollen. Möchten Sie in regelmäßigen Raten sparen? Dann schauen Sie, für welche ETF Ihre Bank Sparpläne anbietet. Manchmal gibt es auch für ETF eines bestimmten Anbieters Sonderangebote, dann kostet Ihr Sparplan weniger. Wenn Sie eine Einmalanlage tätigen wollen, müssen Sie bei Ihrer Bank eine Börsenorder aufgeben. Suchen Sie sich einfach einen der mit 1. Wahl ausgezeichneten ETF aus. Kosten- oder Renditeunterschiede spielen bei der Auswahl eine untergeordnete Rolle.

Schritt 4. Nicht in allen ETF liegen die Wertpapiere aus dem Index. Manche Fonds bilden ihn künstlich mit Tauschgeschäften (Swaps) ab. Aus unserer Sicht spielt die Nachbildungsmethode eine untergeordnete Rolle. Wenn es Ihnen jedoch lieber ist, dass Ihr ETF die Wertpapiere aus dem Index tatsächlich kauft, wählen Sie einen physisch replizierenden Fonds. Swap-ETF sind in unseren Tabellen mit einer Fußnote gekennzeichnet.

Schritt 5. Überlegen Sie, was mit den Dividenden passieren soll. Soll der Fonds sie direkt wieder in den Kauf neuer Aktien investieren, wählen Sie einen thesaurierenden ETF, sonst die ausschüttende Variante. ■

So sparen Sie 100 000 Euro

Mit dem richtigen Plan ist es nicht schwer, hohe Summen anzusparen. Wir zeigen, wie es geht und worauf man achten muss.

Unser Rat

Anlageform. Entscheiden Sie sich für eine Anlageform. Wir stellen hier die Einmalanlage und den Sparplan vor. Online bekommen Sie außerdem Tabellen für eine Kombination aus Einmalanlage und Sparplan (test.de/100k).

Risikotyp. Überlegen Sie, wie viel Risiko Sie eingehen wollen und stellen Sie Ihr Depot dazu passend aus Aktienfonds und Zinsanlagen zusammen. Sie können dazu das Pantoffel-Portfolio nutzen (test.de/pantoffelmethode).

Kauftipps. Kaufen Sie für den Aktienbaustein weltweit anlegende Fonds, vorzugsweise ETF (börsengehandelte Fonds). Geeignete Fonds finden Sie online (test.de/fonds), ebenso geeignete Banken (test.de/depotkosten).

Sparziel. Sie müssen nicht 100 000 Euro sparen. Wenn Ihr Sparziel niedriger ist, zum Beispiel halb so hoch, können Sie die Beträge in den Tabellen halbieren. Wollen Sie 200 000 Euro sparen, verdoppeln Sie die Beträge.

Zusatzinfos. Im Internet finden Sie Zusatzinfos zum Timing sowie zum Thema Steuern und Inflation (test.de/100k). Dort finden Sie auch mehr zur Methodik (test.de/100k/methodik).

5/2021 Schön wäre es, 100 000 Euro im Lotto zu gewinnen. Und am schnellsten ginge es auch. Das Problem: Es ist extrem unwahrscheinlich. Besser ist, man geht planvoll vor und setzt sich ein langfristiges Sparziel. Wer ein kleines Vermögen von zum Beispiel 100 000 Euro anpeilt, benötigt Aktienfonds, Zinsanlagen und eine gute Portion Ausdauer.

Wir haben untersucht, wie viel Geld man dafür braucht und gehen dabei auf die Einmalanlage ein, auf Sparpläne – und auf einen Mix aus beidem. Auch wer nur 50 000 Euro erreichen oder Euro-Millionär werden will, findet in unserem Test die Anleitung dazu.

Wie viel man sparen muss, um die 100 000 Euro zu erreichen, hängt davon ab, wann das Geld gebraucht wird und welches Risiko ein Sparer, eine Sparerin akzeptieren kann. Unsere Analyse seit 1969 zeigt: Wer 20 Jahre lang Geld zurückgelegt und seine Sparrate je zur Hälfte auf Aktien und Zinsanlagen aufgeteilt hat, kam im Schnitt mit 280 Euro im Monat hin. Mit demselben Mix ließen sich 100 000 Euro auch durch eine Einmalanlage von 45 700 Euro erreichen.

Das notwendige Rüstzeug

Das nötige Rüstzeug auf dem Weg zum Sparziel von 100 000 Euro sind Aktienfonds und Zinsprodukte wie Fest- und Tagesgeld. Der Aktienfonds sollte möglichst weltweit gestreut sein.

Als Zinsanlagen empfehlen wir Tagesgeld und Festgeld. Mit Tagesgeld ist man flexibler, für Festgeld gibt es mehr Zinsen. Gerade wenn Anleger sich für das Pantoffel-Portfolio, die Anlagestrategie von Finanztest, entscheiden, sollten sie einen Teil im Tagesgeld lassen, damit sie ihr Depot flexibel anpassen können.

Aktienanlagen sind unverzichtbar, weil sie Ertragschancen bieten, doch sie schwanken. Mal übersteigen die Gewinne binnen eines Jahres die 40-Prozent-Marke, in anderen Jahren gibt es ebensolche oder höhere Verluste.

Mehr als fünf Millionen Simulationen
Hier setzt unsere Untersuchung an. Wir haben uns rollierende Anlagezeiträume verschiedener Laufzeiten seit 1969 angesehen und analysiert, wie viel Geld man jeweils beiseitelegen musste, um auf 100 000 Euro zu kommen.

Wir haben mit einem eigens dafür geschriebenen Programm mehr als 5,4 Millionen Depotverläufe analysiert, für verschiedene Aktienquoten, für Sparplan, Einmalanlage und die Kombination der beiden. Unsere Idee: Anleger können die Ergebnisse nutzen, um ihre Sparsummen zu ermitteln.

In den vergangenen 51 Jahren gab es alles, was Aktienmärkte zu bieten haben. Negative Phasen wie das Platzen der Dotcom-Blase zu Beginn der 2000er-Jahre, die Finanzkrise 2008 und der Corona-Crash 2020, aber auch Phasen, in denen es jahrelang aufwärts ging. Wir gehen daher davon aus, dass sich aus dieser Vergangenheit Hinweise für die Zukunft ableiten lassen. Unsere Simulationen haben wir mit dem Weltaktienindex MSCI World gerechnet und

100 000 Euro in den vergangenen 20 Jahren

Die Grafik zeigt die Wertentwicklung dreier Portfolios mit je zur Hälfte Aktienfonds und Festgeld: Sparplan, Einmalanlage und eine Kombination aus beidem.

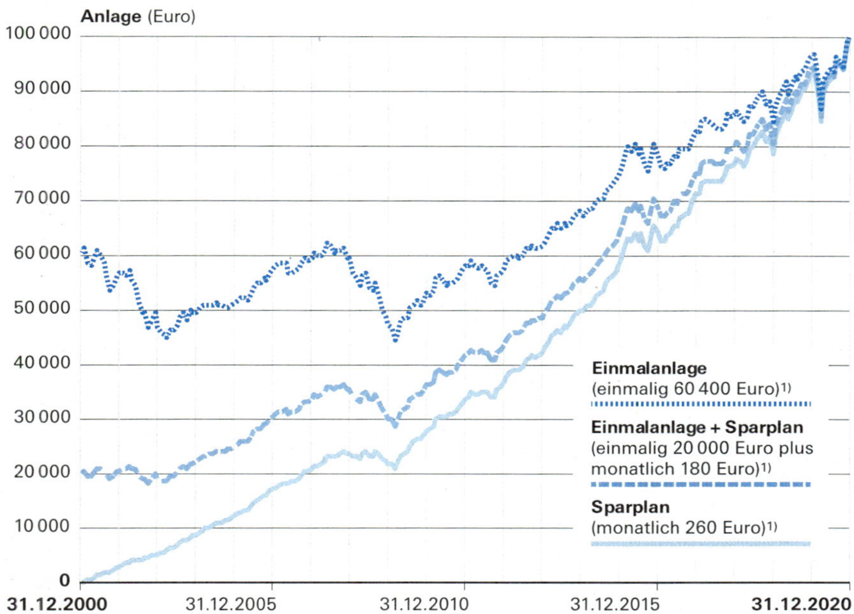

1) Beträge sind gerundet und unter Berücksichtigung von Kosten (siehe test.de/100k/methodik).

Quellen: Refinitiv, eigene Simulationen **Stand 31. Dezember 2020**

typische Kosten abgezogen. Beim Tagesgeld sind wir von 0 Prozent Zinsen ausgegangen, obwohl es in der Vergangenheit mehr gab. Wir wissen nicht, wann die Zinsen wieder steigen.

Der Weg zu 100 000 Euro

Wie genau sieht das eigene Ziel aus? Die meisten, die sich an einem unserer Spartypen orientieren, dürften sich in der Spalte „Durchschnittlich 100 000 Euro" am besten aufgehoben fühlen. Die Sparbeträge sind überschaubar, und in der Hälfte der Fälle erreichten sie damit ihr Ziel – oder sogar mehr.

Wer lieber auf Nummer Sicher geht, wählt die Angaben in der Spalte „Mindestens 100 000 Euro". Hier standen nach allen untersuchten Zeiträumen am Ende 100 000 Euro zu Buche – oder mehr.

100 000 Euro mit einer Einmalanlage

Die Tabelle zeigt anhand der Vergangenheitswerte, wie viel Geld Sparer anlegen müssen, um 100 000 Euro zu erreichen – je nach Aktienquote, Laufzeit und Sparziel.

Aktienquote (Prozent)	Einmaliger Betrag (Euro), um folgendes Sparziel zu erreichen			
	Mindestens 100 000 Euro[1)]	Genau 100 000 Euro[2)]	Durchschnittlich 100 000 Euro[3)]	Höchstens 100 000 Euro[4)]
Anlagedauer 10 Jahre				
0	100 000	100 000	100 000	100 000
25	108 900	102 400	80 000	62 200
50	120 500	105 800	65 100	39 400
75	135 700	110 500	53 700	25 500
100	155 300	116 400	45 100	16 700
Anlagedauer 20 Jahre				
0	100 000	100 000	100 000	100 000
25	85 000	81 500	66 400	45 000
50	74 100	68 000	45 700	21 000
75	66 200	58 000	32 600	10 200
100	60 800	50 700	24 000	5 100
Anlagedauer 30 Jahre				
0	100 000	100 000	100 000	100 000
25	59 600	59 300	51 500	43 100
50	37 100	36 700	27 900	19 500
75	24 100	23 700	15 900	9 300
100	16 300	16 000	9 600	4 600

Zahlen sind auf volle 100 Euro gerundet. Beträge sind unter Berücksichtigung von Kauf- und Fondskosten berechnet, siehe test.de/100k/methodik.

1) Der kleinste Betrag, mit dem Anleger auch im schlechtesten Fall am Ende der Laufzeit 100 000 Euro erreichten, in den anderen Fällen jedoch mehr.

2) Der kleinste Betrag, mit dem Anleger auch im schlechtesten Fall während der Spardauer 100 000 Euro erreichen konnten. Hatten sie das Ziel erreicht, mussten sie alles ins Tagesgeld umschichten.

3) Anleger haben damit das Sparziel am Ende der Laufzeit in 50 Prozent aller Fälle mindestens erreicht.

4) Im besten Fall haben Anleger das Sparziel am Ende der Laufzeit mit diesem Betrag erreicht.

Quellen: Refinitiv, eigene Simulationen
Untersuchungszeitraum: 31.12.1969 bis 31.12. 2020

Dann gibt es noch die Spalte „Genau 100 000 Euro". Die Besonderheit hierbei ist: Wer sein Sparziel erreicht hat, muss aussteigen, um nicht Gefahr zu laufen, in eine schlechte Börsenphase zu geraten und wieder unter 100 000 Euro zu fallen. Ein Anleger zum Beispiel, der in Aktien investiert war und 2007 bei Erreichen seines Ziels voller Freude weitergespart hätte, hätte kurze Zeit später durch die Finanzkrise 2008 fast die Hälfte seines Geldes wieder verloren.

Der Vollständigkeit halber zeigen wir auch den besten denkbaren Fall: Wie wenig Geld notwendig gewesen wäre, wenn Anleger einen super Zeitraum erwischt hätten. Die Spalte „Höchstens" ist dem eingangs erwähnten Lottospiel am nächsten. Möglich, aber sehr unwahrscheinlich. ■

In monatlichen Raten zu 100 000 Euro

Die Tabelle zeigt anhand der Vergangenheitswerte, welche Sparraten nötig waren, um 100 000 Euro zu erreichen.

Aktienquote (Prozent)	**Monatliche Rate** (Euro), **um folgendes Sparziel zu erreichen**			
	Mindestens 100 000 Euro 1)	**Genau 100 000 Euro** 2)	**Durchschnittlich 100 000 Euro** 3)	**Bestenfalls 100 000 Euro** 4)
Spardauer 10 Jahre				
0	830	830	830	830
25	930	890	740	640
50	1 030	910	660	490
75	1 160	910	590	370
100	1 310	880	530	270
Spardauer 20 Jahre				
0	420	420	420	420
25	410	390	340	280
50	410	340	280	180
75	400	310	230	120
100	400	280	190	80
Spardauer 30 Jahre				
0	280	280	280	280
25	240	220	210	160
50	190	180	150	90
75	160	140	110	50
100	130	110	80	30

Zahlen auf volle 10 Euro gerundet. Beträge sind unter Berücksichtigung von Kauf- und Fondskosten berechnet, siehe test.de/100k/methodik.

1) Der kleinste Betrag, mit dem Anleger auch im schlechtesten Fall am Ende der Laufzeit 100 000 Euro erreichten, meistens jedoch mehr.

2) Der kleinste Betrag, mit dem Anleger auch im schlechtesten Fall während der Spardauer 100 000 Euro erreichen konnten. Hatten sie das Ziel erreicht, mussten sie alles ins Tagesgeld umschichten.

3) Anleger haben das Sparziel am Ende der Laufzeit in 50 Prozent aller Fälle damit mindestens erreicht.

4) Im besten Fall haben Anleger das Sparziel am Ende der Laufzeit mit diesem Betrag erreicht

Quellen: Refinitiv, eigene Simulationen
Untersuchungszeitraum: 31.12.1969 bis 31.12.2020

Unschlagbar preiswert

Unser Test zeigt, welche Banken und Broker am günstigsten sind und welche das größte Angebot an Sparplänen für ETF haben.

7/2021 Ein Sparplan auf ETF, also Exchange Traded Funds oder börsennotierte Fonds, bietet gute Renditechancen, selbst wenn er vergleichsweise teuer ist. Wer sich eine preiswerte Bank sucht, kann noch mehr herausholen oder gebührenfrei sparen. Finanztest hat die Angebote von 23 Banken und Brokern untersucht.

Die ING prescht vor

Normalerweise müssen Kundinnen und Kunden für ETF-Sparpläne etwas zahlen. Doch es gibt immer mehr Ausnahmen. Seit 1. April 2021 führt eine der großen Anbieterinnen, die Direktbank ING, all ihre ETF-Sparpläne kostenfrei aus. Für das Verwalten des Depots fällt bei ihr seit jeher nichts an.

Auch bei Flatex und beim Smartphone-Broker Trade Republic fließen die Sparraten ohne Abzug in ETF-Anteile. Gleiches gilt für Scalable Capital, solange man nur einen ETF und sogenannte Prime-ETF auswählt.

Auch bei den meisten anderen Banken und Brokern gibt es eine Reihe kostenloser Sparpläne, meist zeitlich begrenzt als Sonderaktionen. Ob die gewünschten ETF darunter sind, ist auf den Webseiten der Banken nachzulesen. In jedem Fall ist damit zu rechnen, dass die Sparplanausführung irgendwann kostenpflichtig wird. So hat die Consorsbank den kostenlosen Kauf bestimmter ETF vorerst bis zum 31. Dezember 2022 befristet.

Geringe Kosten wirken sich vorteilhaft aus

Wir haben berechnet, wie sich der Kostenunterschied zwischen zwei Sparplänen langfristig auswirkt: Für einen klassischen Sparplan auf einen aktiv gemanagten Aktienfonds haben wir mit Kaufkosten (Ausgabeaufschlag) von 4 Prozent und jährlichen Kosten von 1,5 Prozent kalkuliert, für einen ETF-Sparplan mit Kaufkosten von 1,5 Prozent und jährlichen Kosten von 0,5 Prozent. Je länger beide laufen und je höher die Sparrate ist, desto höher ist der Mehrertrag beim ETF-Sparplan.

Monatliche Sparrate	Eingezahlter Gesamtbetrag (Euro)	Ergebnis aktiv gemanagter Fondssparplan (Euro)	Ergebnis ETF-Sparplan (Euro)	Mehrertrag bei ETF-Sparplan (Euro)
Sparplan mit 10 Jahren Laufzeit bei jährlicher Rendite von 6 Prozent				
50 Euro	6000	7236	7825	589
200 Euro	24000	28944	31299	2355
Sparplan mit 30 Jahren Laufzeit bei jährlicher Rendite von 6 Prozent				
50 Euro	18000	35633	43869	8236
200 Euro	72000	142531	175475	32945

Die Sparplanergebnisse sind kaufmännisch gerundet. **Quelle: Eigene Berechnungen**

Es ist grundsätzlich sinnvoll, von vornherein eine Bank zu wählen, die auch mit ihrem regulären Gebührenmodell überzeugt.

Die Fondskosten sind entscheidend
Für diejenigen, die noch kein Wertpapierdepot haben und einen ETF-Sparplan abschließen möchten, sind die kostenlosen Anbieter erste Wahl. Alle anderen sollten die Ersparnis durch die Gratisausführung nicht überbewerten.

Der Hauptvorteil von ETF liegt in ihren günstigen laufenden Kosten. Sie werden nicht direkt in Rechnung gestellt, sondern – wie bei allen Fonds – regelmäßig dem Fondsvermögen entnommen. Auf lange Sicht macht sich das im Vergleich zu aktiv gemanagten Fonds mit höheren Kosten sehr stark bemerkbar.

Mehrere Tausend Euro Unterschied
Wir haben berechnet, wie sich die Kosten eines typischen gemanagten Aktienfonds und eines ETF bei einem Sparplan mit 10 und 30 Jahren Laufzeit auswirken. Dabei haben wir eine Rendite von durchschnittlich 6 Prozent pro Jahr zugrunde gelegt. In der Vergangenheit lagen sie tatsächlich für länger laufende Sparpläne auf Weltaktien-ETF bei etwa 7 Prozent pro Jahr. Auf Sicht von 30 Jahren kann der Unterschied mehrere Zehntausend Euro ausmachen (siehe Tabelle links). Das gilt für ETF-Sparpläne mit Kosten von 1,5 Prozent der Sparrate. Bei kostenlosen Sparplänen ist das Renditeplus natürlich noch größer.

Auf das Preismodell achten
Viele Banken erheben prozentuale Gebühren für die Sparplanausführung. Bei ihnen ist es preislich egal, ob die Monatsrate hoch oder niedrig ist und auf wie viele Sparpläne das Geld verteilt ist.

Anders sieht das bei fixen Kosten aus. Der DKB Broker verlangt zum Beispiel unabhängig von der Sparsumme stets 1,50 Euro, der genossenschaftliche Geno Broker 1,75 Euro. Wer bei ihnen nur 50 Euro pro Monat einzahlt, kommt mit Kosten von 3 beziehungsweise 3,5 Prozent unverhältnismäßig teuer weg. Bei hohen Sparsummen gehören beide dagegen zu den billigeren Adressen.

Am meisten zahlen Filialkunden der Commerzbank für einen ETF-Sparplan, nämlich 2,50 Euro plus 1 Prozent der Sparsumme. Das addiert sich bei einem Sparbetrag von 50 Euro auf Kosten von 6 Prozent. Wer statt monatlich 50 Euro zum Beispiel vierteljährlich 150 Euro spart, fährt deutlich günstiger.

Oft lohnt sich ein zusätzliches Depot
Auch wenn die meisten Filialbanken und immer mehr Sparkassen ihren Kundinnen und Kunden inzwischen ETF-Sparpläne anbieten, ist es ratsam zu überlegen, ob unbedingt alles aus einer Hand sein muss.

Ein zusätzliches Depot nur für ETF-Sparpläne zu eröffnen, ist kein großer Aufwand und oft nicht nur wegen der geringen oder völlig wegfallenden Kosten von Vorteil. Bei Direktbanken gibt es meist auch eine deutlich größere Auswahl an ETF als bei den Filialbanken. ■

Unser Rat

Einsteiger. Haben Sie noch kein Wertpapierdepot, können Sie sich an den jährlichen Gesamtkosten und am Umfang des ETF-Angebots orientieren (test.de/etf-sparplan). Bei **Flatex, ING** und **Trade Republic** können Sie mehrere Sparpläne ohne Kaufkosten laufen lassen. Trade Republic ist als Smartphone-Broker nur über eine App per Handy oder Tablet nutzbar.

Depotbesitzer. Wenn Sie bereits ein Wertpapierdepot haben, sollten Sie zunächst prüfen, ob Ihre Bank auch günstige ETF-Sparpläne anbietet. Für Kunden von Fondsbanken, die ohnehin Depotgebühren zahlen, ist es meist sinnvoll, dort auch ETF-Sparpläne anzulegen.

Mit 40 Aktien auf neuem Kurs

Der bekannteste deutsche Aktienindex wurde runderneuert. Durch mehr Titel, etwa Airbus, sind Dax-ETF-Käufer nun breiter aufgestellt.

10/2021 Es war die einschneidendste Reform des Dax seit seiner Einführung im Jahr 1988: Ab 20. September 2021 wurde der Index von 30 auf 40 Aktien aufgestockt. Finanztest sagt, was das für Anleger bedeutet und mit welchen ETF man in Deutschland anlegen kann.

Allein der Börsenwert zählt

Über die Aufnahme in den Dax 40 entscheidet nun allein der Börsenwert. Er ergibt sich, wenn man alle Aktien eines Unternehmens mit dem aktuellen Börsenkurs multipliziert.

Für die Berechnung zählen nur frei handelbare Aktien. Wertpapiere, die dauerhaft im Besitz eines Großaktionärs sind, etwa des deutschen Staates, werden nicht mitgezählt.

Die zweite Eintrittskarte für den Index ist weggefallen. Vorher mussten Unternehmen für die Aufnahme in den Dax auch einen hohen Umsatz an der deutschen Börse aufweisen, also zumindest in die Nähe der 30 meistgehandelten deutschen Werte kommen.

Airbus gehört jetzt zu den Top-Werten

An der Reihenfolge der Top-10-Unternehmen änderte sich wenig – mit einer spektakulären Ausnahme: Der deutsch-französische Luftfahrtkonzern Airbus gehört neuerdings ebenso zu den größten Dax-Titeln wie SAP, Siemens oder BASF.

Vorher war das Unternehmen im MDax gelistet, wo es inhaltlich nie so recht hingepasst hatte. Dort tummeln sich vor allem mittelständische Firmen, meist mit einem Börsenwert von deutlich unter 10 Milliarden Euro. Nach den alten Regeln des Indexanbieters war Airbus die Aufnahme in den Dax verwehrt, da die Aktie vor allem an der Pariser Börse gehandelt wird – und nicht im deutschen Xetra-Handel.

MDax trotz Verkleinerung attraktiv

Die Indexumstellung hat also auch merkliche Konsequenzen für den MDax. Der Index, sozusagen die zweite deutsche Börsenliga, verlor nicht nur durch den Abflug von Airbus deutlich an Börsenwert, sondern auch, weil er von 50 auf 40 Aktien verkleinert wurde.

Seine Attraktivität für Anleger muss das nicht beeinträchtigen. Der MDax ist wieder eher ein Mittelstandsindex, und gerade in guten Börsenphasen sind sogenannte Midcaps und Smallcaps, also Unternehmen mit mittlerem und kleinem Börsenwert, mehr als nur ein Geheimtipp. In der Vergangenheit sind solche Unternehmen oft besser gelaufen als große Aktiengesellschaften.

Konsequenzen aus Wirecard-Skandal

Der Dax ist nicht nur größer geworden, es gelten auch strengere Regeln für seine Mitglieder. Als Konsequenz aus dem Wirecard-Skandal haben diese nun gegenüber dem Indexanbieter umfassender als bisher Rechenschaft abzulegen und können bei Verstößen ausgeschlossen werden. Potenzielle Dax-Aufsteiger, die nicht mindestens zwei Jahre profitabel gewesen sind, dürfen nicht in die erste Börsenliga aufrücken.

Ob sich die Maßnahmen bewähren, muss die Zukunft zeigen. Dass die Firmen stärker unter die Lupe genommen werden als bisher, ist auf jeden Fall ein Fortschritt.

Auf breite Streuung achten

Deutsche Aktien stehen bei einheimischen Anlegern hoch im Kurs. Diesen sogenannten Home Bias gibt es auch in vielen anderen Ländern, die eine nennenswerte Auswahl an Aktiengesellschaften zu bieten haben. Dennoch ist es nicht sinnvoll, sich bei der Aktienanlage vorwiegend auf das eigene Land zu konzentrieren. Eine breite internationale Streuung mindert erwiesenermaßen das Risiko. Sie ist sehr einfach umzusetzen, indem man auf weltweit anlegende Aktien-ETF setzt. Unter test.de/fonds nennen wir Fonds, die für diesen Zweck infrage kommen. Anleger erkennen sie am Finanztest-Siegel „1. Wahl".

Zwar sind auch Dax-ETF erste Wahl, aber eben nur für ein Investment in den deutschen Aktienmarkt. Von der breiten Streuung eines globalen Aktien-ETF mit seinen knapp 1600 Titeln sind sie weit entfernt.

IT-Branche nur schwach vertreten

Das größte Defizit des Dax bleibt weiterhin die unzureichende Branchenabdeckung. Vor allem der Technologiesektor ist in Deutschland, wie in der gesamten Europäischen Union, unterrepräsentiert.

Mit dem Softwarekonzern SAP hat Deutschland nur ein einziges IT-Unternehmen von Weltrang. Im Direktvergleich mit den US-amerikanischen Technologieriesen wirkt dieser fast zwergenhaft. So brachte es Microsoft Mitte August 2021 auf einen Börsenwert von fast 1,8 Billionen Euro, SAP jedoch nicht einmal auf 150 Milliarden Euro.

Am deutschen Aktienmarkt sind dafür jene Unternehmen präsenter als im Weltaktienindex, die langlebige Konsumgüter produzieren – allen voran Autos. Ein Dax-ETF ist deshalb eine gute Beimischung für ein breit aufgestelltes Wertpapierdepot, nicht mehr und nicht weniger.

Alternativen zu Dax-ETF

Wer auf den bekanntesten Deutschlandindex setzt, macht gewiss keinen Fehler und hat den Vorteil, dass er nicht mal in sein Depot schauen muss, um die Entwicklung zu verfolgen. Den aktuellen Dax-Stand findet man überall.

Für Aktienfans, die nicht nur auf die großen deutschen Unternehmen, sondern zusätzlich auf mittelgroße oder kleine Firmen setzen wollen, gibt es aber interessante Alternativen, die ebenfalls „1. Wahl" sind.

Unser Rat

Dax kaufen. Ein Dax-ETF bietet Anlegern eine sehr einfache und transparente Möglichkeit, auf den Börsenstandort Deutschland zu setzen. Durch die Aufstockung um zehn Werte bietet der Index eine breitere Streuung als zuvor. Es gibt ETF von folgenden Anbietern (Isin; Kosten pro Jahr, sortiert nach Kosten):
Xtrackers (LU 027 421 148 0; 0,09 %),
Amundi (FR 001 065 571 2; 0,10 %),
Deka (DE 000 ETF L01 1; 0,15 %),
Lyxor (LU 025 263 375 4; 0,15 %),
iShares (DE 000 593 393 1; 0,16 %).

Breiter investieren. Für Anleger, die auch in mittelgroße und kleine deutsche Aktien investieren wollen, gibt es mit dem FAZ-Index und dem Germany All Cap zwei ETF-Alternativen (siehe Text links).

Depot-Mischung. Deutschland-ETF eignen sich für Anlegerinnen und Anleger, die Welt-ETF sinnvoll ergänzen und aktive Depotbastler, die aus Regionen- und Länder-ETF ein eigenes Portfolio zusammenstellen wollen.

Der FAZ-Index ist der älteste deutsche Aktienindex. Er enthält 100 vorwiegend große und mittelgroße Aktien. Einen ETF gibt es von Lyxor (Isin LU 065 062 402 5), die jährlichen Kosten liegen bei 0,15 Prozent.

Sogar rund 160 Aktien bündelt der ETF Vanguard Germany All Cap (IE 00B G143G97). Seine Kosten liegen bei 0,10 Prozent pro Jahr. Damit beteiligen sich Anleger nicht nur an den Dax-Aktien, sondern auch an Unternehmen aus den Indizes MDax, TecDax und SDax. Ob sie damit auf lange Sicht besser fahren als mit dem Dax allein, lässt sich allerdings nicht voraussagen. ■

Das beste Depot für Sie

Ob Profi, Einsteigerin oder Wechsler, welches Depot das beste ist, hängt vom Anlegertyp ab – und von den Kosten. Wir haben Depots getestet.

12/2021 Es gibt wieder mal einen Börsenboom in Deutschland. Allerdings treibt heute nicht so sehr die Hoffnung auf schnellen Reichtum Menschen in die Aktienmärkte, sondern die trostlose Zinslandschaft.

Um an der Börse mitzumischen, braucht man ein Wertpapierdepot. Finanztest hat Depotangebote von Banken und Brokern untersucht und zeigt, welche Depots sich für welche Anlegertypen eignen.

Depotführung übers Smartphone

Wertpapiere handeln ganz ohne Kosten – das galt bis vor Kurzem als Utopie. Doch ausgehend von den USA haben sich Smartphone-Broker auch in Deutschland etabliert. Die jungen Brokerfirmen verlangen keine Gebühren für die Depotführung, und sie verdienen auch nicht direkt am Kauf und Verkauf von Wertpapieren. Die neuen Anbieter richten sich in erster Linie an Nutzer von Smartphones. Man kann alle Funktionen aber auch über klassische PCs oder Notebooks ausführen.

Ab Seite 76 stellen wir die in Deutschland aktiven Smartphone-Broker vor und zeigen, welche Unterschiede es zwischen den Angeboten gibt. Es spricht wenig dagegen, dort ein Depot zu eröffnen – und sei es nur als Zweitdepot.

Tipp. Smartphone-Broker geben Anlegenden maximale Flexibilität, da sie ihr Depot ohne Rücksicht auf irgendwelche Kosten aufbauen und beliebig wieder verändern können.

Das klassische Onlinedepot

In unserer großen Depotuntersuchung sind Smartphone-Broker nicht dabei, da sie zurzeit eine Hürde noch nicht überspringen: Sie bie-

Ruckzuck zum neuen Depot

1 Beantragen. Wenn Sie ein Depot bei einer Filialbank eröffnen wollen, können Sie zusammen mit Ihrer Kundenbetreuerin die erforderlichen Unterlagen ausfüllen. Bei einer Direktbank oder bei einem Smartphone-Broker laden Sie den Eröffnungsantrag von deren Internetseite herunter und füllen ihn aus.

2 Legitimieren. Neukunden von Direktbanken und Smartphone-Brokern müssen sich legitimieren. Das ging früher nur mit dem sogenannten Postident-Verfahren in einer Postfiliale durch Vorlage eines Personalausweises oder Reisepasses. Inzwischen ist das Videoident-Verfahren üblich. Auch die meisten Direktbanken bieten es an. Dabei legitimiert man sich in einem Callcenter-Dialog über die Kamera des Computers oder Smartphones.

3 Depot freischalten. Es dauert einige Tage, bis Sie Ihr Wertpapierdepot nutzen können. Auch bei Smartphone-Brokern und Direktbanken müssen Sie warten, bis sich Ihr Depotanbieter bei Ihnen meldet. Meist schickt Ihnen die Bank in einem Extraschreiben per Post eine Pin, mit der Sie Ihr Depot freischalten. Sie verwenden dann ein Passwort, das Sie am Anfang festlegen.

ten höchstens drei Handelsplätze für den Kauf und Verkauf von Wertpapieren, manche arbeiten sogar nur mit einer Börse zusammen.

Das ist bei klassischen Direktbanken wie Comdirect, Consorsbank oder ING anders. Hier können Anlegerinnen und Anleger zwischen vielen verschiedenen Börsen wählen, die dort angebotenen Kurse vergleichen und sich den günstigsten Handelsplatz herauspicken.

Auch Direktbanken bieten üblicherweise Apps für die Depotführung und für Wertpapierorders über ein Smartphone an.

Wer sich für eine etablierte Direktbank entscheidet, darf auch mit einem besseren Service rechnen als bei den personell meist dünn besetzten Smartphone-Brokern.

Tipp. Viele Direktbanken bieten kostenlose Depotführung, und das ist für langfristig orientierte Anlegerinnen und Anleger entscheidend. Wer nur ganz selten Fonds oder Aktien kauft oder verkauft, ist dort gut aufgehoben – auch wenn die Orderkosten höher sind. Sie fallen für konsequente Anhänger der Buy-and-hold-Strategie (kaufen und lange liegen lassen) kaum ins Gewicht.

Filialdepots mit persönlicher Beratung

Wer vor dem Kauf von Fonds oder Wertpapieren eine persönliche Beratung benötigt, sollte zu einer klassischen Filialbank gehen. Zwar ist die Depotführung dort teurer als bei Direktbanken, aber es gibt auch einige recht günstige Anbieter (siehe Toplisten S. 77).

Tipp. Auch bei Filialbanken können Kundinnen und Kunden meist sparen, wenn sie Wertpapierorders, für die sie keine Beratung brauchen, online selbst ausführen – etwa für den Kauf eines breit streuenden Weltaktien-ETF.

Pantoffelportfolio eignet sich für alle

Ideal für langfristig orientierte Anlegerinnen und Anleger ist ein Pantoffelportfolio (siehe test.de/pantoffelmethode). Man wählt eine feste Mischung aus Aktien-ETF und sicheren Zinsanlagen und lässt sie einfach laufen.

Für Menschen mit geregeltem Einkommen eignet sich ein günstiger ETF-Sparplan bei einem Anbieter ohne Depotkosten. Selbst für junge Leute, die am Monatsende wenig übrig haben, kommt das infrage. Sparplanangebote gibt es auch bei Smartphone-Brokern. ■

Glossar

Börsenhandel

Anleger kaufen Wertpapiere und Fonds nicht direkt bei der Bank oder beim Broker, sondern über eine Börse. Ihr Depotanbieter wickelt die Order nur ab. Der bekannteste und umsatzstärkste deutsche Börsenplatz heißt Xetra und gehört zur Börse Frankfurt.

ETF (Exchange Traded Funds)

ETF sind börsengehandelte Indexfonds und gehören zur Gattung der Investmentfonds. Dabei erwirbt man Teileigentum an einem Wertpapierkorb. Bei ETF wird stets der Inhalt eines Börsenindexes nachgebildet, es gibt kein aktives Management.

ETF-Sparplan

Damit erwerben Anlegerinnen und Anleger mit einem festgelegten Betrag in regelmäßigem Turnus (in der Regel monatlich) Anteile an ETF. Die Höhe der Sparrate kann jederzeit geändert werden.

Handelsspanne (Spread)

Beim Börsenhandel gibt es stets einen sogenannten Geldkurs und einen höheren Briefkurs. Für Anleger, die ein Wertpapier kaufen wollen, ist der Briefkurs maßgeblich, für Verkäufer der niedrigere Geldkurs. Die Spanne zwischen den beiden Kursen, der sogenannte Spread, ist ein Kostenfaktor und sollte möglichst gering sein.

Empfehlenswerte Smartphone-Broker

Alle vier Broker sind empfehlenswert, aber ihre Angebote unterscheiden sich in einigen Punkten erheblich. Neben der Anzahl der Börsenplätze ist vor allem das Angebot an ETF und ETF-Sparplänen von Bedeutung. Alle Broker lassen sich nicht nur über eine Smartphone-App, sondern auch über den Browser am PC nutzen.

Anbieter	**Finanzen.net Zero**	**Justtrade**	**Scalable Capital**	**Trade Republic**
Depotname	Depot	Depot	Free Broker[1]	Depot
Internetadresse	finanzen.net/zero	justtrade.com	scalable.capital	traderepublic.com
Depotverwaltung über Browser	■	■	■	■
Depoteröffnung über Videoident / Postident	■ / ■	■ / ❑	■ / ■	■ / ❑
Jährliche Depotführung (Euro)	**0,00**	**0,00**	**0,00**	**0,00**
Depotübertrag von einem anderen Institut möglich	❑	❑	◪[2]	◪[3]
Guthabenzins (Prozent p. a.)	–	–0,50	–	–
Wertpapierhandel				
Börsliche Handelsplätze	1 (Gettex)	3 (LS Exchange, Quotrix, Tradegate Exchange)	2 (Gettex, Xetra)	1 (LS Exchange)
Kosten für eine Order (Euro)	**0,00**	**0,00**	**0,00** / 0,99 / 3,99[4]	**1,00**
Mindestordergröße (Euro) **bei Kauf**	500	500	–	–
Handelbare Wertpapiere				
ETF / aktiv gemanagte Fonds	1 000 / 2 100	1 300 / –	1 850 / 2 000	1 500 / –
Aktien	6 000	7 500	6 000	7 500
Derivate	180 000	500 000	375 000	300 000
ETF-Sparpläne				
Anzahl	230	–	1 850	1 200
Ausführungskosten (Euro)	0,00	–	0,00	0,00
Zusatzkosten				
Ticketservice für inländische Hauptversammlungen (Euro)	25,00	25,00	25,00	25,00
Eintragung Namensaktien (Euro)	0,00	1,00	0,00	2,00

– = Entfällt. ■ = Ja. ❑ = Nein. ◪ = Eingeschränkt.

1) In dem weiteren Depotmodell Prime Broker sind in der monatlichen Pauschale von 2,99 Euro unbegrenzt viele Wertpapierorders über Gettex (ab einem Ordervolumen von 250 Euro) und Ausführungen von Sparplänen enthalten.

2) Nur bei Gettex handelbare Wertpapiere können übertragen werden.

3) Nur bei Trade Republic handelbare Wertpapiere können übertragen werden.

4) Orders mit einem Volumen ab 250 Euro der ETF-Anbieter iShares, Invesco und Xtrackers über die Börse Gettex sind kostenlos, sonstige Wertpapierorders über Gettex kosten 0,99 Euro, Orders über Xetra 3,99 Euro zuzüglich 0,01 Prozent des Volumens, mindestens 1,50 Euro.

Stand: 1. Oktober 2021

Top 3 Depots von Filial- und Direktbanken

Das sind die preisgünstigsten Anbieter für unsere Musterdepots, bei denen wir für unterschiedliche Anlegertypen die jährlichen Kosten für Aufbewahrung und Wertpapierorders berechnet haben. Die Leipziger Volksbank ist nicht bundesweit aktiv.

Großes Depot (150 000 Euro)	
Anbieter und Depotname	**Preis pro Jahr** (Euro)
Die drei günstigsten Filialdepots	
Santander Consumer Bank Wertpapierdepot	144
Targobank Klassik-Depot	198
Postbank Depot	212
Die drei günstigsten Onlinedepots	
Smartbroker Depot[1)]	16
Onvista Bank Festpreis-Depot	28
Flatex Depot[2)]	54

Mittleres Depot (50 000 Euro)	
Anbieter und Depotname	**Preis pro Jahr** (Euro)
Die drei günstigsten Filialdepots	
Santander Consumer Bank Wertpapierdepot	251
Leipziger Volksbank Onlinedepot mit Beratung	304
Targobank Klassik-Depot	443
Die drei günstigsten Onlinedepots	
Smartbroker Depot[1)]	48
Onvista Bank Festpreis-Depot	84
Flatex Depot[2)]	91

Kleines Depot (12 000 Euro)	
Anbieter und Depotname	**Preis pro Jahr** (Euro)
Die drei günstigsten Filialdepots	
Santander Consumer Bank Wertpapierdepot	18
Leipziger Volksbank Onlinedepot mit Beratung	22
Postbank Depot	31
Die drei günstigsten Onlinedepots	
Smartbroker Depot[1)]	4
Flatex Depot[2)]	6
Onvista Bank Festpreis-Depot	7

1) Ab einer Cashquote von 15 Prozent fällt ein Negativzins von 0,5 Prozent auf Guthaben an, das den 15-Prozent-Anteil übersteigt.

2) Es wird ein Negativzins von 0,5 Prozent auf Guthaben auf dem Verrechnungskonto erhoben.

Stand: 1. Oktober 2021

Geld anlegen mit dem Roboter

Digitales Anlegen erobert die Märkte. Unser Test von 25 Robos zeigt, welche empfehlenswert sind und welche sich gut entwickelt haben.

7/2021 Robo-Advisors sind digitale Helfer bei der Vermögensverwaltung mit Fonds. Anleger treten über Laptop oder Mobiltelefon mit ihnen in Kontakt. Der Robo stellt das Depot zusammen, sorgt für eine passende Mischung und schichtet um, wenn nötig.

Wir haben die Anlageempfehlungen von 25 Robo-Advisors zur Finanzportfolioverwaltung mit Fonds für einen Musterkunden mit ausgewogenem Risikoprofil für Depots mit 40 000 Euro und 100 000 Euro bewertet.

Bei den kleineren Portfolios hat Quirion am besten abgeschnitten. Drei weitere erhielten ein Gut, elf waren Befriedigend, darunter Marktführer Scalable. Ein Angebot wurde mit Ausreichend bewertet, acht mit Mangelhaft.

Bei den größeren Portfolios erreichte Growney ein Sehr gut. Liqid und Quirion folgen mit Gut. Liqid bietet unter 100 000 Euro keine Vermögensverwaltung an. Die Note Gut gab es fünfmal, unter anderem für Fintego.

Transparenz besonders wichtig

Bevor Interessenten die vollständige Identität preisgeben, soll klar sein, wie das Depot aufgebaut wird, möglichst mit konkreten Produkten. Der Robo soll mitteilen, wie viel die Anlage voraussichtlich bringt und wie hoch die Risiken sind. Auch die Kosten sollen aufgeschlüsselt werden.

Zwei Drittel der getesteten Angebote haben in Punkt Produkt- und Kosteninformation sehr gut oder gut abgeschnitten, am besten

Die Testsieger für ein Portfolio von 40 000 Euro

Anbieter	Vorgeschlagenes Portfolio	Finanztest QUALITÄTSURTEIL	Jährliche Kosten	Informationen zu Produkt und Kosten	Ermittlung Kundenstatus	Mängel im Portfolio	Mängel in den Vertragsbedingungen	Mängel in der Datenschutzerklärung
		100 %	40 %	45 %	15 %	0 %	0 %	0 %
Quirion	30 % Aktien	GUT (1,6)	gut (2,2)	sehr gut (0,8)	sehr gut (1,3)	keine	keine	gravierend*)
Growney	Grow70	GUT (1,8)	befried. (3,3)	sehr gut (0,5)	gut (1,8)	sehr gering	keine	gering
Robin	12 % VaR	GUT (2,3)	befried. (3,3)	sehr gut (1,4)	gut (2,4)	keine	sehr gering	gering
VTB Invest	7/10	GUT (2,5)	befried. (3,2)	gut (1,6)	gut (1,9)	keine	keine	gravierend*)

Bewertung: Sehr gut (0,5–1,5). **Gut** (1,6–2,5). **Befriedigend** (2,6–3,5). **Ausreichend** (3,6–4,5). **Mangelhaft** (4,6–5,5).
Mängel im Portfolio und in Vertragsbedingungen: keine, sehr gering, gering, deutlich, sehr deutlich.
Mängel in der Datenschutzerklärung: keine, gering, gravierend.
*) Führt zur Abwertung.

Stand: 30. April 2021, Erhebung zu Musterportfolios: 31. Januar 2021

Growney, Liqid, Quirion und Robin. Am schlechtesten war Peningar.

Anlagedauer, Risikoeinstellung, Einkommen, Kenntnisse und Erfahrungen – das ge hört zur „Ermittlung des Kundenstatus". Die Fragen sind gesetzlich vorgeschrieben. Je genauer das geschieht, desto besser kann zudem der Anlagevorschlag sein. Quirion, Fintego und Warburg haben hier sehr gut abgeschnitten.

Die meisten Robos nutzen ETF (Exchange Traded Funds), also börsengehandelte Fonds, manche auch aktiv gemanagte Fonds.

Viele Robos haben zu hohe Gebühren

Meist machen die Robo-Gebühren für die Vermögensverwaltung den größten Batzen aus. Quirion verlangt 0,48 Prozent, Fidelity 0,55 Prozent pro Jahr. Bei Quirion kommen noch 0,16 Prozent ETF-Kosten pro Jahr für das vorgeschlagene Portfolio hinzu, bei Fidelity sind es 0,64 Prozent. Kosten von insgesamt weniger als 0,49 Prozent pro Jahr bewerteten wir Sehr gut. Bei über 1,16 Prozent pro Jahr vergaben wir Mangelhaft.

Viele der untersuchten Robos haben nachhaltige Depotvarianten. Sie unterscheiden sich mitunter bei den Kosten – auch weil andere Fonds im Einsatz sind. Deshalb lassen sich die Qualitätsurteile nicht eins zu eins übertragen.

Unser Rat

Geeignet. Sie kennen sich mit Fonds ein wenig aus, wollen auch die Renditechancen von Aktien nutzen, Ihre Geldanlage aber nicht selbst in die Hand nehmen? Dann ist eine digitale Vermögensverwaltung per Robo-Advisor für Sie geeignet.

Nicht geeignet. Wenn Sie keine Aktien wollen, bleiben Sie bei Festgeld – das ist sicherer. Wollen Sie bestimmen, wie das Portfolio aufgeteilt wird und selbst in Käufe und Verkäufe eingreifen, ist ein Robo nicht das Richtige für Sie.

Testsieger 40 000 Euro. Bei den kleineren Depots haben **Quirion, Growney, Robin** und **VTB Invest** mit Gut abgeschnitten.

Testsieger 100 000 Euro. Bei den größeren Depots erhielt **Growney** ein Sehr gut. Gut waren **Liqid** und **Quirion,** mit etwas Abstand auch **VTB-Invest, Fintego** und **Robin.**

Manche mit Mängeln

Eine Note für das vorgeschlagene Portfolio haben wir nicht vergeben, aber Mängel haben wir vermerkt. Viele Portfolios waren nicht zu beanstanden. Das risikogesteuerte Depot Portfolio Var20 Dynamisch von Scalable wies erneut Mängel auf, wie auch schon bei früheren Untersuchungen. Bei dem getesteten Scalable Portfolio ESG 50 (ohne Gold) haben wir keine Mängel festgestellt.

Wir haben auch die Datenschutzerklärungen untersucht und dabei oft Fehler in der Umsetzung gefunden. Daraus kann man allerdings nicht ableiten, dass die Daten selbst gefährdet seien.

Die meisten Robos haben das Jahr 2020 nicht ganz so abgeschnitten wie der von uns gewählte Vergleichsmaßstab. 6,0 Prozent stieg unser Mix aus MSCI World und BB Barclays Euro Aggregate, einem Anleihen-Index. Am nahesten kamen dem Fidelity und Minveo – aber bei riskanterer Strategie.

Bei Scalable betrug das Minus des Var20-Portfolios Ende Dezember 11,2 Prozent. Testsieger Quirion beendete das Jahr mit 0,8 Prozent nur knapp im Plus. Besser als der Vergleichsmaßstab waren der recht teure Smavesto und der von uns als riskant eingeschätzte Vividam. Gehen riskante Strategien nicht auf, sind die Verluste im Vergleich deutlich höher.

Deshalb schauen wir bei den meist noch jungen Robos, ob die Portfolios vernünftig zusammengesetzt sind. ■

Betrügerische Onlinebroker

Immer öfter betrügen Finanzportale aus dem Ausland Anleger in Deutschland. Verbote der Finanzaufsicht stören sie nicht.

7/2021 Weder Dieter Bohlen noch Günther Jauch haben zu Investitionen in digitale Bitcoins aufgerufen – also auch nicht im ZDF, auf RTL, Sat1 oder im Magazin „Der Spiegel". Das suggerieren Texte mit den Logos der Medien aber. Danach verlasse Bohlen etwa die Show „Deutschland sucht den Superstar", um der Öffentlichkeit eine „fantastische Finanzplattform" vorzustellen.

Auch „Wer wird Millionär"-Moderator Günther Jauch soll angeblich das finanzielle Schlupfloch entdeckt haben, das Personen, die in das Digitalgeld Bitcoins investieren, in kurzer Zeit zu Millionären macht. Dazu müssten sie lediglich 250 Euro einsetzen. Viele Tausende Anleger sind auf die Fake-Werbung herein gefallen und haben in Kryptowährungen wie Bitcoin auf dubiosen Handelsplattformen investiert. Ihr Geld ist jetzt weg.

Massenhaft dubiose Finanzportale

Die Bundesanstalt für Finanzdienstleistungsaufsicht (Bafin), das Bundeskriminalamt und Landeskriminalämter warnen seit 2018 vor unseriösen Handelsportalen im Netz, die keine Lizenz der Aufsicht haben.

Solche Portale versprechen Anlegerinnen und Anlegern hohe Gewinne in kürzester Zeit, wenn sie Geld in den Handel mit binären Optionen oder finanziellen Differenzkontrakten (CFDs) auf Aktien, Rohstoffe, Indizes oder Kryptowährungen stecken.

Binäre Optionen und CFDs sind – vereinfacht ausgedrückt – Wetten auf fallende oder steigende Kurse und können leicht zum Totalverlust führen. Solche Finanzprodukte sind – sofern sie über einen seriösen Broker abgewickelt werden – hochriskant und ausschließlich etwas für Profis. Wohl deshalb bieten Betrüger den Handel mit CFDs vor allem Laien an. Die übersehen meist, dass seriöse Broker im Kleingedruckten warnen, dass 80 Prozent der Privatanleger mit dem CFD-Handel Geld verlieren. Reich werden nur ganz wenige.

Auch mit binären Optionen machten Spekulanten immense Verluste. 2018 schritt deshalb die Europäische Aufsichtsbehörde (Esma) ein und verbot den Handel für Privatanleger in der Europäischen Union.

Die Maschen der Abzocker

Das Geschäft läuft trotzdem weiter. Vor allem der Betrug damit. Im Mai 2021 nahm die Polizei eine international agierende Betrügerbande fest. Sie hatte laut Generalstaatsanwaltschaft Koblenz im Internet auf „hochprofessionell gestalteten, seriös wirkenden Handelsplattformen" hohe Gewinne mit Investitionen in binäre Optionen, CFDs und Kryptowährungen versprochen.

Im Koblenzer Fall haben die Betrüger mit spezieller Software „glaubhaft einen aktiven Handel" und Kursgewinne vorgetäuscht, so die Ermittler. Das Kundengeld sei nicht angelegt, sondern für eigene Zwecke verbraucht worden, mutmaßen sie. Der Schaden für Tausende Anleger soll 30 Millionen Euro betragen.

Betreut werden Kunden unseriöser Internetportale häufig von Callcentern aus dem Ausland. Die Vermittler sprechen deutsch und haben eine deutsche Telefonnummer. Das heiße aber keinesfalls, dass ihr Geschäftssitz in Deutschland sei, warnt die Bafin.

Kunden, die sich auf einer Plattform registrieren, werden immer wieder angerufen. Sie sollen Geld überweisen, möglichst mehrmals. Das höre oft nicht einmal auf, wenn die Plattform abgeschaltet und der Betreuer nicht mehr erreichbar sei, weiß Bafin-Mitarbeiter Hartmut Reschke. So wurden Geschädigte der Internetportale Option888.com, Richmondfg.

com sowie Xmarkets.com von sogenannten „Sekundärverwertern" ein zweites Mal hereingelegt. Sie zahlten 10 bis 14 Prozent ihrer Anlagesumme als Gebühr, um aus angeblich von der Bafin eingefrorenen Geldern ihren verlorenen Einsatz zurückzubekommen.

Als Beleg präsentierten die Betrüger ein gefälschtes Schreiben der Aufsicht, aus der Name und Einzahlungen des Opfers hervorgingen. Der Verdacht, dass die Betreiber der Portale die Daten bereits betrogener Kunden für eine zweite Abzocke nutzten, liegt da nahe.

Durchschnittlich sind die Portale nur sechs Monate am Markt, so die Erfahrungen der Finanzaufsicht. Dann würden sie eingestellt und seien für Kunden nicht mehr erreichbar.

Anleger können der Bafin helfen

Sobald die Bafin dubiose Anbieter entdeckt, greift sie ein. Portalen wie Qoin.capital und Qoin-capital.com, die Adressen in Estland, den Vereinigten Arabischen Emiraten, Großbritannien und der Schweiz angeben, hat sie die Geschäfte untersagt. Mehr kann sie nicht tun, wenn die Portale kein Impressum haben und der tatsächliche Sitz unbekannt ist.

Haben Betrüger dagegen Sitz und Bankkonten in Deutschland, kann die Bafin Konten einfrieren und Gelder beschlagnahmen. Beim Betrug mit dem Kryptogeld der Firma OneCoin Ltd. aus Dubai, die 2017 weltweit Anleger um 3 Milliarden US-Dollar brachte, stellte die Bafin rund 30 Millionen Euro sicher.

Damit solche Aktionen gelingen, bittet die Bafin Geschädigte, ihr E-Mail-Adressen, Namen der Verkäufer sowie die Zielkonten ihrer Überweisungen zu nennen, zum Beispiel an die E-Mail-Adresse poststelle@bafin.de. Die Finanzaufsicht habe dann die Chance, Kontoverbindungen zuzuordnen und Täter zu entlarven.

Täter könnten zwar ihre Telefonnummern ändern. Bei E-Mail-Adressen und Namen sei das jedoch komplizierter. Ein Anrufer, der Kunden mehrmals anrufe, dürfe bei E-Mail-Adresse und Name keine Fehler machen, wenn er nicht auffliegen wolle. ■

Checkliste

Seriös oder nicht?

Bevor Sie Geld an eine Handelsplattform im Internet überweisen, sollten Sie prüfen, ob sie seriös ist.

- **Impressum.** Mit Internetplattformen, die kein Impressum haben, sollten Sie keine Geschäfte machen.
- **Briefkastenfirmen.** In vielen Fällen geben Online-Handelsplattformen Briefkastenanschriften im Ausland an.
- **Wechsel.** Typisch für unseriöse Plattformen sind häufig wechselnde Betreibergesellschaften, die ständig ihre angeblichen Firmensitze ändern.
- **Handelsregister**. Kriminelle Anbieter nutzen häufiger falsche Namen und Handelsregisternummern. Überprüfen Sie Firma und Nummer mithilfe einer Online-Handelsregisterabfrage.
- **Fälschung.** Unseriöse Handelsplattformen behaupten gerne, eine Lizenz der Finanzaufsicht Bafin zu haben und dort registriert zu sein. Prüfen Sie,ob das stimmt (Bafin.de).
- **Ausland.** Behauptet ein Anbieter, eine ausländische Aufsichtsbehörde überwache ihn, sollten Sie dort nachfragen.
- **Bafin.** Mitarbeiter der Bafin wenden sich niemals an Anleger, um ihnen Geschäfte zu vermitteln.
- **Warnungen.** Die Bafin warnt auf ihrer Website (Bafin.de) unter dem Menüpunkt „Verbraucher" vor unseriösen Anbietern.

Goldrichtig kaufen

Wer in das Edelmetall investieren will, kann Münzen, Barren oder Wertpapiere kaufen. Finanztest sagt, was sich für welchen Zweck eignet.

8/2021 Gold ist das älteste, allgemein anerkannte Zahlungsmittel der Welt. In Krisenzeiten ist es außerdem ein beliebtes Fluchtziel für Anleger, die nach wertstabilen Alternativen zu Bargeld suchen. Wir haben untersucht, wo man physisches Gold gut und günstig kaufen kann und für wen sich eher Gold-Wertpapiere, sogenannte ETC, eignen.

Finger weg von Minibarren

Beim Goldkauf gilt: je größer die Einheit, desto günstiger für den Kunden. Wie billig oder teuer ein Goldkauf ist, erkennt man vor allem am Aufpreis gegenüber dem aktuellen Börsenkurs des Edelmetalls. Bei einem Barren mit 1 Kilogramm Gewicht ist er deutlich geringer als bei kleineren Einheiten.

Wir haben für zehn bundesweite Edelmetallhändler und Filialbanken die Preise für gängige Münzen und Barren ermittelt. Günstig sind etwa Philoro mit einem Preisaufschlag zwischen 1 und 2 Prozent für den Kilobarren sowie Solit und Geiger Edelmetall, bei denen der Preisaufschlag rund 1,5 Prozent beträgt.

Gold-ETC eignen sich ideal als bequeme Depotergänzung

Gold-ETC sind eine bequeme Alternative zum physischen Goldkauf. Alle aufgeführten ETC sind mit Goldbarren hinterlegt.

Produkt	Emittent	Isin
Gold-ETC mit Anspruch auf Auslieferung des physisch hinterlegten Goldes[1]		
Euwax Gold	Boerse Stuttgart Securities	DE 000 EWG 0LD 1
Euwax Gold II	Boerse Stuttgart Securities	DE 000 EWG 2LD 7
HANETF The Royal Mint Physical Gold	HANetf ETC Securities	XS 211 533 633 6
Wisdomtree Physical Swiss Gold	Wisdomtree Metal Securities	DE 000 A1D CTL 3
Xetra-Gold	Deutsche Börse Commodities	DE 000 A0S 9GB 0
Gold-ETC ohne Anspruch auf Auslieferung des physisch hinterlegten Goldes		
Amundi Physical Gold	Amundi Physical Metals	FR 001 341 671 6
Gold Bullion Securities (Wisdomtree)	Gold Bullion Securities	DE 000 A0L P78 1
Invesco Physical Gold A	Invesco Physical Markets	IE 00B 579 F32 5
iShares Physical Gold	iShares Physical Metals	IE 00B 4ND 360 2
Wisdomtree Physical Gold	Wisdomtree Metal Securities	DE 000 A0N 62G 0
Xtrackers IE Physical Gold	Xtrackers ETC	DE 000 A2T 0VU 5

Blau markiert sind Gold-ETC, bei denen die meisten von uns befragten Depotanbieter nach einem Jahr Haltedauer keine Abgeltungsteuer abführen.
– = Entfällt.

1) Kosten vom Goldpreis, von der Stückelung und von weiteren Faktoren abhängig.
2) Stattdessen Einstiegskosten von oft mehr als 0,5 Prozent.
3) Ohne Berücksichtigung der Einstiegskosten.

Unser Rat

Vermögensanteil. Mit Gold können Sie Ihre Geldanlage breiter aufstellen. Wir halten einen Anteil von 5 bis 10 Prozent am Gesamtvermögen für akzeptabel.

Barren und Münzen. Wenn Sie physisches Gold besitzen wollen, sind größere Barren ab 100 Gramm oder Standardmünzen in der Einheit 1 Feinunze (31,1 Gramm) empfehlenswert. Dabei haben Sie einen relativ moderaten Preisaufschlag.

Gold-Wertpapiere. Mit Gold-ETC können Sie das Edelmetall in Wertpapierform kaufen. Gold-ETC bieten zwar nicht ganz die gleiche Sicherheit wie Barren und Münzen, bergen aber auch kein hohes Risiko. Sie sind mit echtem Gold besichert und ermöglichen eine sehr preiswerte und flexible Beimischung für Ihr Depot.

Einschätzung. Gold ist kein Ersatz für Fest- oder Tagesgeld. Sie sollten nur so viel in das Edelmetall investieren, wie Sie von Ihrem Vermögen langfristig entbehren können. Gold hat starke Kursschwankungen, es lässt sich nicht voraussagen, wie viel es in ein paar Jahren wert sein wird.

Auflagejahr	Jährliche Kosten (Prozent)	Wertentwicklung (Prozent pro Jahr) 5 Jahre	1 Jahr
2012	0,00[2]	7,5[3]	0,6[3]
2017	0,00[2]	–	0,6[3]
2020	0,22	–	–0,6
2009	0,15	7,1	–0,3
2007	0,36[4]	7,4[5]	0,1[5]
2019	0,15	–	–0,2
2004	0,40	6,9	–0,8
2009	0,15	7,1	–0,5
2011	0,15	7,1	–0,7
2007	0,39	7,0	–0,4
2020	0,15	–	–1,2

4) Jährliche Kosten für die Verwahrung im Wertpapierdepot.

5) Ohne Berücksichtigung der Verwahrungskosten im Wertpapierdepot.

Stand: 1. Juni 2021

Bei der Deutschen Bank als günstigster Filialbank gibt es den Kilobarren mit einem Aufschlag von rund 1 bis 1,5 Prozent – allerdings nur für Stammkunden. Auch .die Commerzbank und die Hypovereinsbank nehmen keine Kaufaufträge von Fremdkunden an. Einfach in eine Filiale spazieren und einen Krügerrand bestellen, geht hier nicht.

Wer sich für einen nur fingernagelgroßen 1-Gramm-Barren entscheidet, zahlt im günstigsten Fall zwischen 12 und 13 Prozent Aufschlag. Oft sind es aber deutlich über 20 Prozent, im teuersten Fall sogar bis zu 38 Prozent Aufschlag auf den aktuellen Goldpreis. Das ist wirtschaftlich unvernünftig. Kleinste Goldeinheiten eignen sich nicht als Geldanlage.

Goldkauf im Internet

Vor allem in Großstädten gibt es die Möglichkeit, Barren oder Münzen direkt bei einer Bank oder einem Edelmetallhändler abzuholen. In ländlichen Regionen ist das nicht so einfach. Mitunter müssten Interessierte sehr weite Strecken bis zur nächstmöglichen Verkaufsstelle zurücklegen.

Der Goldkauf im Internet ist eine gute Alternative. Wer einen etablierten Händler wählt, kann sich die Münzen oder Barren bedenkenlos nach Hause liefern lassen. Die Gefahr, dass das wertvolle Gut verloren geht oder geklaut wird, ist sehr gering. Der Händler oder die Bank trägt die Verantwortung dafür, dass das Gold tatsächlich beim Bestellenden landet.

Vorsicht vor Betrugsshops

Das Risiko beim Onlinegoldkauf lauert woanders. Betrüger stellen „Fakeshops" ins Netz, die es bei Google-Abfragen wie „günstig Gold kaufen" unter die Toptreffer schaffen. Wer den Fehler macht, dort Gold zu bestellen, ist den überwiesenen Betrag auf Nimmerwiedersehen los. Für Laien sind die Betrugsversuche nicht einfach zu erkennen. Die Internetadressen ähneln denen echter Goldshops stark. Die Betrüger setzen darauf, dass potenzielle Käufer nicht genau hinschauen.

Die Goldkauf-Vergleichsplattform Gold.de bietet unter „Achtung Fakeshops" eine laufend aktualisierte Warnliste. Wer von vornherein einen renommierten Anbieter auswählt, hat ohnehin nichts zu befürchten. Wenn ein Händler Mitglied im Berufsverband des deutschen Münzhandels ist, darf das als gutes Zeichen gewertet werden. Die Information steht auf der Internetseite des Anbieters.

Fast so gut wie Gold-ETF

Es müssen aber nicht unbedingt Barren oder Münzen sein. Mit Gold-ETC können Anleger blitzschnell und preiswert in das Edelmetall investieren.

ETC steht für Exchange Traded Commodities (auf Deutsch: börsengehandelte Rohstoffe), sie funktionieren genauso wie ETF (auf Deutsch: börsengehandelte Fonds) – mit einem großen Unterschied: Anleger erwerben kein Sondervermögen, sondern eine Schuldverschreibung. Anders als bei ETF sind sie nur Gläubiger gegenüber dem Herausgeber des Goldpapiers. Wenn dieser pleitegeht, kann es Probleme geben.

So ungeschützt wie die Besitzer herkömmlicher Anleihen sind ETC-Käufer aber nicht. Zumindest bei allen Produkten, die in der Tabelle aufgelistet sind, steckt das Anlegervermögen in Goldbarren, die in bekannten Tresoren von Großbanken lagern.

Selbst im Pleitefall bietet das physische Vermögen viel Sicherheit. Bestenfalls würden Goldfans nach dem Verkauf der Barren voll entschädigt. Und die Gefahr einer Insolvenz ist gering, da die ETC-Anbieter als einzigen Geschäftszweck die Verwaltung der ETC haben.

Auslieferung mit Hürden

Bei einigen Gold-ETC können sich Anleger ihren Anteil auf Wunsch sogar als Barren liefern lassen. Dabei sollten sie aber die Bedingungen und die Kosten im Auge behalten. Der größte deutsche ETC, Xetra-Gold, lässt nur die Auslieferung an eine Bankfiliale zu. Kunden von reinen Onlinebanken müssen selbst eine Bank suchen, die sich zur Lagerung bereit erklärt.

Bei Euwax Gold II, das von der Börse Stuttgart herausgegeben wird, lässt sich die Auslieferung des hinterlegten Goldes einfacher umsetzen. Ab 100 Gramm oder einem Vielfachen davon erhebt der Anbieter keine Kosten. Viele Direktbanken unterstützen die Auslieferung, vereinzelt werden dafür Gebühren erhoben. Die Lieferung zum Anleger nach Hause ist dafür kein Problem.

Steuerlich wie echtes Gold

Steuerlich hat der Besitz von Münzen und Barren einen großen Vorteil: Wer sein Gold nach frühestens einem Jahr verkauft, darf einen Gewinn ohne Abzug behalten. Abgeltungsteuer wird auf den Wertzuwachs nicht fällig. Nach einem Urteil des Bundesfinanzhofs (BFH) gilt diese Steuerfreiheit auch für Xetra-Gold (Az. VIII R 4/15 und VIII R 35/14), da das Anlegergeld komplett in Goldbarren investiert wird.

Das Urteil bezieht sich zwar auf Xetra-Gold, gilt aber nach Einschätzung der Börse Stuttgart auch für Euwax Gold II und möglicherweise auch für ETC vergleichbaren Zuschnitts. Der US-amerikanische Anbieter Wisdom Tree wirbt für sein Produkt Physical Swiss Gold ausdrücklich mit der Befreiung von der Abgeltungsteuer nach einem Jahr. ■

Sparpläne für den Nachwuchs

Ob für Führerschein oder Studium – Finanztest zeigt, wie Eltern, Großeltern und Verwandte für die Zukunft eines Kindes vorsorgen können.

10/2021 Wenn ein Baby zur Welt kommt, geht der Familie nicht nur das Herz auf, viele Angehörige öffnen auch ihr Portemonnaie. Doch gerade bei größeren Summen stellt sich die Frage, was ist die beste Geldanlage für ein Kind? Kombiversicherungen, die Eltern als Rundum-sorglos-Pakete zur Geburt eines Kindes aufgeschwatzt werden und die vor jedem Lebensrisiko ein bisschen schützen, sind es jedenfalls nicht. Sie sind unflexibel und fast immer zu teuer.

Für die Zukunft sparen

Geldgeschenke sind dagegen eine gute Idee, um schon früh für die Ausbildung, die erste Wohnung oder einen Auslandsaufenthalt eines Kindes Geld zu sparen. Für Sicherheitsbewusste empfehlen wir Einmalanlagen, die auf den Namen von Minderjährigen abgeschlossen werden können. Hier listen unsere Produktfinder die besten aktuellen Angebote (test.de/zinsen). Kein Renditeknüller, aber ab Laufzeiten von fünf Jahren in Monatsraten besparbar, sind wenige Banksparpläne.

Bessere Renditen mit Aktienfonds

Für alle, die Kursschwankungen nicht aus der Fassung bringen und die bis zur Volljährigkeit des Kindes regelmäßig sparen wollen, empfehlen wir börsengehandelte Indexfonds (ETF) auf einen breit streuenden Weltaktienindex.

Weltweit anlegende ETF erwirtschafteten in der Vergangenheit im Durchschnitt über einen Zeitraum von 18 Jahren eine Sparplanrendite von 7,8 Prozent pro Jahr. Im schlechtesten Fall gab es über 18 Jahre jährlich minus 0,5 Prozent, im besten Fall 14,7 Prozent.

Kostenlose Depots für Minderjährige

Für Minderjährige unter 18 Jahren bieten viele Banken kostenlose Depots an, über die ein flexibler Sparplan auf mindestens einen der von uns empfohlenen weltweit ivestierenden Aktien-ETF abgeschlossen werden kann. Darunter sind auch vier nachhaltige ETF-Sparpläne, die in unserer Nachhaltigkeitbewertung am besten abschneiden.

Bei einer monatlichen Sparrate von 50 Euro sollten für einen Sparplan Kosten von höchstens 10 Euro pro Jahr anfallen. Welche Banken kostenlose Depots für Minderjährige anbieten und was die Ausführung eines Sparplans pro Jahr kostet, steht in unserer Tabelle auf Seite 86. Preiswerte Depots mit jährlichen Kosten bis zu 10 Euro haben wir gelb markiert.

Verkauf fünf Jahre vorher planen

Den Verkauf einer ETF-Einmalanlage oder die Auszahlung eines ETF-Sparplans sollten Eltern und Angehörige rechtzeitig planen. Nicht immer ist der 18. Geburtstag des Kindes das beste Verkaufsdatum. Gibt es zu dem Zeitpunkt gerade Kursstürze, sollen Eltern in Absprache mit dem Nachwuchs den Verkauf hinausschieben und eine Börsenerholung abwarten. ■

Unser Rat

Entscheidung. Überlegen Sie zuerst, wie viel und wie lange Sie sparen wollen. Klären Sie, ob Sie im eigenen Namen oder auf den Namen des Kindes Geld anlegen wollen. Sie haben mehr als zehn Jahre Zeit und können zeitweilige Kursschwankungen aussitzen? Dann empfehlen wir Ihnen, einen ETF-Sparplan abzuschließen. Fünf Jahre vor dem geplanten Verkaufstermin sollten Sie überlegen, ob Sie Gewinne sichern.

Wertpapierdepots für Kinder und Jugendliche unter 18 Jahren

Anbieter	Depot	Depoteröffnung per Video-ident möglich	Kleinste Sparplanrate (Euro)	Reguläre Kosten pro Sparplanausführung (Euro)	Gesamtkosten pro Jahr bei Sparrate von 50 Euro monatlich (Euro)
Onlinedepots bei Fondsbanken – Eröffnung nur in Verbindung mit Fondsvermittlern					
Ebase	Depot 4kids[1]	❑	10	0,20 %	**1,20**
FIL Fondsbank	Fondsdepot Junior	❑	25	0,20 %	**1,20**[2]
Fondsdepot Bank	Fondsdepot Online für Minderjährige	❑	25	0,69 %[4]	**4,14**
Depots bei Filialbanken					
Commerzbank	Startdepot[5]	❑	25	2,50 plus 0,50 %	33,00
Santander Consumer Bank	Wertpapierdepot	❑	25	0,85	10,20
Targobank	Klassik-Depot[6]	❑	50	2,50 %, (min. 1,50 – 3,00)	18,00
Onlinedepots bei Direktbanken					
1822direkt	1822direkt-Aktiv-Depot[7]	❑	25	1,50 %, (min. 1,50 – 14,90)	18,00
Comdirect	Juniordepot[7]	❑	25	1,50 %	**9,00**
Consorsbank	Junior-Depot	■	25	1,50 %	**9,00**
Deutsche Bank Maxblue	Maxblue Depot	❑	50	1,25 %	**7,50**
DKB	DKB-Broker u18	❑	50	1,50	18,00
DWS	Depot Junior[8]	❑	1	0	**0**
Finvesto	Depot U18[1]	■	10	0,20 %	**1,20**
Flatex	Depot[9]	❑	25	0	**0**
Geno Broker	Online Basis, Genoplan Depot[10]	❑	50	1,75	31,00
Hypovereinsbank	Starterdepot	❑	25	1,50 %	**9,00**[11]
ING	Direkt-Depot Junior	■	1	0	**0**
Postbank	Depot	❑	25	0,90	10,80
S Broker	Minderjährigendepot	■	50	2,50 %	15,00

■ = Ja. ❑ = Nein. Ⓣ = Thesaurierender Fonds.
Gelb markiert sind Depots mit jährlichen Kosten von unter 10 Euro für einen 50-Euro-Sparplan.

1) Ab 1 000 Euro Guthaben auf dem Verrechnungskonto fällt ab 31. Tag ein Verwahrentgelt von 0,5 Prozent an.
2) Zuzüglich Depotverwahrungskosten von 0,1 Prozent des Depotwerts pro Jahr.
3) Ausschüttende Variante des ETF im Angebot.
4) Zusätzlich zum Transaktionsentgelt von 0,20 Prozent wird im Schnitt ein Entgelt von 0,49 Prozent für die Fondsgesellschaft oder Abwicklungsstelle fällig.
5) Ab 20 000 Euro Depotwert fallen Kosten von 0,25 Prozent des Depotwerts an.

	Sparpläne auf globale Aktienmärkte					
	MSCI World Index / FTSE Developed World	**MSCI All Country World Index / FTSE All World**	**Amundi MSCI World SRI** (LU 186 113 438 2) Ⓣ	**iShares MSCI World SRI Ucits** (IE 00B YX2 JD6 9) Ⓣ	**Lyxor MSCI World ESG Leaders Extra** (LU 179 211 777 9) Ⓣ	**UBS MSCI World Socially Responsible** (LU 095 067 433 2) Ⓣ
	■	■	■	■	❑	■
	■	■	■	■	■	■
	■	■	■	■	❑	■
	■	■	❑	■	■	❑[3]
	■	■	■	■	■	■
	■	❑	❑	■	❑	❑[3]
	■	■	■	■	■	■
	■	■	■	■	■	■
	■	■	■	■	■	■
	■	■	❑	■	❑	❑
	■	■	■	■	■	■
	■	■	❑	❑	❑	❑
	■	■	■	■	❑	■
	■	■	■	■	■	■
	■	■	■	❑	■	❑
	■	❑	■	❑	❑	❑[3]
	■	■	❑	■	❑	❑
	■	■	❑	❑[3]	❑	❑[3]
	■	■	❑	■	❑	❑[3]

Der Kunde muss anstelle einer Sparrate eine bestimmte Stückzahl des gewünschten ETF wählen. Am Ausführungstag wird die Stückzahl ETF gekauft, für die das vorhandene Guthaben ausreicht. Ohne aktiven Sparplan können Kosten anfallen. Änderung der Sparplanrate und Ähnliches online nicht möglich, sondern etwa per Post oder Fax.

9) Für Guthaben auf dem Verrechnungskonto wird jährlich ein Negativzins von 0,5 Prozent berechnet.
10) Bis zum 31. Dezember 2021 wird das Genoplan Depot kostenfrei geführt, danach kostet es 10 Euro pro Jahr.
11) Preis für Onlineabschluss, bei Filialabschluss 12 Euro.

Stand: 30. Juni 2021

Bitcoin & Co sind riskant

Aktuell erleben Kryptowährungen wie Bitcoin Kurssprünge. Sie sind hochspekulativ. Sehr riskant sind auch andere Kryptoanlagen.

4/2021 Mehr als 50 000 Dollar kostete eine Einheit der Kryptowährung Bitcoin im Februar 2021, so viel wie nie zuvor. Der Begriff „Krypto“ kommt aus dem Griechischen und bedeutet verborgen. „Bit“ ist der Begriff für die kleinste digitale Einheit. Die „Coins“ (Münzen) existieren nur als virtuelle Zeichenfolge. Sie entstehen meist dezentral in komplexen Rechenprozessen. Der Kurs stützt sich einzig auf die Hoffnung, dass sie in Zukunft gefragt sind.

Es ist zwar manchmal möglich, mit Bitcoin zu bezahlen, gesetzliches Zahlungsmittel ist er aber nicht. Transaktionen verbrauchen viel Energie und sind langsamer als über Banken.

Die Kryptowelt umfasst darüber hinaus auch Rechte an Vermögensanlagen, Wertpapieren, Produkten oder Dienstleistungen („Token“). Sie sind in einer Blockchain, einer Kette aus Buchungsvorgängen, dezentral auf einem Netzwerk von Rechnern gespeichert. Es gibt verschlüsselte Übertragungsprotokolle, aber meist keine zentrale Kontrollinstanz.

Kryptocoins existieren nur virtuell

Token, die Rechte an Vermögensanlagen und Wertpapieren gewähren („Security Token“), stuft die Finanzaufsicht Bafin als „Wertpapier eigener Gattung“ ein. Denn die Token machen bislang schwer handelbare Vermögensanlagen wie Immobilien ähnlich handelbar wie Wertpapiere, jedenfalls in der Theorie. Günstiger soll dies ebenfalls sein. Bislang sind die potenziellen Vorteile aber kaum nutzbar.

Es gibt Tausende von Blockchains und Kryptowährungen. Ethereum, Basis der Kryptowährung Ether, eignet sich für digitale Verträge („Smart Contracts“) und ist daher beliebt für Security Token. Die Blockchain Stellar gilt als schnell. Früher gab es keine Regeln. In „Initial Coin Offerings“ (ICO) gaben Unternehmen Coins oder Token als eine Art Gutschein für Dienstleistungen und Produkte aus. Viele waren dubios. Finanztest warnte 2017.

Seit 2020 ist zumindest für das Verwahren von Kryptoanlagen eine Erlaubnis der Bundesfinanzaufsicht nötig. Ein Gesetzentwurf sieht nun vor, Kryptowertpapiere einzuführen, die es nur in digitaler Form gibt.

Privaten Schlüssel nicht verlieren

Um Kryptoanlagen aller Art zu kaufen, zu halten und zu verkaufen, ist eine Software als digitales Portemonnaie oder Schließfach („Wallet“) nötig. Sie muss zur Blockchaintechnologie passen, auf der die Kryptoanlagen basieren.

Eine Ziffern- und Buchstabenfolge bildet die öffentliche Adresse der Wallet (öffentlicher Schlüssel). Sie wird in der entsprechenden Blockchain als Eigentumsbeleg eingetragen, wenn jemand eine Kryptoanlage erwirbt. Zugriff gewährt der private Schlüssel, ein Passwort aus Ziffern und Buchstaben.

Die Rechner im dezentralen Netzwerk, die das „Kassenbuch“ (Distributed Ledger) führen, prüfen, ob alles passt. Dann fügen sie einen Datensatz in der Blockchain hinzu. Nun ist ersichtlich, dass der Eigentümer gewechselt hat.

Wer den privaten Schlüssel verliert, hat keinen Zugriff mehr. Erfahren ihn Dritte, können sie das Konto abräumen, wie es betrügerische Broker bereits gemacht haben. Zudem ist die Blockchain-Technologie noch jung und vergleichsweise unerprobt. Angreifer können auch mit massiven Daueranfragen Tauschbörsen lahmlegen. Außerdem weiß niemand, ob es eine Kryptowährung auf Dauer gibt.

Unternehmen leihen Geld über Token

Bei den Security Token sind derzeit tokenbasierte, nachrangige Schuldverschreibungen am häufigsten. Anleger leihen dabei Unternehmen Geld. Mitbestimmungsrechte haben sie nicht. Nachrangig heißt, dass das Unternehmen Zinsen und Tilgung aussetzen darf, wenn es zahlungsunfähig würde. Im Insolvenzfall kommen nachrangige Gläubiger erst zum Zug, wenn alle vorrangigen befriedigt sind. Meist ist nichts für sie übrig.

Wer Security Token öffentlich anbietet, muss ein Wertpapierinformationsblatt (WIB) veröffentlichen, das die wichtigsten Informationen zusammenfasst. Ab 8 Millionen Euro Volumen ist ein umfassender Wertpapierverkaufsprospekt vorgeschrieben. Verwahren lassen sich Token nur in geeigneten Wallets, nicht in Wertpapierdepots.

Unternehmen sind zum Teil sehr jung

Token sind sehr riskant. Einige Unternehmen sind sehr jung mit neuartigen Geschäftsmodellen. So stammten die ersten Wertpapierverkaufsprospekte für tokenbasierte Schuldverschreibungen, die die Bafin 2019 billigte, von zwei 2018 gegründeten Firmen.

Die Kosten sind nicht unbedingt gering: Das Hamburger Immobilienunternehmen Fundament RE wies 2019 im Wertpapierprospekt für nachrangige tokenbasierte Schuldverschreibungen über eine Viertelmilliarde Euro bis zu 13 Prozent Emissionskosten aus.

Exporo bietet Immobilien an

Die meisten Angebote stammen bislang von Tochtergesellschaften der Crowdfunding-Plattformbetreiberin Exporo. Sie haben seit 2019 schon 41 tokenbasierte, nachrangige Schuldverschreibungen auf Basis der Ethereum-Blockchain herausgegeben. Das Geld dient dazu, Immobilien zu kaufen und zu vermieten oder zu planen, bauen und verkaufen.

Die RHAS 5 Schifffahrts GmbH & Co. KG aus Haren (Ems) will ein Schiff über Token finanzieren, die Rechte an tokenbasierten Treuhandanteilen an der Kommanditgesellschaft gewähren. Die Tokeninhaber dürfen online über Beschlüsse der Gesellschafter mitabstimmen.

Solche Unternehmensbeteiligungen sind komplex. Daher ist es schade, dass es nur ein dreiseitiges Wertpapierinformationsblatt statt eines ausführlichen Wertpapierprospekts gibt.

Mit Anlagen stolze 520 Seiten hat dagegen der Wertpapierverkaufsprospekt der Immobiliengesellschaft Preos AG aus Leipzig für das erste tokenbasierte Treuhandvermögen, das wesentliche Aktienrechte vermittelt.

Die Token sind in Aktien der Preos AG umtauschbar. Diese sind im Freiverkehr der Börse München gelistet. Es ist daher nicht ersichtlich, warum jemand statt der Aktien Token erwerben sollte.

Noch keine Börse

Bislang lassen sich für Security Token nur über digitale „schwarze Bretter" Käufer finden. Die Börse Stuttgart zum Beispiel hat zwar angekündigt, über ihre App Bison und ihre Plattform BSDX den Handel mit Kryptoanlagen anzubieten. Bislang listet sie aber nur vier Kryptowährungen. Spekulationen mit Kryptowährungen sind ein sehr heißer Ritt. ■

Unser Rat

Spekulation. Kryptowährungen sind hochriskant, Totalverlust ist möglich. Das gilt auch für Security Token, also Rechte auf Vermögenswerte.

Daten. Merken Sie sich Passwörter. Bewahren Sie Ihren privaten Schlüssel sicher auf, ein Verlust ist unwiederbringlich. Gewähren Sie nie Dritten Zugriff.

Auswahl. Befassen Sie sich bei Security Token vor allem mit Risiken. Oft sind es Rechte an nachrangigen Schuldverschreibungen, im Krisenfall haben Sie eine schlechte Stellung. Zum Teil sind die Unternehmen sehr jung, ihre Geschäftsmodelle unerprobt. Manchmal sind die Informationen dürftig – es gibt keinen Wertpapierprospekt oder Ähnliches.

Lieber früher als später

Früher in Rente zu gehen, ist oft möglich. Mit einem Plan auf dem richtigen Weg ist die Entscheidung gut – auch in der Corona-Zeit.

6/2021 Starrer Rentenbeginn – das muss nicht sein, auch nicht in der Corona-Zeit. Selbst wer in Kurzarbeit oder arbeitslos ist oder war, kann den Weg in den vorgezogenen Ruhestand gehen. Auch solche Phasen des Berufslebens zählen zu den dafür notwendigen Versicherungszeiten.

Leser berichten von positiven Erfahrungen. „Früher in Rente zu gehen, war die beste Entscheidung in meinem Leben", schreibt uns Volker Henningsen. Er hat es im Juli 2020 getan, 17 Monate früher als regulär. „Rechtzeitige finanzielle Vorsorge fürs Alter, gemeinsame Interessen mit meiner Frau, Hobbys und Engagement in Vereinen", nennt er als wesentliche Grundlagen für seinen vorgezogenen Ausstieg aus dem Arbeitsleben.

Auch Jürgen Stiller ist überzeugt, sich richtig entschieden zu haben. Seit Februar 2021 bekommt er die Altersrente mit 63. „Toll! Die schönste Arbeit kann diese Unabhängigkeit nicht ersetzen", berichtet Stiller, der 35 Jahre in der Erwachsenenbildung tätig war.

„In meinem Bekannten- und Kollegenkreis gibt es nicht wenige, die den Beginn der regulären Altersrente überhaupt nicht erlebt haben", gibt Stiller zu Bedenken. „Andere haben nur kurze Zeit Rente beziehen können." Im Schnitt beziehen Männer ihre Rente 18,2 Jahre, Frauen 21,7 Jahre.

Regelaltersrente und Ausnahmefälle

Wer 1956 geboren wurde, kann 2021 jetzt regulär mit 65 Jahren und 10 Monaten in den Ruhestand. Die Grenze für die Regelaltersrente steigt stufenweise auf 67 Jahre. Alle ab 1964 Geborenen können erst dann regulär gehen. In Ausnahmefällen ist es aber möglich, sich früher aus der Arbeitswelt zu verabschieden:

- Nach 45 Jahren Versicherungszeit gehen „besonders langjährig Versicherte" abschlagsfrei in Rente. Im Jahr 1956 Geborene müssen dafür mindestens 63 Jahre und acht Monate alt sein. Die Altersgrenze steigt stufenweise und liegt bei 65 Jahren für alle Jahrgänge ab 1964.
- Im Alter von 63 Jahren und mit 35 Jahren Versicherungszeit können „langjährig Versicherte" mit Abschlag in Rente.
- Altersteilzeit und anschließende Frührente ist auch vor 63 Jahren möglich, wenn Angestellte mit ihrem Arbeitgeber ein Blockmodell vereinbaren, sodass ihr aktives Arbeitsleben im Unternehmen zum Beispiel schon mit 61 Jahren endet.

Bei Gesundheitsproblemen

In zwei weiteren Fällen ist es möglich, vor der regulären Grenze eine Rente zu erhalten: Wer voll erwerbsgemindert oder schwerbehindert ist, kann nach besonderen Regeln früher mit der Arbeit aufhören.

Menschen mit erheblichen Gesundheitsproblemen haben meist keine Wahl. Sie gehen nicht in Rente, weil sie nicht mehr arbeiten wollen, sondern weil sie nicht mehr können. Ein medizinisches Gutachten ist entscheidend dafür. Dagegen können langjährig oder besonders langjährig Versicherte selbst entscheiden: weiter arbeiten bis zur Regelaltersrente oder früher aufhören, wenn die dafür notwendigen Versicherungszeiten vorhanden sind.

Beginn flexibel wählen

Festgelegt ist bei den vorgezogenen Rentenarten lediglich der frühestmögliche Beginn. Es ist aber auch möglich, länger zu arbeiten. So kann eine im Jahr 1965 geborene Rentnerin mit 65 Jahren ohne Abschlag in Rente gehen. Sie kann aber auch viel länger im Job bleiben, bis zu ihrer Regelaltersrente oder – wenn der Chef zustimmt – darüber hinaus.

Will sie bei der Rente für langjährig Versicherte nicht den vollen Abschlag von 14,4 Prozent bei Rentenbeginn mit 63 haben, kann sie auch später in den Ruhestand gehen – aber dennoch vor der Regelaltersgrenze. Für jeden Monat, um den sie den Rentenbeginn über den 63. Geburtstag hinaus verschiebt, fällt der Abschlag um 0,3 Prozent geringer aus. Bei einem Rentenbeginn mit 64 Jahren beträgt er also 10,8 Prozent statt 14,4 Prozent mit 63.

Finanztest-Leser Jan van Veen ist nur fünf Monate vor Beginn seiner Regelaltersgrenze in Rente gegangen. Sein Abschlag ist daher gering: 1,5 Prozent.

Von dieser Flexibilität können auch besonders langfristig Versicherte profitieren. Eine 1965 geborene Angestellte muss mindestens 65 Jahre alt sein, um für eine solche Rente infrage zu kommen. Hat sie die erforderlichen 45 Versicherungsjahre erst mit 66 Jahren zusammen, kann sie auch dann ohne Abschlag in Rente gehen – immerhin noch ein Jahr vor ihrem regulärem Rentenbeginn.

Alterseinkommen muss reichen

Wer viele Jahre durchgängig gut verdient und entsprechend Beiträge in die gesetzliche Rentenversicherung gezahlt hat, bekommt eine gute Rente – auch bei vorzeitigem Beginn. Denn die Rentenhöhe bestimmen zwei Faktoren: Verdienst und damit Höhe der Beiträge, die an die Rentenversicherung flossen, und Versicherungszeit.

Doch auch wenn es sich rechnerisch lohnt, früher in Rente zu gehen, muss das gesamte Einkommen im Alter reichen. Es umfasst auch Einkünfte aus privater Vorsorge, Betriebsrente und Riester-Rente. Fließen auch diese Renten ab dem geplanten Ruhestandsbeginn oder erst später? Lässt sich die Zeit bis dahin mit Ersparnissen überbrücken? Solche Fragen müssen vor einer Entscheidung für eine Frührente geklärt sein. Zudem müssen Rentenplaner berücksichtigen, dass von den berechneten Renten noch Beiträge für Kranken- und Pflegeversicherung abgehen. Je nach Rentenhöhe fallen auch Steuern an.

Unser Rat

Kontenklärung. Wenn Sie einen vorzeitigen Rentenbeginn planen, prüfen Sie zunächst, ob alle Versicherungszeiten auf Ihrem Rentenkonto erfasst sind. Beantragen Sie eine Kontenklärung bei der Deutschen Rentenversicherung mit dem „Formular V0100“. Mit diesem Suchwort finden Sie es im Internet.

Abschlagsausgleich. Die Rentenabschläge Ihrer Frührente können Sie ausgleichen. Wie viel Geld dafür notwendig ist, erfahren Sie bei der Deutschen Rentenversicherung. Füllen Sie dazu das „Formular V0210“ aus, das Sie mit diesem Suchwort im Internet finden. Dann können Sie entscheiden, ob Sie ausgleichen oder nicht.

Informationen. Ausführliche Informationen zur Rente finden Sie im Finanztest-Buch „Meine Rente“. Es kostet 19,90 Euro und ist im Buchhandel erhältlich – oder auf unserer Internetseite (test.de/rentenfahrplan).

Höherer Hinzuverdienst im Jahr 2021

Viele Ältere arbeiten auch in der Rentenzeit. Ein Minijob ist kein Problem. Bei höherem Hinzuverdienst müssen Frührentner selbst rechnen. Bei mehr als 6 300 Euro im Jahr wird die Frührente normalerweise gekürzt.

Wegen der Corona-Pandemie können Frührentner jedoch 2021 deutlich mehr hinzuverdienen, ohne dass die Rente gekürzt wird, nämlich bis zu 46 060 Euro im Jahr. Das ist nicht an bestimmte Berufe gebunden.

Dadurch ergibt sich eine kuriose Gestaltungsmöglichkeit: Für Arbeitnehmerinnen und Arbeitnehmer, die in nächster Zeit sowieso in Rente gehen, könnte es sich lohnen, den Schritt vorzuziehen und trotzdem weiterzuarbeiten. Sie können dann 2021 für einige Monate parallel zu ihrer Rente das volle Gehalt beziehen, wenn sie unter der Freigrenze von 46 060 Euro bleiben. Interessenten sollten dies mit ihrem Arbeitgeber abklären.

Wann es frühestens möglich ist, in Rente zu gehen, lässt sich mit unserem Rechner im Internet auf test.de/rentemit63 herausfinden. Er zeigt auch auf, wie sich ein Hinzuverdienst auf die Frührente auswirkt.

Grundrente auch für Frührentner

Frührentner können auch die neue Grundrente bekommen. Anspruch auf den Zuschlag haben Menschen, die lange gearbeitet, aber wenig verdient haben – und nun eine geringe Rente bekommen. Allerdings ist dies an viele Voraussetzungen geknüpft. Eine davon: Es müssen mindestens 33 Jahre Grundrentenzeiten vorhanden sein. Hierfür zählen nicht alle Zeiten, die bei der Frührente angerechnet werden (mehr unter test.de/grundrente).

Doch wer eine gute Rente bekommt, kann eher und entspannter von seiner Erwerbsarbeit lassen und sich leichter für eine Frührente entscheiden.

Einen ganz eigenen Tipp für den Wechsel von der Berufswelt in die neue Lebensphase hat Finanztest-Leser Wolfgang Obel: „Den Rentenbeginn auf den Frühling legen! Dann werden die Tage länger und man kann mehr Zeit draußen verbringen.“

Corona-Folgen und frühere Rente

Kurzarbeit, Arbeitslosigkeit und Teilzeit

Rentenhöhe

Kurzarbeit. Kurzarbeit wirkt sich nur in geringem Maße auf die Rentenhöhe aus. Die Beiträge zur Rentenversicherung werden auf Basis von 80 Prozent des Verdienstes, der wegen Kurzarbeit ausgefallen ist, aufgestockt. Das gilt selbst bei Kurzarbeit Null ohne geleistete Arbeitsstunden. Es gibt auch Arbeitgeber, die freiwillig mehr zahlen.

Arbeitslosigkeit. Beim Bezug von Arbeitslosengeld I ist der Effekt auf die Rentenhöhe gering. Diese Zeit bringt 80 Prozent vom Gehalt, mit dem das Arbeitslosengeld berechnet wurde, für die Rente. Versicherte, die Arbeitslosengeld bekommen, sind außerdem nicht gezwungen, in dieser Phase eine Rente mit Abschlägen zu beantragen.

Teilzeit. Die Arbeitszeit zu reduzieren, hat spürbare Auswirkungen auf die Rente, vor allem bei dauerhafter Teilzeitarbeit. Wer nur halb so viel arbeitet, wie es bei einem Vollzeitjob der Fall wäre, erwirtschaftet in der Zeit auch nur 50 Prozent der Beiträge für die Rentenkasse. Das macht sich über Jahre empfindlich bemerkbar.

Altersteilzeit. Auf die Rentenhöhe wirkt sich Altersteilzeit kaum negativ aus. Denn der Arbeitgeber stockt die Beiträge auf. Es fließen 90 Prozent der vorherigen Beiträge in die Rentenkasse.

Versicherungszeiten

Kurzarbeit, Teilzeit, Altersteilzeit. Für das Erreichen der Versicherungsjahre für alle vorgezogenen Renten zählen Jahre in Kurzarbeit, Teilzeit und Altersteilzeit mit.

Arbeitslosigkeit. Für eine „Rente für langjährig Versicherte“ mit Abschlägen zählen auch Zeiten mit Arbeitslosengeld I. Anders ist das bei der abschlagsfreien Rente für „besonders langjährig Versicherte“. Bei dieser Rentenform wird Arbeitslosigkeit zwei Jahre vor Renteneintritt nicht berücksichtigt. Ausnahme: Insolvenz oder Geschäftsschließung des Arbeitgebers sind der Grund.

Rente beantragen

Sie benötigen:

- Personalausweis
- Rentenversicherungsnummer
- Anschrift Ihrer Krankenkasse sowie Ihre Versicherungsnummer
- Kontodaten (Iban) des Kontos, auf das die Rente fließen soll
- Steueridentifikationsnummer

10/2021 Lücken können Rente kosten. Deshalb müssen alle Informationen zur Berechnung der Rente vor dem Antrag bei der Rentenversicherung sein. Überprüfen Sie vorher anhand Ihres Versicherungsverlaufs, ob alle relevanten Zeiten erfasst sind. Ab einem Alter von 55 erhalten Sie den Verlauf alle drei Jahre automatisch. Sie können jederzeit eine aktuelle Version anfordern. Fehlen Zeiten, etwa Ihre Ausbildung oder Tätigkeiten im Ausland, beantragen Sie eine Kontenklärung, um diese nachzureichen.

Schritt 1. Lesen Sie spätestens vier Monate vor dem gewünschten Rentenbeginn den 23-seitigen Rentenantrag R0100 durch (online unter deutsche-rentenversicherung.de oder unter Tel. 0 800/10 00 48 00) anfordern. Überprüfen Sie anhand der Fragen auf dem Formular, ob Sie alle Nachweise parat haben. Je nach Rentenart können mehr Nachweise erforderlich sein, als oben gelistet, etwa Ihr Schwerbehindertenausweis.

Schritt 2. Stellen Sie den Antrag auf Altersrente spätestens drei Monate vor dem gewünschten Rentenbeginn. So bleibt der Rentenversicherung genügend Zeit, mögliche Informationen oder Nachweise von anderen Stellen einzuholen, etwa von der Krankenkasse oder vom Arbeitgeber. Sie können den Antrag direkt auf der Internetseite der Rentenversicherung stellen (deutsche-renten versicherung.de, Stichwort: Online-Dienste). Sie wollen sich helfen lassen? Oft geht es nicht nur um Rentenbeginn und -höhe, sondern auch um einen flexiblen Übergang in den Ruhestand, Steuerfragen oder Hinzuverdienstgrenzen. Wenden Sie sich an Beratungsstellen der Rentenversicherung, ehrenamtliche Versicherungsberater, Versichertenälteste oder Sozialverbände.

Schritt 3. Senden Sie den Antrag an die Rentenversicherung. Wenn Sie ihn nicht online stellen, schicken Sie ihn an Ihren zuständigen Rentenversicherungsträger. Welcher das ist, zeigt Ihre jährliche Rentenauskunft.

Schritt 4. Ist Ihre Rente bewilligt, erhalten Sie einen Rentenbescheid. Überprüfen Sie ihn. Finden Sie einen Fehler, legen Sie Widerspruch ein. Dafür haben Sie einen Monat Zeit. Leben Sie im Ausland, sind es drei Monate. ■

Früher ohne Abschläge

Menschen mit Schwerbehinderung können ohne Abschläge früher in Rente gehen. Rechnen müssen sie trotzdem. Wir zeigen wie.

1/2021 Sie sind alles andere als eine Randgruppe: In Deutschland gibt es rund acht Millionen Menschen mit Schwerbehinderung. Über 1,5 Millionen von ihnen sind erwerbstätig und können später eine besondere Rente beziehen: die Altersrente für Schwerbehinderte. Nutzen können diese Rente Versicherte, die

- alt genug sind,
- auf 35 Versicherungsjahre kommen und
- einen Grad der Behinderung (GdB) von mindestens 50 nachweisen.

Die Altersrente für Schwerbehinderte ermöglicht es Versicherten, zwei Jahre früher in Rente zu gehen, ohne dass dabei Abschläge anfallen. Nehmen Schwerbehinderte Abschläge in Kauf, können sie sich bis zu fünf Jahre vor der allgemeinen Regelaltersgrenze zur Ruhe setzen. Da die Altersgrenzen für den Rentenstart bis zum Jahrgang 1964 kontinuierlich ansteigen, hängt es vom Geburtsjahr ab, wann der Ruhestand starten kann.

Beispiel. Fritz Kahmann lebt in Köln. Er ist Durchschnittsverdiener, geboren am 10. Januar 1960. Die allgemeine Altersgrenze liegt für ihn bei 66 Jahren und 4 Monaten. Da er schwerbehindert ist, kann er zwei Jahre früher abschlagsfrei gehen – mit 64 Jahren und 4 Monaten. Seine abschlagsfreie Rente würde zum 1. Juni 2024 starten.

Ist ihm das zu lang, könnte er bis zu weiteren drei Jahren früher seine Altersrente beziehen, wenn er die Abschläge bei der Rentenhöhe finanziell verkraftet. Der früheste Rentenstart von Fritz Kahmann wäre also mit 61 Jahren und 4 Monaten. Er hätte am 1. Juni 2021 beginnen können. Voraussetzung: Der Kölner hatte 35 Versicherungsjahre beisammen.

Wie sich ein früher Start auf die Rente auswirkt

Die Grafik zeigt, wie sich unterschiedliche Rentenoptionen für Menschen mit Durchschnittsverdienst auswirken. Der lag 2021 bei 3 462 Euro im Monat.

Stand: Januar 2021

Vor dem Rentenantrag rechnen

Ein so früher Ruhestand würde die Rente unseres Modellfalls Kahmann deutlich senken. Wir haben errechnet, dass seine Auszahlung fünf Jahre vor der allgemeinen Altersgrenze nach heutigen Werten 301 Euro niedriger ausfallen würde. Er bekäme nur 1067 Euro monatlich statt 1368 Euro (siehe Grafik).

Dafür gibt es zwei Gründe. Zum einen reißen die Abschläge für drei Jahre ein Loch ins Renteneinkommen. Pro Monat vorzeitiger Schwerbehindertenrente zieht die Rentenkasse 0,3 Prozent von der eigentlichen Rentenzahlung ab. Bei einem um drei Jahre vorgezogenen Rentenbeginn betragen die Abschläge 10,8 Prozent (36 Monate × 0,3).

Zu den Abschlägen kommen noch die fehlenden Einzahlungen für insgesamt fünf Jahre. Denn Versicherte, die in Rente sind, zahlen keine Rentenbeiträge, sammeln also auch keine Rentenpunkte mehr auf ihrem Konto.

So kommt es, dass selbst bei einem abschlagsfreien Start in die Schwerbehindertenrente die Zahlungen geringer ausfallen. Zwei Jahre weniger Einzahlung reduzieren die monatliche Rente beim Kölner Kahmann nach heutigen Werten um fast 69 Euro. Wäre er ostdeutscher Arbeitnehmer, sänke sie um mehr als 66 Euro.

Rendite steht auf anderem Blatt

Eine niedrigere Rente durch frühen Rentenbeginn heißt aber nicht, dass Versicherte zwangsläufig Rentenverluste machen. Die Rendite steht auf einem anderen Blatt. Denn fünf Jahre früher in Rente heißt fünf Jahre längerer Rentenbezug. In dieser Zeit hätte Kahmann nach derzeitigen Werten bereits mehr als 64000 Euro Rente erhalten. Es würde sehr lange dauern, bevor er das Geld bei einem Renteneintritt mit 66 Jahren und 4 Monaten durch die höhere Rentenzahlung kompensiert hätte.

Versicherten, die mit dem früheren Wegfall des Arbeitseinkommens und der niedrigeren monatlichen Rentenzahlung nicht über die Runden kommen, bringen die Renditeabwägungen allerdings nichts.

Unser Rat

Rentenstart. Schwerbehinderte können bis zu fünf Jahre früher in Rente gehen. Wie sich das auf Ihre Rente auswirken kann, zeigt unsere Grafik links.

Ausweis. Für die Rente muss Ihr Grad der Behinderung (GdB) mindestens 50 betragen. Den weisen Sie anhand des Schwerbehindertenausweises nach. Die Versorgungsämter der Länder und Kommunen stellen ihn aus.

Nachprüfung. In manchen Fällen befristet das Amt den Schwerbehindertenausweis. Liegt die Befristung nach Ihrem geplanten Rentenstart, hat das keine Auswirkungen auf eine einmal zugesagte Rente.

Hilfe. Wenden Sie sich früh an die gesetzliche Rentenversicherung (Tel. 0800/10004800). Bei Streitigkeiten können Ihnen Sozialverbände wie VdK (vdk.de) und SoVD (SoVD.de) helfen. Mitglieder werden dort beraten. Auch Rentenberater oder Sozialrechtsanwälte helfen. Fragen Sie nach den Kosten.

Rentenzuschlag durch Grundrente

Schwerbehinderte Personen, die unterdurchschnittlich verdient und deshalb eine niedrige Rente haben, können seit 2021 von der Grundrente profitieren. Sie ist ein Rentenzuschlag für Menschen, die lange gearbeitet, aber nur zwischen 30 und 80 Prozent des bundesweiten Durchschnitts verdient haben (41541 Euro im Jahr 2021).

Die gesetzliche Rentenversicherung prüft und zahlt automatisch. Im Juli 2021 hat sie begonnen, die ersten Bescheide zu verschicken. Mehr Informationen haben wir auf test.de zusammengestellt (test.de/grundrente). ■

Interview

„Grad der Behinderung früh feststellen lassen"

Der Sozialverband Deutschland (SoVD) berät seine Mitglieder in sozialrechtlichen Angelegenheiten. Fragen zu Rente und Schwerbehindertenausweis seien besonders häufig, so SoVD-Präsident Adolf Bauer. Diese stellen wir ihm auch.

Was sind die Knackpunkte, wenn Menschen mit Behinderungen in Rente gehen möchten?
Der Antrag auf Altersrente für Schwerbehinderte ist eher unproblematisch. Die Knackpunkte liegen vorher – beim Beantragen des Schwerbehindertenausweises. Die Voraussetzung, ohne Abschläge zwei Jahre früher in Rente gehen zu können, ist ja, dass Versicherte nachweisen, dass sie einen Grad der Behinderung von mindestens 50 haben. Das machen sie mit dem Schwerbehindertenausweis des Versorgungsamts ihres Bundeslandes oder ihrer Kommune.

Und das kann problematisch sein?
Ja. Man sollte vor dem Rentenantrag auf jeden Fall genug Zeit einplanen. Günstig ist es, wenn Sie den Rentenantrag schon drei Monate vor dem gewünschten Rentenstart stellen und davor schon den Schwerbehindertenausweis haben. Bis der GdB (Grad der Behinderung) festgestellt ist, können zwischen zwei und fünf Monate vergehen. Die Versorgungsämter prüfen in den allermeisten Fällen nach Aktenlage. Hier ist es wichtig, dass die Nachweise alle da und stimmig sind.

Was sind das für Nachweise?
Die größte Bedeutung kommt den Befundberichten der Ärztinnen und Ärzte zu. Einreichen sollte man aber auch andere Unterlagen, die Beeinträchtigungen belegen, wie einen Reha-Entlassungsbericht oder Gutachten der Kranken- oder Pflegekasse.

Sie sprechen von Ärzten. Reicht es nicht, wenn meine Hausärztin den Befund schreibt?
Die Hausärztin ist wichtig. Aber viele Menschen mit Behinderungen sind mehrfach beeinträchtigt. Sie leiden etwa unter Herz-Kreislauf- und Rücken-Problemen. Zielführend ist es, dann auch Befundberichte vom Kardiologen und vom Orthopäden einzureichen.

Vergibt das Versorgungsamt dann zwei unterschiedliche GdB?
Ja. Zum Beispiel GdB 30 für das Rückenleiden und GdB 20 für die Herz-Kreislauf-Erkrankung.

Und zusammen gibt das dann GdB 50?
Nein. Die GdB werden nicht einfach addiert. Die Versorgungsämter gehen vom größten Einzel-GdB aus und schauen dann, ob und wie sich durch die zweite Beeinträchtigung das Ausmaß der Behinderung vergrößert, also der GdB steigt. Es gibt oft Fälle, in denen es beim größten Einzel-GdB bleibt und die zweite Beeinträchtigung unter den Tisch fällt.

Unter den Tisch fällt?
Ja. Wenn Sie zum Beispiel wegen einer schweren Hüftarthrose große Schmerzen haben und kaum noch gehen können, dann fällt eine zusätzliche Funktionsstörung der Lendenwirbelsäule weniger ins Gewicht. Das Gehen ist so oder so kaum noch möglich. Das Wirbelsäulenleiden spielt für den GdB dann keine große Rolle.

Halbe Rente nach Scheidung

Bei einer Scheidung teilt das Familiengericht die Altersvorsorge. Gerade bei Betriebsrenten gab es oft Ärger. Etwas Besserung ist in Sicht.

Unser Rat

Überblick. Bei einer Scheidung teilt das Familiengericht die Rentenansprüche der Partner, genannt Versorgungsausgleich. Verschaffen Sie sich früh einen Überblick. Sie haben gegenüber Versorgungsträgern wie der gesetzlichen Rentenversicherung einen Auskunftsanspruch. Rat zum Thema Scheidung finden Sie auch in unserem Ratgeber „Aus und Vorbei". Für 19,90 Euro gibt es ihn im Buchhandel und online (test.de/shop).

Kontrolle. In den Versorgungsausgleich fallen nur Ansprüche, von denen das Gericht weiß. Jeder Ehepartner muss auflisten, wo er Rentenanwartschaften hat. Das Gericht übermittelt die Liste dem jeweils anderen. Kontrollieren Sie. Vergessene Ansprüche führen nicht dazu, dass der Ausgleich später geändert wird.

Rückgängig machen. Wenn Ihr Ex-Partner verstorben ist, können Sie in bestimmten Fällen den Versorgungsausgleich aufheben. Wann das möglich ist, lesen Sie auf Seite 99.

4/2021 Das gemeinsame Leben auseinanderdividieren – vor dieser Aufgabe stehen Paare, die sich scheiden lassen. Die Aufteilung der gemeinsamen Altersversorgung ist der sogenannte Versorgungsausgleich. Dieser kann später massive Auswirkungen haben. Denn Rentenansprüche, die für einen gemeinsamen Ruhestand komfortabel ausreichen, können halbiert für zwei getrennte Haushalte viel zu niedrig sein. Besser, Paare schauen bei der Scheidung genau hin, auch wenn der Ruhestand Lichtjahre entfernt scheint. Im Jahr 2019 waren Männer bei der Scheidung durchschnittlich 46,6 Jahre alt, Frauen 44,4 Jahre, so das Statistische Bundesamt. Die Ehen hielten im Schnitt 14,8 Jahre.

Familiengericht teilt die Renten

Zur Altersvorsorge im Sinne des Versorgungsausgleichsgesetzes gehören nur Renten und Pensionen. Andere Formen der Vorsorge wie Immobilien oder Investmentfondsanteile fallen nicht darunter.

Bei der Scheidung ermittelt das Familiengericht für jeden Partner jeweils getrennt, wie viel Ansprüche er oder sie während der Ehezeit bei welchem Versorgungsträger erworben hat. Es entscheidet dann über jeden Versorgungsanspruch einzeln und hält seine Entscheidungen im Scheidungsurteil fest.

In der Regel führt es den Versorgungsausgleich automatisch durch. Allerdings gibt es Ausnahmen:

- Das Paar hat sich in einem Ehevertrag oder in einer Scheidungsfolgenvereinbarung auf eine andere Aufteilung der Altersvorsorge geeinigt.
- Die Ehe war kürzer als drei Jahre. In diesem Fall führt das Familiengericht den Ausgleich nur durch, wenn ein Partner diesen beantragt.

Zudem kann das Familiengericht entscheiden, kleinere Ansprüche nicht auszugleichen. 2021 liegt die Grenze bei 32,90 Euro für Monatsrenten oder 3948 Euro Kapitalwert.

Bei Rentenpunkten hinschauen

Schon einige Entgeltpunkte weniger auf dem Rentenkonto haben einen starken Effekt.

Das zeigt unser Beispielpaar Max und Mara Mayer aus Marburg. Bauzeichnerin Mara hat sich während 17 Jahren Ehe mit Max insgesamt 17,0010 Entgeltpunkte auf ihrem gesetzlichen Rentenkonto erarbeitet. Entgeltpunkte (EP) sind die Maßeinheit, in der die gesetzliche Rentenversicherung Anwartschaften speichert. 17,0010 EP entsprechen nach derzeitigen Werten einer Monatsrente von 581,26 Euro.

Ex-Mann Max, der als Selbstständiger weniger in die gesetzliche Rentenkasse eingezahlt hat, kommt während der Ehe auf 6,8100 EP. Nach derzeitigen Werten entspricht das einer Monatsrente von 232,83 Euro.

Der Ausgleichswert wandert

Damit beide nach der Scheidung gleichgestellt sind, muss Mara 5,0955 Entgeltpunkte oder – nach derzeitigen Werten – 174,22 Euro Monatsrente an Max abgeben – das sind immerhin 2 066,64 Euro im Jahr. Die Umverteilung von Anwartschaften beim selben Versorgungsträger wie hier nennt sich interne Teilung. Haben ausgleichsberechtigte Ex-Partner noch kein eigenes Konto, wird es neu eingerichtet. Der ausgleichspflichtige Partner behält seines.

Kann der Ausgleichswert nicht wie bei der gesetzlichen Rente in Entgeltpunkten oder in monatlichen Anwartschaften angegeben werden, ermitteln Versorgungsträger auf Grundlage versicherungsmathematischer Regeln deren Kapitalwert. Er sagt aus, wie viel Ansprüche zu einem Zeitpunkt wert sind.

Gesamtverlust überschlagen

Wie viel gesetzliche Rente Mara insgesamt verliert, lässt sich nicht genau errechnen. Aber Mara könnte es grob überschlagen: Geht sie von der durchschnittlichen Lebenserwartung von heute 67-jährigen Frauen aus – nach Angaben des Bundesamts für Statistik liegt sie bei weiteren 21,63 Jahren –, verliert Mara nach derzeitigen Werten rund 44700 Euro ihrer Alterssicherung bei der gesetzlichen Rente (21,63 Jahre x 2 066,64 Euro). Rentensteigerungen sind bei der Überschlagsrechnung nicht berücksichtigt.

Will Mara die Verluste durch den Versorgungsausgleich verringern, bietet die Rentenversicherung die Möglichkeit, genau zu diesem Zweck Sonderzahlungen zu leisten. Die Behörde errechnet, welcher Betrag die verlorenen Entgeltpunkte ersetzen würde. Schnell können dafür mehrere 10 000 Euro fällig werden.

Verluste bei externer Teilung

Der Ausgleichswert kann in bestimmten Fällen auch auf andere Versorgungsträger übertragen werden. Das heißt externe Teilung. Manche Partner wollen so ihre Versorgungsanrechte bündeln. Das Problem: Es gelten die Konditionen des Zielversorgungsträgers. Die können schlechter sein. Das sorgt besonders für Verdruss, wenn der Versorgungsträger des ausgleichspflichtigen Partners gegen den Willen des Ausgleichsberechtigten auf einer externen Teilung besteht. Das dürfen die meisten Versorgungsträger nur, wenn der Ausgleichswert zum Ende der Ehezeit gering ist. 2021 liegt die Grenze bei 65,80 Euro für monatliche Rentenwerte und bei 7 896 Euro für Kapitalwerte.

Übertragung soll gerechter werden

Bei einigen Betriebsrenten liegt die Grenze viel höher. Arbeitgeber, die ihren Mitarbeitern Altersvorsorge im Wege einer Direktzusage oder Unterstützungskasse bieten, können bei Kapitalwerten bis zur Höhe der Beitragsbemessungsgrenze in der gesetzlichen Rentenversicherung auf externer Teilung bestehen. 2021 liegt die Grenze bei 85 200 Euro. Aufgrund der seit Langem niedrigen Zinsen konnte es gerade bei der Übertragung größerer Ansprüche auf andere Versorgungsträger zu besonders starken Transferverlusten bei den späteren Rentenansprüchen kommen. Sie konnten 50 Prozent und mehr betragen.

Das Bundesverfassungsgericht entschied im Mai 2020 (Az. 1 BvL 5/18), dass Familiengerichte in Zukunft eine faire Lösung finden sollen. Für vertretbar halten die Richter Transferverluste von maximal 10 Prozent. Auch das neue Gesetz zur Änderung des Versorgungsausgleichsrechts sorgt für leichte Verbesserungen. ■

Ansprüche zurückholen

Wenn der Ex-Partner stirbt

Geschiedene geben oft einen Teil der Rente an den Ex-Partner ab. Der Tod der Ex-Partnerin oder des Ex-Partners schafft diese Abzüge nicht aus der Welt. Oft bleibt das Geld bei den Rentenversicherungsträgern. Aber es gibt Ausnahmen:

Vor und nach kurzem Rentenbezug
Stirbt der Ex-Partner, bevor er das Rentenalter erreicht hat, können Versicherte sich die abgegebenen Ansprüche wieder zurückholen. Das Gleiche gilt, wenn der Ex-Partner die Rente nicht länger als 36 Monate bezogen hat. Sie müssen dafür einen formlosen Antrag auf „Anpassung wegen Tod der ausgleichsberechtigten Person" stellen. Viel Zeit lassen sollten sich Versicherte allerdings nicht. Denn der Versorgungsträger passt die Rente nicht rückwirkend zum Todeszeitpunkt des Ex-Partners an, sondern erst zu dem Monat, der auf den Antrag folgt. Die Anpassung muss bei jedem Versorgungsträger einzeln beantragt werden, das können neben der gesetzlichen Rentenversicherung Beamtenversorgung oder berufsständische Versorgungswerke sein.

Rentenbezug mehr als 36 Monate
Auch wenn der verstorbene Ex-Partner seine Rente länger als 36 Monate bezogen hat, gibt es die Möglichkeit, den Versorgungsausgleich zu ändern oder aufzuheben. Ein Antrag reicht hier nicht. Der Weg führt immer über das Familiengericht. Der gerichtlich geprüfte Rentenberater und Sachverständige für Versorgungsausgleich Wilfried Hauptmann ist optimistisch. „Es ist viel zu wenig bekannt, dass bei bestimmten Versicherten die Chancen, sich die Rente zurückzuholen, gar nicht schlecht stehen", sagt er.

Chance auf Aufhebung
Aussicht auf Erfolg, so der Bonner Rentenberater, haben Geschiedene, wenn der Versorgungsausgleich nach altem Recht durchgeführt wurde und sich der bei der Scheidung festgelegte Ausgleichswert deutlich geändert habe. Das alte Recht galt von 1977 bis August 2009, mit einer einjährigen Übergangsfrist. Eine wesentliche Wertänderung liegt vor, wenn:

- Der Ausgleichswert sich um mindestens 5 Prozent verändert hat und
- die absolute Wertänderung bei Rentenwerten mindestens 1 Prozent der am Ende der Ehezeit geltenden Bezugsgröße in der Sozialversicherung beträgt.

Die ändert sich jedes Jahr. 2009 lag sie zum Beispiel bei 2520 Euro im Monat (West) und 2135 Euro im Monat (Ost). Der Ausgleichswert bei Scheidungen 2009 müsste sich um 25,20 Euro (West) oder 21,35 Euro (Ost) verändert haben.

Gründe für Wertänderungen
Zu größeren Wertänderungen kann es etwa kommen, wenn

- sich gesetzliche Rentenansprüche durch die 2014 und 2019 eingeführte Mütterrente I und II erhöht haben,
- Beamten nach der Scheidung der Ruhegehaltssatz oder Sonderzahlungen gemindert wurden,
- betriebliche oder berufsständische Versorgungsanrechte dynamisiert werden, also Wertsteigerungen vereinbart sind.

Tipp. Lassen Sie sich unterstützen. Mitglieder in Sozialverbänden wie VdK oder SoVD können dort um Rat fragen. Gute Ansprechpartner sind Rentenberater, die sich auf den Versorgungsausgleich spezialisiert haben. Fragen Sie nach den Kosten.

Eine Rente für Kranke

Wer zu krank zum Arbeiten ist, bekommt eine Rente. Unsere Berechnungen zeigen: Sie hilft, ist aber selten auskömmlich.

8/2021 Die gesetzliche Rentenversicherung ist nicht nur für Ruheständler zuständig. Sie hilft auch Menschen, die langfristig zu krank sind, um sechs Stunden oder mehr am Tag zu arbeiten. 1,8 Millionen Personen beziehen eine Erwerbsminderungsrente in voller oder halber Höhe, je nachdem, ob und wie viele Stunden sie noch tätig sein können.

Es ist allerdings oft schwierig, den Antrag zu stellen. 42 Prozent werden erst einmal abgelehnt. Beispiele in der Tabelle zeigen außerdem, dass die Rente allein gerade bei Versicherten mit kürzeren Erwerbsbiografien oder niedrigem Einkommen nicht für den Lebensunterhalt reicht.

Spezielle Formel für den Osten

Erwerbsgeminderte im Osten können bei vergleichbarer beruflicher Entwicklung teils mit deutlich höheren Beträgen rechnen. Ein 29-Jähriger, der fünf Jahre lang durchschnittlich verdient hat und dann – zum Beispiel aufgrund eines Unfalls – erwerbsunfähig wird, bekäme derzeit im Westen 620 Euro Monatsrente. Einem Kollegen aus Ostdeutschland ständen 672 Euro zu – 52 Euro mehr. Zur Orientierung: Der vorläufige monatliche Durchschnittsverdienst für 2021 liegt bei 3462 Euro. Ob West oder Ost – für viele gilt: Wer nicht über andere Einkommensquellen oder Vermögen verfügt, ist schnell zusätzlich auf Sozialhilfe angewiesen. Gerade für Berufsanfänger kann es sinnvoll sein, sich zusätzlich privat über eine Berufsunfähigkeitsversicherung abzusichern.

Die Rente gibt es in zwei Varianten: wegen voller oder teilweiser Erwerbsminderung.

Unser Rat

Rentenhöhe. Sind Sie längerfristig zu krank zum Arbeiten, können Sie eine Erwerbsminderungsrente von der gesetzlichen Rentenversicherung erhalten. Wie hoch sie wäre, wenn Sie sie derzeit beziehen würden, erfahren Sie mit Ihrer Renteninformation.

Befristung. Die Erwerbsminderungsrente wird oft erst befristet bewilligt und auf Antrag verlängert.

Beratung. Erste Ansprechpartnerin ist die gesetzliche Rentenversicherung (deutsche-rentenversicherung.de). Auch Versichertenämter von Stadt- und Landkreisen informieren kostenlos. Bei sozialrechtlichen Problemen mit Behörden helfen Sozialverbände wie VdK (vdk.de) oder SoVD (sovd.de) gegen einen monatlichen Mitgliedsbeitrag zwischen 6 und 8 Euro.

Welche gezahlt wird, hängt davon ab, wie viele Stunden Versicherte täglich noch arbeiten können. Die meisten Versicherten erhalten die Bezüge wegen voller Erwerbsminderung. Sie steht denjenigen zu, die nicht mehr in der Lage sind, drei Stunden am Tag zu arbeiten. Hierbei geht es nicht um den erlernten Beruf, sondern tatsächlich um irgendeinen Job, den der Arbeitsmarkt hergibt.

Lage am Arbeitsmarkt relevant

Eine volle Rente wird auch dann gezahlt, wenn Versicherte zwar zwischen drei bis unter sechs Stunden täglich arbeiten können, aber wegen der Lage am Arbeitsmarkt keinen entsprechenden Job mit einem solchen Stundenangebot

Gehalt und Beschäftigungsdauer entscheidend

Die Höhe der Erwerbsminderungsrente hängt davon ab, wie viel Versicherte seit ihrem 17. Lebensjahr verdient haben. Wir zeigen an vier Beispielen, wie die Renten je nach Verdienst und Länge der Beschäftigung ausfallen.

Verdiensthöhe während des Arbeitslebens im Vergleich zum Durchschnitt aller Versicherten				
(Prozent)	**50**	**80**	**100**	**150**
Das entspricht 2021 brutto (Euro/Monat)	1 731	2 769	3 462	5 193
Volle Erwerbsminderungsrente zum 1. Juli 2021 brutto (Euro)				
West				
Beispiel 1: 29 Jahre alt, 5 Jahre sozialversicherungspflichtig beschäftigt	310	496	620	930
Beispiel 2: 35 Jahre alt, 10 Jahre sozialversicherungspflichtig beschäftigt	414	662	827	1 241
Beispiel 3: 45 Jahre alt, 20 Jahre sozialversicherungspflichtig beschäftigt	532	851	1 064	1 596
Beispiel 4: 55 Jahre alt, 30 Jahre sozialversicherungspflichtig beschäftigt	588	941	1 176	1 764
Ost				
Die Renten in Ostdeutschland sind schwierig zu berechnen. Hier gilt für jedes Jahr mit sozialversicherungspflichtiger Beschäftigung ein anderer Umrechnungsfaktor, der die Verdienste künstlich anhebt. Er bewirkt, dass die Renten bei gleichem Verdienst im Osten höher ausfallen als im Westen.				
Beispiel 1: 29 Jahre alt, 5 Jahre sozialversicherungspflichtig beschäftigt	336	538	672	1 008

Alle Beträge gerundet.
Quellen: Deutsche Rentenversicherung Bund, eigene Berechnungen

finden. Ist dagegen eine Teilzeitarbeit möglich, könnten sie einen Antrag wegen teilweiser Erwerbsminderung stellen. Die Rente ist dann halb so hoch wie die volle.

Bessere Konditionen für Ältere

Für ältere Versicherte gilt noch eine spezielle, erweiterte Regel – der sogenannte Berufsschutz. Wer vor dem 2. Januar 1961 geboren wurde, bekommt den vollen Betrag bereits dann, wenn die Arbeitskraft nicht mehr für sechs Stunden im eigenen Beruf oder einem vergleichbaren Job reicht. Rentenversicherungsträger können dann nicht auf jede beliebige Tätigkeit verweisen, bevor sie eine halbe Rente zahlen.

Hürden beim Antrag

Neben den gesundheitlichen gibt es formale Voraussetzungen für die Rente. Versicherte müssen im Regelfall vor Eintritt der Erwerbsminderung auf mindestens fünf Jahre Beitragszeit kommen und in den letzten fünf Jahren mindestens drei Jahre Pflichtbeiträge gezahlt haben. Bei Arbeitsunfällen oder Berufskrankheiten sind die Mindestversicherungszeiten kürzer. Auch für Wehr- und Zivildienstleistende liegen die Schwellen niedriger.

Sozialversicherungspflichtig Beschäftigte, die länger im Berufsleben stehen, erfüllen die Bedingungen leicht. Selbstständige, Berufseinsteiger oder Menschen, die lange arbeitslos sind, fallen dagegen schnell durchs Netz. ■

Widerspruch für mehr Rente

Fällt die Altersrente geringer aus als erwartet oder wird eine Erwerbsminderungsrente nicht bewilligt, lohnt Widerspruch.

9/2021 Wenn der Rentenbescheid im Briefkasten liegt, ist der Ruhestand nicht mehr weit. Der Bescheid ist die Antwort der Deutschen Rentenversicherung (DRV) auf den Rentenantrag der Versicherten.

In dem Schreiben steht, wie hoch die gesetzliche Monatsrente sein wird, welche Zeiten berücksichtigt wurden und wann die Zahlungen beginnen. 1,71 Millionen Rentenbescheide hat die DRV 2020 verschickt, 148 000 Empfängerinnen und Empfänger legten Widerspruch gegen sie ein. Mehr als die Hälfte davon betraf die Erwerbsminderungsrente, weil die DRV viele Antragsteller nicht für dauerhaft krank hält und ihren Rentenantrag ablehnt. Von den Widersprüchen konnten knapp 40 000 zugunsten der Antragsteller geklärt werden. Finanztest beantwortet die wichtigsten Fragen.

? Welche Fehler können im Bescheid vorkommen?

Die im Versicherungsverlauf gespeicherten Zeiten können unvollständig sein, beispielsweise weil Fachschul- oder Berufsausbildungszeiten sowie Nebenjobs während des Studiums nicht oder nicht vollständig gespeichert wurden. Auch Zeiten von Arbeitslosigkeit oder Krankheit können fehlen sowie freiwillige Beiträge bei selbstständigen Tätigkeiten. Die Daten zu einem Versorgungsausgleich nach einer Scheidung wurden eventuell nicht richtig berücksichtigt. Wenn Versicherte mehrmals zwischen den alten und neuen Bundesländern umgezogen sind, sollten sie prüfen, ob der Rentenversicherer für die Zeiten in den neuen Ländern den korrekten Umrechnungsfaktor für die Rente berücksichtigt hat.

Tipp. Fordern Sie Ihren Versicherungsverlauf kostenlos bei der Deutschen Rentenversicherung an, per Telefon (0800/10004800) oder im Internet (deutsche-rentenversicherung.de, Suchwort: Versicherungsverlauf).

? Was können Versicherte im Vorfeld tun, um Fehler zu vermeiden?

Gibt es eine Lücke im Versicherungsverlauf, kann sie sich bis zum Rentenbescheid „durchziehen". Deshalb sollten fehlende Versicherungszeiten so früh wie möglich mit Nachweisen gemeldet werden. Dies geht einfach per Kontenklärung.

Tipp. Einen Antrag auf Kontenklärung können Sie kostenlos telefonisch anfordern (0800/10004800) oder im Internet herunterladen (deutsche-rentenversicherung.de, Suchwort: V0100 Kontenklärung).

? Wie können Versicherte Widerspruch einlegen?

Gibt es begründete Zweifel am Rentenbescheid, etwa weil Zeiten nicht mit angerechnet wurden, sollten Versicherte widersprechen. Ein Antrag ist kostenlos und kann formlos beim zuständigen Rentenversicherer gestellt werden, also dem Absender des Rentenbescheids. Wichtig ist es, das Aktenzeichen des Bescheids zu nennen. Eine Begründung kann in einem späteren Schreiben erfolgen, das man jedoch ankündigen sollte. Die übliche Frist beträgt einen Monat. Versicherte, die im Ausland leben, haben bis zu drei Monate Zeit.

? Wie läuft das Widerspruchsverfahren ab?

Die zuständige Abteilung des Rentenversicherers prüft den Widerspruch. Bleibt sie bei ihrer Entscheidung, übergibt sie den Fall an den Widerspruchsausschuss. Er besteht aus je einem Vertreter oder einer Vertreterin der DRV-Geschäftsführung, der Versicherten und der Arbeitgeber.

Dieser Ausschuss kann dem Widerspruch ganz oder zum Teil stattgeben oder ihn zurückweisen. Wird der Widerspruch abgelehnt, bleibt den Versicherten eine Klage vor dem Sozialgericht.

? Wie hoch sind die Erfolgschancen eines Widerspruchs?

Von 148 000 im Jahr 2020 eingereichten Widersprüchen wurden 38 000 ohne förmliches Widerspruchsverfahren geklärt. „In der Regel war das möglich, weil Unterlagen nachgereicht wurden", so Dirk von der Heide, Sprecher der DRV Bund. In rund 1100 Fällen hatten die Versicherten im förmlichen Verfahren Erfolg. Rund 79 000 Widersprüche wurden zurückgewiesen. Der Rest war noch in Bearbeitung.

? Was ist, wenn eine Erwerbsminderungsrente nicht bewilligt wird?

Auch hier kann ein Widerspruch helfen. Die DRV wird in diesem Fall eigene Gutachter zurate ziehen. Ist der Widerspruch erfolglos, bleibt eine Klage. Das Gericht bestellt in der Regel eigene Gutachter. Entscheiden diese zugunsten des Versicherten, bewilligt der Rentenversicherer häufig die Rente, noch bevor es zu einem Urteil kommt.

? Klappt ein Widerspruch nur mithilfe von Experten?

Nicht unbedingt. Aber oft geht es nicht anders. Die DRV hat vor drei Jahren die Bescheide vereinfacht, um sie für Laien besser lesbar zu machen. Bestimmte Berechnungsgrundlagen, die früher als Anlage beigefügt waren, lässt sie nun weg. Ein Beispiel dafür ist die „Berechnung der Entgeltpunkte aus beitragsfreien und beitragsgeminderten Zeiten". Entgeltpunkte sind entscheidend für die Rentenhöhe. Der Versicherte kann von der DRV aber verlangen, dass sämtliche Anlagen dem Bescheid beigefügt werden. Kommt er dennoch alleine nicht weiter, kann er sich Rat holen (siehe Kasten rechts). ■

Hier gibt es Rat

Deutsche Rentenversicherung (DRV). Sie ist gesetzlich verpflichtet, Versicherte umfassend zu beraten, sodass sie ihren Rentenanspruch voll ausschöpfen können (§ 14 SGB I). Bei Fragen rund um Kontenklärung und Rentenantrag ist die DRV also stets die erste Adresse. Die Beratung ist kostenlos. Streiten Sie jedoch mit der Deutschen Rentenversicherung über einen Widerspruch, können Sie andere Beratungsangebote wahrnehmen (siehe unten). Hier fallen Kosten an, die Ihnen bei Erfolg von der DRV erstattet werden müssen.

Sozialverbände. Sie können Mitglied in einem Sozialverband wie VdK oder SoVD werden. Das kostet monatlich zwischen 5,50 Euro und 8 Euro, je nach Landesverband. Dafür erhalten Sie Beratung, Rechtsbeistand und praktische Hilfe. Für einen Widerspruch gegen einen Rentenbescheid fallen beim SoVD – je nach Landesverband – weitere Kosten zwischen rund 22 Euro und 120 Euro an. Beim VdK richten sich die Kosten nach Bedürftigkeit des Mitglieds sowie Dauer der Mitgliedschaft. Sie betragen zwischen 15 Euro und 280 Euro. Die Landesverbände veröffentlichen die Kosten auf ihren Internetseiten.

Freiberufliche Rentenberater. Eine Beratung gegen Honorar gibt es bei freiberuflichen Rentenberaterinnen und -beratern (rentenberater.de). Sie vertreten ihre Mandanten auch im Widerspruchsverfahren. Die Kosten für eine einfache Beratung betragen rund 200 bis 300 Euro. Je komplizierter der Fall, desto teurer wird es. Schließen Sie vorher eine schriftliche Honorarvereinbarung mit dem Berater.

Freiwillig einzahlen

Selbstständige, Frührentner, Hausfrauen oder Arbeitnehmer 50 plus – viele können mehr einzahlen, um die Rente zu erhöhen. Wir zeigen, wie.

3/2021 Ein regelmäßiger und unkomplizierter Geldfluss lebenslang – das ist das Prinzip einer Rente. Viele setzen bei der Altersvorsorge darauf – mit einer Betriebsrente, Rürup-Rente, Riester-Rente oder Privatrente.

Auch die gesetzliche Rente bietet Möglichkeiten, freiwillig vorzusorgen. Selbstständige, Hausfrauen und -männer sowie Menschen im vorzeitigen Ruhestand können durch freiwillige Beiträge ihre Rente erhöhen und dabei kräftig Steuern sparen. Bis zum 31. März des Folgejahres können sie noch für das vergangene Jahr nachzahlen. Auch Arbeitnehmer ab 50 können durch Sonderzahlungen ihre Rentenanwartschaft aufstocken.

Renten passen nicht immer

Vor dem Investment steht aber immer die Überlegung: Passt der Vorsorgeweg zu mir? Das ist nicht der Fall bei Sparenden,

- die stets auf das angesparte Kapital zugreifen möchten,
- denen es wichtig ist, zu Beginn des Ruhestands frei über ihr Gesamtkapital verfügen zu können,
- die mit dem Geld nicht nur Ehepartner oder Kinder, sondern auch andere Angehörige oder Freunde absichern möchten,
- die möglichst viel ihres Vermögens gezielt vererben möchten.

Langes Leben heißt gute Rendite

Die Rendite von Renten hängt zudem immer davon ab, wie lange Versicherte sie beziehen. Wer aufgrund einer Krankheit nicht damit rechnet, alt zu werden, könnte auch das in seine Überlegungen einbeziehen.

Für freiwillige Beiträge von 10 000 Euro im Jahr 2021 schreibt die Rentenkasse derzeit Ansprüche von 44,25 Euro monatlich brutto gut. Zum Vergleich: In unserem Test zu klassischen Sofortrenten im Oktober 2020 (test.de/sofortrente) hätte unsere 65-jährige Modellkundin beim besten Anbieter im Test für eine Einzahlung von 100 000 Euro eine garantierte Rente von 319 Euro brutto bekommen. Runtergerechnet auf 10 000 Euro wären das 31,90 Euro.

Steuern: Erst sparen, dann zahlen

Eins zu eins vergleichbar sind Privatrenten und gesetzliche Rente nicht. Nicht nur werden die

So steigt die Rente

Wer für 2021 freiwillig Beiträge zahlen möchte, kann dies bis 31. März 2022.

Jahresbeitrag 2021 (Euro)	**Erhöhung der monatlichen Regelaltersrente** (Euro)
1 004,40 (Mindestbeitrag)	4,44
1 200,00	5,31
2 400,00	10,62
3 600,00	15,93
4 800,00	21,24
6 000,00	26,55
7 343,28 (Regelbeitrag)	32,49
7 200,00	31,86
8 400,00	37,17
9 600,00	42,48
10 800,00	47,79
12 000,00	53,10
13 200,00	58,41
14 400,00	63,72
15 847,20 (Höchstbeitrag)	70,12

Quelle: Eigene Berechnungen

Stand: 31. Januar 2021

Einzahlungen anders verwaltet. Auf die Beiträge in die gesetzliche Rentenkasse gibt es auch teils große Steuererleichterungen. Beispielrechnungen unserer Steuerexperten zeigen, dass die Steuerersparnis mehr als ein Drittel betragen kann. Vor allem Besserverdienende ohne Kinder profitieren davon.

Im Ruhestand fallen auf die gesetzliche Rente dagegen Steuern an. Auch Sozialbeiträge von rund 11 Prozent werden für gesetzlich Kranken- und Pflegeversicherte fällig.

Einzahlungen in Privatrenten bezuschusst der Staat dagegen nicht. Die Steuern auf die Auszahlung sind in der Regel aber niedriger und es fallen für Rentner, die in der gesetzlichen Krankenversicherung pflichtversichert sind, keine Sozialbeiträge an.

Trotzdem fahren nach dem heutigen Stand der Dinge Vorsorgesparende mit der gesetzlichen Rente in der Regel deutlich besser.

Beispiel. 2021 zahlt der selbstständige Immobilienmakler Pierre Metz aus Erfurt 7 343,28 Euro in die Rentenkasse. Bei seinem Jahresgewinn von 50 000 Euro beträgt die Steuerersparnis 2 256 Euro. Sein eigener Einsatz liegt bei 5 087,28 Euro. Sein Rentenanspruch steigt nach derzeitigen Werten um 32,49 Euro.

Zieht man, sagen wir, 30 Prozent für Steuern und Sozialabgaben ab, blieben 22,74 Euro monatlich. Diese Nettorente müsste Metz nach heutigem Stand 18,6 Jahre lang beziehen, um im Plus zu sein. Die Lebenserwartung 65-jähriger Männer beträgt nach Angaben des Statistischen Bundesamts 19,9 Jahre, die 65-jähriger Frauen 23,3 Jahre. Bei der Privatrente wäre unser Makler nach 26,1 Jahren garantiert im Plus. Steuern sind hier noch nicht einmal abgezogen. Das Beispiel ist grob überschlagen, auch, weil die Regelaltersrente erst nach 65 beginnt.

Die staatlich geförderte Rürup-Rente ist in der Regel steuerlich attraktiver als eine klassische Privatrente. Ob sie sich am Ende mehr lohnt als Einzahlungen in die Rentenkasse, hängt sehr vom Einzelfall ab. Sparende bekommen für sie Steuervorteile in derselben Höhe wie bei der gesetzlichen Rente und später fallen meist keine Sozialbeiträge an.

Unser Rat

Freiwillige Beiträge. Sind Sie nicht in der gesetzlichen Rentenversicherung pflichtversichert, können Sie durch freiwillige Beiträge Ihre Rente erhöhen. Möglich ist das zum Beispiel für Selbstständige, Frührentner und Hausfrauen und -männer.

Beschäftigte ab 50 Jahren. Auch sozialversicherungspflichtig Beschäftigte ab 50 können freiwillig ihre gesetzliche Rente erhöhen und Steuern sparen – mit sogenannten Ausgleichszahlungen. Voraussetzung: Sie kommen vor Ihrem regulären Rentenstart bereits auf 35 Versicherungsjahre.

Rat und Hilfe. Bevor Sie freiwillig einzahlen oder Ausgleichszahlungen leisten, holen Sie immer Rat bei der Deutschen Rentenversicherung (deutsche-rentenversicherung.de) ein.

Pandemie: Renten stagnieren

Die niedrigen Zinsen konnten der gesetzlichen Rente bisher nichts anhaben. Aber die Corona-Pandemie sorgt für einen Dämpfer. Die Rentenentwicklung hängt vom Arbeitsmarkt ab: Steigen die Löhne, steigen die Renten. Rentner im Westen mussten sich dieses Jahr auf eine Nullrunde einstellen, im Osten auf eine Steigerung von nur 0,72 Prozent.

Martin Werding, Professor für Sozialpolitik und öffentliche Finanzen an der Ruhr-Universität Bochum, sieht es gelassen. „Der deutsche Arbeitsmarkt ist von der aktuellen Krise bislang wenig betroffen“, sagt er. „Wenn die Gesundheitsrisiken bald eingedämmt werden, könnte er sich – wie nach der Finanz- und Wirtschaftskrise 2009 – rasch erholen.“ Die künftige Rentenfinanzierung bliebe von der Krise weitgehend unbeeinflusst, so der Ökonom. ■

Sorgen um Pensionskassen

Jede vierte Pensionskasse hat Probleme. Einige nehmen keine neuen Kunden mehr. Versicherte und Rentner sind verunsichert.

5/2021 Hart urteilte die Bundesanstalt für Finanzdienstleistungsaufsicht (Bafin) im Januar 2021 über die Pensionskasse der Caritas und die Kölner Pensionskasse: Beide hätten die Mindestkapitalanforderungen nicht erfüllen können und einen Finanzierungsplan vorgelegt, der „unzureichend" sei. Die Aufsichtsbehörde widerrief die „Erlaubnis zum Betrieb des Versicherungsgeschäfts". Die beiden Pensionskassen dürfen keine neuen Versicherungsverträge abschließen und bestehende weder verlängern noch erhöhen.

Es sind nicht die beiden einzigen Kassen mit Problemen. Ein Viertel steht unter „intensivierter Aufsicht" der Bafin. Kein Wunder, dass sich viele Versicherte Sorgen machen. Erste Pensionskassen kürzen mittlerweile die Renten und Ansprüche der Kunden.

Beruhigend für viele Kunden: Der Arbeitgeber muss ran und die Einschnitte ausgleichen. Geht er in Insolvenz, springen Sicherungseinrichtungen ein.

Hohe Zusagen, niedrige Zinsen

Pensionskassen zahlen in der Regel eine lebenslange Rente. Trotz der niedrigen Zinsen für Kapitalanlagen müssen sie also meist noch viele Jahre ihre hohen Zinszusagen erfüllen, die sie in der Vergangenheit gegeben haben. „Pensionskassen sind von den niedrigen Zinsen besonders betroffen", sagt Frank Grund, der für ihre Aufsicht zuständige Direktor bei der Bafin.

Die niedrigen Zinsen sind das eine. Pensionskassen bieten aber nur betriebliche Altersvorsorge an. Anders als Lebensversicherer können sie ihr Produktportfolio nicht ändern oder erweitern, beispielsweise durch Versicherungen mit Fonds.

Es sind also harte Zeiten für die traditionsreiche Branche: Pensionskassen als Versicherungsvereine auf Gegenseitigkeit existieren seit mehr als 100 Jahren. Seit 2002 gibt es außerdem Pensionskassen, die Versicherungskonzerne gegründet haben. Bei ihnen handelt es sich in der Regel um Aktiengesellschaften.

Rechnungszins ist deutlich gefallen

Wenn der Arbeitgeber eine Brancheneinrichtung oder einen Versicherungsverein wie VBL oder Soka Bau für sein Angebot zur betrieblichen Altersvorsorge ausgewählt hatte, war das früher häufig eine gute Wahl. Denn solche Pensionskassen durften lange einen höheren Rechnungszins anbieten als die Kassen der Versicherungskonzerne. Diese sind gebunden an den Höchstrechnungszins der Lebensversicherer, den das Bundesfinanzministerium festlegt.

Dieser Zins lag 2015 bei 1,25 Prozent. Der Rechnungszins der VBL betrug damals 1,75 Prozent und der Zins der Soka-Bau sogar 2,25 Prozent. Jetzt liegt die Soka-Bau mit 0,9 Prozent gleichauf mit dem Rechnungszins für Neuverträge von Lebensversicherungen, die VBL mit 0,25 Prozent deutlich darunter. Auch einige Kassen der Versicherungskonzerne bleiben bei neuen Tarifen unter dem Maximum von 0,9 Prozent.

Geht es den Versicherungsvereinen auf Gegenseitigkeit oder Brancheneinrichtungen schlecht, können sie den Rechnungszins für künftige Beiträge ändern und Ansprüche sowie Renten kürzen, wenn ihre Satzung eine Sanierungsklausel enthält. Allerdings muss die Bafin dies genehmigen.

36 der 135 Pensionskassen sind in schwerem Fahrwasser und stehen unter der intensivierten Aufsicht der Bafin. Welche dies sind, sagt das Amt nicht. Auch das Bundesfinanzminis-

terium tut dies nicht, weil eine Offenlegung die „Wettbewerbsfähigkeit schädigen wird".

Die Kassen müssen mehrmals im Jahr über ihre Geschäftsentwicklung berichten. Sie führen Gespräche mit dem Vorstand, dem Wirtschaftsprüfer und den Unternehmen, die sie tragen. Sie müssen vorrechnen, wie viel sie in den kommenden 15 Jahren für neu und wieder angelegtes Kapital bei angenommenen 0,5 Prozent Zinsen erwirtschaften. Die Bafin prüft, ob die Erträge dauerhaft reichen, um die Verpflichtungen gegenüber Versicherten und Rentnern zu erfüllen.

Drei Pensionskassen dürfen gar keine neuen Kunden mehr nehmen. Neben der Caritas Pensionskasse und der Kölner Pensionskasse hat die Bafin der Deutschen Steuerberater-Versicherung das Neugeschäft untersagt.

Verein springt bei Pleite ein

Kürzungen der Rente muss der Arbeitgeber ausgleichen. Wird er insolvent, springt der Pensions-Sicherungs-Verein (PSV) ein – bei Betriebsrenten per Direktzusage, Unterstützungskasse und Pensionsfonds sowie neuerdings auch bei Pensionskassen in Vereinsform. Den PSV finanzieren die Arbeitgeber, die eine Betriebsrente anbieten. Sie sind gesetzlich verpflichtet, Mitglied zu werden.

Hat der PSV die Rente übernommen, bleibt sie in der Regel konstant. Eine Ausnahme gibt es nur dann, wenn sich die einstige Firma verpflichtet hat, die Betriebsrente jährlich zu erhöhen – egal ob es ihr gut oder schlecht geht. Dies kann beispielsweise in einem Tarifvertrag so geregelt sein.

Bis Ende 2021 gilt allerdings eine Übergangsregelung beim PSV für Pensionskassen in Vereinsform. Sie gewährleistet nur einen Mindestschutz: Er greift nur, wenn die Pensionskasse die Rente um mehr als die Hälfte kürzt oder wenn die monatlichen Gesamteinkünfte der Betriebsrentner nach der Kürzung unter die Armutsgefährdungsschwelle fallen. Das sind bei Alleinstehenden etwa 1100 Euro im Monat. Die Kosten für den übergangsweisen Schutz trägt der Staat.

Unser Rat

Garantierte Verzinsung. Sie haben einen Vertrag mit einer von einem Versicherungskonzern gegründeten Pensionskasse? Stellen Sie ihn nicht überstürzt beitragsfrei. Kündigen Sie ihn auch nicht. Wenn er schon seit vielen Jahren läuft, bekommen Sie noch eine gute garantierte Verzinsung. Die Pensionskasse ist daran für die gesamte Vertragslaufzeit gebunden. Dies ist attraktiver als der Neuabschluss einer privaten Rentenversicherung.

Sanierungsklausel. Ein Verein auf Gegenseitigkeit oder eine Brancheneinrichtung kann per Sanierungsklausel Ansprüche und Renten kürzen. Haben Sie noch einige Zeit bis zum Rentenbeginn, können Sie Ihren Vertrag beitragsfrei stellen, wenn Ihre Kasse in Schwierigkeiten ist. Lassen Sie ihn auf jeden Fall weiterlaufen, wenn Ihr Arbeitgeber den Beitrag ganz oder zum Großteil zahlt.

Protektor fängt Versicherte auf

Kunden von Pensionskassen in Form von Aktiengesellschaften, die von Versicherungsunternehmen gegründet wurden, schützt die gesetzlich vorgeschriebene Sicherheitseinrichtung Protektor. Sie sichert auch Renten aus privaten Rentenversicherungen und Lebensversicherungen ab.

Bisher ist noch keine der 21 von Protektor geschützten Pensionskassen pleitegegangen. Sollte eine in Not geraten, muss Protektor sie sanieren und dafür sorgen, dass bisherige Renten weitergezahlt werden.

Dies gilt auch für notleidende Lebensversicherer, die Direktversicherungen anbieten. Sie sind ebenfalls insolvenzgeschützt. Ob die Rente durch Überschussbeteiligungen in diesem Fall noch steigt, ist aber völlig ungewiss. ■

Geld oder Rente

Manchmal ist es besser, einen Riester-Vertrag vor der Auszahlphase zu kündigen. Wir helfen Schritt für Schritt bei der Entscheidung.

6/2021 Der Riester-Frust hat die Auszahlphase erreicht. Besonders Kunden mit Banksparplänen beschweren sich über schlechte Angebote für die Verrentung. Akzeptieren oder förderschädlich kündigen ist dann die Frage. Eine Überschlagsrechnung hilft bei der Entscheidung. Wir zeigen, welche Angaben und Rechenschritte es dafür braucht.

1 Relevante Informationen zum eigenen Vertrag zusammenstellen

Sie benötigen eine Reihe von Angaben (siehe Tabelle). Einige der Informationen finden Sie in Ihren Vertragsunterlagen oder Steuerbescheiden. Andere finden Sie in den Schreiben Ihres Anbieters oder erfragen Sie bei ihm.

2 Ihren finanziellen Aufwand ausrechnen.

Um einzuschätzen, wann die Rente ins Plus dreht, müssen Sie Ihren finanziellen Aufwand kennen. Ziehen Sie von Ihren Eigenbeiträgen die Summe der Steuervergünstigungen ab. Ein Beispiel (siehe Tabelle unten):

Eigenbeiträge	12 751 Euro
Steuervergünstigung	– 3 008 Euro
Finanzieller Aufwand	**9 743 Euro**

3 Eigene jährliche Nettorente einschätzen

Zudem brauchen Sie Informationen über Ihre Nettorente. Multiplizieren Sie die garantierte monatliche Auszahlrate, die Ihnen Ihr Anbieter nennt, mit 12 und ziehen Sie Ihren voraussichtlichen durchschnittlichen Steuersatz im Ruhestand davon ab. Je genauer Sie diesen bestimmen, desto besser ist es für die Rechnung. Meist ist er deutlich niedriger als im Berufsleben. Beispiel:

Vorbereitung: Diese Angaben brauchen Sie

Angabe	Wo finde ich sie?	Beispiel
Abschlussjahr des Vertrags	Vertragsunterlagen	2012
Laufzeit		9 Jahre
Vertragsguthaben	Im Vorschlag Ihres Anbieters für die Auszahlphase und in der aktuellen jährlichen Standmitteilung. Sie müssen noch nicht gezahlte Zulagen für das laufende Jahr einbeziehen. Oder Sie fragen direkt beim Anbieter nach.	17 166 Euro
Garantierte monatliche Rate		47 Euro
Höhe der Zulagen insgesamt		4 049 Euro
Erträge insgesamt		366 Euro
Eigenbeiträge insgesamt		12 751 Euro
Kosten für Kündigung, einbehaltene Schlussboni etc.	Beim Anbieter erfragen.	100 Euro
Höhe der steuerlichen Förderung insgesamt	In den Steuerbescheiden seit Vertragsabschluss finden Sie die gewährten Steuerermäßigungen. Addieren Sie die Angaben.	3 008 Euro
Durchschnittliche Besteuerung im Rentenalter	Nutzen Sie unseren Rechner (test.de/rentenbesteuerung) oder fragen Sie Ihren Lohnsteuerhilfeverein oder Ihren Steuerberater.	20 Prozent

Garantierte Rente	47 Euro
x 12 Monate	
Bruttojahresrente	**564 Euro**
– 20 Prozent durchschnittlicher Steuersatz	**–113 Euro**
Jährliche Nettorente	**451 Euro**
oder	**37,58 Euro im Monat**

4 Überschlagen, ab wann sich die Riester-Rente lohnt

Teilen Sie Ihren finanziellen Aufwand durch die Nettojahresrente, um zu sehen, ab wann sich Ihr Riester-Investment voraussichtlich lohnen wird. Nicht garantierte Überschussbeteiligungen und Wertminderungen durch Inflation bleiben außen vor. Beispiel:

Finanzielle Eigenleistung	9 743 Euro
Nettojahresrente	/ 451 Euro
	21,6 Jahre

Nach 21,6 Jahren dreht die Riester-Rente im Beispiel garantiert ins Plus. Die durchschnittliche Lebenserwartung kann zu Rentenbeginn höher sein. Laut Statistischem Bundesamt bei ...

- 66-Jährigen weitere 22,34 Jahre (Frauen) und 19,11 Jahre (Männer),
- 63-Jährigen weitere 25,19 Jahre (Frauen) und 21,69 Jahre (Männer),
- 60-Jährigen weitere 28,13 Jahre (Frauen) und 24,27 Jahre (Männer).

5 Auszahlbetrag nach förderschädlicher Kündigung errechnen

Für die Abwägung Geld oder Rente müssen Sie jetzt noch wissen, wie viel Geld Sie bei einer Kündigung bekommen würden. Ziehen Sie vom Vertragsguthaben die Summe der Zulagen und die Summe der Steuervorteile ab. Auch eventuell anfallende Kosten oder Boni, die bei einer Kündigung gestrichen würden, müssen Sie abziehen. Beispiel:

Vertragsguthaben	17 166 Euro
Zulagen	– 4 049 Euro
Steuervergünstigungen	– 3 008 Euro
Kosten	– 100 Euro
Auszahlbetrag	**10 009 Euro**

6 Auszahlung nach Steuern betrachten

Das Finanzamt besteuert den Betrag, der nach Abzug von Eigenbeiträgen, Zulagen und Kosten vom Vertragsguthaben übrig bleibt, mit Ihrem persönlichen Steuersatz. Nur die Hälfte des Betrags besteuert es, wenn

- das Kapital erst ab dem 60. oder – bei Verträgen ab 2012 – ab dem 62. Geburtstag ausgezahlt wird und
- der Vertrag bei Auszahlung mindestens zwölf Jahre gelaufen ist. Beispiel:

Vertragsguthaben	17 166 Euro
Zulagen	– 4 049 Euro
Kosten	– 100 Euro
Eigenbeiträge	– 12 751 Euro
Steuerpflichtig	**266 Euro**
20 Prozent Steuern	53 Euro
Auszahlbetrag	10 009 Euro
Steuer	– 53 Euro
Kapital nach Steuern	**9 956 Euro**

Sonderfall. Auszahlungen aus vor 2005 geschlossenen Riester-Rentenversicherungen sind meist steuerfrei.

7 Geld gegen Rente abwägen und die Zeile noch längen

Rechnen Sie aus, ob Sie bei einer Kündigung Verluste machen würden. Ziehen Sie von der Auszahlung nach Steuern (Punkt 6) Ihr finanzielles Investment aus Punkt 2 ab. Beispiel:

Auszahlung nach Steuern	9 956 Euro
Finanzieller Aufwand	– 9 743 Euro
	213 Euro

Machen Sie wie im Beispiel bei einer Kündigung keine Verluste und dreht die Rente erst nach Ihrer durchschnittlichen Lebenserwartung ins Plus (siehe Punkt 4), spricht rechnerisch nichts gegen die Kapitalauszahlung. Letztlich ist es eine persönliche Entscheidung. Fehlt Geld, um monatliche Fixkosten zu decken, ist die Rente trotzdem das Richtige. Wollen Sie ein neues E-Auto kaufen oder Ihren Enkeln etwas vererben, nehmen Sie den Notausgang. ■

Für die Rendite sorgt der Staat

Mit einem Rürup-Vertrag können Selbstständige vorsorgen. Die staatliche Förderung ist besser geworden, die Versicherungsprodukte nicht.

12/2021 Die Altersvorsorge von Selbstständigen ist ein politisches Dauerthema. Viele Selbstständige sind nach jahrzehntelanger Arbeit im Alter nicht gut abgesichert. Eigentlich soll die staatlich geförderte Rürup-Rente Abhilfe schaffen. Sie heißt offiziell Basis-Rente, wird aber meist nach ihrem Erfinder Professor Bert Rürup benannt. Theoretisch kann sie auch von Angestellten genutzt werden.

Die Rürup-Rente hat einen großen Vorteil, aber auch deutliche Nachteile. Der große Vorteil ist die steuerliche Förderung, von der jedoch nur Topverdiener wirklich profitieren.

Sparer haben bei der Rürup-Rente die Möglichkeit, auf sichere Anlageformen zu setzen oder aber auch mit Aktiensparplänen fürs Alter vorzusorgen.

Damit sich die Rürup-Rente lohnt, braucht es einen langen Atem. Wer sich die Beiträge nicht dauerhaft leisten kann und die Zahlung stoppt, bekommt später keine gute Rente. Die Auszahlung ist zudem sehr unflexibel. Vor Rentenbeginn kommen Kunden nicht an ihr Geld. Später wird es ausschließlich als Rente ausgezahlt.

Größere Summen lassen sich auch dann nicht entnehmen, wenn sie dringend gebraucht werden. Wenn Überschüsse oder Fondsgewinne im Vertragsverlauf nicht steigen, müssen die Rentner zudem sehr alt werden, damit sich der Vertrag gelohnt hat.

Rürup-Versicherungen im Test

Die Rürup-Rente gibt es als Versicherung und als Fondssparplan. Rürup-Fondssparpläne werden nur von Deka, DWS und Raisin angeboten. Deka und DWS haben zusammen 9 600 Verträge in ihrem Bestand. Raisin verweigerte dazu die Auskunft. Bei Versicherungsgesellschaften gibt es insgesamt 2,4 Millionen Verträge. Wir haben uns die Versicherungsprodukte angeschaut. Es gibt sie in verschiedenen Varianten:

- Klassische Produkte mit Garantien.
- Fondsgebundene Produkte ohne Garantien auf die eingezahlten Beiträge.
- Mischformen wie Fondspolicen mit Beitragsgarantien oder klassische Produkte, bei denen die Wertentwicklung an einen Börsenindex geknüpft ist.

In unseren Tests der fondsgebundenen und klassischen Versicherungen gibt es jeweils nur ein gutes Angebot. Außerdem: Im Vergleich zu unserem vorhergehenden Test der klassischen Produkte im Jahr 2016 gibt es weniger Angebote – und diese sind schlechter geworden. Viele Versicherer wollten uns ihre Tarife nicht offenlegen. Der Rürup-Markt ist ziemlich intransparent.

Staatliche Förderung jetzt besser

Während viele Versicherungsangebote nur mau sind, ist die staatliche Förderung besser geworden.

Rürup-Sparer bekommen Steuervorteile für weit größere Summen als Riester-Sparer. Von den Einzahlungen in einen Riester-Vertrag werden maximal 2 100 Euro pro Jahr gefördert; mehr sind es seit Einführung der Riester-Rente im Jahr 2002 nicht geworden. Dagegen wird die Förderung für die 2005 eingeführte Rürup-Rente seit 2015 stetig erhöht. Der vom Finanzamt berücksichtigte Höchstbeitrag ist an die Beitragsbemessungsgrenze in der knappschaftlichen Rentenversicherung gebunden. Steigt der Höchstbeitrag, berücksichtigt das Finanzamt höhere Beiträge für die Rürup-Rente. Derzeit sind es 25787 Euro für Ledige.

Die Rechnung dafür geht so: 24,7 Prozent (Beitragssatz in der knappschaftlichen Rentenversicherung) von 104400 Euro (Beitragsbemessungsgrenze in der knappschaftlichen Rentenversicherung) sind 25787 Euro. Für Verheiratete gilt das Doppelte, also 51 574 Euro.

Davon erkennt das Finanzamt in diesem Jahr 92 Prozent als Sonderausgaben an; bei Ledigen also 23724 Euro. Für Ehepaare oder eingetragene Lebenspartner vermindert sich das zu versteuernde Einkommen sogar um das Doppelte. 2022 sind 94 Prozent des Beitrags absetzbar. Stufenweise steigt dieser Prozentsatz bis 2025 auf 100 Prozent.

Vorteil für Spitzenverdiener

Wie hoch die Steuerersparnis ausfällt, hängt vom Steuersatz ab. Faustregel: Die Rürup-Rente lohnt sich, wenn man im Arbeitsleben viel verdient und später als Rentner im Vergleich dazu weniger in der Tasche haben wird – also auch wenig Steuern zahlen muss.

Dazu ein Beispiel: Ein 37-jähriger Selbstständiger mit einem Jahresgewinn von 100 000 Euro steckt 12 000 Euro im Jahr in eine Rürup-Fondspolice. Er spart damit 5 188 Euro Steuern im Jahr. Netto zahlt er also nur 6 812 Euro selbst ein, der Rest kommt vom Staat. Läuft der Vertrag gut, bekommt er später daraus 20 400 Euro Rente im Jahr. Auf seine Rürup-Rente zahlt er 3 200 Euro Steuern. Durch die Steuerförderung wäre er nach zwölf Jahren im Plus.

Ohne Steuerförderung würde es bei einem gut laufenden Vertrag 18 Jahre dauern, bis die Rentenzahlungen die Beiträge übersteigen. Würde man bei dieser Rechnung jedoch nur die versprochene Garantierente ansetzen, dauerte es noch länger. In unserem Test der klassischen Tarife sind es gut 25 Jahre bei der höchsten Garantierente.

Angestellte und Freiberufler, Vorsicht!

Stellt man die gleiche Rechnung für einen Angestellten mit mittlerem Einkommen auf, der später mit gesetzlicher Rente, Betriebsrente und Rürup-Rente im Vergleich solide abgesichert ist, verpufft die Steuerförderung. Er hätte dadurch keinen Vorteil.

Wer als Angestellter in die gesetzliche Rentenversicherung einzahlt oder als Freiberufler in ein berufsständisches Versorgungswerk, muss darüber hinaus aufpassen: Diese Altersvorsorgebeiträge zählen beim Finanzamt für den absetzbaren Höchstbetrag mit. Für die Rürup-Rente kann daher in diesen Fällen weniger abgesetzt werden.

Diese Vorsorgeform richtet sich somit vor allem an Selbstständige, die nicht in die gesetzliche Rente einzahlen und deshalb nicht riestern können. Selbstständige, die wenig verdienen, haben keinen Steuervorteil mit der Rürup-Rente. Ihnen fehlt also noch immer der Anspruch auf eine gute Altersvorsorge mit staatlicher Förderung. ■

Unser Rat

Entscheidung. Eine Rürup-Rente kommt für Sie nur infrage, wenn Sie gut verdienen, selbstständig sind und eine lebenslange Rente möchten. Wollen Sie später zwischen einer Rente und einer Kapitalauszahlung wählen, ist diese staatlich geförderte Vorsorgeform nichts für Sie. Bedenken Sie auch: Der Vertrag ist nicht kündbar. Wenn Sie Ihre Beitragszahlungen vorzeitig stoppen, fallen die Rentenzahlungen geringer aus. Ein Vertrag lohnt sich nur, wenn Sie lange leben. Zudem muss er sehr gut laufen, damit Sie ins Plus kommen.

Angebote. Rürup-Renten werden als Versicherung oder als Fondssparplan angeboten. Am besten planbar ist die Rente aus einem klassischen Versicherungsprodukt mit Garantie. Hier erfahren Sie Ihre garantierte Mindestrente bei Vertragsbeginn. Überschüsse sind dagegen immer ungewiss, Fondsgewinne ebenso. Das Risiko tragen Sie. Im Gegensatz zur Riester-Rente muss der Anbieter Ihnen hier nicht einmal Ihre Einzahlungen garantieren.

Rürup für Sicherheitsbewusste

Bei der klassischen Versicherung ist immer eine Mindestrente garantiert. In unserem Test gibt es nur ein gutes Angebot.

12/2021 Wer fürs Alter vorsorgt, möchte gerne wissen, wie viel zum Renteneintritt rauskommt. Bei klassischen Rürup-Rentenversicherungen ist das möglich. Sie garantieren, anders als etwa fondsgebundene Versicherungen ohne Garantie, eine Rentenhöhe.

Den Anlageerfolg, die garantierte Rente und die Kosten haben wir in unserem Test von Rürup-Rentenversicherungen am stärksten gewichtet. Außerdem haben wir geprüft, wie transparent und flexibel die Tarife für Kunden sind. Unsere 37-jährige Modellkundin erhält je nach Anbieter eine garantierte Monatsrente zwischen 101 Euro und 118 Euro. Dafür fließen 100 Euro Monatsbeitrag 30 Jahre lang in den Vertrag, insgesamt also 36 000 Euro.

Im Test schneidet nur das Angebot der HanseMerkur gut (1,8) ab. Der Anbieter überzeugt in den Prüfpunkten Anlageerfolg sowie Transparenz und Flexibilität, die Garantierente liegt bei 116 Euro und ist damit vergleichsweise hoch. Die Allianz landet mit einem Befriedigend (2,7) auf dem zweiten Platz.

Mehr oder weniger Garantie

Bei der klassischen Rürup-Rentenversicherung fließen die Sparbeiträge der Kunden sowie die damit erzielten Überschüsse in das Sicherungsvermögen des Versicherers. Je nach An-

Zuverlässige Alternative: Die gesetzliche Rente

Die gesetzliche Rente ist nicht vom Kapitalmarkt abhängig. Die Berufstätigen zahlen die Renten der Ruheständler.

37-Jähriger. Zahlt ein 37-Jähriger 30 Jahre 100 Euro pro Monat freiwillig in die gesetzliche Rentenversicherung, bekommt er bei Rentenbeginn mit 67 Jahren eine gesetzliche Rente von 159 Euro im Monat – mit derzeitigen Werten gerechnet, also 41 Euro mehr als die höchste garantierte Rürup-Rente in unserem Test (118 Euro).

47-Jähriger. Zahlt ein 47-Jähriger 20 Jahre 100 Euro pro Monat, erwirbt er zu Rentenbeginn eine gesetzliche Monatsrente von 106 Euro. Zum Vergleich: Die garantierte Rente eines günstigen Rürup-Tarifs ist 79 Euro.

57-Jähriger. Zahlt ein 57-Jähriger zehn Jahre 100 Euro freiwilligen Monatsbeitrag, bekommt er bei Rentenbeginn 53 Euro gesetzliche Monatsrente. Die garantierte Rente eines kostengünstigen Rürup-Tarifs beträgt rund 40 Euro.
Die genannten Anwartschaften auf eine gesetzliche Rente können in der Zukunft steigen oder sinken, etwa bei einem geänderten Beitragssatz. Hat die Rente jedoch einmal begonnen, kann sie nicht mehr sinken, nur noch steigen.
Bei der Rürup-Rente können Überschüsse die bei Vertragsbeginn garantierte Rente steigern.

Tipp. Ausführliche Informationen gibt es kostenlos im Internet (test.de/altersvorsorge-selbststaendige).

gebot gibt es jedoch unterschiedliche Garantien. Bei einigen ist der Garantiezins in der Anspar- und Rentenphase gleich, bei anderen unterschiedlich hoch. Maximal beträgt er 0,9 Prozent. Dazu können Überschüsse kommen.

Die Rentenzusagen neuer Rürup-Verträge sinken seit Jahren. Zukünftige Rentner müssen sehr alt werden, um ihre Beiträge garantiert wieder reinzubekommen.

Das liegt auch an den hohen Kosten für die Sparer. Die Renten können aber durch Überschüsse steigen. Diese hängen vor allem davon ab, wie gut der Versicherer die Beiträge anlegt und seine Kunden am Anlageerfolg beteiligt.

Unterschiede beim Anlageerfolg

Versicherer, die gut mit den Beiträgen ihrer Kunden wirtschaften, können auf die garantierte Rente ordentlich draufpacken. Die Zinsen am Kapitalmarkt sind zwar niedrig, allerdings gehen Unternehmen unterschiedlich gut mit diesen Rahmenbedingungen um, wie unsere Untersuchung zeigt. In dem Prüfpunkt Anlageerfolg haben wir Bewertungen zwischen sehr gut (HanseMerkur) und mangelhaft (Alte Leipziger) vergeben.

Auch die Allianz schneidet bei diesem Prüfpunkt sehr gut ab. Bei Transparenz und Flexibilität ist die Allianz jedoch nur befriedigend. Ihre Garantierente ist zudem mit 101 Euro die niedrigste im Test. Der Anbieter zieht von den Kundenbeiträgen viel für Abschluss- und Verwaltungskosten ab, was sich negativ auf die Garantierente auswirkt. Zudem garantiert die Allianz nur 92,5 Prozent der eingezahlten Beiträge.

Ein weiterer Nachteil bei Allianz und auch bei Alte Leipziger: Singles können auf den Todesfallschutz, den sie nur selten benötigen und der die Altersrente drückt, nicht verzichten.

Selbstständige brauchen Flexibilität

Ein flexibler Vertrag ist gerade für Selbstständige wichtig. Oft haben sie ein schwankendes Einkommen und können die Beiträge nicht regelmäßig zahlen. Dann ist es hilfreich, wenn der Versicherer die Beitragszahlungen zinslos stundet. Drei Versicherer im Test ermöglichen dies ohne ereignisabhängige Einschränkungen: Continentale, Europa und HanseMerkur.

Wenn Anfangsschwierigkeiten überwunden sind und das Geschäft dauerhaft gut läuft, möchten Selbstständige oft monatlich mehr Geld für ihre Altersvorsorge sparen. Dies ermöglichen alle Versicherer in unserem Test.

Ist die Auftragslage punktuell in bestimmten Monaten gut, können Selbstständige von diesem Extraverdienst oft einmalig zusätzlich Geld fürs Alter sparen. Auch das geht bei allen Versicherern im Test – jedoch zu unterschiedlich hohen Kosten. ■

Unser Rat

Auswahl. Wählen Sie ein Angebot aus unserer Untersuchung, wenn Sie sich für eine klassische Rürup-Rentenversicherung entscheiden. Das einzige Angebot im Test mit der Note Gut macht die **HanseMerkur.** In den Prüfpunkten Anlageerfolg sowie Flexibilität und Transparenz schneidet dieser Tarif sogar sehr gut ab.

Zusatzversicherungen. Zusätzlicher Hinterbliebenen- und Berufsunfähigkeitsschutz schmälert Ihre Altersrente. Sichern Sie Ihre Familie lieber separat ab – mit einer günstigen Risikolebensversicherung. Einen Berufsunfähigkeitsschutz sollten Sie – in möglichst jungen Jahren – ebenfalls separat abschließen.

Information. Unseren Ratgeber „Private Altersvorsorge" (19,90 Euro) und unser E-Book „Gesetzliche Rente für Beamte, Freiberufler und Selbstständige" (6,99 Euro) können Sie unter test.de/shop bestellen.

Eine Reklamations-Odyssee

Wer eine Küche plus Montage kauft, stellt nach dem Einbau oft Mängel fest. Bei der Reklamation müssen Kunden einiges beachten.

3/2021 Roland Kost wartet schon seit mehr als 150 Tagen auf eine einwandfreie Küche. Im Sommer 2020 hatte er für einen niedrigen fünfstelligen Betrag in einem Möbelhaus nahe Stuttgart eine Einbauküche plus Montage bestellt. „Die Monteure waren nach sechs Stunden mit dem Aufbau fertig, obwohl der Berater im Möbelhaus zwei Tage dafür eingeplant hatte", sagt der 66-jährige Pensionär im Gespräch mit Finanztest. Was anschließend folgte, nennt er seine „Küchen-Odyssee".

Weil die Monteure nach dem Einbau schnell wieder weg wollen, inspiziert Roland Kost mit seiner Frau die Küche erst am Tag danach. Sie entdecken 17 Mängel: Die Wandabschlussleiste ist zu kurz. Der Geschirrspüler ist so eingebaut, dass er sich nur mit Gewalt öffnen lässt und Wasser seitlich austritt. Die Arbeitsplatte besteht wie geplant aus zwei Teilen. Doch diese sind unterschiedlich hoch und nicht bündig montiert. Mikrowelle und Ofen sind schief eingebaut. Und so weiter und so fort. Roland Kost hat Finanztest die Fotos der Mängel gezeigt.

Die Mängelliste samt Fotos schickt Kost an seinen Berater im Möbelhaus. Der verspricht, sich zu kümmern. Doch trotz mehrerer Telefonate und E-Mail-Pingpong passiert lange nichts.

Erst Monate später, im November 2020, erfolgen die Reparaturarbeiten. Zwischenzeitlich hatte das Möbelhaus eine Ersatzarbeitsplatte geliefert. Doch zur Montage kam es nicht, weil die neue Platte vor dem Einbau schon einen Riss hatte.

Auf den Einbau einer ordentlichen, passenden Arbeitsplatte wartet das Ehepaar Kost weit bis ins neue Jahr hinein.

9 700 Euro für Küche im Schnitt

Dass Kunden wie Kost Arbeit ohne Mängel erwarten, ist verständlich. Nicht selten zahlen sie für Küchen fast so viel Geld wie für einen kleinen Neuwagen. Laut Marktforschungsinstitut GfK gaben die Menschen in Deutschland in den ersten drei Quartalen des Jahres 2020 im Schnitt rund 9 700 Euro für eine Küche aus einem Möbelhaus oder einem Küchenstudio aus. 6,2 Prozent der Käufer ließen sich ihre Küche 20 000 Euro oder mehr kosten. Von 100 Küchen werden schätzungsweise aber nur maximal 3 ganz mangelfrei aufgebaut.

Mängel richtig reklamieren

Beim Kauf einer Einbauküche und beim Reklamieren von Mängeln ist rechtlich einiges zu beachten (siehe Unser Rat). Was genau, hängt davon ab, ob Kaufrecht oder Werkvertragsrecht gilt. Die Faustregel:

Kaufrecht gilt, wenn die Montage der Küchenmöbel nur Beiwerk ist.

Werkvertragsrecht gilt, wenn das Küchenstudio auch erhebliche Planungs- und Anpassungsarbeiten erbringt, damit die Küche überhaupt in die Wohnung passt.

Daraus folgt: Beim Kauf einer einfachen Einbauküche plus Montage gilt in der Regel Kaufrecht.

Welches Recht anwendbar ist, hat Auswirkungen. Nach Kaufrecht dürfen Sie auch bei kleinen Fehlern eine Restzahlung so lange verweigern, bis alle Mängel beseitigt sind. Roland Kost etwa hält noch 1 000 Euro zurück, bis die neue Arbeitsplatte eingebaut ist.

Anders im Werkvertragsrecht: Hat eine Küche nach dem Einbau nur „unbedeutende Mängel" – etwa einen grauen statt des bestellten schwarzen Schrankgriffs –, müssen Kunden und Kundinnen die Küche zunächst „abnehmen" und die Restzahlung begleichen. Danach können sie zwar immer noch den Austausch des Schrankgriffs verlangen. Sie haben aber kein finanzielles Druckmittel und sind nach Werkvertragsrecht in diesem Fall also in einer taktisch schlechteren Position.

Küchenmontage mit Planungsleistung

Wann ist eine Einbauküche aber nun so „maßangefertigt", dass Werkvertragsrecht anzuwenden ist? Viele Juristen sagen: Die Montagekosten im Verhältnis zum Gesamtpreis spielen eine Rolle. 2018 hat das Oberlandesgericht München geurteilt, dass ein Montageanteil von 16,6 Prozent noch nicht für Werkvertragsrecht ausreicht (Az. 17 U 116/18). Entfallen beim Kauf einer 20000-Euro-Küche 3300 Euro auf die Montage, gilt also Kaufrecht.

In Roland Kosts Küchenvertrag sind die Montagekosten nicht extra aufgeführt. Aber für den Einbau seiner Küche waren keine aufwendigen Planungs- und Anpassungsarbeiten nötig, sodass sehr wahrscheinlich die Regeln des Kaufrechts gelten.

Zwei Jahre Reklamationszeit

Nach Kaufrecht hat Roland Kost zwei Jahre Zeit, um Mängel zu reklamieren („Verjährungsfrist"). Innerhalb der ersten sechs Monate profitiert er von einer verbraucherfreundlichen Beweislastregel. Geht zum Beispiel drei Monate nach der Montage Kosts Geschirrspüler kaputt, wird gesetzlich vermutet, dass das Gerät schon beim Einbau mangelhaft war. Der Händler muss das Gerät reparieren oder Ersatzware liefern.

Bei Mängeln, die sich später zeigen, könnte es für Kunden schwer werden. Denn ab dem siebten Monat nach Montage tragen sie die Beweislast für Mängel. Das bedeutet: In einem Rechtsstreit müssten sie beweisen, dass der Geschirrspüler schon beim Einbau einen Mangel hatte. Das erfordert oft ein teures Sachverständigengutachten.

Deshalb ist eine Rechtsschutzversicherung für Küchenkäufer sinnvoll. Der Streit mit einem Küchenhändler ist über jede Rechtsschutzpolice mit Vertragsrechtsschutz abgedeckt. Roland Kost ist rechtsschutzversichert. Aber noch hofft er, die Versicherung nicht in Anspruch nehmen zu müssen. ■

Unser Rat

Werbeschnäppchen. Unterschreiben Sie im Möbelhaus nicht voreilig, weil der „Schnäppchenpreis" so niedrig ist. Sobald Sie vom Angebot abweichen, wird es teuer. Auch die Rabatte im Prospekt („60 Prozent") sind oft nur heiße Luft.

Anzahlung. Vorsicht, wenn der Händler mehr als 50 Prozent des Kaufpreises als Anzahlung verlangt. Geht er vor der Montage pleite, ist das Geld weg.

Beweise. Machen Sie Fotos von Mängeln an der Küche und Schäden, die die Monteure in der Wohnung gemacht haben (etwa am Parkett).

Montageprotokoll. Bezeichnen Sie nach der Montage im Protokoll nichts als „in Ordnung", was Sie nicht geprüft haben. Sonst gibt es Probleme, wenn Sie später doch noch Mängel finden.

Rest. Zahlen Sie den Rest-Kaufpreis erst, wenn alle Mängel behoben sind.

Andere Handwerker. Wurde bei der Küchenmontage richtig gepfuscht, ist der Ärger der Kunden manchmal so groß, dass sie am liebsten sofort andere Handwerker mit der Reparatur beauftragen würden. Doch Sie müssen dem Küchenverkäufer zunächst die Gelegenheit geben, die Mängel selbst zu beheben.

Weitere Rechte. Wenn die Mängelbeseitigung durch den Händler scheitert, können Sie den Kaufpreis **mindern**, **Schadenersatz verlangen** (etwa für Reparaturkosten anderer Handwerker) oder vom Kauf **zurücktreten** (eventuell gekürzt um eine Nutzungsentschädigung für die bisherige Küchennutzung).

Wenn Wasser läuft und läuft

Leitungsschäden passieren ständig. Mehr als 3000 Fälle pro Tag, alle zwei Minuten einer. Wir sagen, welche Versicherung wann zahlt.

2/2021 Wenn die Wohnung unter Wasser steht, ist das eine mittlere Katastrophe. Die Schäden betragen meist Tausende Euro. In der Gebäudeversicherung sind Leitungswasserschäden das teuerste Risiko. Sie machen rund die Hälfte der Ausgaben aus: 3,1 Milliarden Euro im Jahr 2019, rund 3000 Fälle pro Tag. Jeder kostete im Schnitt 2881 Euro.

Hinzu kommen die Schäden am Hausrat: verfärbte Teppiche, aufgequollene Möbel, defekte Elektrogeräte. Das waren im Jahr 2020 438 Fälle täglich. Jeder schlug mit durchschnittlich 1744 Euro zu Buche.

Ein Problem für Betroffene: Für die verschiedenen Schäden sind verschiedene Versicherungen zuständig. Welche zahlt?

Ursachen für Wasserschäden

Jeder vierte Schaden entsteht durch marode Rohrverbindungen.

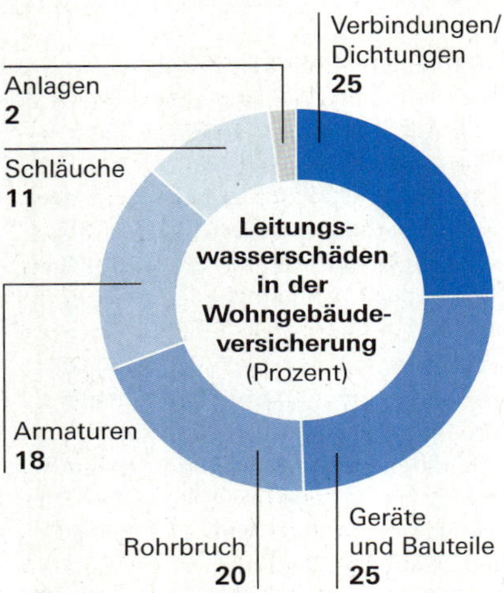

Quellen: GDV, IfS Schadendatenbank, 2003 bis 2019

Wohngebäude: Schäden am Haus

Die Gebäudeversicherung ist für Schäden am Haus zuständig, also an Decken, Böden, Wänden. Sie zahlt bei Leitungslecks, egal ob an Trinkwasserleitungen oder Abwasserrohren im Haus. Dazu gehören angeschlossene Schläuche, etwa für die Waschmaschine. Auch Heizungsrohre, Heizkörper und Boiler sind mitversichert – nicht aber Regenrinnen oder Badewasser. Dasselbe gilt für Hochwasser oder Rückstau, wenn nach einem Starkregen Abwasser aus der Kanalisation ins Haus eindringt. Da ist eine Elementarschadenpolice zuständig.

Hausrat: Nur bewegliche Sachen

Die Hausratpolice greift ebenfalls nur bei Lecks in Rohren und Leitungen, auch der Heizungsanlage, sowie angeschlossenen Schläuchen. Nicht versichert ist Reinigungswasser, aufsteigendes Grundwasser oder Rückstau.

Die Deckung gilt nur für bewegliche Sachen: Teppiche, Möbel, Elektrogeräte, Bücher, Gardinen – im Prinzip alles, was man bei einem Umzug mitnehmen kann. Dazu gehören auch Teppichböden, die lose verlegt und nicht verklebt sind. Die meisten Einbauküchen zählen ebenfalls dazu, solange sie aus vorgefertigten Modulen bestehen.

Haftpflicht: Schäden beim Nachbarn

Die Privathaftpflicht bezahlt Schäden, die man anderen zufügt. Wenn zum Beispiel der Schlauch der Waschmaschine platzt und Wasser in die Wohnung darunter läuft, kann der Nachbar seine Schäden geltend machen.

Besser ist es aber für den Nachbarn, wenn er seine eigene Hausratversicherung nutzt.

Denn sie ersetzt den Wiederbeschaffungswert, die Haftpflichtversicherung des Verursachers hingegen nur den Zeitwert, der meist geringer ist. Das kann einige Hundert Euro ausmachen.

Elementar: Überschwemmung

Führt eine Überschwemmung durch Hochwasser oder Starkregen dazu, dass der Keller voller Wasser läuft, zahlen weder Gebäude- noch Hausratversicherung. Beide Verträge kann man aber um den Elementarschutz erweitern. Dann zahlt der Versicherer die Reparaturkosten am Haus und für Hausrat, der zum Beispiel im Keller lagerte.

Kein Geld bei grober Fahrlässigkeit

Gebäude-, Hausrat- und Elementarschadenversicherung dürfen ihre Zahlung kürzen oder sogar streichen, wenn Versicherte den Schaden grob fahrlässig mitverursacht haben. Das sehen viele Anbieter so, wenn man nicht heizt und Leitungen einfrieren oder trotz Frost einen Außenwasserhahn nicht entleert.

Problematisch sind vor allem ältere Wasch- und Spülmaschinen ohne Aquastopp. Viele Menschen machen sich nicht die Mühe, den Zulaufhahn bei jedem Waschgang auf- und wieder zuzudrehen. So steht der Schlauch ständig unter Druck. Wird er nach Jahren spröde, kann er undicht werden oder brechen. Daher gilt es als grob fahrlässig, den Hahn nicht nach jedem Waschgang zuzusperren. Anders ist das bei Geräten mit Aquastopp. Da muss niemand damit rechnen, dass das Absperrventil versagt.

Mieter: Schäden sofort melden

Mieter müssen einen Wasserschaden umgehend ihrem Vermieter melden, auch wenn sie ihn auf eigene Kosten beseitigen wollen. Ohnehin bezahlt eventuell die Gebäudeversicherung die Reparatur: Legt der Vermieter die Kosten für die Police auf die Miete um, muss die Versicherung zahlen und darf den Mieter nicht in Regress nehmen, wenn er nicht grob fahrlässig war. Werden die Kosten nicht umgelegt, haftet der Mieter. Dann zahlt seine Privathaftpflichtversicherung – wenn er eine hat.

Unser Rat

Schutz. Prüfen Sie, wie Sie versichert sind. Bei Schäden an fremdem Eigentum ist Ihre Privathaftpflichtversicherung zuständig. Ist Ihr Hausrat beschädigt, übernimmt Ihre Hausrat- oder Elementarversicherung. Bei Schäden am Gebäude wenden sich Eigentümer an ihren Wohngebäude- und Elementarschutzversicherer. Zahlen Mieter keine Umlage für die Gebäudeversicherung, tragen sie solche Schäden selber oder ihre Privathaftpflicht zahlt.

Absperrhahn. Prüfen Sie, ob das Hauptabsperrventil im Haus funktioniert, gekennzeichnet und im Notfall leicht zugänglich ist.

Melden. Melden Sie den Schaden dem Versicherer und dem Vermieter, als Wohnungseigentümer der Hausverwaltung. Im Vertrag steht „unverzüglich“, das heißt in der Praxis meist „sofort“.

Keine neue Badverfliesung

Besonders ärgerlich ist es, wenn das Leck an einer Stelle aufgetreten ist, wo die Wasserleitung unter Fliesen liegt. Dann müssen Fachleute die Fliesen abschlagen. Neue Fliesen gibt es aber oft nicht mehr im selben Farbton. Die Versicherer erstatten dann nur das Neuverfliesen der betroffenen Stelle – keine Neuverfliesung des ganzen Bades. Kleine farbliche Abweichungen müssen Eigentümer hinnehmen.

Berichte unserer Leserinnen und Leser zeigen, dass Gebäudeversicherer nach Wasserschäden oft kündigen. Dann ist es schwierig, einen neuen Anbieter zu finden. Es kann daher besser sein, kleine Schäden selber zu bezahlen. Alternativ bieten einige Versicherer an, den Vertrag zu einem höheren Preis oder mit höherem Selbstbehalt weiterzuführen. ■

Ruinöse Lücken

Viele Wohngebäudeversicherungen haben gefährliche Lücken. Hausbesitzer sollten ihre Police unbedingt checken. Wir sagen wie.

3/2021 Der Schutz der Wohngebäudeversicherung ist für Hausbesitzer unverzichtbar. Sie greift bei Feuer, Leitungswasserschäden, Sturm/Hagel und – wenn mitversichert – bei Naturgefahren wie Starkregen oder Überschwemmung.

Dennoch stehen viele, die eine Police haben, im Ernstfall mit fast leeren Händen da. Das gilt, wenn sie schuldhaft den Schaden mitverursacht haben und dabei grob fahrlässig waren. Das kann schnell passieren: Gemütlich Kerzen angezündet, auf dem Sofa eingeschlafen? Kurz zur Toilette gegangen und heißes Öl auf dem Küchenherd vergessen? Wenn dann das Haus brennt, wollen viele Versicherer ihre Entschädigung zumindest kürzen.

Checkliste nennt Lücken

Vor allem ältere Verträge sind lückenhaft. Wer vor Jahren das Haus gekauft und seitdem nie mehr in die Police geschaut hat, sollte sie jetzt aus dem Schrank holen. Unsere Checkliste zeigt, worauf dabei alle achten sollten.

Falls einige wichtige Leistungen im Vertrag fehlen, ist es sinnvoll, zunächst den Versicherer zu fragen, ob er sie mitversichern kann, vielleicht auch in einem leistungsstärkeren Tarif. Das bedeutet oft einen höheren Preis. Ein Ausweg ist der Wechsel zu einem günstigeren Anbieter. Wichtig: erst den neuen Vertrag sichern, dann den alten kündigen, um nicht am Ende ohne Schutz dazustehen.

Wir haben 178 Tarife von 70 Anbietern untersucht. 79 Tarife waren wegen Lücken beim Schutz auch bei grober Fahrlässigkeit nur mangelhaft, 68 Tarife sehr gut. Die Tabelle zeigt eine Auswahl der besten und günstigsten.

Premiumtarife vorn

Sehr gut sind vor allem Premiumtarife. Viele Gesellschaften bieten drei Varianten an: ein günstiges Basismodell, ein Angebot im mittleren Preissegment und einen Premiumtarif mit erweiterten Leistungen. Doch ein sehr guter Tarif muss nicht teuer sein. Das günstigste sehr gute Angebot kostete für einen Neubau in Dresden 191 Euro im Jahr. Der teuerste mangelhafte Tarif kostete 704 Euro.

Der Wohngebäudeschutz besteht aus vier Bausteinen:

Baustein 1: Brand, Blitz, Explosion

Am wichtigsten ist der Schutz bei Feuer – hier droht Totalschaden. Liegt auf der Immobilie ein Kredit, verlangen viele Banken diese Absicherung ohnehin. Sie greift auch für Folgeschäden, etwa wenn der Dachstuhl brennt und Löschwasser die Wohnräume flutet.

In Altverträgen fehlt oft die sogenannte Überspannung. Dann ist ein Blitzeinschlag in eine Überlandleitung, der teure Schäden an der Heizungselektronik verursachen kann, nicht versichert.

Baustein 2: Leitungswasser

Lecks in Wasserleitungen sind das Hauptproblem in der Gebäudeversicherung. Zwar zahlen die Versicherer. Anschließend folgt aber oft eine Preiserhöhung. Viele bekommen nach dem zweiten Schaden sogar die Kündigung.

Um Kosten zu senken, bauen einige Versicherer Kooperationsnetze mit Handwerkern auf, denen sie viele Kunden vermitteln, sodass sie günstigere Preise bekommen.

Andere setzen auf technische Hilfen, etwa einen „Wasserwächter". Das ist ein Gerät, das an der Hauptleitung hinter der Wasseruhr installiert wird. Sensoren messen den Wasserverbrauch. Die Elektronik speichert die Werte, die üblicherweise anfallen. Registriert sie eine außergewöhnlich hohe Entnahme, sperrt das Gerät die gesamte Wasserzufuhr.

Einige Gebäudeversicherer geben Rabatt auf den Beitrag, wenn so ein Gerät eingebaut ist.

Baustein 3: Sturm, Hagel
Ab Windstärke 8 greift die Sturmversicherung. Solche Unwetter nehmen zu. Laut einer Studie des Potsdam-Instituts für Klimafolgenforschung können schwere Stürme, wie sie alle 50 Jahre vorkamen, alle 10 Jahre wüten. Der Schutz greift bei abgedeckten Dächern, geknickten Antennen, eingedrückten Scheiben oder aufs Haus gestürzten Bäumen.

Baustein 4: Naturgefahren
Bei Starkregen, Überschwemmung, Lawinen, Erdbeben und anderen Naturgefahren greift die Gebäudeversicherung nicht. Dafür ist der Zusatz „Elementarschutz" notwendig. Wir empfehlen ihn. Daher haben wir nur Tarife untersucht, bei denen dieser Baustein mitversichert werden kann.

Starkregen kann jederzeit überall auftreten, ohne dass eine Vorhersage möglich ist. Die Regengüsse sind lokal eng begrenzt. Während ein Stadtteil in den Fluten ertrinkt, bleibt es in der Nähe beim Nieseln. Zwar passiert es im Norddeutschen etwas seltener, aber auch dort sind katastrophale Starkregen möglich.

Viele Tarife im Test bieten diesen Schutz nur, wenn im Keller eine Rückstauklappe eingebaut ist. Sie verhindert, dass Schmutzwasser hereinläuft, wenn die Kanalisation überlastet ist. Andere Tarife verlangen die Klappe nur, wenn dies im Bundesland Vorschrift ist.

Preise: Neubauwert entscheidend
Beim Preis für die Versicherung kommt es zunächst auf die Baukosten des Hauses an. Das ist nicht der Wert, den es bei einem Verkauf hätte. Denn der Versicherer zahlt bei Totalschaden den Betrag, den ein Wiederaufbau des Hauses kosten würde – wenn die Betroffenen ihr Haus tatsächlich wieder aufbauen.

Viele Versicherer kalkulieren den Wert auf Grundlage der Wohnfläche. Das klingt einfach, hat aber Tücken: Die Versicherer definieren unterschiedlich, was dazu gehört. Mal sind Terrassen, Balkone, Keller, Dachschrägen teilweise inklusive, mal nicht. Versicherte sollten ihren Anbieter fragen, was alles mitgezählt wird.

Neubauwert aus dem Jahr 1914
Viele – vor allem ältere – Tarife nehmen statt der Wohnfläche den Wert, den das Haus im Jahr 1914 gehabt hätte. Damals, vor dem Ersten Weltkrieg, waren die Baupreise stabil. Daraus wird mit jährlichen Preisindizes der heutige Neubauwert abgeleitet – ein umständliches Verfahren. Wegen jährlicher Anpassungen reicht das Geld auch bei stark gestiegenen Preisen stets für einen Neubau.

Unser Rat

Vertrag. Als Hausbesitzer brauchen Sie Wohngebäudeschutz, schließen Sie ihn unbedingt ab – mit Elementarschutz.

Sieger. Am besten im Test mit jeweils Sehr gut (0,6) waren die Tarife **Max** der **GEV Grundeigentümer** und **Premium** der **Rheinland.**

Preise. Der günstigste sehr gute Tarif für den Neubau ist in Dresden der **WGV Optimal** mit 191 Euro, in Düsseldorf der Komforttarif der **GVV Direkt** mit 300 Euro. Für das 20 Jahre alte Haus ist es in Dresden der **WGV Optimal** mit 336 Euro, in Düsseldorf der **HDI Premium** mit 487 Euro, für das 50 Jahre alte Haus in Dresden **Huk24 Classic** mit 412 Euro, in Düsseldorf **GVV Direkt Komfort** mit 536 Euro.

Check. Prüfen Sie Ihren Vertrag. Oft fehlt der Schutz bei grober Fahrlässigkeit und Naturgefahren. Fragen Sie Ihren Anbieter, ob er dies mitversichert, sonst wechseln Sie den Versicherer. Kündigen Sie den alten Vertrag erst danach.

Die Region spielt eine Rolle. Die Anbieter unterteilen das Bundesgebiet in Gefahrenzonen. Bei Leitungswasser sind es meist vier Stufen, teils straßen- oder gar hausnummerngenau, meist je nach Härtegrad der Wasserversorgung, da hartes Wasser die Leitungen stärker angreift. Teils geht es auch nach teurer oder einfacher Wohnlage. Bei Sturm und Hagel sind es oft zwei Zonen, bei Naturgefahren die Zürs-Zonen 1 bis 4. Auch das Alter eines Hauses fließt in den Preis für die Versicherung ein.

Einen guten Tarif finden

Die Suche nach einem guten Tarif ist schwierig. Wenige Anbieter stellen zur Orientierung einen Preisrechner ins Internet. Es bleibt der Ausweg, mehrere Versicherer zu fragen.

Schritt 1. Wählen Sie in der Tabelle sehr gute Tarife. Sie bieten die sechs Leistungen, die wir für unverzichtbar halten.

Schritt 2. Prüfen Sie, welche zusätzlichen Leistungen für Ihr Haus wichtig sind, zum Beispiel Anprall von Fahrzeugen oder Mitversicherung von Ableitungsrohren auf dem Grundstück.

Schritt 3. Holen Sie bei mindestens drei günstigen Versicherern Angebote ein. Es ist auch durchaus sinnvoll, noch mehr Anbieter anzuschreiben. Das gilt besonders in den schwierigen Zürs-Zonen 3 und 4. Gerade dort nehmen einige Versicherer teils happige Aufpreise.

Schritt 4. Schließen Sie nicht auf eigene Faust online ab, sondern besser mit dem Versicherer persönlich – eventuell sogar mit einem Vertreter, der den Antrag ausfüllt. ■

Die günstigsten Wohngebäudeversicherungen unter den besten

Alle diese sehr guten Tarife enthalten auch den von uns sehr empfohlenen Elementarschutz. Die Versicherer teilen das Bundesgebiet in unterschiedliche Tarifzonen ein. Das 20 Jahre alte Beispielhaus in Düsseldorf steht in einer eher teuren Gegend.

Anbieter	Tarif	Finanztest QUALITÄTSURTEIL	Jahresbeitrag (Euro) für das Modellhaus[1] in Düsseldorf
GEV Grundeigentümer	Max	SEHR GUT (0,6)	581[2]
Rheinland	Premium	SEHR GUT (0,6)	1 497
GVV Direkt	Premium	SEHR GUT (0,7)	514
Huk24	Classic Plus @	SEHR GUT (0,7)	702
Huk-Coburg Allg.	Classic Plus	SEHR GUT (0,7)	742
Interrisk	XXL	SEHR GUT (0,7)	770[2]
Inter	Premium	SEHR GUT (0,7)	791
Helvetia	Komfortschutz	SEHR GUT (0,7)	827[2]
VRK	Classic Plus	SEHR GUT (0,7)	849
Alte Leipziger	Comfort	SEHR GUT (0,7)	1 197

Bewertung: Sehr gut (0,5–1,5). Gut (1,6–2,5). Befriedigend (2,6–3,5). Ausreichend (3,6–4,5). Mangelhaft (4,6–5,5). Sortiert nach Qualitätsurteil und dann nach Preis für den Schutz gegen Sturm/Hagel, Feuer, Leitungswasser, Naturgefahren.
Pro Anbieter der beste sehr gute Tarif.

@ = Angebot nur über Internet.

1) Modell: Baujahr 2000, massive Außenwände und festes Dach, Wohnfläche 150 Quadratmeter, Erdgeschoss, ausgebautes Dachgeschoss, Keller dient nicht zu Wohnzwecken, Garage auf dem Grundstück, Vertragslaufzeit 1 Jahr. Der Versicherungsnehmer ist 45 Jahre alt und Eigentümer des Hauses. Für die Risiken Leitungswasser, Sturm/Hagel und Feuer ist kein Selbstbehalt vereinbart, für die Naturgefahrenversicherung der niedrigste Selbstbehalt.

2) Der Beitrag enthält einen Schadensfreiheitsrabatt.

Stand: 1. Dezember 2020

Checkliste

Enthält Ihr Vertrag alle Leistungen, die Sie brauchen?

- **Grobe Fahrlässigkeit.** Haben Versicherte grob fahrlässig den Schaden herbeigeführt, zum Beispiel einen Topf mit heißem Öl auf dem Herd vergessen, darf der Versicherer seine Leistung kürzen oder sogar komplett streichen. Wir empfehlen nur Verträge, die darauf verzichten. Achtung: Einige Tarife geben an, bei grober Fahrlässigkeit zu leisten, begrenzen die Leistung aber stark.

- **Abbruch- und Aufräumkosten.** Nach einem Brand bleiben häufig Restmauern, die abgebrochen werden müssen.

- **Transport.** Sind nach einem Schaden Sanierungen nötig, müssen oft Möbel ausgelagert werden – das sind Bewegungs- und Schutzkosten, teils auch Transport- und Lagerkosten.

- **Bauauflagen.** Muss ein altes Haus nach einem Schaden saniert werden, geht das oft nur nach heute aktuellen Vorschriften, zum Beispiel eine aufwendigere Dämmung, das ist teuer.

- **Dekontamination.** Laufen giftige Stoffe ins Erdreich, muss das Erdreich unter dem Haus ausgetauscht werden.

- **Überspannung.** Ein Blitz in eine Überlandleitung kann teure Schäden verursachen, etwa an der Elektronik der Heizung oder der Alarmanlage.

Bewertete Zusatzleistungen

Wir empfehlen diese Zusatzleistungen, die auch in unser Qualitätsurteil einfließen:

- **Hotelkosten.** Ist das Haus unbewohnbar, trägt der Versicherer die Kosten für eine vorübergehende Unterbringung, zum Beispiel im Hotel.

- **Sachverständigenkosten.** Bei Streit ist zur Klärung ein Sachverständigenverfahren nötig. Das kann Tausende Euro kosten. Dies sollte mit 20 000 Euro ohne Selbstbeteiligung versichert sein.

- **Rauch und Rußschäden.** Brandschäden sind versichert, Schäden durch Rauch und Ruß ohne offene Flamme nicht immer automatisch.

- **Anprall von Fahrzeugen.** Kracht ein Fahrzeug ins Haus, muss seine Kfz-Haftpflichtversicherung nur den Zeitwert ersetzen. Der Gebäudeschutz sollte die vollen Reparaturkosten decken.

- **Ableitungsrohre.** Ableitungsrohre außerhalb des Hauses sind nicht versichert. Lecks dort werden zunehmend ein Problem. Viele Versicherer bieten dies in ihrem Deckungsschutz gar nicht erst an. Achtung: Auch bei Mitversicherung gibt es oft nur Ersatz bei Frost-und Bruchschäden, nicht bei Problemen mit Wurzelwerk oder gebrochenen Muffen.

- **Schutz bei Versichererwechsel.** Passiert nach einem Versichererwechsel ein Schaden, gibt es manchmal Streit, welcher Versicherer zuständig ist. Mit dieser Klausel steht der neue Versicherer ab Vertragsunterschrift ein.

- **Vorsorgeversicherung.** Erhöht sich der Wert des Hauses, muss man das melden, zum Beispiel nach Badsanierungen. Mit dieser Klausel ist das auch ohne Meldung erst mal mitversichert.

Versichern gegen Hochwasser

Schwere Überschwemmungen und Hochwasser zeigen: Elementarschadenschutz ist essenziell. Finanztest beantwortet die wichtigsten Fragen.

9/2021 Bei der Berichterstattung über Hochwasserschäden ist oft die Rede von Elementarschadenschutz in Zusammenhang mit Versicherungen. Wir erklären den Begriff und sagen, worauf es beim Versicherungsschutz gegen Naturkatastrophen ankommt.

? Zahlt die Versicherung, wenn Hochwasser mein Haus zerstört?

Ihre Wohngebäudeversicherung zahlt nur, wenn der Zusatzbaustein Elementarschäden mit abgeschlossen wurde. Zu den Elementarschäden gehören etwa Überschwemmungen, die durch Hochwasser oder Starkregen entstehen, genau wie Erdbeben, Erdrutsche, Erdsenkungen, Lawinen oder Rückstauschäden durch Starkregen. Viele Gebäudeversicherungen decken lediglich Schäden durch Brand, Blitz, Hagel, Sturm oder Leitungswasser ab. Daher empfehlen wir Ihnen den Extraschutz gegen Elementarschäden.

Die meisten Häuser in Deutschland liegen in Gebieten mit niedrigem Risiko für Überschwemmungen. Dort ist Elementarschadenschutz nicht teuer. In unserer Untersuchung kostete der Baustein im Schnitt nur 100 Euro im Jahr. Bei einem Totalschaden zahlt die Versicherung dann meist neben Abriss und Wiederaufbau des Hauses auch die Einlagerung von Gegenständen und oft ein Hotel.

? Ich habe keinen Extraschutz. Soll ich die Versicherung wechseln?

Nein. Als Versicherte sollten Sie Ihre Wohngebäudeversicherung nie voreilig kündigen. Es kann schwierig sein, eine neue Versicherung zu finden. Wer keinen Elementarschadenschutz hat, erkundigt sich besser bei seinem Versicherer, ob der entsprechende Zusatzbaustein erhältlich ist. Oft greift der zusätzliche Schutz jedoch nicht sofort nach Abschluss, sondern erst nach mehrwöchiger Wartezeit.

Wenn Sie unzufrieden mit Ihrem Tarif sind, sollten Sie sich am besten frühzeitig nach einem neuen umschauen und zum Ende des Versicherungsjahres wechseln. Die neue Police sollten Sie dann aber bereits unterschrieben haben.

? Kann ich Schäden an meiner Einrichtung ersetzt bekommen?

Ihre Hausratversicherung springt ein, wenn Ihre Einrichtung durch Einbruch, Feuer, Leitungswasser, Vandalismus, Sturm oder Hagel beschädigt wird oder wenn etwas abhanden kommt. Elementarschäden sind dagegen üblicherweise nicht versichert.

Ähnlich wie in der Wohngebäudeversicherung können Sie für Ihren Hausrat aber einen Zusatzschutz gegen Naturgefahren abschließen. Wenn Sie das tun möchten, schauen Sie am besten zunächst, was das Extra bei Ihrer eigenen Versicherung kostet. Manchmal lohnt auch ein Wechsel. Denn meist ist es viel einfacher, eine neue Police für eine Hausratversicherung zu bekommen als für eine Gebäudeversicherung.

? Welche Versicherung zahlt, wenn die Flut mein Auto beschädigt?

Überschwemmungsschäden an abgestellten Autos sind in Ihrem Kaskotarif versichert. Hätten Sie Ihr Fahrzeug jedoch rechtzeitig in Sicherheit bringen können, kann Ihr Versicherer die Leistung verweigern.

Auch bei Wasserschäden am fahrenden Auto dürfen Versicherer die Leistung kürzen – zum Beispiel, wenn der Schaden grob fahrlässig herbeigeführt wurde. Das wäre etwa der Fall, wenn Sie mit Ihrem Auto in eine erkennbar überschwemmte Straße fahren.

Die Teilkaskoversicherung zahlt zudem nur für unmittelbare Schäden. Sie könnte die Leistung etwa verweigern, wenn Wasser ins Auto eindringt und es durch die Kolbenbewegung zu einem Motorschaden kommt. Für solche Schäden zahlt nur die Vollkaskoversicherung. Besitzen Sie lediglich eine Kfz-Haftpflichtversicherung, zahlt Ihr Versicherer bei Schäden durch Überschwemmungen nicht.

Übrigens. Sturmschäden übernimmt die Teilkasko erst ab Windstärke 8. Die Vollkasko zahlt dagegen auch bei schwächerem Wind.

? Was muss ich nach einem Schadensfall tun?

Wenn nach einem Hochwasser die erste Notfallhilfe geleistet ist, sollten Sie als Geschädigte so schnell wie möglich alle relevanten Versicherer informieren. Eine detaillierte Schadensliste müssen Sie zu diesem Zeitpunkt noch nicht abgeben. Es geht zunächst schlichtweg um die Schadensmeldung. Dazu sind Geschädigte versicherungsvertraglich verpflichtet. Wenn Sie einen Schaden zu spät melden, könnten Geschädigte sogar leer ausgehen.

Soweit zumutbar, müssen Unwetteropfer außerdem versuchen, eventuelle Folgeschäden zu vermeiden. Das könnte beispielsweise bedeuten, dass ein kaputtes Dachfenster mit einer Plane abgedeckt wird, damit nicht noch mehr Regen eindringen kann. Als Versicherte müssen Sie den Schaden so gering wie möglich halten. Unbeschädigte Einrichtung muss so schnell wie möglich in Sicherheit gebracht werden.

Wichtig ist es auch, alle Schäden durch Fotos zu dokumentieren. Für eine mögliche Begutachtung durch den Versicherer sollten kaputte Sachen am besten aufbewahrt werden.

? Gibt es finanzielle Unterstützung vom Staat?

Nach manchen Unwetterkatastrophen kündigt der Staat finanzielle Hilfe für die Opfer an. So war es beispielsweise auch nach den schweren Hochwassern in Bayern, Nordrhein-Westfalen und Rheinland-Pfalz im Juli 2021.

Unser Rat

Versichern. Als Hauseigentümer brauchen Sie eine Wohngebäudeversicherung mit Elementarschadenschutz. Nur wenn Sie diesen Zusatzbaustein abgeschlossen haben zahlt die Versicherung für Schäden durch Naturgefahren wie Hochwasser. Das Gleiche gilt für die Hausratversicherung.

Dokumentieren. Wenn Sie keine Wohngebäudeversicherung bekommen konnten, bewahren Sie die Absage auf. Dies könnte für staatliche Hilfen im Katastrophenfall wichtig sein.

Handeln. Informieren Sie nach einem Schaden schnellstmöglich Ihren Versicherer. Versuchen Sie, Folgeschäden zu vermeiden und unbeschädigte Gegenstände zu retten. Fotografieren Sie alle Schäden und bewahren Sie kaputte Sachen für die Versicherung auf.

Doch selbst wenn der Staat hilft, ist passen der Versicherungsschutz essenziell. Nach einem Beschluss der Ministerpräsidentenkonferenz dürfen die Länder die Höhe der Entschädigungsleistung kürzen, wenn Hausbesitzer keine entsprechende Versicherung abgeschlossen haben, obwohl sie einen Tarif zu wirtschaftlich zumutbaren Bedingungen hätten bekommen können.

Wir empfehlen daher allen Hausbesitzern, die keinen Versicherungsschutz abschließen konnten, gut zu belegen, dass dies nicht geklappt hat.

Tipp. Sie brauchen noch eine gute und günstige Versicherung für Ihr Haus oder Ihre Wohnungseinrichtung? Unsere aktuellen Testergebnisse finden Sie unter test.de/wohngebaeudeversicherung und test.de/hausratversicherung. ■

Neue Welt für Eigentümer

Wohnungseigentümer können nun Baumaßnahmen mit einfacher Mehrheit beschließen. Manches darf sogar eine Person allein verlangen.

1/2021 Die Besitzer der rund neun Millionen Eigentumswohnungen in Deutschland müssen umdenken. Seit Dezember 2020 gilt für sie ein neues Wohnungseigentumsgesetz (WEG), das die Rechtslage ordentlich umkrempelt. Die Reform birgt für sie Chancen, aber auch einige Risiken.

Umbauten leichter durchsetzbar

Jede Baumaßnahme am Gemeinschaftseigentum kann nun von einer einfachen Mehrheit beschlossen werden. Der Austausch alter Holzfenster gegen moderne Isolierglasfenster etwa oder eine Wärmedämmung der Hausfassade lassen sich nun gegen den Willen einer starken Minderheit durchsetzen.

Bislang konnten Eigentümer nur Reparaturarbeiten am Gemeinschaftseigentum mit einer einfachen Mehrheit beschließen. Für Umbauten, die eine Wohnanlage moderner machen sollten, war eine qualifizierte Mehrheit erforderlich, also drei Viertel aller stimmberechtigten Eigentümer und mehr als die Hälfte aller Miteigentumsanteile. Mitunter brauchte es sogar die Zustimmung aller.

Versammlung immer beschlussfähig

Geändert haben sich auch die Regeln zur Beschlussfähigkeit einer Eigentümerversammlung. Künftig ist jede Versammlung beschlussfähig – unabhängig von der Zahl der Anwesenden. Das heißt: Sind von zehn Eigentümern nur drei anwesend, reichen zwei Stimmen, um eine Baumaßnahme zu beschließen.

Für alle, die ihre Wohnung vermietet haben und weit weg vom Versammlungsort leben, ist die Teilnahme nun einfacher geworden. Die Eigentümer können per Mehrheitsbeschluss erlauben, dass Wohnungsbesitzer online an der Versammlung teilnehmen.

Schutz der Minderheit vor Großumbau

Die Teilnehmenden können in der Versammlung nicht alles durchdrücken. Eine Mehrheit darf etwa nichts beschließen, was die Wohnanlage „grundlegend umgestaltet“. Das Gesetz erläutert diesen schwammigen Begriff nicht näher. Es wird lange dauern, bis die Gerichte geklärt haben, was unter einer grundlegenden Umgestaltung zu verstehen ist.

Wichtig für Eigentümerinnen und Eigentümer, die in einem Bauvorhaben einen Großumbau ihrer Anlage sehen: Sie haben nach der Beschlussfassung in der Eigentümerversammlung nur einen Monat Zeit, um den Beschluss beim Amtsgericht am Ort der Wohnanlage anzufechten.

Förderung bestimmter Maßnahmen

Einige Baumaßnahmen hat der Gesetzgeber extra gefördert. Folgende Bauten kann sogar ein einzelner Eigentümer verlangen:

- Ladestation für Elektroauto („Wallbox“),
- Umbaumaßnahme zur Barrierefreiheit für Menschen mit Behinderung (etwa Rampe zur Haustür für Rollstuhlfahrer),
- Maßnahmen zum Einbruchschutz,
- Infrastrukturmaßnahmen für schnelleres Internet.

Der Anspruch auf diese Baumaßnahmen ist so gestaltet, dass die einzelne Person, etwa die E-Auto-Besitzerin, verlangen kann, dass ihr die Mehrheit per Beschluss den Bau gestattet. Über das Wie des Baus entscheidet weiterhin die Versammlung.

Kosten: Wer mit Ja stimmt, zahlt

Bei der Frage, wer Baumaßnahmen künftig bezahlt, hat sich der Gesetzgeber für eine einfache Lösung entschieden: Es zahlen diejenigen, die in der Eigentümerversammlung für die Bauarbeiten gestimmt haben. Die Ja-Sager tragen nicht nur die Kosten des Einbaus, sondern auch die Betriebs- und Reparaturkosten.

Genauso einfach ist die Nutzungsfrage gelöst. Nur wer bei einem Beschluss – etwa über die Einrichtung eines Aufzugs – mit Ja gestimmt hat, darf diesen später auch nutzen.

Wann doch alle zahlen müssen

In zwei Konstellationen müssen aber doch alle Personen – auch die, die mit Nein abgestimmt haben – die Kosten einer baulichen Veränderung tragen und zwar unabhängig von der individuellen Nutzung:

- Wenn eine große Mehrheit den Bau beschlossen hat (mehr als zwei Drittel der abgegebenen Stimmen und mehr als die Hälfte der Miteigentumsanteile) und diese bauliche Veränderung nicht mit „unverhältnismäßigen Kosten" verbunden ist. Letzteres soll einzelne vor finanzieller Überforderung schützen, wenn zum Beispiel die große Mehrheit den Außenanbau von Balkonen beschließt.
- Wenn die Kosten des Baus sich in einem „angemessenen Zeitraum" amortisieren. Beispiel:- Ein neuer Heizkessel führt bei allen dazu, dass sie Heizkosten einsparen. Was als angemessener Zeitraum zu verstehen ist, ist gesetzlich nicht festgelegt.

Die schwammigen Rechtsbegriffe sind so unklar, dass Klagen absehbar sind.

Mehr Macht für Verwaltung

Geändert haben sich auch die gesetzlichen Befugnisse des Verwalters. Während er bisher vieles erst dann erledigen durfte, wenn er zuvor von den Eigentümern per Beschluss dazu ermächtigt wurde, gilt jetzt das Gegenteil: Im Alltagsgeschäft dürfen Verwalterinnen und Verwalter jetzt grundsätzlich ohne vorherigen Beschluss handeln, solange ihre Maßnahme eine „untergeordnete Bedeutung" hat und nicht zu „erheblichen Verpflichtungen" führt.

Laut Gesetzesbegründung sollen darunter kleinere Reparaturaufträge sowie der Abschluss von „Versorgungs- und Dienstleistungsverträgen" fallen.

Unser Rat

Eigentümerversammlung. Gehen Sie als Eigentümerin oder Eigentümer in die Versammlung. Sind Sie gegen eine Baumaßnahme, achten Sie darauf, dass Ihre Nein-Stimme bei der Abstimmung auch so protokolliert wird. Wer mit Ja gestimmt hat, zahlt den Bau auch. Waren Sie gegen eine Baumaßnahme, die Ihrer Meinung nach die Wohnanlage „grundlegend" verändert, müssen Sie den Beschluss innerhalb eines Monats beim Amtsgericht anfechten.

Verwalter beschränken. Die Verwaltung darf vieles nun ohne vorherigen Eigentümerbeschluss erledigen. Die Eigentümer können diese Befugnisse per Beschluss einschränken. Rat dazu bekommen Sie bei Verbänden wie Wohnen im Eigentum, Verband Wohneigentum oder Haus & Grund.

Unfähige Verwalter schnell loswerden

Eine unfähige Verwaltung umgehend loszuwerden, war bislang zum Teil schwer, weil die Verwalterverträge bis zu fünf Jahren laufen.

Die WEG-Reform verbessert nun die Lage von Eigentümerinnen und Eigentümern. Haben sie den Rausschmiss der mit der Verwaltung betreuten Person beschlossen, endet der Vertrag mit ihr nach spätestens sechs Monaten automatisch – auch wenn der Vertrag eigentlich noch eine längere Laufzeit vorsieht. Bisher brauchten die Eigentümer einen „wichtigen Grund", um Verwalter abberufen zu können. Jetzt ist die Abwahl jederzeit möglich.

Wermutstropfen: Wenn Eigentümer den abberufenen Verwalter sofort von seinen Aufgaben entbinden und eine neue Hausverwaltung beauftragen, müssen sie den alten Verwalter bis zum Ende der sechs Monate weiterbezahlen. ■

Verrückte Maßstäbe

Vermieten kann sich lohnen. Wer nicht aufpasst, zahlt aber drauf. Denn die Kaufpreise sind im Verhältnis zu den Mieten oft hoch.

2/2021 Angesichts niedriger Zinsen liegt es nahe, das Ersparte lieber in eine Immobilie zu stecken und jeden Monat Miete dafür zu kassieren. Die Kaufpreise für Eigentumswohnungen sind allerdings in den vergangenen Jahren generell gestiegen. Die Mieten hielten gerade in Topstädten bei Weitem nicht Schritt.

Mit dem Vermieten lässt sich trotzdem Geld verdienen. Waren vor zehn Jahren aber langfristig Renditen um 5 Prozent nach Steuern möglich, können Käufer froh sein, wenn sie heute 3 Prozent schaffen. Wer nicht aufpasst, bindet sich sogar einen Klotz ans Bein: Wir haben Ende 2020 acht Wohnungsangebote analysiert. Einige rechneten sich allenfalls mit Glück in ferner Zukunft (siehe S. 128).

Wert der Wohnung kann sinken

Vermieter binden viel Kapital auf lange Zeit, haben hohe Nebenkosten – und einigen Aufwand. Immobilien schützen das Vermögen auch nicht vor Verlusten. Wenn die Zinsen steigen, Kredite nicht mehr so günstig sind und andere Anlageformen wieder attraktiver werden, können die Nachfrage nach Häusern und Wohnungen und die Preise sinken.

Außerdem brauchen Vermieter einen finanziellen Puffer. Denn die Kreditraten sind jeden Monat zu zahlen. Aber die Wohnung kann leer stehen, oder Mieter zahlen keine oder nur eine geminderte Miete. Dafür kostet das Beseitigen von Schäden unter Umständen mehr als gedacht. Oder das Finanzamt erkennt angesetzte Beträge nicht an.

Schnell mal verkaufen geht oft nur mit empfindlichen Abschlägen. Selbst dann dauert es Wochen und Monate, bis das Geld auf dem Konto ist. Am einfachsten ist das in begehrten Vierteln attraktiver Städte. Entsprechend hoch sind dort die Preise. Aber heute beliebte Gegenden müssen nicht begehrt bleiben.

Es ist riskant, gezielt nach derzeit nicht beliebten Städten und Gegenden Ausschau zu halten und darauf zu hoffen, dass die Trendsetter sie irgendwann entdecken. In manchen Regionen bleiben die Preise gleich oder sinken sogar. Stehen Immobilien lange leer, ist es oft aufwendig, sie wieder bewohnbar zu machen.

Energieeffiziente Neubauten und modernisierte Altbauten dürften gefragt bleiben. Ob die Wohnungspreise in großen Mietshäusern und Hochhäusern aus den 60er- und 70er-Jahren so hoch bleiben wie jetzt, ist ungewiss.

Die Mietrendite berechnen

Grundsätzlich rentiert sich der Kauf nur, wenn der Kaufpreis in einem vernünftigen Verhältnis zur erzielten oder erzielbaren Miete steht. Die anfängliche Mietrendite gibt an, wie viel Prozent der Investitionskosten über die Jahresmiete wieder zurückfließen.

Die Nebenkosten der Anschaffung können gut 15 Prozent des Kaufpreises betragen und sollten dabei berücksichtigt werden.

Nettomietrenditen samt Nebenkosten von 3 und mehr Prozent sind im grünen Bereich. Bei weniger als 2 Prozent müssen die Käufer auf hohe Wert- und Mietsteigerungen hoffen. Das ist selbst in den Topstädten unsicher.

Die Nettomietrendite hilft auch bei der Wahl zwischen vergleichbaren Wohnungen mit ähnlicher Lage, Größe und Ausstattung.

Investitionsplan über mehrere Jahre

Ob eine Wohnung sich langfristig rechnet und finanzierbar ist, enthüllt ein Investitionsplan, in den alle voraussichtlichen Ausgaben und Einnahmen Jahr für Jahr über mindestens 15 bis 20 Jahre eingetragen werden.

Daraus ergibt sich, ob und in welchem Jahr das Vermieten voraussichtlich Überschüsse abwirft und wann es ein Zuschussgeschäft ist. Es ist nötig, Annahmen zu treffen, wie sich Mieten, Kosten, Immobilienpreise und Kreditzinsen künftig entwickeln.

Einfach ist es, unter test.de/vermietete-eigentumswohnung mit unserem Renditerechner den Investitionsplan unter verschiedenen Szenarien aufzustellen.

Mieten nicht unbegrenzt erhöhbar

Dass die Zinsen noch so niedrig wie heute sind, wenn die Zinsbindung für das Immobiliendarlehen ausläuft, ist keineswegs sicher. Daher ist es ratsam, mit mindestens 4 Prozent Zinsen für den Anschlusskredit zu rechnen und sich die heute niedrigen Zinsen möglichst lange zu sichern, am besten für 20 Jahre.

Mehr als 1 bis 2 Prozent Mietsteigerung pro Jahr, angelehnt an die Inflationsrate, sollte die Prognose nicht vorsehen. In begehrten Städten dürfen Vermieter oft gar nicht mehr so viel verlangen, wie sie wollen.

Die Bundesländer haben per Verordnung festgelegt, in welchen Städten zumindest bis 2025 eine Mietpreisbremse gilt. Wird dort eine Wohnung wieder vermietet, darf die Miete höchstens 10 Prozent über der ortsüblichen Vergleichsmiete liegen. Wichtigste Ausnahmen sind Neubauten und Wohnungen nach umfassender Modernisierung.

Bei bestehenden Mietverhältnissen darf die Miete innerhalb von drei Jahren höchstens um 20 Prozent steigen. Die Bundesländer können zudem eine solche Kappungsgrenze in Gebieten mit Wohnungsmangel für fünf Jahre auf 15 Prozent senken. Viele haben dies getan.

Das Bundesland Berlin deckelte Mieten sogar und durchkreuzte die Kalkulationen vieler Vermieter. Sie mussten zum 23. November 2020 die Mieten drastisch senken. Das Bundesverfassungsgericht kippte den Mietendeckel allerdings im April 2021 wieder.

Verkaufswert vorsichtig ansetzen

Ein Indikator, ob das Verhältnis von Mieten und Kaufpreisen angemessen ist, ist das Kaufpreis-Miete-Verhältnis. Dafür wird der Kaufpreis durch die Jahresnettokaltmiete, also die Miete ohne Betriebskosten über zwölf Monate, geteilt.

Früher galt die Regel, dass das Ergebnis nicht höher als 15 sein sollte, in Ballungszentren wie München nicht höher als 20. Mittlerweile haben sich die Maßstäbe verrückt. Käufer blättern häufig das 25- oder 30-Fache der Jahresmiete hin – und mehr.

Ob sich das ungewöhnlich hohe Niveau langfristig hält, ist ungewiss. Es ist besser, im Investitionsplan beim Wiederverkaufswert nicht mehr als das 25-Fache der prognostizierten Jahresmiete anzusetzen. ■

Unser Rat

Voraussetzung. Sie haben Kapital, das Sie mindestens zehn Jahre nicht benötigen und das mindestens 20 Prozent des Kaufpreises samt Nebenkosten abdeckt. Die Arbeit als Vermieter und Mitglied einer Eigentümergemeinschaft schreckt Sie nicht. Lassen Sie sich beim Kauf nicht unter Zeitdruck setzen.

Rechner. Ob der Kauf lohnt, beantwortet unser Renditerechner im Internet (test.de/vermietete-eigentumswohnung). Ihre Nettomietrendite sollte inklusive einmaliger Kaufnebenkosten und laufender Verwaltungs- und Instandhaltungskosten mindestens 2,5 Prozent betragen. Rechnen Sie Szenarien durch.

Preisübersicht. Eine gute Orientierung bietet unsere jährlich aktualisierte Preisübersicht (test.de/immobilienpreise).

Steuern. Die Immobilie als Kapitalanlage muss sich vor Steuern rechnen. Für Steuervorteile, etwa für das Sanieren denkmalgeschützter Immobilien, tragen Sie hohe Kosten und Risiken.

Kein Gold aus Beton

Hohe Preise, bescheidene Mieten – unser Praxistest zeigt, dass rentable Wohnungen derzeit nicht leicht zu finden sind.

2/2021 Eine vermietete Wohnung als Kapitalanlage kaufen? In der Theorie klingt das gut. Anleger müssen sich nicht erst um die Suche eines Mieters kümmern. Die Miete steht fest, die Einnahmen lassen sich gut kalkulieren. Selbstnutzer scheiden als Mitbieter weitgehend aus. Deshalb sollten vermietete Wohnungen günstiger sein als freie.

Doch wie sieht die Praxis aus? Wir schickten eine Testerin auf die Suche nach vermieteten Wohnungen, die im Internet als Renditeobjekte für Kapitalanleger angepriesen wurden.

Berlin: Mietendeckel als Renditekiller

Die erste Station führt uns ins noble Dahlem im Südwesten Berlins. Die 120 Quadratmeter große Wohnung, die uns angeboten wurde, soll 704 000 Euro kosten. Rund 5 850 Euro pro Quadratmeter sind happig, aber in Dahlem nicht ungewöhnlich. Und die Lage ist großartig: Viel Grün rundherum, die U-Bahn-Station und ein neues Einkaufszentrum sind zu Fuß nur wenige Minuten entfernt.

Das Problem ist die Miete. Im November musste sie wegen des Berliner Mietendeckels von 1 010 auf 878 Euro gesenkt werden. Der Kaufpreis beträgt nun 67 Jahresmieten.

Rechnen kann sich so ein Objekt nur, wenn es dem Eigentümer gelingt, die Miete stark zu erhöhen und die Wohnung später für deutlich mehr als 40 Jahresmieten zu verkaufen. Verlassen sollte man sich darauf besser nicht. Die

Unter vorsichtigen Annahmen drohen Anlegern Verluste

Angebot: Kauf einer gut 120 Quadratmeter großen Wohnung in Berlin-Dahlem für 704 000 Euro, dem 67-Fachen der aktuellen Jahresmiete. Die Grafik zeigt die Renditen für die Wohnung je nach Eigenkapital, Mietentwicklung und Verkaufserlös. **Lesebeispiel:** Bei 100 Prozent Eigenkapital, durchschnittlich 1 Prozent Mieterhöhung im Jahr und einem Verkauf zum 30-Fachen der Jahresmiete beträgt die Rendite –0,4 Prozent.

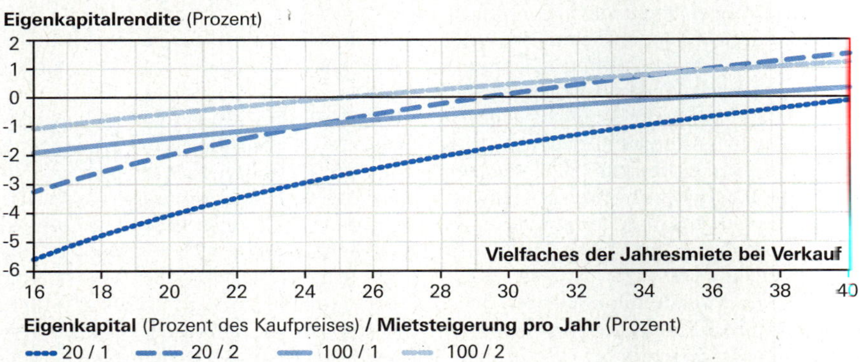

1) Eigenkapitalrendite nach Steuern bei 30 Jahren Anlagedauer.

Grafik links unten zeigt: Bei einer durchschnittlichen Mietsteigerung von 1 bis 2 Prozent im Jahr und einem Verkauf bis zum 30-Fachen der Jahresmiete muss die Käuferin mit Verlusten rechnen.

Hamburg: Doch kein Schnäppchen

Vielversprechender klingt das Angebot für eine Wohnung in Hamburg Iserbrook. Nur 232 700 Euro soll die knapp 78 Quadratmeter große Wohnung kosten, rund 3 000 Euro pro Quadratmeter.

Das größte Manko ist erneut die Miete. 550 Euro Kaltmiete gehen monatlich an den Vermieter. Nach Kosten bleiben wohl nicht viel mehr als 420 Euro übrig. Der Kaufpreis beträgt mehr als 35 Jahresmieten. Die anfängliche Nettomietrendite liegt unter 2 Prozent. Damit die Mieteinnahmen wenigstens die laufenden Kosten decken, müssten Käufer rund die Hälfte des Kaufpreises und alle Nebenkosten mit Eigenkapital zahlen.

Kaufpreis-Miete-Verhältnis ungünstig

In anderen Städten macht unsere Testerin ähnliche Erfahrungen. Lage und Zustand der Immobilien sind meist in Ordnung. Aber das Kaufpreis-Miete-Verhältnis stimmt nicht. In Frankfurt am Main soll unsere Testerin das 39-Fache der Jahresmiete zahlen. In Dresden sind es 34 und in Leipzig 32 Jahresmieten. In Oberschleißheim nördlich von München will der Verkäufer sogar 44 Jahresmieten haben.

Am besten gefiel uns noch eine Wohnung am Phoenix-See in Dortmund. Hier haben Anleger wenigstens die Chance auf eine langfristige Nachsteuerrendite von 2 bis 4 Prozent (siehe Grafik rechts unten).

Nicht um jeden Preis

Unsere kleine Stichprobe ist nicht repräsentativ. Sie zeigt aber: Anleger müssen damit rechnen, dass ihnen nach dem jüngsten Preisboom Immobilien angeboten werden, die viel kosten, aber wenig Miete bringen. ■

Passable Rendite ist realistisch

Angebot: Kauf einer 104 Quadratmeter großen Wohnung in Dortmund am Phönix-See für 416 100 Euro, dem 30-Fachen der aktuellen Jahresmiete. Die Grafik zeigt die Rendite für die Wohnung je nach Eigenkapital, Mietentwicklung und Verkaufserlös. **Lesebeispiel:** Bei 20 Prozent Eigenkapital, durchschnittlich 1 Prozent Mieterhöhung im Jahr und einem Verkauf zum 22-Fachen der Jahresmiete beträgt die Rendite etwa 3,5 Prozent.

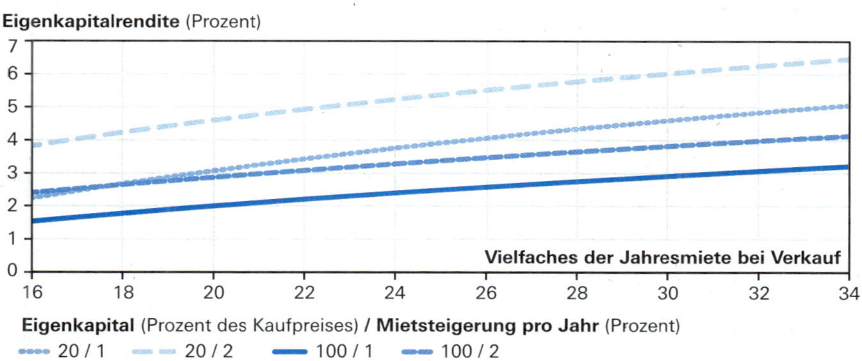

1) Eigenkapitalrendite nach Steuern bei 30 Jahren Anlagedauer.

Kredite nach Maß

Unser Vergleich zeigt, welche Bank für welchen Finanzierungsfall die besten Angebote hat und wie groß die Zinsunterschiede sind.

4/2021 In kaum einem Bereich lohnt es sich mehr, Angebote zu vergleichen als bei der Baufinanzierung. Finanztest erhebt deshalb einmal im Monat die Konditionen für Hypothekenzinsen (siehe test.de/hypothekenzinsen). Dem Vergleich liegt ein Modellfall zugrunde, der eine möglichst durchschnittliche Finanzierung widerspiegelt.

Aber viele Eigenheimfinanzierungen entsprechen nicht dem Durchschnitt. Bei den meisten ist die Kreditsumme niedriger oder höher, die Zinsbindung länger oder kürzer oder der Tilgungssatz höher oder niedriger. All das sind Faktoren, die die Höhe des Zinses beeinflussen.

Einmal im Jahr vergleicht Finanztest daher auch die Konditionen für Fälle, die vom Durchschnitt deutlich abweichen. In diesem Jahr sind es:

- Fall Volltilger: Die Kreditnehmer nehmen ein Darlehen über 240 000 Euro auf, das sie mit einer hohen Rate innerhalb von 20 Jahren tilgen.
- Fall Flexibler Kredit: Hauskäufer brauchen einen Kredit über 450 000 Euro. Sie legen Wert darauf, während der Rückzahlung bei Bedarf die Rate erhöhen oder herabsetzen zu können.
- Fall 100-Prozent-Finanzierung: Das Eigenkapital der Käufer reicht nur, um die Nebenkosten des Kaufs zahlen zu können. Den Kaufpreis in Höhe von 300 000 Euro müssen sie voll auf Kredit finanzieren.
- Fall Modernisierung: Ein älteres Haus, auf dem keine Grundschuld lastet, soll für 70 000 Euro modernisiert werden. Die Eigentümer wollen den Kredit in zehn Jahren vollständig abzahlen.

Hohe Zinsunterschiede

Für die vier Fälle hat Finanztest im Januar 2021 bei insgesamt 89 Banken, Kreditvermittlern, Bausparkassen und Versicherungen Angebote eingeholt. Die Befragung zeigt, wie groß der Zinsunterschied zwischen den verschiedenen Finanzierungsfällen ist.

Am teuersten ist die 100-Prozent-Finanzierung. Hier kostet ein Darlehen im Schnitt 1,69 Prozent Zins. Am wenigsten kostet das Darlehen im Fall Modernisierung. Dort liegt der Durchschnitt aller Angebote bei 0,88 Prozent Zinsen.

Der Vergleich zeigt aber auch, wie groß die Zinsunterschiede für ein- und denselben Modellfall sind. Der günstigste Anbieter für die 100-Prozent-Finanzierung ist die regionale Volksbank Münsterland Nord mit 1,08 Prozent, der teuerste Anbieter mit 2,48 Prozent die PSD Nord. Wir haben ausgerechnet: Zahlen die Kunden der PSD Nord die gleiche Monatsrate wie die Kunden der Volksbank Münsterland Nord, müssen sie für den Kredit in Höhe von 300 000 Euro innerhalb von 20 Jahren knapp 66 500 Euro Zinsen mehr bezahlen.

Ähnliche Zinsunterschiede fanden wir auch in allen anderen Fällen. Am weitesten klafft die Spanne beim Fall Modernisierung auseinander. Das günstigste Angebot kommt mit 0,45 Prozent von Creditweb, das teuerste mit 1,73 Prozent von der Deutschen Bank. Das 70 000-Euro-Darlehen kostet damit beim teuersten Anbieter knapp 4 600 Euro mehr als beim günstigsten.

Je höher die Kreditsumme, umso mehr wirken sich die Zinsunterschiede aus. Das zeigt der Fall Flexibler Kredit. Mit 0,70 Prozent bietet hier die Sparda Nürnberg den Bestzins, die Sparkasse Leipzig ist mit 1,92 Prozent der teuerste Anbieter. Zahlen die Kunden die gleiche Monatsrate, kostet der Kredit bei der Sparkasse damit 67 570 Euro mehr als bei der Sparda, und das bereits nach 15 Jahren.

Die eine günstige Bank gibt es nicht

Die Modellfälle zeigen: Die eine günstige Bank gibt es nicht. Welcher Anbieter wann die besten Konditionen bietet, hängt von zahlreichen Faktoren ab. Dazu gehören etwa Darlehenshöhe, eingesetztes Eigenkapital und die Immobilie selbst. Außerdem können sich die Konditionen kurzfristig ändern. Der Anbieter, der an einem Tag Spitzenreiter ist, kann schon am nächsten Tag im Mittelfeld liegen.

Eine gute Anlaufstelle für Kreditsuchende sind deshalb sogenannte Kreditvermittler. Sie arbeiten mit vielen Banken zusammen und können für fast jeden Kreditwunsch das beste Angebot herausfiltern. Häufig kommen die Topkredite von denselben Banken. Im Modellfall Flexibler Kredit sind es beispielsweise Kredite von ING oder 1822direkt. Hier gehen 29 von insgesamt 68 Angeboten auf diese beiden Banken zurück.

Aber es sind keineswegs nur die klassischen Kreditvermittler, die Darlehen von anderen Banken anbieten. Auch eine ganze Reihe von Banken sind in das Vermittlungsgeschäft eingestiegen und vergeben statt eigener Kredite Darlehen der Konkurrenz. So verbergen sich im Modellfall Flexibler Kredit auch hinter den Topkonditionen vieler Banken Angebote von 1822direkt und ING.

Nicht nur beim Vermittler fragen

Bei der Suche nach dem besten Angebot sollten sich Hauskäufer nicht nur auf einen Kreditvermittler oder eine Kredit vermittelnde Bank verlassen. Denn kein Anbieter arbeitet mit allen Banken zusammen.

Vor allem regionale Banken sind bei ihnen oft nicht gelistet. Gerade sie besetzen in unseren Vergleichen oft Spitzenplätze. Bei den Modellfällen Volltilger und Flexibler Kredit ist es die Sparda Nürnberg, bei der 100-Prozent-Finanzierung die Volksbank Münsterland Nord. Regionale Banken kennen den Markt am besten und haben sich nicht selten sogar auf das Gebiet Baufinanzierung spezialisiert. Allerdings: Auch die teuersten Angebote kamen in drei Fällen von einem regionalen Anbieter.

Unser Rat

Passgenau. Achten Sie bei der Suche nach dem besten Kredit für Ihre Eigenheimfinanzierung nicht nur auf den günstigsten Zins, sondern auch auf passende Rahmenbedingungen. Was ist Ihnen wichtig: Legen Sie Wert auf lange Zinssicherheit, brauchen Sie flexible Rückzahlungsbedingungen, wie viel Eigenkapital bringen Sie ein?

Kreditvergleich. Holen Sie verschiedene Angebote ein. Achten Sie darauf, dass die Kreditsumme, die Zinsbindung und die Monatsrate bei allen Anbietern identisch sind. Maßstab für den Vergleich ist der Effektivzins.

Egal, ob regionaler oder überregionaler Anbieter, ob Kreditvermittler oder Bank – eine Regel gilt für den Vergleich verschiedener Kredite immer. Aussagekräftig ist er nur, wenn die Anbieter von den gleichen Vorgaben ausgehen, also Kreditsumme, Zinsbindung und Monatsrate identisch sind. Nur wenn diese Daten übereinstimmen, ist der Anbieter mit dem niedrigsten Effektivzins auch wirklich der günstigste.

Rahmenbedingungen vergleichen

Der günstigste Zins sollte allerdings nicht der einzige Maßstab für die Suche nach dem besten Kredit sein. Vor allem wenn Kreditnehmerinnen und Kreditnehmer eine lange Laufzeit wählen, sollten sie auch auf die Rahmenbedingungen achten. So ist die Möglichkeit, die Höhe der Rate zu wechseln oder Sondertilgungen zu leisten, bei manchen Banken kostenlos – andere Anbieter verlangen dafür einen Aufschlag. Bei der Verhandlung mit der Bank sollten Kreditsuchende auf jeden Fall nachfragen, welche Optionen Standard sind und welche extra kosten.

Schritt für Schritt zum Kredit

1 Kreditsumme festlegen. Am Anfang einer Baufinanzierung sollte immer die Frage stehen: Wie viel Haus kann ich mir leisten? Am besten ist, zunächst festzulegen, wann der Kredit getilgt sein soll. Die Dauer bestimmt die Höhe des Tilgungssatzes. Je niedriger der Zinssatz, desto höher muss der anfängliche Tilgungssatz sein, um in einer überschaubaren Zeit die Schulden tilgen zu können. Bei einem Zinssatz von 1 Prozent dauert es bei 1-Prozent-Tilgung fast 70 Jahre, bis der Kredit getilgt ist. Selbst bei 3-Prozent-Tilgung sind es noch fast 30 Jahre, bis das Haus abbezahlt ist. Der zweite Faktor, der die maximale Kreditsumme bestimmt, ist die Höhe der monatlichen Kreditrate. Grundlage dafür sollte keinesfalls einfach die bisherige Miete sein. Nebenkosten werden weiter fällig und Ausgaben für Instandhaltung kommen dazu.

2 Kaufpreis ausloten. Im nächsten Schritt heißt es, den maximalen Kaufpreis zu ermitteln. Dieser ergibt sich aus der Summe der errechneten möglichen Kreditsumme zuzüglich des verfügbaren Eigenkapitals und abzüglich aller Kaufnebenkosten. Die Ausgaben für Grunderwerbsteuer, Notar und Makler dürfen Hauskäufer nicht unterschätzen. Je nach Region können sie 12 Prozent und mehr betragen.
Tipp. Nutzen Sie unseren kostenlosen Rechner „So teuer darf Ihr Haus werden" (test.de/rechner-baufinanzierung).

3 Eckdaten festlegen. Nun geht es darum, die eigenen Wünsche an die Finanzierung zu definieren. Immobilienkäufer zum Beispiel, die auf Nummer sicher gehen wollen, wählen eine lange Zinsbindung und Kreditnehmer, die während der Rückzahlung möglichst flexibel bleiben wollen, achten auf die Möglichkeit, die Ratenhöhe zu wechseln und Sondertilgungen zu leisten. Für jeden Finanzierungsbedarf bieten die Banken eigene Konditionen.

4 Angebote einholen. Wenn Kreditsumme, Ratenhöhe, Zinsbindung und Rückzahlungsmodalitäten feststehen, können Baufinanzierer damit beginnen, konkrete Angebote einzuholen. Sinnvoll ist es, mindestens bei drei unterschiedlichen Anbietern anzufragen. Darunter sollte mindestens ein Kreditvermittler sein. Vermittler können auf die Konditionen von verschiedenen Anbietern zurückgreifen und so fast für jeden Kreditwunsch ein günstiges Angebot herausfiltern. Regionale Anbieter sind bei ihnen allerdings oft nicht gelistet. Da sie im Zinsvergleich häufig die Nase vorn haben, sollten Kreditsuchende auch hier nach einem Angebot fragen.

5 Angebote vergleichen. Maßstab für den Vergleich der Kreditangebote ist der Effektivzins – vorausgesetzt, die Zinsbindungsfrist ist identisch. Sind Auszahlungsbetrag und Monatsrate identisch, ist auch die Höhe der Restschuld aussagekräftig. Kreditnehmer sollten wissen, wie hoch die Restschuld am Ende der Zinsbindung ist. In dieser Höhe brauchen sie später einen Anschlusskredit. Und dessen Zinssatz hängt von der Entwicklung am Kapitalmarkt ab.
Tipp. Eine ausführliche Schritt-für-Schritt-Anleitung sowie aktuelle Hypothekenzinsvergleiche finden Sie unter test.de/immobilienkredit (mit Flatrate kostenlos).

Klimagerät für heiße Tage

Das neue Wohnungseigentumsrecht hat es einfacher gemacht, den Einbau einer Klimaanlage in der Eigentümerversammlung durchzusetzen.

9/2021 Für Wohnungseigentümer ist der Einbau eines Klimageräts etwa auf dem Balkon oder Dach kein Selbstläufer. Die Klimaanlagen sind oft kein Hingucker und machen außerdem oft Lärm. Mit dem neuen Recht für Wohnungseigentümer seit Ende 2020 ist es jedoch einfacher geworden, die Installation in der Wohnanlage durchzusetzen.

Mehrheit beschließt über Einbau

Jede Baumaßnahme, die das Gemeinschaftseigentum verändert, wie das Bohren von Löchern in die Fassade, kann nun mit einfacher Mehrheit in einer Eigentümerversammlung beschlossen werden.

Nach alter Rechtslage hatte jeder Eigentümer, der ein an der Hausfassade angebrachtes Gerät sehen konnte, ein Vetorecht und konnte die von einer Mehrheit getragene Gestattung der Klimaanlage angreifen. Nun liegt die Latte für eine Anfechtung höher.

Problematisch: Der Lärm

Der Lärm, der vom Ventilator des Außengeräts ausgeht, kann Anlass für eine Anfechtungsklage sein. Ab wann Gerichte von einer unbilligen Benachteiligung ausgehen, bleibt abzuwarten. Maßgeblich ist – vereinfacht gesagt – der Lärm, der beim nächsten Nachbarn nachts vor seinem Schlafzimmerfenster hörbar ist.

Der vom Klimaaußengerät am stärksten betroffene Nachbar könnte das Bauvorhaben also anfechten, wenn die Anlage so laut ist, dass rechtlich von einer „unbilligen Benachteiligung" gesprochen werden kann. Für die Anfechtung hat er aber nur einen Monat nach der Gestattung durch die Gemeinschaft Zeit.

Anspruch auf Gestattung

Eigentümer, die keine Mehrheit für ihr Klimagerät bekommen, können eine Beschlussersetzungsklage einreichen. Diese hat aber nur unter drei Voraussetzungen Aussicht auf Erfolg:

- Die Anlage muss so leise sein, dass sie niemanden stört.
- Sie darf für andere nicht sichtbar sein.
- Sind Bohrungen in die Fassade nötig, dürfen diese nicht so groß sein, dass sie erheblich in die Bausubstanz eingreifen.

Wer klagt, geht aber ein Risiko ein. Verliert er die Klage, ist sein Klimaprojekt auf Eis gelegt und er zahlt die Anwalts- und Gerichtskosten sowie eventuell Ausgaben für einen gerichtlich bestellten Sachverständigen. ■

Unser Rat

Eigentümerversammlung. Versuchen Sie, mit einem detaillierten Bauvorschlag in der Eigentümerversammlung eine Mehrheit für den Einbau Ihres Klimageräts zu bekommen. Hat das geklappt, sollten Sie die einmonatige Anfechtungsfrist noch abwarten, bevor Sie mit der Installation beginnen.

Testsieger. Unsere Schwester-Zeitschrift test hat Klimageräte untersucht. Die besten Splitgeräte im Test stammen von **Daikin** (Produktname FTXJ35MW / RXJ35M), Kosten: 2 540 Euro; **Toshiba** (Produktname RAS-13PAVPG-E / RAS-13PKVPG-E, Kosten: 2 170 Euro und **Mitsubishi** (Produktname MSZ EF35VGKW / MUZ EF35VG), Kosten: 2 520 Euro. Monoblöcke empfehlen die Tester nicht, mehr im Internet unter test.de/klimageraete (für Flatrate-Kunden kostenfrei).

Durch die Bank schlecht

Wer einen staatlichen Förderkredit will, um Fenster oder Heizung zu sanieren, erhält meist eine Absage. Das zeigt auch unser Praxistest.

3/2021 Wir wollten den Kredit der KfW nutzen und diesen über unsere Hausbank abwickeln", schrieb uns Leser Dietmar Böttcher im Sommer 2020. „Das wurde abgelehnt mit dem Hinweis: KfW-Kredite werden nur in Verbindung mit einer Baufinanzierung und einer Mindestsumme von 50 000 Euro realisiert – bitte nutzen Sie doch unsere eigenen Hausbankkredite."

Böttchers Brief ist nur eine von vielen Zuschriften, in denen Leserinnen und Leser uns von ihren Schwierigkeiten berichten, einen Förderkredit der staatlichen Kreditanstalt für Wiederaufbau (KfW) zu bekommen.

Läuft also ein Teil der Förderung ins Leere, mit der die Bundesregierung versucht, den Kohlendioxidausstoß von Wohngebäuden nachhaltig zu senken und so ihre Klimaschutzziele zu erreichen? Wir haben den Praxistest gemacht und eine Testerin auf die Suche nach einem KfW-Kredit geschickt.

Hintergrund: Die Kredite der KfW, mit denen der Staat unter anderem energetisches Bauen und Sanieren fördert, bekommen Haus- und Wohnungseigentümer nicht von der KfW selbst, sondern nur über ein durchleitendes Finanzierungsinstitut, also von einer Bank, Sparkasse oder Versicherung. Die durchleitende Bank haftet für den Kredit und entscheidet über die Vergabe.

16 Banken im Praxistest

Das Anliegen, mit dem unsere Testerin bei insgesamt 16 Banken vorsprach: In ihrem Einfamilienhaus soll die alte Ölheizung durch eine effiziente Pelletheizung ausgetauscht werden. Sie rechnet mit Gesamtkosten von etwa 25 000 Euro. Die Heizungsmodernisierung möchte sie mit einem Kredit der KfW finanzieren. Das im Testzeitraum (November 2019) dafür infrage kommende Förderprogramm ist der KfW-Ergänzungskredit 167.

Unsere Testerin wählt auf der Seite kfw.de die Funktion „Antrag beim Finanzierungspartner stellen" und erhält eine Liste mit gut 20 Kreditinstituten, unter denen sie sich drei auswählen kann. Sie entscheidet sich für die Alte Leipziger Bausparkasse, die Commerzbank und die Hypovereinsbank. Noch schnell ihre Daten eintragen und weg ist die Finanzierungsanfrage.

Als erste meldet sich die Alte Leipziger. Ein Berater erkundigt sich, was unsere Testerin wünscht. Davon, dass sie für eine Sanierung einen KfW-Kredit benötigt, weiß er nichts. Überhaupt könne er über KfW-Programme keine Auskunft geben. Am Nachmittag meldet sich ein Kollege: KfW-Darlehen gebe es erst ab 30 000 Euro. Er könne ihr aber ein hauseigenes Modernisierungsdarlehen anbieten.

Am nächsten Tag meldet sich die Commerzbank. Auch dieser Anruferin ist die Information neu, dass unsere Testerin ein KfW-Darlehen wünscht, und auch sie kennt sich mit KfW-Programmen nicht aus. Wenig später ruft eine Kollegin zurück. „Die Commerzbank vergibt KfW-Kredite nur an Bestandskunden." Die Commerzbank habe keinen Einfluss darauf, was die KfW auf ihrer Seite schreibe. Sie könne nicht weiterhelfen.

Die dritte Wunschbank unserer Testerin, die Hypovereinsbank, reagiert gar nicht auf ihre Anfrage. Unsere Testerin hakt nach und bekommt ebenfalls eine Absage. Bei der Hypovereinsbank gebe es KfW-Darlehen erst bei einem Gesamtfinanzierungsvolumen von 250 000 Euro.

Bei insgesamt 16 Banken und Bausparkassen versucht unsere Testerin nach und nach ihr Glück – und bekommt überall ähnliche Antworten und Absagen.

Wir fragen die Banken

Während unsere Testerin ihre Odyssee am Telefon durchmacht, schicken wir einen Fragebogen an 72 Kreditinstitute. Wir wollen wissen: „Vergeben Sie den KfW-Ergänzungskredit 167 unabhängig von einer größeren Baufinanzierung und auch an Neukunden – und wenn ja, wie hoch ist die Mindestkreditsumme?“

27 antworteten mit „Ja“, darunter einige, die unserer Testerin abgesagt hatten. Dazu zählen die Debeka, die Deutsche Bank, die Ethikbank und die Hypovereinsbank. Die meisten nannten Mindestkreditsummen von 25 000 Euro und mehr. Für unsere Testerin, die nach Abzug eines von ihr beantragten Zuschusses noch etwa 14 000 Euro Kredit benötigt hätte, wäre ein Angebot tatsächlich nicht infrage gekommen.

Anders bei der Sparda Baden-Württemberg. Uns gegenüber gab sie zunächst an, den Kredit ab einer Summe von 5 000 Euro zu vergeben. Doch unsere Testerin erhielt auch hier eine klare Abfuhr: „Den KfW-Kredit 167 gibt es nur in Verbindung mit einer Komplettfinanzierung. Das ist ein Vorstandsbeschluss. Der Aufwand ist zu groß.“ Inzwischen hat die Sparda auch uns gegenüber ihre Angaben geändert.

Wir fragen die KfW

Der Aufwand zu groß, die Provision zu klein – diese Begründung für eine Absage bekam unsere Testerin öfter zu hören. Wir wollten wissen: Was sagt die KfW selbst zu diesen Vorwürfen? „Wir kennen das Problem mit den kleineren Kreditsummen“, sagt Eckard von Schwerin, Experte für die Programme „Energieeffizient Bauen und Sanieren“ bei der KfW. „Aber wir haben keine Handhabe.“ Schließlich übernehmen die Banken für die von ihnen durchgeleiteten Kredite das Haftungsrisiko und sind nicht zur Vergabe verpflichtet.

Für Haus- und Wohnungseigentümer, die in Energiesparmaßnahmen investieren wollen, sind das keine gute Aussichten.

Doch für einige Sanierungswillige gibt es einen Lichtblick. So vermitteln nach eigenen Aussagen in sechs Bundesländern die Landesförderinstitute die Kredite der KfW: die Bremer Aufbau-Bank, die Hamburgische Investitions- und Förderbank, die Landeskreditbank Baden-Württemberg, die Investitionsbank Berlin, die Investitionsbank des Landes Brandenburg und die Investitionsbank Schleswig-Holstein.

Hinweis. Seit Mitte des Jahres 2021 ersetzt die Bundesförderung effiziente Gebäude die bisherigen Förderprogramme für effizientes Bauen und Sanieren. Die neue Förderung ermöglicht es Hauseigentümern, statt eines Förderkredits der KfW einen Zuschuss zu beantragen. Niemand muss sich also mehr von seinem Ziel abbringen lassen, in energieeffiziente Maßnahmen zu investieren. ■

Unser Rat

Zuschuss. Statt eines Kredits können Sie – ohne Umweg über die Hausbank – seit Juli 2021 in allen Förderprogrammen auch einen Zuschuss beantragen und diesen als Sondertilgung in Ihre Baufinanzierung einbinden. Eine Übersicht über die möglichen Förderungen und die Antragstellen finden Sie unter: test.de/foerderung-haus-heizung

Steuerbonus. Eine zwar meist weniger attraktive aber dafür weniger aufwendige Alternative zu Förderkrediten und Zuschüssen kann der Steuerbonus für energieeffiziente Sanierungsmaßnahmen sein. Dabei zieht das Finanzamt auf Antrag bis zu 20 Prozent der Sanierungskosten von Ihrer Steuerschuld ab.

Kredit. Fragen Sie bei den Banken nach Modernisierungsdarlehen. Einige bieten Sonderkonditionen für Energiesparmaßnahmen. Falls Sie bereits einen Baukredit abgezahlt haben, die Grundschuld dafür aber noch im Grundbuch steht, können Sie diese für einen neuen Kredit nutzen, mit meist günstigeren Zinsen.

Zinssicher finanzieren

Kredite mit Zinsbindung über die gesamte Finanzierungslaufzeit bieten Käufern Sicherheit. Wer Angebote vergleicht, vermeidet hohe Zinsen.

11/2021 Ein Blick in die Wirtschaftsseiten der Zeitung kann Menschen mit dem Traum vom Eigenheim aktuell nervös machen. Bei weiter steigenden Preisen beruhigen eigentlich nur die niedrigen Zinsen der Finanzierung. Nun aber das: Die Inflation ist hoch wie lange nicht mehr. Werden auch die Zinsen jetzt steigen? Die Europäische Zentralbank (EZB) weist zwar darauf hin, dass es sich beim Preisanstieg um kurzfristige Inflationseffekte handle. Doch wer die eigene Wohnung oder das eigene Haus abzahlen muss, will nicht immer bangen, ob der nächste Kredit genauso günstig ausfällt wie der erste.

Volltilgerdarlehen bieten Sicherheit

Käuferinnen und Käufer, die Planungssicherheit bis zum Schluss wünschen, können sogenannte Volltilgerdarlehen abschließen. Das sind klassische Bankdarlehen, bei denen die Höhe der Zinsen feststeht, bis der letzte Euro gezahlt ist. Die Raten bleiben bis zum Ende des Kredits gleich hoch – Überraschungen ausgeschlossen. Bei klassischen Darlehen ist es hingegen gut möglich, dass am Ende der Zinsbindung noch mehr als die Hälfte der Schulden vorhanden sind, die zu ungewissem Zinssatz mit einem späteren Anschlusskredit abbezahlt werden müssen.

Ein bisschen was lassen sich die Banken die Volltilgerdarlehen allerdings kosten: Im Schnitt sind sie 0,4 bis 0,7 Prozentpunkte teurer als Kredite mit zehn Jahren Laufzeit. Recht niedrig sind die Zinsen damit aber immer noch. Für 20 Jahre Laufzeit zahlt man bei günstigen Anbietern weniger als 1 Prozent. Und die Käufer brauchen keine Anschlussfinanzierung, die – wenn es schlecht läuft – den anfänglichen Vorteil auffressen kann.

Wir haben die Konditionen von 58 Banken, Versicherern und Vermittlern abgefragt und einige Angebote mit günstigen Bedingungen gefunden. Der Vergleich lohnt sich: Die teuren Kredite sind bei gleicher Laufzeit immer mindestens doppelt so teuer wie die günstigsten Angebote.

Ausschlaggebend für den Vergleich ist der Effektivzins, der die wichtigsten in der Laufzeit anfallenden Kosten enthält.

Günstige Zinsen lange sichern

In unserem Test haben wir Konditionen für einen Käufer mit guter Bonität abgefragt, der eine Wohnung für 375 000 Euro kaufen will und dafür einen Kredit von 300 000 Euro braucht. Er finanziert also 80 Prozent, den Rest samt Nebenkosten bringt er als Eigenkapital mit. Je geringer dieser Eigenanteil, umso höher würden die Zinsen ausfallen.

Einfluss hat außerdem die Laufzeit: Käuferinnen und Käufer, die es schaffen, ihre Immobilie in 20 Jahren abzuzahlen, bekommen bei Banken vergleichsweise gute Konditionen. Das günstigste Volltilgerdarlehen in unserem Test für diese Laufzeit bei dem überregionalen Anbieter Interhyp lag bei 0,87 Prozent Effektivzins. Bei einer Kreditsumme von 300 000 Euro ergibt das eine Monatsrate von 1370 Euro.

Das kann nicht jeder stemmen. Wer seine Raten niedriger halten will, streckt die Laufzeit, muss dann aber mehr Zinsen zahlen. Fünf Jahre länger dauert das Abzahlen, wenn der Käufer einen Kredit über 25 Jahre aufnimmt. Der günstigste Effektivzins liegt da aber schon bei 1,13 Prozent; er ist bei mehreren Anbietern zu haben. Das ergibt eine monatliche Rate von 1 153 Euro.

Bei 30 Jahren Zinsbindung sind 1,16 Prozent Effektivzins das günstigste Angebot. Die monatliche Rate beträgt dann nur 990 Euro. Die Entscheidung über die Laufzeit ist eine Abwägung wert: Selbst mit dem günstigsten Kredit fallen am Ende bei 30 statt 20 Jahren rund 28 000 Euro mehr Zinsen an.

Gute Kalkulation wichtig

Selbst wenn die Konditionen bei kürzeren Laufzeiten attraktiver sind, sollten sich potenzielle Käufer mit ihrer Rate nicht übernehmen. Volltilgerdarlehen sind weniger flexibel als normale Darlehen der Bank. Nur wenige Angebote erlauben eine Senkung der Raten. Auch Sondertilgungen sind nicht immer erlaubt. Eine gute Kalkulation, welche Monatsrate sich Käufer dauerhaft leisten können, ist daher wichtig.

Käufer, die flexibler abzahlen wollen, etwa weil jährliche Gehaltsboni in den Kredit fließen sollen, sind mit einem Darlehen mit kürzerer Bindung und flexiblem Tilgungsrecht meist besser dran.

Nach zehn Jahren flexibler

Sobald zehn Jahre nach der Kreditauszahlung vorbei sind, entfallen die starren Vorgaben. Ab dann können Kreditnehmer den Kredit jederzeit mit einer Frist von sechs Monaten kündigen. Wer vorher kündigt, muss häufig eine Vorfälligkeitsentschädigung an die Bank zahlen.

Auch Sondertilgungen sind nach zehn Jahren mit der Frist von sechs Monaten jederzeit und in beliebiger Höhe möglich. Das ist praktisch, wenn zum Beispiel eine Erbschaft die Haushaltskasse gefüllt hat.

Enorme Unterschiede bei 30 Jahren

Gerade Käuferinnen und Käufer, die sich für lange 30 Jahre entscheiden, müssen aufpassen. Hier waren die Differenzen bei den Konditionen am deutlichsten: Zwischen dem günstigsten und dem teuersten Angebot in unserem Test liegen am Ende mehr als 100 000 Euro Zinsunterschied.

Bei der 1822direkt, Comdirect, Commerzbank, Consorsbank und Interhyp gibt es für diese Laufzeit Top-Konditionen mit 1,16 Prozent Effektivzins. Das Schlusslicht unserer Untersuchung trägt die Sparda Baden-Württemberg, die satte 3,38 Prozent Effektivzins für diese Laufzeit verlangt. Damit ist die Bank allerdings ein Ausreißer, denn die restlichen Angebote liegen zwischen 1 und 2 Prozent Effektivzins.

Unser Rat

Sicher. Kredite, bei denen die Verzinsung bis zum Finanzierungsende feststeht, schützen vor steigenden Zinsen und bösen Überraschungen bei der Anschlussfinanzierung. Neben den Volltilgerdarlehen gibt es auch die Möglichkeit der Bausparkombikredite. Volltilgerdarlehen der Banken sind aber unkomplizierter und oft günstiger.

Angebote. Niedrigere Zinsen können bei Volltilgerdarlehen je nach Kaufpreis und Laufzeit viele Zehntausende Euro Unterschied machen. Holen Sie daher verschiedene Angebote ein.

Ratgeber. Unser Set „Immobilienfinanzierung" begleitet Sie beim Kauf von Vorbereitung und Finanzierungsplan bis zum Kreditabschluss. Egal, ob Sie ein Haus oder eine Wohnung bauen oder kaufen: Das Set führt Sie in vier Schritten schnell zum Ziel. Dabei helfen Formulare zum Herunterladen oder Heraustrennen, Beispielrechnungen und selbstrechnende Checklisten (Preis 14,90 Euro, test.de/immobilien).

Top-Angebote zeitlich begrenzt

Wichtig zu wissen: Die Zinsen können sich täglich ändern. Banken, die heute Top-Konditionen bieten, sind morgen vielleicht schon weniger günstig. Wer die Top-Konditionen aus unserem Test nicht mehr erhält, sollte daher mehrere Angebote von Banken und Vermittlern einholen und vergleichen. ■

Tausende Euro Zinsen sparen

Immobilieneigentümer haben jetzt beste Chancen auf eine günstige Kreditverlängerung – auch schon Jahre im Voraus.

5/2021 Die Zinsen für Hypothekendarlehen sind in den ersten Monaten des Jahres 2021 etwas gestiegen. Doch im langjährigen Vergleich ist Baugeld immer noch fantastisch günstig. Davon profitieren besonders Haus- und Wohnungseigentümer, die demnächst oder in den nächsten zwei bis drei Jahren einen Anschlusskredit benötigen.

Im Vergleich zur Erstfinanzierung haben sie mehrere Trümpfe in der Hand. Sie haben ihre Zahlungsfähigkeit viele Jahre bewiesen. Der Wert ihrer Immobilie ist fast überall gestiegen, einen Teil ihrer Schulden haben sie schon getilgt. Der Anschlusskredit liegt daher oft unter 60 Prozent des Immobilienwerts. Das sind beste Voraussetzungen für Topkonditionen.

Anschlusskredit vorzeitig sichern

Interessierte müssen nicht bis zum Ende der Zinsbindung warten, um sich günstige Anschlusszinsen zu sichern. Mit sogenannten Forwarddarlehen können sie schon bis zu fünf Jahre im Voraus feste Konditionen für den neuen Finanzierungsabschnitt vereinbaren.

Forwarddarlehen sind etwas teurer als Anschlusskredite, die sofort oder in wenigen Monaten ausgezahlt werden. Doch sie schützen vor bösen Überraschungen, falls die Zinsen weiter steigen. Und die Zinsaufschläge sind derzeit bei den meisten Banken gering.

Topzinsen unter 1 Prozent

Finanztest hat die Konditionen für Anschlusskredite von 81 Banken, Versicherern und Kreditvermittlern ermittelt – für Kunden, deren Zinsbindung bald ausläuft ebenso wie für Eigentümer, die noch zwei oder drei Jahre an ihren alten Vertrag gebunden sind. Die Immobilie hat im Testfall einen Wert von 300 000 Euro, die zu finanzierende Restschuld beträgt 150 000 Euro.

In der ersten Variante nimmt der Kunde ein Darlehen mit zehn Jahren Zinsbindung und 6 Prozent Tilgung auf. Die zweite Variante ist ein Volltilgerdarlehen, das innerhalb der Zinsbindung von 15 Jahren vollständig getilgt wird.

Bei den günstigsten Anbietern steht in jeder Kreditvariante ein Zinssatz mit einer Null vor dem Komma. Den Anschlusskredit mit zehn Jahren Zinsbindung gab es Mitte März sogar

Enorme Zinsunterschiede

Wer vergleicht, spart oft viel. Das zeigt der Test von Volltilgerdarlehen in Höhe von 150 000 Euro mit 15 Jahren Laufzeit.

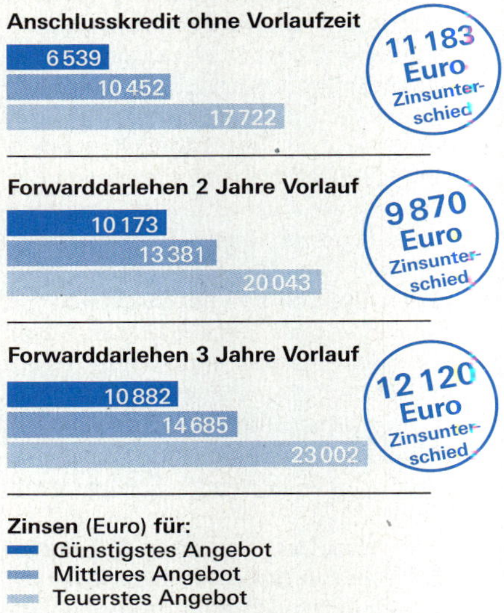

Stand: 17. März 2021

schon ab einem Effektivzins von 0,42 Prozent. Wie viel die Anschlussfinanzierung kostet, hängt aber von der Bank ab. Teure Institute verlangen doppelt so viel Zinsen wie die Spitzenreiter im Test. Die Zinsunterschiede für das 150 000-Euro-Darlehen summieren sich je nach Kreditvariante auf 9 870 bis 12 120 Euro (siehe Grafik). Schon im Vergleich zu einem Durchschnittsangebot lassen sich bei günstigen Banken leicht 4 000 Euro sparen.

Eckdaten festlegen

Für einen perfekten Anschluss ist allerdings mehr nötig als nur ein niedriger Zins. Zuerst müssen Kreditsuchende die wichtigsten Eckdaten für den kommenden Finanzierungsabschnitt festlegen: die noch zu finanzierende Kreditsumme, die neue Zinsbindung und die Monatsrate, die sie für den Anschlusskredit zahlen können und wollen.

Die Kreditsumme entspricht in der Regel der Restschuld des alten Darlehens zum Ende der Zinsbindung. Wer Geld zur Verfügung hat, sollte aber die Gelegenheit für eine zusätzliche Tilgung nutzen und den Anschlusskredit über eine entsprechend geringere Summe abschließen. Zum Ende der Zinsbindung sind beliebige Sondertilgungen möglich.

Unser Rat

Anschlusskredit. Kümmern Sie sich spätestens drei bis sechs Monate vor Ende der Zinsbindung Ihres laufenden Immobilienkredits um Ihre Anschlussfinanzierung. Holen Sie nicht nur ein Verlängerungsangebot Ihrer bisherigen Bank, sondern noch mindestens drei weitere Kreditangebote ein.

Ausstieg. Ihr laufendes Darlehen hat mehr als zehn Jahre Zinsbindung? Dann können Sie zehn Jahre nach der Auszahlung mit einer Frist von sechs Monaten kündigen. Nutzen Sie dieses Recht so schnell wie möglich für eine günstige Umschuldung. Das lohnt sich wegen der heute niedrigen Zinsen fast immer.

Forwarddarlehen. Wenn Sie den Anschlusskredit erst in mehr als einem Jahr brauchen, können Sie sich schon heute gegen einen geringen Aufschlag niedrige Zinsen sichern.

Zinsrutsch für höhere Tilgung nutzen

Wenn sie ihre alte Rate problemlos zahlen konnten, nutzen Eigentümer den Zinsrutsch am besten für eine höhere Tilgung. Damit sparen sie Zinsen und werden ihre Schulden einige Jahre früher los als ursprünglich gedacht.

Oft reicht die alte Rate sogar aus, um den Kredit in den kommenden 10 oder 15 Jahren komplett zu tilgen. Das bietet die Chance, mit einem Volltilgerdarlehen feste Zinsen und Monatsraten für die gesamte Restlaufzeit der Finanzierung zu vereinbaren.

Ideal sind Volltilgerdarlehen aber nur für Personen, die sicher sind, dass sie die fixen Raten auf Dauer zahlen können. Im Zweifel sind flexible Kredite mit Tilgungswahlrechten besser. Wer keine hohen Verpflichtungen eingehen will, kann einen kleinen Tilgungssatz wählen und mit dem Recht auf Sondertilgungen kombinieren. Jährliche Sondertilgungen bis zu 5 Prozent der Kreditsumme sind oft bereits im Standardzinssatz enthalten oder lassen sich mit geringem Aufschlag dazubuchen.

Bankentreue lohnt sich nicht

Wenn die alte Bank kein gutes Verlängerungsangebot macht, sollten Kreditnehmer den Wechsel zu einem günstigeren Geldgeber nicht scheuen. Das ist zwar aufwendiger, als einfach das Angebot der alten Bank zu unterschreiben. Doch im Vergleich zur oft hohen Zinsersparnis sind Aufwand und Kosten gering. Unterbietet die neue Bank den Zinssatz der alten um einen halben Prozentpunkt, spielen Kreditnehmer die Wechselkosten schon nach wenigen Monaten wieder ein. ■

So lohnt das Ferienhaus

Rentiert sich ein Objekt am Ferienort, das sich vermieten lässt? Unser Praxistest zeigt: Rendite gibt es nur, wenn die Kalkulation stimmt.

10/2021 Meeresluft, Strand, Ruhe und Natur – das ist der Stoff, aus dem die Sehnsucht nach einem eigenen Ferienhaus entsteht. Und es lockt der Gedanke, gleichzeitig durch die Vermietung attraktive Renditen zu erwirtschaften.

Doch geht diese Rechnung auf? Wir haben den Praxistest gemacht und uns beispielhaft acht als Kapitalanlage angebotene Ferienimmobilien näher angeschaut (siehe ab S. 142). Unsere Untersuchung zeigt, dass Renditen von 2 bis 5 Prozent durchaus möglich sind. Wir fanden aber auch Beispiele, bei denen unterm Strich vermutlich kaum Ertrag übrig bleibt. Teilweise rechneten die Anbieter mit optimistisch hohen Mieteinnahmen und zu niedrigen Kosten. Wer auf der Suche nach einer Ferienimmobilie als Kapitalanlage ist, sollte beim Kauf deshalb acht Grundregeln beachten.

Regel 1: Klarheit über die geplante Nutzung schaffen

Am Anfang sollten sich Käufer klar werden, wozu sie eine Ferienimmobilie erwerben wollen. Geht es darum, im eigenen Zuhause Urlaub zu machen? Oder steht eher die Vermietung an Feriengäste und damit die Rendite im Vordergrund? Soll das Haus oder die Wohnung später eventuell als Altersruhesitz dienen?

Regel 2: Die richtige Art des Ferienobjekts wählen

Kaufinteressenten müssen sich entscheiden, was für eine Ferienimmobilie sie interessiert: ein individuelles Haus, eine Wohnung oder eine Immobilie in einer Ferienanlage. Der Kauf eines einzelnen Objektes empfiehlt sich für diejenigen, die sich selbst um ihre Immobilie kümmern wollen. Unflexibler, aber bequemer, sind Immobilien, die Teil einer Ferienanlage sind. Hier gibt es in der Regel Betreiber oder Agenturen, die sich um alle Aufgaben kümmern – zu im Vergleich hohen Nebenkosten.

Regel 3: Die wichtigsten Lagekriterien berücksichtigen

Der große Vorteil der Ferienanlagen: Sie bieten den Gästen meist einiges an Drumherum, etwa Schwimmbäder oder gar Golfplätze. Immer geht es dabei darum, die Saisonzeiten zu verlängern und so die Auslastung zu erhöhen. Wie bei anderen Immobilien kommt es bei Ferienimmobilien daher auf die Lage und die Infrastruktur an: die Nähe zu Einkaufsmöglichkeiten und Restaurants, Möglichkeiten für Freizeitaktivitäten, Erreichbarkeit des Ortes.

Regel 4: Überteuerte Touristenhochburgen meiden

Die beliebtesten und daher auch teuren Standorte für Ferienimmobilien in Deutschland sind die Ost-und Nordseeküsten, die Alpen, der Schwarzwald. Je gefragter eine Region, desto größer ist die Hoffnung auf eine gute Auslastung. Gibt es vor Ort sehr viel Konkurrenz, kann der Markt aber bereits übersättigt sein.

Regel 5: Gute Ausstattung bieten

Für eine erfolgreiche Vermietung kommt es neben Lage und Preis vor allem auf eine gute Ausstattung an. Feriengäste legen oft Wert auf eine gut ausgestattete Einbauküche, eine stabile Internetverbindung und ein modernes Bad.

Regel 6: Einnahmen und Ausgaben realistisch kalkulieren

Eine Ferienimmobilie rechnet sich wirtschaftlich erst, wenn sie im Laufe des Jahres ausreichend vermietet wird. Doch die Auslastung ist die große Unbekannte. Im Schnitt beträgt sie laut dem Portal Fewo-direkt gut 50 Prozent.

Unser Rat

Risiken. Kaufen Sie eine Ferienimmobilie als Kapitalanlage nur, wenn Sie bereits über ausreichend Vermögen in anderen Anlageformen verfügen. Die Investition in eine Ferienimmobilie ist riskanter als die in eine fest vermietete Immobilie. Die Mieterträge sind schwer vorhersehbar und auch die Wertentwicklung ist nicht immer sicher.

Rechnen. Rechnen Sie bei Ihrer Kalkulation der Rendite nicht mit zu hohen Auslastungsquoten. Üblich sind 50 bis 60 Prozent. Berücksichtigen Sie alle anfallenden Kosten. Unsere Beispielrechnung rechts zeigt, welche dazugehören.

Besser vorhersagen lassen sich dagegen die Kosten. Dazu zählen nicht nur die Betriebs- und Vertriebskosten, sondern auch Renovierungs- und Instandhaltungskosten.

Regel 7: Vertrieb und Vermietung richtig organisieren

Genauso wichtig wie das Objekt selbst ist der Vertrieb. Objekte in Ferienanlagen sind hier im Vorteil. Meist wird die Werbung für alle Wohnungen gemeinsam gemacht, teils mit eigener Marke. Aufwendiger, aber günstiger ist die Vermietung in Eigenregie über Onlineportale.

Regel 8: Kauf mit ausreichend Eigenkapital finanzieren

Klar ist: Der Kauf einer Ferienimmobilie ist mit mehr Risiken verbunden als die Investition in eine fest vermietete Immobilie. Eine Ferienimmobilie als Kapitalanlage ist daher eher für Menschen geeignet, die über genügend Vermögen verfügen und den Kauf komplett mit Eigenkapital finanzieren können. Das ist auch deshalb von Vorteil, weil nicht alle Banken Kredite für Ferienimmobilien vergeben. ■

Nettomietrendite: So rechnen Sie

Beispielhafte Berechnung für eine 70-Quadratmeter-Ferienwohnung.

Posten	Euro
1. Investitionskosten	
Kaufpreis (inklusive Stellplatz)	280 000
Kosten für Möbel/Inventar	+ 20 000
Kaufnebenkosten (Grunderwerbsteuer, Notar- und Grundbuchkosten, je nach Bundesland 5,5 bis 8,5 Prozent des Kaufpreises)	+ 23 800
Maklerprovision für Käufer	0
Gesamtkosten bei Kauf	**323 800**
2. Einnahmen und laufende Kosten pro Jahr	
Erwartete Mieteinnahmen	20 000
Vermietung und Betreuung (bei Fullservice etwa 20 bis 25 Prozent der Mieteinnahmen)	– 4 000
Hausgeld/Bewirtschaftungskosten (laut Betriebskostenabrechnung/Wirtschaftsplan)	– 2 520
Abschreibung auf Möbel/Inventar (etwa 10 Prozent der Anschaffungskosten)	– 2 000
Renovierung/Instandhaltung (etwa 12 bis 15 Euro pro Quadratmeter)	– 1 050
Sonstige Kosten (Strom, Internet, Rundfunkgebühr, Steuerberatung)	– 1 000
Jahresreinertrag	**9 430**
3. Anfängliche Mietrendite	
Kaufpreis als Vielfaches des Jahresreinertrags (Kaufpreis mit Möbeln/Jahresreinertrag)	31,8
Nettomietrendite (Jahresreinertrag/Gesamtkosten bei Kauf)	**2,91 %**

Acht Objekte im Praxistest

Wann rechnet sich eine Ferienwohnung und wie sind die Voraussetzungen dafür? Wir haben uns acht Objekte genauer angeschaut.

10/2021 Sind Ferienwohnungen wirklich so rentabel, wie es die Anbieter versprechen? Eine Testerin ging zum Praxistest auf die Reise.

Heiligenhafen: Teure Modernisierung

Die erste Station führt zum Ostseeferienpark Heiligenhafen. Ein Hochhauskomplex mit fast 1700 Apartments. Die 45 Quadratmeter große Wohnung ist 300 Meter vom Strand entfernt. 230 000 Euro soll sie kosten, zudem rät der Makler zur Komplettsanierung für 60 000 Euro. Eine vergleichbare Wohnung konnte 2019 nach einer Modernisierung an 271 Tagen für insgesamt 12 350 Euro vermietet werden. Wir rechnen nach: Von der Jahresmiete bleiben weniger als 4 000 Euro übrig. Die Nettomietrendite liegt knapp über 1 Prozent.

Olpenitz: Hochwertige Ausstattung

Wir fahren ins Ostseeresort Olpenitz bei Kappeln. Hier entstehen 1400 exklusive Wohnungen in kleineren Häusern mit eigenem Jachthafen. Wir errechnen für die 86 Quadratmeter große Wohnung vom Typ „Ferienlounge“ mit Stellplatz eine anfängliche Nettomietrendite von gut 3 Prozent (siehe Rechnung S. 143).

Fleesensee: Hohe Fixkosten

Im Beech Resort Fleesensee an der Mecklenburgischen Seenplatte kostet die 66 Quadratmeter große Ferienwohnung mit Nebenkosten knapp 260 000 Euro. Die im Jahr 2000 gebaute Anlage mit 193 Apartments wurde gerade erst saniert. Hier ist alles für einen aktiven Familienurlaub eingerichtet: Sportplätze, Minigolfanlage, Abenteuerspielplatz, Streichelzoo, für Gäste kostenloses Erlebnisbad.

Für Anleger gibt es eine Besonderheit: Alle Einnahmen kommen in einen Topf, der auch für alle Kosten aufkommt. Den Überschuss teilt der Betreiber nach Wohnungsgröße unter die Eigentümer auf. Läuft alles nach Plan, bleibt trotz hoher Kosten eine Nettomietrendite von gut 3 Prozent. Dafür müssen die Apartments aber zu 60 Prozent ausgelastet sein und eine durchschnittliche Tagesmiete von 145 Euro bringen. Klappt das nicht, rutscht die Rendite schnell nach unten.

Garz: Abgelegene Lage

Eine 87 Quadratmeter große Wohnung in Garz auf Usedom soll nach dem Plan des Projektentwicklers ab 2024 fast 44 000 Euro Jahresmiete bringen. Dafür müsste sie 250 Tage im Jahr vermietet werden – im Schnitt für 176 Euro am Tag. Ein hochgestecktes Ziel: Die Wohnung ist kein Luxusobjekt und liegt abgelegen.

Ahlbeck: Teures Luxusappartement

In Ahlbeck auf Usedom baut die Primus AG vor der Strandpromenade ein Apartmenthotel der Luxusklasse. Ein 54-Quadratmeter-Apartment kostet mit Tiefgaragen-Stellplatz gut 500 000 Euro. Im Kaufvertrag verpflichten sich die Anleger, ihr Apartment an die Primus-Tochter Vela zu verpachten, die das Apartmenthotel auf eigene Rechnung betreibt. Die Eigentümer erhalten dafür eine feste Pacht. Im ersten Jahr 3 Prozent, im zweiten Jahr 3,5 Prozent und ab dem dritten Jahr 4 Prozent des Kaufpreises. Dazu kommt eine 25-prozentige Beteiligung an den Überschüssen aus der Vermietung. Der Vertrag läuft zehn Jahre. Der Betreiber kann ihn zweimal um je fünf Jahre verlängern.

Das Risiko: Nur wenn das Konzept des Betreibers aufgeht, wird er auf Dauer die versprochene Pacht zahlen können. Und die Konkurrenz auf Usedom ist im Luxusbereich groß. Unsere Testerin schreckt aber vor allem der extreme Preis. Wird sich das Apartment je wieder so teuer verkaufen lassen?

Oberhambach: Geringe Kaufkosten
Im Ferienpark Hambachtal im Hunsrück gibt es einfach eingerichtete Doppelhaushälften zum Kauf. Geboten wird ein Erlebnisbad mit 90 Meter langer Wasserrutsche, Sauna, Tennisplatz, Bowlingbahn und Minigolfanlage. Nur 128 000 Euro kostet hier ein 81 Quadratmeter großes Apartment. Die Wohnung wird dem Betreiber des Ferienparks gegen eine garantierte Jahresmiete von 5 Prozent des Kaufpreises überlassen, er vermietet sie auf eigenes Risiko. Eigentümer dürfen zwei Wochen im Jahr kostenlos urlauben. Die Mietgarantie sollte Anleger nicht zu sehr in Sicherheit wiegen. Letztlich ist entscheidend, ob es dem Betreiber gelingt, entsprechend Besucher zu locken.

Winterberg: Optimistische Prognose
Gute Vermarktungschancen selbst in den Wintermonaten haben Skiorte wie Winterberg im Hochsauerland. Eine Prognose mit 250 Tagen Auslastung im Jahr und hohen Mieterträgen bekamen wir für ein Apartment im „Gebirgsresort“, das derzeit in der Mitte von Winterberg entsteht. Auch hier gilt: Die Mieterträge sind lediglich Prognosen.

Waren an der Müritz: Schlappe Rendite
Umgekehrt gilt: Bei vorsichtiger Schätzung ist auch mehr drin. Das gilt für das exklusive Resort Maremüritz am südlichen Ortsrand von Waren an der Müritz. Der Betreiber kalkuliert in seinem Angebot nur mit 150 Vermietungstagen im Jahr – das macht 1,5 Prozent Nettomietrendite. Bei 200 Vermietungstagen würde die Mietrendite auf 2,7 Prozent steigen.

Unser Fazit: Schwierige Kalkulation
Die Preise für die besuchten Ferienanlagen sind teilweise horrend, die laufenden Kosten höher als gedacht. Passable Renditen sind mit einer Ferienimmobilie dennoch drin. Doch es ist eine Rechnung mit Unbekannten wie Auslastung, Miethöhe, Wertentwicklung oder Geschick des Betreibers. Es ist eben keine sichere Geldanlage, sondern eine unternehmerische Investition mit Chancen und Risiken. ■

Rendite wächst nicht in den Himmel

Angebot. Kauf einer Ferienwohnung im Ostseeresort Olpenitz, 86 Quadratmeter, Baujahr 2021.

Kosten, Erträge und Anfangsmietrendite

Kaufpreis mit Stellplatz (Euro)[1]	375 292
Möbel/Inventar (Euro)[2]	+ 20 000
Kaufnebenkosten (Euro)[2]	+ 31 900
Gesamtkosten (Euro)	**427 192**
Miete pro Jahr (Euro)[1]	25 825
Vermietungsservice (Euro)[1]	– 5 165
Hausgeld (Euro)[1]	– 2 621
Renovierungskosten (Euro)[2]	– 1290
Abschreibung Möbel (Euro)[2]	– 2 000
Sonstige Kosten (Euro)[2]	– 1 000
Jahresreinertrag (Euro)	**13 749**
Kaufpreis (mit Möbeln) als Vielfaches des Jahresreinertrags	28,8
Nettomietrendite (Prozent)	**3,22**

1) Anbieterangabe. 2) Schätzung Finanztest.

Renditechance. Die langfristige Rendite für einen Anlagezeitraum von 20 Jahren hängt vom Verkaufspreis ab und davon, wie stark die tatsächlichen Mieteinnahmen von der Prognose abweichen. Wird die prognostizierte Miete erzielt und die Wohnung nach 20 Jahren zum 25-Fachen des Jahresreinertrags verkauft, beträgt die Rendite 3,4 Prozent. Bei 10 Prozent höheren Einnahmen wären es 4,4 Prozent, bei 10 Prozent geringeren Einnahmen 2,3 Prozent.

Besser als der Ruf

Für eine Modernisierung oder als Teil einer künftigen Hausfinanzierung kann sich ein Bausparvertrag trotz mickriger Sparzinsen lohnen.

7/2021 Beim Bausparen ist das Geld erst nach jahrelangem Sparen mit mickrigen Zinsen verfügbar, die Abschluss- und Jahresgebühren sind hoch. Dafür steht der Zinssatz für das Bauspardarlehen heute schon fest und gilt auch für kleine Kreditsummen. Sondertilgungen sind möglich. Ist der Zinssatz eines Immobilienkredits dank Bauspardarlehen niedriger als ohne, kann sich ein Vertrag sogar bei dauerhaft niedrigen Zinsen lohnen.

Vier Bausparkassen liegen vorn

Der Tarif muss aber günstig sein und zur eigenen Lage passen. Finanztest hat aus dem aktuellen Tarifangebot die günstigsten Lösungen für mehrere Modellkunden ermittelt.

Den optimalen Bauspartarif für alle gibt es nicht. Vier Bausparkassen tauchen aber immer wieder auf den Spitzenplätzen auf: Die LBS Saar (Varianten Extra Spezial 18, Tempo 18 und Premium Flex 18), BHW (WohnBausparen Plus FX2), Signal Iduna (F30) und Schwäbisch Hall – letztere allerdings mit dem nur bis Ende Juni 2021 gütigen Tarif Fuchs 04 2 XJ. Der neue Tarif Fuchs 05 schnitt im Nachtest schlechter ab.

Die Spitzenreiter verlangen fast alle nur 1 Prozent der Bausparsumme als Abschlussgebühr. Wüstenrot, Debeka und mehrere Landesbausparkassen haben ihre deutlich erhöht.

Niedriger Zinssatz nicht entscheidend

Statt sich an Einzelmerkmalen wie Darlehenszins oder Mindestguthaben zu orientieren, ist es besser, die Ergebnisse in der Tabelle oder den Bausparrechner der Stiftung Warentest zu nutzen. Er berücksichtigt alle Gebühren, Zinsen, Zuteilungsbedingungen und Tilgungsvarianten von über 200 Tarifen und Tarifvarianten. Ein guter Vertrag stellt die Bausparsumme voraussichtlich wie geplant zur Verfügung. Die Sparrate entspricht dem Regelsparbeitrag. Bis zur Zuteilung ist nicht viel mehr als das Mindestguthaben anzusparen.

Gemieden werden sollten Tarife mit hohen Tilgungsbeiträgen von 8 oder 10 Promille der Bausparsumme im Monat. Tarife mit Wahlzuteilung vor der regulären Zuteilung sind zwar flexibler, die Möglichkeit ist aber fast immer an die Zustimmung der Kasse gebunden. ■

Unser Rat

Vertrag. Ein Bausparvertrag kann sich lohnen, wenn Sie für die eigene Immobilie oder eine Modernisierung sparen und sich gegen steigende Kreditzinsen absichern möchten. Haben Sie Anspruch auf Wohnungsbauprämien, ist zumindest ein kleiner Vertrag sinnvoll.

Bausparsumme. Für einen künftigen Immobilienkauf sollte die Bausparsumme nicht höher sein als 20 bis 40 Prozent des Kaufpreises.

Sparplan. Lassen Sie sich einen Spar- und Tilgungsplan aushändigen. Er zeigt, wann die Bausparsumme voraussichtlich zugeteilt wird, wie hoch Ihr Guthaben dann ist, welches Darlehen Sie bekommen und welche Raten Sie zahlen.

Zuteilung. Achten Sie darauf, dass der Vertrag zugeteilt werden kann, wenn Sie das Geld voraussichtlich benötigen.

Rechner. Die besten Tarife für Ihr Vorhaben ermittelt unser Rechner im Internet (test.de/bausparrechner).

Die besten Bauspartarife zum Bauen und Modernisieren

Die fünf günstigen Tarife für die Modellfälle. Der „Vorteil bei Finanzierung" nennt die Ersparnis gegenüber einer Bankenlösung (siehe test.de/bausparen/testmethodik).

Bausparkasse	**Tarif**	**Bauspar-summe** (Euro)	**Vorteil bei Finanzierung** (Euro)
Modellfall 1: Geplante Baufinanzierung in acht Jahren, monatliche Sparrate 400 Euro			
BHW	WohnBausparen Plus FX2	100 000	3 035
LBS Saar Ⓔ	Extra Spezial 18	80 000	2 283
Schwäbisch Hall	Fuchs 04 FuchsImmo 2 XJ 1)	85 000	1 720
Wüstenrot	Wohnsparen D 2020 Premium 2,25	80 000	1 575
Debeka	BS5 FIII	100 000	1 556
Modellfall 2: Geplante Baufinanzierung in acht Jahren, monatliche Sparrate 120 Euro, mit Wohnungsbauprämie für Ehepaar			
LBS Saar Ⓔ	Extra Spezial 18	24 000	1 471
Debeka	BS5 FIII	30 000	1 430
Schwäbisch Hall	Fuchs 04 FuchsImmo 2 XJ 1)	25 000	1 329
BHW	WohnBausparen FI2	30 000	1 322
LBS Schleswig-Holstein-Hamburg Ⓔ	Classic Traumhaus UB	30 000	1 314
Modellfall 3: Geplante Baufinanzierung in zehn Jahren, monatliche Sparrate 250 Euro			
Signal Iduna	Freiraum F30	84 000	2 883
BHW	WohnBausparen Plus FX2	65 000	2 599
LBS Saar Ⓔ	Premium Flex 18	65 000	2 290
LBS Bayern Ⓔ	LBS-Zukunft LBS-Z35	63 000	1 931
LBS Südwest Ⓔ	FG5	71 000	1 841
Modellfall 4: Modernisierung in vier Jahren, Kapitalbedarf 50 000 bis 60 000 Euro, Sofortein-zahlung 21 000 Euro, keine Sparraten			
BHW	WohnBausparen Plus FX2	54 000	1 786
Signal Iduna	Freiraum F30	55 000	1 649
LBS Saar Ⓔ	Tempo 18	58 000	1 314
Schwäbisch Hall	Fuchs 04 FuchsImmo 2 XJ 1)	51 000	1 250
Debeka	BS5 FIII	50 000	1 212
Modellfall 5: Modernisierung in sechs Jahren, Kapitalbedarf 30 000 Euro, Soforteinzahlung 3 000 Euro und monatliche Sparraten (tarifabhängig)			
Schwäbisch Hall	Fuchs 04 FuchsImmo 2 XJ 1)	30 000	695
Alte Leipziger	AL Neo Klassik	30 000	612
LBS Saar Ⓔ	Extra Spezial 18	30 000	574
Debeka	BS5 FIII	30 000	466
Badenia	Via Badenia 20 ClassicFinanz	30 000	446

Ⓔ = Regionaler Anbieter.
1) Seit Juli 2021 nicht mehr erhältlich. Der neue Tarif Fuchs 05 schnitt im Nachtest schlechter ab. **Stand: Mai 2021**

Bonus in Gefahr

Bausparkassen kündigen alte Verträge und verweigern Kunden den Zinsbonus. Wer rechtzeitig handelt, kann ihn retten.

6/2021 Bausparkassen gehen immer rabiater gegen Kundinnen und Kunden vor, die noch einen alten Vertrag mit hohen Guthabenzinsen haben. Sie nutzen nicht nur jede Möglichkeit, die für sie unrentablen Verträge zu kündigen. Darüber hinaus weigern sie sich oft, Bonuszinsen auszuzahlen, die sie bei Vertragsabschluss als Belohnung versprochen haben, wenn ihre Kunden auf das Darlehen verzichten, auf das sie Anspruch haben.

Typische Fälle für eine Kündigung des Vertrags durch die Bausparkasse

Höchste Alarmstufe besteht für den Bonus, wenn die Kündigung droht oder die Bausparkasse bereits gekündigt hat. Nach der Rechtsprechung dürfen Bausparkassen kündigen, wenn das angesparte Guthaben höher als die Bausparsumme ist oder der Bausparvertrag schon seit mindestens zehn Jahren die Zuteilungsvoraussetzungen erfüllt. Außerdem behalten sich Bausparkassen die Kündigung vor, falls Sparer mit einer im Tarif festgelegten Anzahl von zum Beispiel sechs Regelsparbeiträgen im Rückstand sind und der Aufforderung zur Nachzahlung nicht fristgerecht nachkommen.

Fast immer droht mit der Kündigung das Aus für den Bonus. Um ihn zu retten, ist es wichtig, rechtzeitig und richtig zu handeln.

Falle 1: Bonus entfällt, weil Guthaben die Bausparsumme übersteigt

Wenn die Sparbeiträge regelmäßig fließen, ist es irgendwann so weit: Das Guthaben ist höher als die vereinbarte Bausparsumme. Doch dann ist es für den Zinsbonus meist zu spät. Den Bonus bekommen bei den meisten Tarifen nur diejenigen, die auf ein Darlehen verzichten. Doch sobald sie die volle Bausparsumme angespart haben, ist das nicht mehr möglich, weil ihnen dann kein Darlehen mehr zusteht. Denn die Höhe des Bauspardarlehens ergibt sich fast immer aus der Differenz zwischen der Bausparsumme und dem bereits angesammelten Guthaben.

Vorsicht: Einige Tarife schließen den Anspruch auf Kleinstdarlehen unter 500 oder 1 000 Euro aus. Dann kann die Bausparkasse den Zinsbonus bereits einbehalten, wenn das Guthaben so hoch ist wie die Bausparsumme abzüglich der Mindestdarlehenssumme.

So retten Sie den Bonus. Prüfen Sie, ob Sie das kritische Guthaben bald erreichen. Bevor das der Fall ist, müssen Sie in der Regel die Zuteilung annehmen und auf das Bauspardarlehen verzichten, um den Bonus nicht zu verlieren. Tun Sie das aber nicht unnötig früh. Wenn Sie auf das Darlehen verzichten, kann die Bausparkasse kündigen.

Nicht in allen Tarifen ist ein Darlehensverzicht nötig, um den Bonus zu bekommen. Manchmal reicht es, wenn Sparer den Vertrag kündigen. Das können sie noch tun, nachdem die Bausparkasse bereits gekündigt hat und solange die Kündigungsfrist nicht abgelaufen ist.

Falle 2: Die Bausparkasse kündigt trotz umstrittener Rechtslage

Nicht jede Kündigung ist rechtmäßig. BHW und Alte Leipziger haben in der Vergangenheit noch nicht gutgeschriebene Bonuszinsen ins Guthaben eingerechnet, um früher zu kündigen. Das ist laut Urteil des Oberlandesgerichts Celle unzulässig (Az. 3 U 86/16).

Der Tarif Easy Plus der Alten Leipziger sieht einen festen Darlehensanspruch von 50 Prozent der Bausparsumme vor – egal, wie viel angespart ist. Trotzdem kündigt die Bausparkasse und verweigert den Bonus, wenn das Guthaben die Bausparsumme übersteigt.

Der Freiburger Rechtsanwalt Andreas Mayer hält das für rechtswidrig. „Solange der Kunde noch einen Darlehensanspruch hat, darf die Bausparkasse nicht wegen einer angeblichen Übersparung des Vertrags kündigen."
So retten Sie den Bonus. Lassen Sie die Kündigung im Zweifelsfall von einem Anwalt oder der Verbraucherzentrale prüfen.

Falle 3: Bausparkasse streicht Bonus wegen fehlender Verzichtserklärung

Viele Sparer glauben, sie hätten bei Vertragsende automatisch Anspruch auf die Bonuszinsen, wenn sie kein Bauspardarlehen nehmen. Das ist ein folgenschwerer Irrtum. Das Oberlandesgericht Nürnberg hat entschieden, dass ein Darlehensverzicht nur durch eine Erklärung gegenüber der Bausparkasse möglich ist (Az. 14 U 36/19). Ohne sie muss die Bausparkasse den Bonus also nicht zahlen.
So retten Sie den Bonus. Erklären Sie rechtzeitig vor Vertragsende, dass Sie die Zuteilung annehmen und auf das Darlehen verzichten. Bei einigen Tarifen kann es reichen, bis zum Ende der Kündigungsfrist selbst zu kündigen. Achten Sie auf den genauen Wortlaut der Bonusklausel in Ihren Vertragsbedingungen.

Unser Rat

Altvertrag. Sie haben einen alten Bausparvertrag mit hohen Guthabenzinsen und Zinsbonus? Dann müssen Sie damit rechnen, dass Ihre Bausparkasse alle Möglichkeiten ausschöpft, um zu kündigen und Ihnen den Bonus zu verweigern. Prüfen Sie, wann die Kasse frühestens kündigen darf und welche Voraussetzungen Sie laut Tarifbedingungen erfüllen müssen, um den Bonus zu bekommen. Dabei helfen die Verbraucherzentralen.

Erklärung. In der Regel müssen Sie gegenüber der Bausparkasse erklären, dass Sie die Zuteilung annehmen und auf das Bauspardarlehen verzichten, um den Bonus zu erhalten. Das ist erforderlich, bevor der Vertrag beendet ist und solange Sie noch Anspruch auf ein Bauspardarlehen haben. Geben Sie die Erklärung aber nicht früher ab als nötig.

Falle 4: Kunden zahlen geforderte Regelsparbeiträge nicht ein

Bausparkassen verlangen von ihren Altkunden zunehmend rückständige Regelsparbeiträge und kündigen, wenn sie diese nicht innerhalb von zwei oder drei Monaten nachzahlen.

Viele Kundinnen und Kunden sind darüber empört. Als sie ihren Vertrag abgeschlossen haben, hieß es noch, sie könnten jederzeit mehr oder weniger als den Regelsparbeitrag einzahlen. Jahrelang war das auch gängige Praxis.

Vorsicht: Wenn es im Kleingedruckten steht, ist eine Kündigung wegen rückständiger Sparbeiträge grundsätzlich erlaubt, auch wenn die Kasse geringere Beiträge lange nicht beanstandet hat. Rechtlich ungeklärt ist allerdings, wie lange zurück sie Beiträge nachfordern kann.
So retten Sie den Bonus. Sind Sie tatsächlich im Rückstand, sollten Sie den geforderten Betrag nachzahlen. Im Einzelfall kann es sinnvoll sein, sich gegen eine Kündigung zu wehren – etwa wenn Sie mit der Bausparkasse einen individuellen Sparbeitrag unterhalb des Regelsparbeitrags vereinbart haben.

Falle 5: Treuezeit kann nach Kündigung nicht eingehalten werden

Bei Schwäbisch Hall müssen Sparer erst eine Treueoption wählen und danach eine Treuezeit von zwölf Monaten einhalten, um eine Treueprämie zu bekommen. Haben sie die Treueoption noch nicht gewählt, wenn Schwäbisch Hall kündigt, streicht die Bausparkasse die Prämie, weil die Treuezeit bis Ende der Kündigungsfrist nicht mehr erfüllt werden könne.
So retten Sie die Treueprämie. Wählen Sie die Treueoption so früh wie möglich. Bei älteren Verträgen geht das meist sofort. ■

Einen Garten pachten

Kleingärten sind beliebt. Dort gibt es viele Freiheiten, aber auch einige Regeln. Wir nennen die wichtigsten und geben Tipps für die Gartensuche.

5/2021 Eine grüne Wiese, Vogelgezwitscher, Blumen, frisches Obst und Gemüse – Kleingärten sind ein beliebter Rückzugsort mitten im hektischen Stadtleben. Fünf Millionen Menschen pflanzen, ernten und erholen sich hierzulande im Schrebergarten.

? Warum gibt es so viele Regeln im Kleingarten?

Kleingärtner haben Privilegien: Sie nutzen kommunales Land und zahlen wenig dafür. Die Höhe ihrer Pacht ist gedeckelt. Erlaubt ist höchstens das Vierfache der ortsüblichen Pacht, die im erwerbsmäßigen Obst- und Gemüseanbau verlangt wird. 18 Cent kostet im Schnitt der Quadratmeter pro Jahr, in Großstädten 22 Cent, so der Bundesverband Deutscher Gartenfreunde. Für die durchschnittliche Kleingartengröße von 370 Quadratmetern sind das zwischen 67 und 81 Euro pro Jahr. Außerdem genießen Kleingärtner Kündigungsschutz: Solange sie ihren Garten kleingärtnerisch nutzen, darf ihnen niemand ohne Weiteres kündigen. Das alles regelt das Bundeskleingartengesetz.

Im Gegenzug müssen sie sich an die Vorgaben des Gesetzes halten. So dürfen sie zum Beispiel Obst und Gemüse nur für den Eigenbedarf anbauen. Außerdem dienen Kleingärten der allgemeinen Erholung.

? Welche Kosten fallen neben der Pacht noch an?

Zur Pacht hinzu kommen der Mitgliedsbeitrag für den Kleingartenverein, Kosten für Strom und Abwasser und Versicherungen – alles zusammen kann der Kleingarten im Schnitt rund 500 Euro pro Jahr kosten. Außerdem zahlt der neue Pächter einmalig eine angemessene Entschädigung an den früheren. Laut Bundesverband Deutscher Gartenfreunde liegt diese Ablöse durchschnittlich bei 3500 Euro. Ein Schätzer, meist vom Landesverband, taxiert die Höhe auf der Grundlage von Wertermittlungstabellen. Dabei berücksichtigt er nur Pflanzen oder Bauten, die im Rahmen einer kleingärtnerischen Nutzung üblich sind.

Ein Altpächter kann also keine Entschädigung für eine Einbauküche oder ein gefliestes WC verlangen – es sei denn, er einigt sich mit dem Neupächter auf eine Extrazahlung für die Luxuslaube.

? Warum müssen Kleingärtner Mitglied im Verein sein?

Eine Kleingartenkolonie wird als gemeinnütziger Verein geführt und die Kleingärtner schließen mit ihm den Pachtvertrag. Der Verein verpachtet die Gärten nur an Mitglieder. Kleingärtner sollten sich daher nicht nur für Grillen und Gartenpflege begeistern, sondern auch für das Vereinsleben. Dazu gehören neben gemeinsamen Festen Arbeitseinsätze für die Kolonie, um beispielsweise das Vereinshaus in Schuss zu halten oder die Gemeinschaftswege zu pflegen.

Tipp. Lesen Sie die Satzung des Vereins und sprechen Sie mit Mitgliedern, bevor Sie einen Garten pachten. So entwickeln Sie ein Gefühl dafür, welchen Einsatz der Verein erwartet.

? Wie kommen Interessierte an einen Kleingarten?

Die Aufnahme von neuen Mitgliedern ist nicht einheitlich geregelt. Viele Regionalverbände haben Wartelisten. In einigen Regionen regeln die Vereine die Neuaufnahme allein und haben eigene Listen. Wie leicht Interessierte an einen Garten kommen, hängt davon ab, wo sie suchen. In Großstädten wie Berlin warten mehr als 15000 Bewerber auf einen Kleingarten. In Teilen Ostdeutschlands gibt es dagegen freie Parzellen. Um auf die Warteliste zu kommen, müssen Interessierte oft ein Formular ausfüllen. Darin stellen sie sich kurz vor. Oft wird auch gefragt, welche Ablösesumme man bereit ist zu bezahlen.

Gartenfreunde, die Spaß am Vereinsleben haben und sich engagieren möchten, sollten das nicht verschweigen. Denn eine freie Parzelle wird meist mehreren Interessenten angeboten, und der Verein entscheidet dann, wer den Zuschlag bekommt.

Tipp. Schauen Sie auf die Internetseite Ihres zuständigen Landes- oder Bezirksverbands. Dort finden Sie Kolonien in Ihrer Nähe und die Ansprechpartner. Auf manchen Vereinsseiten stehen freie Gärten. Außerdem gibt es eine Suchmaschine, mit der Sie nach einem Verein in Ihrem Postleitzahlengebiet suchen können (gartenverein.de/suchmaschine). Teilweise wird auf freie Gärten verlinkt. Oder Sie schließen sich Menschen an, die ihren Kleingarten teilen möchten (gartenpaten.org).

? Müssen Kleingartenpächter Obst und Gemüse anbauen?

Ja, ein reiner Ziergarten mit Grillplatz, Häuschen, Rasen und Sträuchern entspricht nicht der kleingärtnerischen Nutzung. Nach der Rechtsprechung des Bundesgerichtshofs müssen Kleingärtner auf mindestens einem Drittel der Fläche Obst und Gemüse für den eigenen Bedarf anbauen (Az. III ZR 281/03). Diese sogenannte Fruchtquote überprüft der Vorstand des Vereins. Unterschreiten zu viele Parzellen diese Quote, fällt die Kolonie nicht mehr unter den Schutz des Bundeskleingartengesetzes. Der Eigentümer des Grundstücks, oft die Kommune, dürfte dann kündigen.

? Ist das Übernachten im Kleingarten gestattet?

Ja, während der Ferien und an den Wochenenden. Allerdings darf die Laube keinen dauerhaften Wohncharakter haben. Heizungsanlagen oder das Aufbauen von Satellitenschüsseln sind zum Beispiel verboten. ■

Mietgärten für eine Saison sind eine gute Alternative

Mit einem Mietgarten pachten Interessierte ein Stück Land auf einem Feld für eine Gartensaison, meist in Stadtnähe. Der Boden ist schon vorbereitet und die Beete sind mit Gemüsesorten, Kräutern oder Blumen erstbepflanzt. Aufgabe des Mietgärtners ist das Nachpflanzen und Ernten.

Mietgarten Anbieter 1)	Zahl der Standorte	Bundesländer	Kosten pro Jahr	Zustand des Beets		Bewirtschaftungsform
				vorbereitet	vorbepflanzt	
Ackerhelden.de	21	Baden-Württemberg, Bayern, Berlin, Bremen, Hamburg, Hessen, Niedersachsen, Nordrhein-Westfalen	40 m²/229 Euro	Ja	Ja	Bio (zertifiziert)
meine-ernte.de	24	Baden-Württemberg, Berlin, Hessen, Hamburg, Nordrhein-Westfalen	45 m²/229 Euro 90 m²/439 Euro	Ja	Ja	Konventionell und Bio 2)
tegut.com/saisongarten	21	Bayern, Hessen, Thüringen	40 m²/130 bis 190 Euro 3)	Ja	Ja	16 Standorte Bio (zertifiziert)

1) Mietgärten mit 20 oder mehr Standorten.
2) Vier Standorte sind biozertifiziert.
3) Preis und Größe abhängig vom Standort. Auch größere Gärten verfügbar.

Stand: März 2021

Was Haus und Hof wert sind

Ob Erbschaft- oder Schenkungsteuer anfällt, hängt vom Wert einer Immobilie ab. Den ermittelt das Finanzamt vom Schreibtisch aus.

6/2021 Wer etwas erbt oder geschenkt bekommt, erhält Vermögen von jemand anderem ohne Gegenleistung. Das heißt aber noch lange nicht, dass er oder sie nicht dennoch zahlen muss. Schenkung- oder Erbschaftsteuer könnte fällig werden. Ob sie ans Finanzamt zu überweisen ist, hängt vom Wert der Schenkung oder Erbschaft ab. Bei Immobilien ist der Verkehrswert maßgeblich.

Den ermittelt das Finanzamt in „typisierenden Massenverfahren“ vom Büro aus, also nicht individuell – auch wenn es bei der Bewertung von Haus und Hof entscheidend darauf ankommt, wie sie beschaffen sind. Eine Besichtigung des Objekts findet in der Regel nicht statt.

Wann Steuern zu zahlen sind

Schenkung- oder Erbschaftsteuer wird nicht zwangsläufig fällig, sondern nur, wenn das hinzugekommene Vermögen den Freibetrag des Beschenkten oder Erben überschreitet. Die Freibeträge richten sich nach dem Näheverhältnis zum Schenker oder Verstorbenen (siehe Tabelle).

Mit Blick auf die Steuer ist es wichtig, dass eine Immobilie nicht zu hoch bewertet wird und damit den Freibetrag des Begünstigten überschreitet. Ist der ermittelte Wert zwar zu hoch, bleibt aber unterhalb des Freibetrags, hat er keine Auswirkungen auf die Steuer und muss deshalb auch nicht widerlegt werden.

Finanzamt bestimmt Verkehrswert

Im Regelfall stellt das Finanzamt den Wert fest, obwohl jeder Immobilieneigentümer die Möglichkeit hat, einen öffentlich bestellten und vereidigten Sachverständigen als Gutachter zu beauftragen. Zu finden sind diese zum Beispiel über die Industrie- und Handelskammer, die eine Liste im Internet führt.

Bei der Bewertung von Immobilien ist – wie bei anderen Vermögensgegenständen auch – der gemeine Wert entscheidend. Das ist der Wert, der sich bei einem ordnungsgemäßen Verkauf erzielen ließe, also der Verkehrswert. Stichtag für die Bewertung ist bei einer Schenkung von Immobilien der Tag, an dem sie ins Grundbuch eingetragen wird, bei einer Erbschaft der Todestag.

Verfahren der Wertermittlung

Für Immobilien nutzt das Finanzamt drei Bewertungsverfahren, um dem Verkehrswert nahezukommen: das Vergleichswertverfahren, das Ertragswertverfahren und das Sachwertverfahren. Welches zum Einsatz kommt, hängt von der Art der Immobilie und den verfügbaren Daten ab.

Das Vergleichswertverfahren eignet sich zum Beispiel für Eigentumswohnungen sowie Ein- und Zweifamilienhäuser. Der Vergleichswert orientiert sich an den Kaufpreisen, die ähnliche Immobilien und Grundstücke beim Verkauf erzielt haben. Dabei spielen zum Beispiel Grundstücksgröße, geografische Lage, Baujahr, Wohnfläche und Ausstattung eine Rolle. Das Verfahren gilt als zuverlässige Bewertungsmethode.

Beim Ertragswertverfahren stehen die Erträge, die wirtschaftliche Restnutzungsdauer und der Bodenwert im Vordergrund. Es kommt für renditeorientierte Immobilienarten infrage, etwa für Mehrfamilien- sowie Geschäftshäuser und Gewerbeimmobilien.

Beim Sachwertverfahren sind Substanzwert und Bodenwert ausschlaggebend. Es wird für Immobilien eingesetzt, bei denen die Eigennutzung im Vordergrund steht und bei denen Vergleichswerte oder übliche Mieten nicht vorliegen, zum Beispiel, weil sie in ländlichen

Persönliche Freibeträge

Im Familienkreis lassen sich hohe Werte steuerfrei übertragen, wenn Freibeträge mehrerer Personen genutzt werden.

Verwandtschaftsgrad	Allgemeiner Freibetrag (Euro)
Steuerklasse I	
Ehepartner, eingetragene Lebenspartner	500 000
Kinder, Stief-, Adoptivkinder, Kinder verstorbener Kinder	400 000
Enkel und Stiefenkel	200 000
Urenkel	100 000
Eltern, Groß- und Urgroßeltern[1)]	100 000
Steuerklasse II	
Geschwister, Nichten und Neffen, Schwiegerkinder und -eltern, Stiefeltern, geschiedene Ehegatten, Partner einer aufgehobenen Lebenspartnerschaft	20 000
Steuerklasse III	
Onkel, Tanten, Lebensgefährten und alle anderen	20 000

1) Nur bei Erbschaft Steuerklasse I, bei Schenkung Steuerklasse II mit dort geltenden Freibeträgen.

Unser Rat

Mitteilungspflicht. Unterrichten Sie das Finanzamt binnen drei Monaten, wenn Sie eine Schenkung erhalten oder eine Erbschaft gemacht haben. Bei Schenkungen trifft diese Pflicht auch den Schenker. Das Finanzamt wird automatisch verständigt, wenn es ein notarielles oder gerichtlich eröffnetes Testament gibt, aus dem sich das Verhältnis zwischen Erben und Verstorbenem ergibt. Das gilt auch, wenn eine Schenkung gerichtlich oder notariell beurkundet wird.

Gutachten. Der vom Finanzamt ermittelte Wert ist nicht immer zutreffend. Im Zweifelsfall können Sie einen öffentlich bestellten und vereidigten Sachverständigen beauftragen, entweder bevor das Finanzamt tätig wird oder danach. Die Kosten für ein Gutachten betragen in der Regel mindestens 1 500 Euro. Rechnen Sie aus, ob sich das im Hinblick auf die steuerlichen Auswirkungen lohnt.

Gebieten liegen oder außergewöhnlich sind, wie Villen oder Burgen.

Bei Ertrags- und Sachwertverfahren ist die Anpassung an den lokalen Immobilienmarkt bedeutsam. Nicht immer stehen den Finanzämtern diese Marktdaten zur Verfügung.

Verfahren mit Schwächen

Die Art und Weise, wie das Finanzamt Immobilien bewertet, zieht durchaus Kritik auf sich. Es gruppiert gleichartige Objekte und bewertet mehr oder minder einheitlich. Dabei können der Bezug zum Bewertungsobjekt und die Nähe zum Markt fehlen.

In der Regel führt das zu einer höheren Bemessungsgrundlage mit der Folge, dass Immobilien oft zu hoch bewertet werden. Dass Finanzämter Immobilien zu hoch bewerten, gilt aber nicht zwangsläufig und auch nicht an allen Orten.

Einspruch ist möglich

Das Ergebnis des Finanzamts muss niemand hinnehmen. Es ist möglich, innerhalb eines Monats nach Zustellung Einspruch gegen den Feststellungsbescheid einzulegen und ein Gutachten eines öffentlich bestellten und vereidigten Sachverständigen vorzulegen, das einen anderen Wert belegt. Auch der erzielte Preis gilt als Nachweis eines geringeren Werts, wenn es innerhalb eines Jahres nach Erbschaft oder Schenkung zu einem Verkauf kommt. Dasselbe gilt, falls die Immobilie innerhalb eines Jahres vor dem Stichtag gekauft wurde. ■

Wo Kaufen noch bezahlbar ist

Ein Eigenheim scheint vielerorts kaum bezahlbar zu sein. Wir zeigen, wo ein Kauf dennoch eine gute Alternative zur Miete sein kann.

8/2021 Das Krisenjahr 2020 hat den Preisauftrieb bei den Immobilien nicht gebremst. Im Gegenteil: „Das eigene Heim als Lebensmittelpunkt hat an Bedeutung gewonnen", sagt der Immobilienmarktexperte Andreas Kunert von vdpResearch, dem Forschungsinstitut des Verbands Deutscher Pfandbriefbanken: „Durch Covid sind die Preise für Wohnimmobilien noch stärker gestiegen, als wir erwartet haben." Im Schnitt verzeichnete vdpResearch im Jahr 2020 bei Eigentumswohnungen und Einfamilienhäusern ein Plus von 7,4 Prozent. In 56 der 401 Städte und Landkreise in Deutschland kostet der Quadratmeter Wohnfläche in einer Wohnung inzwischen mehr als 3500 Euro.

Die Preise steigen weiter

Der Boom scheint weiterzugehen. Das lassen die Daten für die sieben größten Städte in Deutschland aus dem ersten Quartal 2021 vermuten, die zum Redaktionsschluss vorlagen: In Hamburg wurden Eigentumswohnungen im Jahresvergleich um 11 Prozent teurer.

Platzt für viele damit der Traum vom Eigenheim? Die Finanztest-Übersicht der Immobilienpreise zeigt: Das hängt unter anderem von der Region ab. Während beispielsweise in der Hauptstadt Berlin in guter Lage Quadratmeterpreise von 4350 Euro bis 6600 Euro gezahlt werden, kostet im angrenzenden Landkreis Oberhavel ein Quadratmeter gerade mal gut ein Drittel.

Wer nach den eigenen vier Wänden sucht, sollte also auch abseits gefragter Regionen Ausschau halten. Finanztest unterstützt dabei mit einer Übersicht über die Kaufpreise und Neuvertragsmieten für Eigentumswohnungen sowie die Kaufpreise für Ein- und Zweifamilienhäuser in allen 401 Städten und Landkreisen in Deutschland. Die Übersicht ist online unter test.de/immobilienpreise zu finden. Interessenten können jeweils die Daten für bis zu 20 Städte und Kreise abrufen.

Grundlage sind Daten von vdpResearch. Das Besondere: Sie basieren auf 350000 Immobilienverkäufen, die etwa 700 Banken im Jahr 2020 finanziert haben. Es handelt sich also um gezahlte Kaufpreise und nicht um Angebotspreise wie in den Vergleichen von Internetportalen oder um Ergebnisse von Umfragen unter Maklern.

Teure und günstige Städte

Zu sehen sind große regionale Unterschiede. Teuerstes Pflaster ist und bleibt München mit Quadratmeterpreisen von über 13000 Euro, gefolgt von Hamburg, Stuttgart, Frankfurt am Main und Berlin. Als einzige kleinere Stadt rangiert Heidelberg unter den fünf teuersten Städten. Besonders günstig ist ein Quadratmeter in den ostdeutschen Städten Gera, Suhl und Eisenach mit 2000 Euro und weniger.

Auffallend: Obwohl die Kaufpreise schon hoch sind, steigen sie kräftig weiter. Die Mieten gehen deutlich langsamer in die Höhe. Besonders ausgeprägt ist das Missverhältnis in den großen Städten, wo in den vergangenen Jahren per Gesetz die Mieten reguliert wurden. In Berlin sanken sie wegen des – inzwischen gescheiterten – Mietendeckels sogar etwas, während die Kaufpreise weiter um mehr als 5 Prozent nach oben kletterten.

Nirgendwo sonst schossen die Preise in den vergangenen zehn Jahren so durch die Decke wie in der Hauptstadt. Ende 2010 war hier eine 100-Quadratmeter-Wohnung in guter Lage und mit guter Ausstattung noch für durchschnittlich 228500 Euro zu haben. Anfang 2021 waren dafür im Schnitt 575000 Euro zu berappen.

Mehr Eigenkapital nötig

Der Höhenflug macht eine Immobilie für viele Familien vielerorts unerschwinglich. Denn mindestens 10 Prozent, besser 20 Prozent des Kaufpreises plus alle Nebenkosten sollten aus eigenen Mitteln stammen.

Der erforderliche Betrag wird immer höher. In unserer Beispielrechnung (siehe Grafik nächste Seite) benötigen die Käufer in Frankfurt am Main und in Berlin weit mehr als 100000 Euro Eigenkapital, um mindestens 10 Prozent des Kaufpreises und die Nebenkosten abzudecken. Hinzu kommt: In den letzten Monaten sind die Zinsen für Kredite wieder leicht gestiegen. Setzt sich dieser Trend fort, sieht die Rechnung für künftige Käuferinnen und Käufer noch schlechter aus.

Auf Kaufpreis-Miete-Verhältnis achten

Ist genügend Kapital vorhanden, kann die Rechnung aber trotz der hohen Preise aufgehen. Denn ein weiteres entscheidendes Argument für oder gegen den Kauf von Wohneigentum ist die Jahresmiete, die eine vergleichbare Wohnung kostet. Unsere Finanzierungsbeispiele zeigen Wohnungskäufe in fünf Städten. Sie sind jeweils zu 90 Prozent über einen Kredit finanziert.

Zahlen Käufer wie in Köln nur etwa das 22-Fache der Jahresmiete ohne Betriebskosten, ist die Belastung für Käufer sogar etwas geringer als für Mieter. Beträgt der Kaufpreis dagegen mehr als das 30-Fache der Jahresmiete, haben Käufer monatlich deutlich mehr zu schultern als Mieter. Am höchsten ist die Mehrbelastung wegen der vergleichsweise geringen Mieten in Berlin. Hier zahlen Eigentümer 50 Prozent mehr als die Mieter einer vergleichbaren Wohnung.

Auf der Suche nach einer geeigneten Immobilie sollten Interessenten also nicht nur auf die absoluten Preise, sondern auf ein angemessenes Verhältnis zu den Mieten achten. In der Online-Übersicht sind deshalb auch die durchschnittlichen Neuvertragsmieten und die Spannen für das örtliche Kaufpreis-Miete-Verhältnis angegeben.

Unser Rat

Kaufpreis. Achten Sie bei der Immobilie auf ein angemessenes Verhältnis des Kaufpreises zur Miete für eine vergleichbare Wohnung. Mehr als das 25-Fache der Jahresmiete ist relativ teuer. Wenn Sie mehr als 30 Jahresmieten zahlen, müssen Sie viele Jahre lang fürs Wohnen deutlich mehr ausgeben als Mieter.

Eigenkapital. Beim Kauf einer Immobilie sollten Sie mindestens 10 bis 20 Prozent des Kaufpreises und alle Kaufnebenkosten aus eigenen Mitteln zahlen können.

Übersicht. Die Kaufpreise und Mieten in allen 401 Städten und Landkreisen der Bundesrepublik stehen online unter test.de/immobilienpreise. Nach Freischaltung können Sie die Daten für maximal 20 Städte und Kreise abrufen.

Rechner. Mit unserem kostenlosen Rechner „Kaufen oder Mieten?" können Sie ermitteln, ob sich die eigenen vier Wände für Sie lohnen (test.de/rechner-baufinanzierung).

Auf Dauer sind Käufer meist im Plus

Bei der Entscheidung für oder gegen die eigene Immobilie spielt aber nicht nur die Anfangsbelastung und die eigene Lebenssituation eine Rolle. Wichtig ist auch die Frage, wie sich die Mieten und der Wiederverkaufswert entwickeln.

Für das Jahr 2021 erwarten die Immobilienexperten von vdpResearch in zahlreichen Städten und Kreisen einen Preisanstieg von 4 Prozent und mehr. „Es gibt nach wie vor vielerorts einen Nachfrageüberhang. Was auf dem Markt ist, wird gekauft", erläutert Andreas Kunert von vdpResearch. ■

Käufer zahlen oft mehr im Monat als Mieter

Nur im Beispiel Köln mit niedrigem Kaufpreis-Miete-Verhältnis tragen Käufer einer 100-Quadratmeter-Wohnung in guter Lage und mit guter Ausstattung eine geringere Belastung im Monat als Mieter.

Kaufpreis-Miete-Verhältnis	22,3 KÖLN	24,9 FRANKFURT am Main	24,6 BIELEFELD	30,5 DRESDEN	37,2 BERLIN
Kaufpreis (Alle Angaben in Euro)	408 500	566 500	280 000	326 000	566 500
Kaufnebenkosten[1] bei Kauf über Makler	+ 47 300	+ 59 300	+ 32 400	+ 27 900	+ 62 700
Gesamtkosten	= 455 800	= 625 800	= 312 400	= 353 900	= 629 200
Eigenkapital 10 % vom Kaufpreis + Nebenkosten	– 88 150	– 115 950	– 60 400	– 60 500	– 119 350
Kreditsumme	= 367 650	= 509 850	= 252 000	= 293 400	= 509 850
Kreditrate pro Monat Zinssatz 1,7 %, Tilgung 2,5 %	1 287	1 784	882	1 027	1 784
Bewirtschaftungskosten[2] pro Monat (4 Euro pro m²)	+ 400	+ 400	+ 400	+ 400	+ 400
Gesamtbelastung pro Monat	= 1 687	= 2 184	= 1 282	= 1 427	= 2 184
Monatliche Mehrbelastung in Euro gegenüber Mietwohnung[3]	–20	131	132	337	764
Mehrbelastung in Prozent der Mietkosten	–1	6	11	30	50

1) Ortsübliche Kosten für Grunderwerbsteuer, Makler, Notar und Grundbuchamt.
2) Betriebskosten, Instandhaltungsrücklage und Verwaltungskosten.
3) Nettokaltmiete für eine vergleichbare Mietwohnung zuzüglich 250 Euro Nebenkosten. Die Mehrbelastung berücksichtigt auch beim Kauf entfallende Zinsen von 1 Prozent pro Jahr auf das eingesetzte Eigenkapital.

Quelle für Kauf- und Mietpreise: vdpResearch, Stand: 4. Quartal 2020

Kostenschutz für Wohnärger

Suchen Mieter oder Vermieter Kostenschutz für einen künftigen Rechtsstreit, können sie eine spezielle Rechtsschutzpolice abschließen.

11/2021 Mietrechtsprozesse können teuer werden. Wer vor Gericht verliert, zahlt Gerichtskosten, den eigenen Rechtsbeistand und den des Gegners.

Streiten sich Mietparteien gerichtlich etwa um eine Betriebskostennachzahlung in Höhe von 1000 Euro, kommen auf die unterlegene Seite Kosten von insgesamt 900 Euro zu. Wird um eine Kündigung gestritten, beträgt das Kostenrisiko bei einer Monatsmiete von 700 Euro rund 4900 Euro.

Mit einer Rechtsschutzversicherung, die auch Mietärger abdeckt, können Mietparteien ohne Angst vor solchen Kosten streiten. Der Versicherer übernimmt die Anwalts- und Gerichtskosten.

Große Rechtsschutzlösung

Mieter und Vermieter, die nach Rechtsschutz suchen, haben mehrere Möglichkeiten: Sie können ein großes Rechtsschutzpaket etwa für die Lebensbereiche Privat, Beruf, Verkehr (PBV) abschließen und den Baustein Wohnen dazubuchen. Dieser Baustein verteuert aber die PBV-Pakete. Beispiel: Einer der derzeitigen Testsieger aus unserem Rechtsschutz-Dauertest ist der Premium-Tarif des Versicherers ADAC (Note Gut, 2,0; siehe test.de/rechtsschutz). Er kostet für die Lebensbereiche PBV rund 365 Euro jährlich (bei 150 Euro Selbstbeteiligung im Schadensfall), inklusive Mieter-Rechtsschutz sind es 438 Euro.

Für Vermieter fällt der Preisaufschlag oft höher aus. Beispiel: Der ebenfalls mit Gut bewertete PBV-Rechtsschutz des Versicherers WGV (Tarif Optimal, Note 2,3) kostet einen Wiesbadener 308 Euro pro Jahr. Nimmt er den Baustein Wohnen hinzu, um auch als Vermieter seiner Eigentumswohnung versichert zu sein, zahlt er einen Aufschlag von 214 Euro, also jährlich insgesamt 522 Euro (Selbstbehalt 150 Euro).

Vermieter zahlen mehr, weil ihr Wohnen-Baustein mehr versichert – etwa auch Steuerstreit.

Unser Rat

Mieter-Rechtsschutz. Eine Spezial-Rechtsschutzversicherung für mietrechtliche Streitigkeiten bekommen Mieter für um die 100 Euro pro Jahr (siehe Tabelle S. 157). Alternativ gibt es Rechtsschutz oft über eine Mitgliedschaft im örtlichen Mieterverein. Die Jahresbeiträge für die Mitgliedschaft liegen meist zwischen 80 und 120 Euro.

Vermieter-Rechtsschutz. Vermieter, die für eine vermietete Wohnung eine Rechtsschutzversicherung suchen, müssen oft mehr als 100 Euro pro Jahr zahlen (siehe Tabelle S. 157). Mitglieder eines Eigentümerverbands (etwa Haus & Grund) bekommen oft Rabatt.

Änderung mitteilen. Ändern sich Ihre persönlichen Umstände (etwa weil ein Vermieter seine Wohnung verkauft und Mieter wird), sollten Sie dies umgehend Ihrem Versicherer mitteilen. Sonst gefährden Sie Ihren Rechtsschutz.

Kleine Rechtsschutzlösung

Wer nicht so viel Geld ausgeben will und nur nach Rechtsschutz für Mietprobleme sucht, kann bei einigen Rechtsschutzversicherern den Baustein Wohnen als Einzelpolice abschließen (siehe S. 157).

Rechtsschutz für Mieter

Mieter bekommen Mietrechtsschutz als Einzelpolice bei einigen Versicherern schon für um die 100 Euro pro Jahr (siehe Tabelle rechts). Günstiger geht es mitunter über die Mitgliedschaft in einem Mieterverein. In vielen Städten gibt es die Mietervereine des Deutschen Mieterbundes (DMB). Die Mitgliedschaft dort kostet oft zwischen 80 und 120 Euro pro Jahr – Rechtsschutzversicherung inklusive.

Der Rechtsschutz über einen Mieterverein läuft oft so ab: Solange sich der Streit mit dem Vermieter im vorgerichtlichen Stadium befindet, können sich Vereinsmitglieder von den Vereinsjuristen beraten lassen. Erst wenn der Zoff vor Gericht geht, können sie sich selbst einen Anwalt suchen, der sie vertritt.

Viele Mietervereine kooperieren mit der DMB Rechtsschutz-Versicherung aus Köln als „Prozesskostenversicherer". Das heißt: Dieses Versicherungsunternehmen übernimmt die vor Gericht anfallenden Kosten eines Streits.

Unterschied zur Rechtsschutzpolice

Zwischen dem Rechtsschutz über eine Vereinsmitgliedschaft und einer „normalen" Rechtsschutzversicherung inklusive Baustein Wohnen gibt es kleine inhaltliche Unterschiede. Bei einer Rechtsschutzpolice haben Kunden stets – auch im vorgerichtlichen Stadium – das Recht auf freie Anwaltswahl.

Die Versicherung zahlt auch Kosten eines Streits etwa zwischen Mitmietern einer Wohnung, wenn zum Beispiel eine Bewohnerin ihren Mietanteil nicht zahlt. Die Prozesskostenversicherung der DMB Rechtsschutz-Versicherung bezahlt nur Streit zwischen Mieter und Vermieter.

Wer über eine Rechtsschutz-Police nachdenkt, sollte diese früh abschließen. Denn Rechtsschutz gibt es nur für künftigen Ärger. Liegt die Kündigung schon vor und die Person schließt dann erst die Versicherung ab, ist der Streit um die Kündigung nicht versichert.

Rechtsschutz für Vermieter

Vermieter bekommen Rechtsschutz direkt bei einem Rechtsschutzversicherer oder über eine Mitgliedschaft in einem Eigentümerverband wie Haus & Grund.

Die jährlichen Versicherungsbeiträge für eine Einzelpolice hängen von der Höhe der Jahresbruttomiete der Wohnung ab, die sie vermieten.

Beispiel. Bei 15 000 Euro Bruttojahresmiete zahlt eine Vermieterin je nach Anbieter zwischen 128 und 864 Euro pro Jahr (siehe rechts).

Rechtsschutz über Haus & Grund

Die Beiträge für eine Mitgliedschaft im örtlichen „Haus & Grund"-Verein hängen vom Wohnort ab. In Berlin etwa zahlen Mitglieder pro Jahr zwischen 30 bis 60 Euro (Stadtrand) und 120 bis 200 Euro (Innenstadt). Rechtliche Beratung zum Beispiel zu Betriebskostenabrechnungen ist inklusive. Die Vereinsjuristen geben auch allgemeine Tipps, etwa zum Abschluss eines Mietvertrags.

Prozesskostenschutz für Streit vor Gericht lässt sich mitsamt des Steuer-Rechtsschutzes dazubuchen. Einige Haus & Grund-Vereine vermitteln den Prozesskostenschutz des Versicherers Roland zum Preis von pauschal 59,90 Euro pro Jahr (bei einer einzigen vermieteten Wohnung). Andere Ortsvereine vermitteln auf Wunsch den Abschluss der Prozesskostenversicherung der Örag für 59 Euro pro Jahr (Selbstbeteiligung je 250 Euro).

Egal ob Einzelpolice oder Prozesskostenversicherung über einen Eigentümerverband: Der Schutz greift erst nach dem Ablauf einer Wartezeit von in der Regel drei Monaten. Streitigkeiten, die bereits existieren, sind nicht versichert.

Einzelpolicen für Mieter und Vermieter

Während spezielle Rechtsschutz-Policen für Mieter teilweise recht günstig zu haben sind, müssen Vermieter bei einigen Anbietern richtig tief in die Tasche greifen.

Anbieter	Tarifname	Jahresbeitrag bei 150 Euro Selbstbeteiligung (Euro)
Für Mieter		
Advocard	Wohnungs-Rechtsschutz (Baustein W)	143
Allrecht	Haus- und Wohnungs-Rechtsschutz	161
Arag	Aktiv-Rechtsschutz Immobilie Komfort	105
Deurag	Wohnungs- und Grundstücks-Rechtsschutz	120
DEVK	Rechtsschutz für Mieter	106
Ergo	Immobilien-Rechtsschutz Mieter	129
Itzehoer	Rechtsschutz für Mieter	129
Örag	Haus- und Wohnungs-Rechtsschutz	126
Roland	Immobilien-Rechtsschutz	130
VGH	Rechtsschutz für Mieter (§ 29)	47
Zurich	Immobilien-Rechtsschutz Basis	55
Für Vermieter		
Advocard	Vermieter-Rechtsschutz (Baustein G)	274
Allrecht	Haus- und Wohnungs-Rechtsschutz	226
Arag	Aktiv-Rechtsschutz Immobilie Komfort	176
Deurag	Wohnungs- und Grundstücks-Rechtsschutz	303
Ergo	Immobilien-Rechtsschutz Vermieter	864
Itzehoer	Rechtsschutz für Vermieter	198
Örag	Haus- und Wohnungs-Rechtsschutz	350
Roland	Immobilien-Rechtsschutz für Vermieter	221
VGH	Rechtsschutz für Vermieter (§ 29)	595
Württembergische	Solo-Vermieter-Rechtsschutz Komfort	128
Zurich	Immobilien-Rechtsschutz Basis	616

Die Tabelle nennt den günstigsten Tarif eines Versicherers, der Rechtsschutz für Mieter bzw. Vermieter als Einzelpolice bietet („Wohnungs- und Grundstücks-Rechtsschutz"). Außergerichtlicher Streit ist mitversichert. Die Beiträge sind kaufmännisch gerundet. Grundlage der Berechnung der Mieterprämie: Familientarif, Angestellter, jährliche Zahlungsweise, Einjahresvertrag.

Grundlage der Berechnung der Vermieterprämie: Familientarif, Angestellter, eine vermietete Eigentumswohnung, Bruttojahresmiete 15 000 Euro, jährliche Zahlungsweise, Einjahresvertrag.

Stand: 1. Oktober 2021

Fallstricke bei der Mietkaution

Bürgschaft statt Kaution ist für Mieter keine gute Alternative. Finanztest klärt Regeln und Kosten von Mietsicherheiten.

10/2021 Drei Nettokaltmieten (Monatsmieten ohne Vorauszahlungen für Heiz- und Betriebskosten) müssen Mieter meist beim Einzug zahlen. Diese Kaution ist das Pfand für den Vermieter. Insbesondere nach dem Auszug darf er darauf zugreifen: etwa wenn der Mieter Schäden in der Wohnung angerichtet hat. Leider bieten einige Banken keine Kautionskonten mehr an. Oder sie offerieren Mietbürgschaften als Alternative. Finanztest klärt Fragen zur Mietkaution.

? Mein Vermieter möchte, dass die Kaution auf sein Kautionskonto kommt. Kann er das verlangen?

Hier zählt, was im Mietvertrag vereinbart ist. In der Praxis kommen beide Varianten vor:

Vermieterkonto. Oft ist im Mietvertrag geregelt, dass das Geld auf einem Kautionskonto des Vermieters liegt. Der Vermieter ist gesetzlich verpflichtet, die Kaution auf ein Sparkonto getrennt von seinem Vermögen anzulegen (Treuhandkonto). Die Kaution auf einem Vermieterkonto wird von Vermietern oft bevorzugt, weil sie einfach darauf zugreifen können.

Mieterkonto. Manchmal sind Vermieter einverstanden damit, dass die Kaution auf ein Kautionskonto des Mieters eingezahlt wird. Das Guthaben wird an den Vermieter verpfändet. Bei einigen Banken kostet die Eröffnung eines Kautionskontos bis zu 50 Euro einmalig.

Kostenfreie Kautionskonten für Mieter und Vermieter bieten etwa an: DKB, GLS Bank, PSD Bank Karlsruhe-Neustadt, Sparkasse Saarbrücken und Volksbank Dresden-Bautzen.

? Sind Mietbürgschaften eine Alternative zum Kautionskonto?

Solche Produkte werden über Internetseiten wie Eurokaution, Kautionskasse, Kautionsfrei, Kautionsfuchs beworben und vertrieben. Die

Ratenkredit

Günstigere Lösung

Kredit. Wenn Mieter für die Kaution einen Ratenkredit aufnehmen, zahlen sie Zinsen. Bei einer Kreditsumme von 2000 Euro für die Kaution und 4 Prozent effektivem Jahreszins zahlt ein Mieter bei fünf Jahren Laufzeit monatlich rund 37 Euro für den Kredit ab. Am Ende hat er rund 206 Euro Zinsen gezahlt. Bei einem Kredit von 4500 Euro beträgt die Monatsrate 83 Euro und die Gesamtzinsbelastung 464 Euro. Wenn es keinen Streit zwischen den Mietparteien gibt, bekommt der Mieter den Kreditbetrag nach seinem Auszug zurück.

Kautionsversicherung/Mietbürgschaft. Eine Kautionsversicherung kostet Mieter bei fünf Jahren Mietzeit und einer Bürgschaftssumme von 2000 Euro für die Kaution am Ende je nach Anbieter zwischen 390 und 550 Euro, bei einer Bürgschaft von 4500 Euro zwischen 878 und 1238 Euro. Beim Auszug gibt es nichts zurück. Mietbürgschaften der Banken sind oft billiger, können aber oft nur von Bestandskunden abgeschlossen werden. Oder der Mieter muss bei der Bank zusätzlich zur Bürgschaft ein Girokonto führen.

Anbieter kooperieren mit Versicherern wie der Allianz oder der R+V. Auch viele Banken wie die DKB bieten solche Alternativen an, etwa unter dem Begriff „Mietaval".

Statt der Kaution bezahlt der Mieter eine Bank oder Versicherung dafür, dass diese dem Vermieter als Bürge zur Verfügung steht, falls der Mieter später etwa auszieht, ohne alle seine Schulden aus dem Mietverhältnis zu begleichen. Der Vorteil für Mieter besteht darin, dass sie beim Einzug keine hohe Kautionssumme auftreiben müssen.

Bei den meisten Anbietern kostet eine Mietbürgschaft jährlich zwischen 3 und 5 Prozent der eigentlichen Kautionssumme. Beispiel: Stellen Sie Ihrem Vermieter eine Bürgschaft in Höhe von 2000 Euro und schließen Sie diese bei einem Anbieter ab, der als Gebühr 4,7 Prozent dieser Kautionssumme verlangt, zahlen Sie jährlich 94 Euro. Diese Kosten werden Jahr für Jahr fällig. Sie zahlen die Gebühr bis zu Ihrem Auszug.

Wegen der Kosten rät Finanztest vom Abschluss einer Mietbürgschaft ab. Wer einen finanziellen Engpass hat und zu Beginn eines Mietverhältnisses die Kaution nicht aufbringen kann, schließt besser einen Kredit in Höhe der Kautionssumme ab. Bei den derzeitig niedrigen Zinsen ist das billiger als die Bürgschaft (siehe Kasten links).

Unser Rat

Kaution. Der Vermieter darf maximal drei Nettokaltmieten – Monatsmiete ohne Nebenkosten – als Kaution verlangen. Sie dürfen die Kaution in drei Raten zahlen. Die Summe kommt auf ein Konto des Mieters und das Guthaben wird an den Vermieter verpfändet. Oder der Vermieter legt das Geld auf ein Treuhandkonto. Bei der Kontoeröffnung verlangen einige Anbieter Gebühren (Details dazu unter test.de/mietkautionskonto-pdf).

Bürgschaft. Von Kautionsversicherungen und Mietbürgschaften raten wir ab. Sie sind beide für Mieter sehr teuer. Wer die Kaution bei Einzug nicht aufbringen kann, schließt besser einen Ratenkredit ab, um das Geld vorzulegen.

? Kann ich auch eine andere Geldanlage als Mietsicherheit wählen?

Ja, wenn der Vermieter einverstanden ist. Der Berliner Vermögensverwalter Growney etwa bietet als Alternative zum Kautionskonto ein „Mietkautionsdepot" an. Das funktioniert so: Der Kautionsbetrag, der normalerweise auf einem Konto des Mieters oder Vermieters zum Sparzins von derzeit nahezu Null landen würde, fließt dort in (börsengehandelte) Fonds. Der Mieter wählt eine Geldanlagestrategie und Growney kümmert sich dann um die Vermögensverwaltung.

Mieter und Vermieter unterschreiben – ähnlich wie beim verpfändeten Kautionskonto – eine Verpfändungerklärung. Endet das Mietverhältnis und hat der Vermieter noch Forderungen gegen den Mieter aus dem Mietverhältnis, kann er die Auszahlung des Depotwerts an sich verlangen.

Die Anlage des Kautionsbetrags in Aktien oder Fonds ist aber nur etwas für risikobereite Mietparteien. Denn der Wert des Depots unterliegt den Wertschwankungen der Börse. Hat der Mieter bei Einzug in die Wohnung zum Beispiel 4500 Euro ins Mietkautionsdepot eingezahlt und ist der Depotwert bei Auszug um 30 Prozent gesunken, stehen dem Vermieter nur noch 3150 Euro als Mietsicherheit zur Verfügung. Ist der Depotwert um 30 Prozent gestiegen, kann er auf 5850 Euro zugreifen.

Auch die Kosten eines solchen Depots sind zu beachten: Die Verpfändung des Mietkautionsdepots kostet einmalig 29,75 Euro. Die Gebühr wird direkt aus dem Mietkautionsdepot beglichen. Vom Depotwert nimmt sich Growney zudem jährlich 0,68 Prozent als „Servicegebühr" weg. Bei einem Depotwert von 4500 Euro wären das rund 31 Euro. ■

Tierische Mi(e)tbewohner

Gute Nachrichten für Tierfreunde: Oft dürfen Mieter tierische Mitbewohner haben – manchmal sogar trotz Verbots im Mietvertrag.

8/2021 Ob Tierhaltung in der Mietwohnung erlaubt ist, lässt sich nicht pauschal beantworten. Wenn Mieterin oder Mieter gerne ein Haustier in ihrer Wohnung halten wollen, kommt es darauf an, was in ihrem Mietvertrag steht und um was für ein Tier es sich handelt.

Wir erklären, welche Rechte Mieter rund um Haustiere in der Mietwohnung haben.

Aber Achtung: Die Regeln gelten nicht für Personen, die ihren Mietvertrag individuell mit ihrem Vermieter ausgehandelt haben. Solche Individualvereinbarungen dürften allerdings die Ausnahme sein.

Kleintiere dürfen immer einziehen

Unabhängig von dem, was im Mietvertrag zur Tierhaltung steht, dürfen harmlose Kleintiere grundsätzlich einziehen. Nach Faustregel des Bundesgerichtshofs sind das Tiere, die in geschlossenen Behältnissen gehalten werden können. Sie stellen keine Beeinträchtigung für die Wohnung dar und stören niemanden, beispielsweise Zierfische, Schildkröten oder Hamster (Az. VIII ZR 340/06). Die Haltung dieser kleinen Mitbewohner gehört stets zum vertragsmäßigen Gebrauch einer Mietwohnung. Ein Mieter muss seinen Vermieter daher nicht um Erlaubnis bitten.

Was der Mietvertrag regeln darf

Komplizierter wird es, wenn sich ein Tierfan, der zur Miete wohnt, ein größeres Haustier wünscht. In solchen Fällen kommt es darauf an, um was für ein Tier es sich handelt und was im Mietvertrag steht. Erlaubt der Vermieter dort die Tierhaltung, dürfen gewöhnliche Haustiere wie Hund, Katze oder Kaninchen einziehen. Die Betonung liegt allerdings auf dem Wort gewöhnlich. Für ungewöhnliche Tiere, etwa eine Gift- oder Würgeschlange, gilt die pauschale Erlaubnis nicht (Amtsgericht Charlottenburg, Az. C 10 166/88).

Manch Haltungsverbot ist unwirksam

Ist laut Mietvertrag jegliche Tierhaltung verboten, muss der Traum vom Haustier trotzdem noch nicht ausgeträumt sein. Eine Klausel, die jegliche Tierhaltung pauschal verbietet, ist nach Rechtsprechung des Bundesgerichtshofs unwirksam.

Genauso unwirksam ist eine Klausel, wenn sie ausschließlich Kleintierhaltung erlaubt. Beide Verbote wären eine unangemessene Benachteiligung der Mieterin oder des Mieters. Sie nähmen keine Rücksicht auf besondere Fallgestaltungen und Interessenlagen und würden etwa auch die Haltung eines Therapiehundes verbieten (Bundesgerichtshof, Az. VIII ZR 168/12).

Wann Vermieter zustimmen müssen

Auch wenn Vermieterinnen und Vermieter die Haltung von Hund oder Katze nicht pauschal verbieten dürfen, können sie vertraglich verlangen, dass ihre Zustimmung eingeholt wird. Die ist auch nötig, wenn ein unwirksames Haltungsverbot im Mietvertrag steht.

Es kann sein, dass der Vermieter sogar zustimmen muss. Das hängt davon ab, ob die Tierhaltung zum mietvertraglichen Gebrauch der Wohnung zählt. Bei einer Katze ist das in der Regel der Fall. Beim Hund ist es etwas komplizierter: Die Erlaubnis hängt vom Einzelfall und einer Interessenabwägung aller Beteiligten ab.

Der Bundesgerichtshof hat dafür eine lange Liste aufgestellt. Es zählen zum Beispiel Art, Größe und Anzahl der Haustiere, die Interessen der anderen Mietparteien sowie Lage und Zustand von Wohnung und Wohnhaus (Az. VIII ZR 340/06).

Haltungsverbote können zulässig sein

Die Chancen für einen tierischen Mitbewohner stehen zwar gut, immer erlauben müssen Vermieter die Tierhaltung aber nicht:

Heimtierzoo verboten. Hat ein Mieter zu viele Haustiere, kann der Vermieter verlangen, dass einige ausziehen. Laut Amtsgericht Wiesbaden sind mehr als drei Katzen zu viel (Az. 91 C 3026/12).

Kein Schwein gehabt. Wird ein erlaubtes Haustier gefährlich, weil es beispielsweise andere Menschen verletzt, kann die Haltung dieses Tieres untersagt werden. Das entschied das Amtsgericht München im Falle eines Minischweins (Az. 413 C 12648/04).

Bei Nachbars piepts wohl. Vermieter müssen keine Nutztierhaltung erlauben. In einem Urteil des Amtsgerichts Köln ging es dabei um einen Mieter, der Hühner auf dem Balkon hielt (Az. 214 C 255/09).

Einigeln verboten. Ebenfalls verbieten dürfen Vermieter die Haltung von Wildtieren, die nach Wildtier riechen. Dies entschied das Amtsgericht Berlin-Spandau im Fall einer Mieterin, die in ihrer Wohnung und auf dem Balkon mehrere Igel pflegte (Az. 12 C 133/14).

Auf die gute Nachbarschaft achten

Auch wenn die Haltung eines Haustiers erlaubt wurde, kann es später Ärger geben. Verursacht ein Vierbeiner zum Beispiel anhaltende Lärm- oder Geruchsbelästigungen und stört damit die Nachbarn, kann die Erlaubnis widerrufen werden. Mieterinnen und Mieter mit tierischen Mitbewohnern sollten daher Rücksicht nehmen und darauf achten, dass ihre Vierbeiner niemanden stören.

Beim Auszug auf Spuren achten

Wenn Haustierfans aus ihrer Mietwohnung ausziehen, finden sie womöglich unerwünschte Spuren ihrer Vierbeiner an Wänden, Böden oder Türen. Für alle Schäden, die über die übliche Abnutzung der Wohnung hinausgehen, müssen Mieter einstehen, etwa wenn durch Katzenurin ein Fußboden verseucht ist.
Strittig ist beispielsweise, wie es mit Kratzern durch Hundekrallen auf Parkett aussieht. Manche Gerichte schätzen sie als übliche Abnutzung ein. In diesem Fall zahlt der Mieter nicht. Um solche Schäden zu vermeiden, meint das Landgericht Koblenz aber, dass der Hund nur in Räume darf, in denen kein Parkett liegt. Sonst müsse das Tier Hundesocken tragen (Az. 6 S 45/14).

Folgt der Einzug in eine neue Mietwohnung, gelten natürlich auch dort die Regeln zur Haustierhaltung. Herrchen und Frauchen sollten ihre Mitbewohner bei der Wohnungssuche nicht verschweigen. ■

Unser Rat

Mietvertrag checken. Wenn Sie ein Haustier halten wollen, schauen Sie in Ihrem Mietvertrag nach einer Regelung zur Tierhaltung. Pauschale Haltungsverbote sind unzulässig. Bei Hund und Katze dürfen Vermieterin oder Vermieter verlangen, dass ihre Zustimmung eingeholt wird. Kleintiere wie Zierfische oder Hamster sind immer erlaubt.

Rücksicht nehmen. Wenn Sie einen tierischen Mitbewohner haben, nehmen Sie Rücksicht auf die Nachbarn und halten Sie sich an die Regeln. Schauen Sie etwa in die Hausordnung, ob Hunde oder Katzen außerhalb der Wohnung eventuell angeleint werden müssen (Landgericht Frankfurt am Main, Az. 2 – 09 S 11/15).

Schäden versichern. Wer einen eigenen Hund hat, braucht eine Hundehalter-Haftpflichtversicherung. Die Versicherung ist in vielen Bundesländern sogar Pflicht. Schäden, die von Kleintieren oder Katzen verursacht werden, sind durch die Privathaftpflichtversicherung des Halters abgedeckt.

Irrtümer über Stromverträge

Fast jeder Haushalt hat einen Stromtarif, viele auch einen für Gas. Dies sind die Antworten auf häufige Missverständnisse und Konflikte.

7/2021 Mehr als 40 Millionen Haushalte in Deutschland haben einen Stromvertrag, oft auch einen für Gas oder Wärmestrom. Durch einen Wechsel des Anbieters lässt sich sparen, aber der Markt ist intransparent. Viele Kunden zögern offenbar, weil ihnen der Schritt zu riskant oder zu kompliziert erscheint. Wir klären über sieben häufige Irrtümer auf.

1 Wenn der Anbieterwechsel scheitert oder ein Energieversorger pleitegeht, stehen Kunden ohne Strom oder Gas da.

Das ist falsch. Sollte ein Versorger pleitegehen oder ein Vertragswechsel nicht zustande kommen, rutschen Kundinnen und Kunden automatisch in die Ersatzversorgung bei ihrem örtlichen Grundversorger. Das ist der Energieversorger, der im jeweiligen Netzgebiet die meisten Haushalte mit Strom oder Gas versorgt – meist das örtliche Stadtwerk.

Die Ersatzversorgung dauert längstens drei Monate und ist in dieser Zeit ohne Einhaltung einer Frist jederzeit kündbar. Versäumen Kunden dies, sind sie im Grundversorgungstarif. Hier gilt eine Kündigungsfrist von 14 Tagen. Dass der Wechsel manchmal trotzdem ein wenig länger dauert, liegt daran, dass nicht alle Energieanbieter einen täglichen Vertrag beginn akzeptieren. Manche haben bestimmte Stichtage. Einen Grundversorgungstarif kann man auch aus Versehen abschließen, indem man einfach handelt, zum Beispiel, wenn ein Mieter in seiner neuen Wohnung das Licht einschaltet. Solange er dort Strom nutzt und nicht aktiv einen Tarifwechsel einleitet, gelten Preise und Bedingungen der Grundversorgung.

2 Die Preise für Neukunden sind bei allen Tarifen günstiger.

Nein. Nur bei Sonderverträgen zahlen Neukunden oft weniger als Altkunden. In der Grund- und Ersatzversorgung gibt es keinen Unterschied. Diese Preise müssen Anbieter veröffentlichen, zum Beispiel im Internet.

Tipp. Wenn Sie noch nie etwas an Ihrem Strom- oder Gastarif geändert haben, sind Sie in der Grundversorgung. Dieser Notfalltarif ist vergleichsweise teuer. Prüfen Sie über Vergleichsportale, wie viel Geld Sie durch Wechseln sparen können.

3 Eine Kundin kann den monatlichen Abschlag nicht verändern.

Doch. Der monatliche Abschlag ist eine Vorauszahlung auf den zu erwartenden Jahresverbrauch. Die meisten Energieversorger teilen die geschätzten Kosten hierfür durch zwölf. Als Grundlage gilt der Vorjahresverbrauch. Macht eine Kundin glaubhaft, dass ihr Verbrauch erheblich gesunken ist, so muss der Versorger den Abschlag anpassen. Dies kann zum Beispiel passieren, wenn ein Kind ausgezogen ist.

Vorsicht: Für Verwirrung sorgt, dass einige sehr günstige Anbieter Tarife haben, die statt zwölf nur elf Abschläge veranschlagen, was die Abschlagshöhe hoch treibt. Dies gilt etwa für die Marke Immergrün der Rheinische Elektrizitäts- und Gasversorgung, Fuxx-die Sparenergie und Extraenergie.

Tipp. Fordern Sie von dem Versorger einen realistischen Abschlag, der sich am Verbrauch der vorangegangenen Abrechnungsperiode orientiert. Wenn Sie zu hohe Abschläge für Strom oder Gas zahlen, gewähren Sie dem Versorger einen kostenlosen Kredit. Denn die zu viel bezahlten Beträge erhalten Sie erst zurück, wenn Ihnen die Rechnung für die meist einjährige Belieferung vorliegt, was laut Energiewirtschaftsgesetz spätestens sechs Wochen nach Lieferende passieren muss.

4 Ein Tarif mit Preisgarantie schützt vor Preiserhöhungen.
Leider nein. Denn die wenigsten Preisgarantien sind Endpreisgarantien. Der Strompreis besteht aus mehreren Preisbestandteilen wie den Netzentgelten, der EEG-Umlage oder der Konzessionsabgabe. Sie geht an die Kommunen, weil die Energieversorger ihre Stromnetze oder Gasleitungen oft unter kommunalen Straßen oder Wegen verlegen. Die meisten Preisgarantien klammern solche Umlagen oder Entgelte aus.

Fixiert ist meistens nur der Teil des Strompreises, den ein Versorger beeinflussen kann, also der Energieeinkaufspreis und die Marge. Das sind nach Angaben des Bundesverbands der Energie- und Wasserwirtschaft (BDEW) nur 24 Prozent des Gesamtpreises. Dementsprechend verwenden die Vergleichsportale den Begriff „Preisfixierung". Bei Gastarifen sind oft Erhöhungen der Mehrwert- und Gassteuer nicht Bestandteil der Preisgarantie.

5 Der Tarif, der in den Vergleichsportalen an erster Stelle der Suchergebnisse steht, ist der günstigste.
Nein, das stimmt nicht. Bei den Marktführern Check24 und Verivox stehen zwei Tarife über dem Preisranking, die sich durch einen blauen Kasten abheben. Sie sind meist nicht die günstigsten Tarife, sondern entweder eine Anzeige oder Empfehlungen des Portals wie der „Best Seller" oder „Bester Service".

Hinzu kommt der Trick mit dem monatlichen Durchschnittspreis. Nach ihm sortieren die beiden Marktführer ihre Ergebnislisten. Was klingt wie der monatliche Abschlag, ist tatsächlich ein Durchschnittspreis, von dem bereits alle Neukundenboni abgezogen sind.

Für einen Berliner Vierpersonenhaushalt, der den Tarif Easy12 Strom Berlin bei Vattenfall abschließt, heißt das: Er bezahlt tatsächlich 33 Euro monatlich mehr als den Durchschnittspreis pro Monat, der prominent in der Ergebnisliste dargestellt ist. Dieser Effekt kommt zustande, weil die hohen Neukundenvergünstigungen erst am Ende der Lieferzeit nach zwölf Monaten in der Schlussrechnung gutgeschrieben werden. Deswegen reduzieren sie nicht den monatlichen Abschlag, wurden aber in den Durschnittpreis eingerechnet.

6 Eine Erhöhung von Abgaben wie der EEG-Umlage oder den Netzentgelten müssen Kunden hinnehmen.
Gegen die Erhöhung können sie nichts machen. Sie können aber den Tarif wechseln: Denn bei einer Erhöhung von Abgaben wie der Umlage für den Ausbau der Erneuerbaren Energien (EEG-Umlage) oder den Netzentgelten gilt ein Sonderkündigungsrecht. Dies geht aus einem Urteil des Bundesgerichtshofs hervor (Az. VIII ZR 163/16).

Wer noch kein Jahr beliefert wurde, sollte allerdings prüfen, ob eine Sonderkündigung wegen gestiegener Umlagen oder Abgaben sinnvoll ist. Denn er riskiert seinen Bonus. In den allgemeinen Geschäftsbedingungen der meisten Tarife mit Neukundenboni steht, dass sie nur ausgezahlt werden, wenn der Kunde ein Vertragsjahr lang beliefert wurde.

7 Beim Umzug gilt ein Sonderkündigungsrecht.
Das stimmt nicht immer. Kunden sollten in die allgemeinen Geschäftsbedingungen (AGB) schauen. Bei zahlreichen Verträgen greift ein Sonderkündigungsrecht nur dann, wenn der neue Wohnort nicht im Liefergebiet des Anbieters liegt. Ansonsten wird der Vertrag am neuen Wohnort weitergeführt. In den Allgemeinen Stromlieferbedingungen von Eon steht beispielsweise: „Wenn Sie umziehen, sind Sie verpflichtet, uns Ihre neue Adresse spätestens vier Wochen vor dem Umzugstermin mitzuteilen." Bei Vattenfall gilt ebenfalls die Vierwochenfrist, bei EnBw sind es drei Wochen.

Tipp. Um später die Abrechnungen kontrollieren zu können, sollten Sie am Umzugstag den Zählerstand in der neuen Wohnung und in der alten Wohnung fotografieren. Diese Daten samt Zählernummer teilen Sie dem Gas- oder Stromanbieter mit und zur Sicherheit auch Ihrem zuständigen Netzbetreiber. ■

Durchblick im Tarifdickicht

Wer jährlich den Strom- oder Gasanbieter wechselt, ist auf Vergleichsportale angewiesen. Wir haben 16 untersucht, eines sticht heraus.

2/2021 Es sieht einfach aus: Die Kundin tippt nur Postleitzahl und Jahresverbrauch in die Suchmaske und schon liefern ihr Vergleichsportale wie Check24 oder Verivox günstige Strom- oder Gastarife. Eine Drei-Personen-Familie aus Leipzig kann zum Beispiel durch den Wechsel des Stromversorgers mehr als 250 Euro sparen. Heizt sie auch mit Gas und wohnt auf 100 Quadratmetern, kann ein Gasanbieterwechsel zusätzliche 300 Euro bringen. Wie viel drin ist, ist individuell und hängt vom bisherigen Preis, Verbrauch und Wohnort ab.

Doch um so hohe Ersparnisse zu erzielen, sind Kunden auf Vergleichsportale angewiesen, auch Vergleichsrechner genannt. Nur hier können sie sich einen Marktüberblick verschaffen. Denn die Preise sind regional verschieden und ändern sich zum Teil täglich.

Trick mit den Boni

Mit voreingestellten Filtern sorgen die Rechner dafür, dass Tarife ganz oben im Preisranking stehen, die vor allem im ersten Vertragsjahr günstig sind. Denn die Rangfolge ergibt sich aus dem Preis minus aller Boni.

Unser Leipziger Musterhaushalt bekäme zum Beispiel drei Boni, wenn er zu Vattenfall wechselt: Im Tarif Easy 12 Strom gab es im Dezember Winterprämie, Neukunden- und Sofortbonus, zusammen immerhin 311 Euro bei einem Jahresverbrauch von 3 500 Kilowattstunden. Im zweiten Jahr wäre der Stromtarif allein durch den Wegfall dieser Boni rund 40 Prozent teurer – und das ohne reguläre Preiserhöhung. Wir empfehlen Vergleichsrechner deswegen nur denjenigen, die verlässlich jedes Jahr wechseln, bevor die Bonustarife automatisch teuer werden. Alle anderen sind mit einem sogenannten Wechseldienst besser bedient. Hier übernimmt es ein digitaler Service, jährlich den passenden Tarif zu finden und abzuschließen (siehe Unser Rat).

Zahlende Anbieter bevorzugt

Vergleichsportale finanzieren sich über Vermittlungsprovisionen. Firmen, mit denen sie keinen Provisionsvertrag haben, verstecken sie geschickt durch bestimmte Filtereinstellungen. Personen, die lediglich Postleitzahl und Verbrauch in die Suchmaske eines Portals eingeben, sehen nur einen Ausschnitt des Marktes.

Auf sieben Rechner konzentriert

Wir wollten wissen: Welche Vergleichsrechner sind für Kunden, die jährlich wechseln, gut geeignet? Um das herauszufinden, haben wir 16 Vergleichsrechner untersucht, die wir durch eine Internetrecherche gefunden haben.

Näher geprüft haben wir schließlich sieben Rechner (siehe S. 166), darunter die Marktführer Check24 und Verivox. Auf ihr Konto gehen laut Bundeskartellamt mehr als 95 Prozent der Vermittlungen auf diesem Vertriebsweg.

Neun Rechner haben wir ausgeklammert: Preisvergleich.de bleibt außen vor, weil ungünstige Filter voreingestellt sind, die etwa zu Vertragslaufzeiten bis zu 24 Monaten führen. Acht Rechner lieferten die gleichen Voreinstellungen und Ergebnisse wie Check24, das war transparent.

In fünf Schritten zum Vertrag

Alle nötigen Informationen für einen Wechsel finden Kunden in der Jahresrechnung.

1. Frühzeitig kümmern

Wir empfehlen, den Wechsel sechs Wochen vor Ablauf der Kündigungsfrist einzuleiten. Denn uns berichteten Leser, dass ein neuer Versorger sie abgelehnt hat. Dies trifft vor allem Vielwechsler. Rechtlich ist das erlaubt, Energiefirmen dürfen Kunden außerhalb der Grundversorgung ablehnen. Ärgerlich, wenn dadurch die Kündigungsfrist verstreicht.

2. Standardsuche nutzen
Kunden sollten zwei bis drei Rechner nutzen, weil sie unterschiedliche Filter haben und zum Teil exklusive Tarife anbieten. Check24 ist gut für den Start. Dort sollte man sich die Ergebnisse nach dem Jahrespreis sortiert anzeigen lassen. Wichtige Tarifbedingungen sind voreingestellt, etwa Vertragslaufzeit, kurze Kündigungsfrist und Preisgarantie. Das gilt für alle Portale aus der Tabelle. Auffällig: Die Preisdifferenz zwischen Platz 1 und 10 ist sehr gering. Für den weiteren Vergleich kommen ein oder zwei dieser Tarife mit besonders hoher Kundenzufriedenheit auf den Merkzettel.

3. Filter ändern
Nur bei Check24 lassen sich die Kundenbewertungen durch Anklicken der Sternchen in der Ergebnisliste zweifach filtern. Beim Anbieter Immergrün zum Beispiel verändert sich dabei die Kundenzufriedenheit deutlich. Während rund 94 Prozent den Wechselprozess mit guten vier oder fünf Sternen bewerten, waren es nach einem Jahr nur 65 Prozent. Dann sind Rechnung und Bonus fällig.

Um einen besseren Marktüberblick zu bekommen, empfehlen wir, einen weiteren Rechner zu nutzen, zum Beispiel Stromauskunft oder Finanztip. Beide sperren Problemanbieter. Sie listen keine Tarife der Marken Immergrün, Idealenergie oder vom Anbieter Fuxx. Wir haben nachgefragt: Finanztip beobachtet bei diesen Anbietern systematische Rechtsverstöße gegenüber Kunden. Stromauskunft liegen viele Beschwerden zu Preiserhöhungen und Bonuszahlungen vor.

4. Tarif auswählen
Die besten Kundenbewertungen und ein hoher Sofortbonus sollen ausschlaggebend bei der Tarifauswahl sein.

Unser Rat

Nutzer. Sie sollten Vergleichsportale nur verwenden, wenn Sie vorhaben, jährlich den Strom- oder Gasversorger zu wechseln, um von hohen Boni zu profitieren. Wollen Sie sich nicht regelmäßig selbst kümmern, beauftragen Sie einen Wechseldienst. Er optimiert jährlich Ihren Vertrag (siehe test.de/stromwechsel).

Tarifsuche. Wie Sie die Vergleichsportale am besten nutzen, lesen Sie links „In fünf Schritten zum Vertrag". Kein Rechner erfüllt alle Untersuchungskriterien. Nutzen Sie zwei oder drei Rechner und vergleichen Sie die Ergebnisse. Starten können Sie zum Beispiel mit **Check24,** das Portal erfüllt die meisten Kriterien. Welche zusätzlichen Rechner sinnvoll sind, zeigt die Tabelle ab Seite 166.

Zahlbetrag. Die Rechner sortieren ihre Ergebnislisten nach dem Preis abzüglich aller Boni. Manche Boni werden aber erst spät in der Jahresrechnung gutgeschrieben. Nur **Stromvergleich** weist den voraussichtlichen Abschlag pro Monat deutlich in der Ergebnisliste aus.

5. Vertrag abschließen
Viele Tarife lassen sich direkt auf der Internetseite eines Energieanbieters abschließen. Andere Tarife werden exklusiv über die Rechner verkauft. Wer sich für einen Abschluss direkt beim Energieanbieter entscheidet, sollte Preise und Konditionen vergleichen. Sie sind nicht immer gleich. Tarifsuche und -auswahl sollen übrigens bald einfacher werden, weil Deutschland die europäische Strombinnenmarktrichtline umsetzen muss. Sie schreibt ein kostenfreies Vergleichsinstrument vor, zertifiziert von einer unabhängigen Behörde. Die Frist zur Umsetzung lief Ende 2020 aus. ■

Vergleichsrechner für Strom- und Gastarife

Anbieter	Filter für die Suche				Darstellung der Ergebnisse			
	Voreinstellung: Neukundenbonus 15 Prozent	Kündigungsfrist wählbar	„Nur Ökotarife"[4] wählbar	„Nur Sofortbonus" wählbar	Verzicht auf „Null-Platzierung" über der Ergebnisliste	Monatlicher Abschlag ausgewiesen	Zweistufige Kundenbewertungen	Übersicht teilnehmender Energieversorger
Check24.de[1]	■	■	■	■	❑	■	■	■
Finanztip.de/stromvergleich[2] **Finanztip.de/gaspreisvergleich**[2]	❑	❑	■	❑	■	■	❑	❑
Stromauskunft.de[3]	■	■	■	❑	■	❑[5]	❑	■
Stromgas.de	■	■	■	❑	■	■	❑	■
Stromvergleich.de[3]	■	■	■	❑	■	■	❑	■
Vergleich.de	■	■	■	❑	■	■	❑	■
Verivox.de	■	■	■	❑	❑	❑	❑	■

Tabelle ist alphabetisch sortiert. ■ = Ja. ❑ = Nein.

1) Gilt auch für Rechner Energiesparer.org, Energievergleiche.de, Stern.de/vergleich/strom, Stromanbietervergleich.net, Stromtarife-gastarife.de, Stromtarifrechner.de, Tarifvergleich.de, Wechselpiraten.de (Bonustarife). Die Rechner haben die gleichen Voreinstellungen und Suchergebnisse wie Check24, zeigen aber nicht die teilnehmenden Energieanbieter.

2) Alle Untersuchungsergebnisse beziehen sich auf die Option „jährlich" wechseln.

Finanztest-Kommentar
Positiv: Hat den Filter „Nur Sofortbonus". Dieser Bonus wird, anders als der Neukundenbonus, schon kurz nach Lieferbeginn ausgezahlt. Hat auch Filter für Kundenbewertungen nach einem Vertragsjahr, wenn Neukundenboni und Rechnung anfallen. **Negativ:** Die Ergebnisliste ist nach dem durchschnittlichem Monatspreis sortiert. Dort sind die Boni eingerechnet. Der tatsächliche Monatsabschlag ist aber meist höher, weil die Boni extra ausgezahlt oder später gutgeschrieben werden.
Finanztip ist eine Art Metasuchmaschine für Check24 und Verivox. Der Kunde muss in die Suchmaske eingeben, ob er „einmalig" oder „jährlich" wechseln will. Wir empfehlen nur die jährliche Suche. **Positiv:** Die Ergebnisliste enthält automatisch vereinzelt Tarife, die direkt beim Versorger abgeschlossen werden und nicht über Verivox oder Check24. Zeigt als einziger die individuelle Ersparnis, wenn Kunden in der Suchmaske ihren derzeitigen Jahrespreis oder monatlichen Abschlag eingeben. **Negativ:** Keine Kundenbewertungen sichtbar. Sortiert Ergebnisliste nach Gesamtpreis abzüglich aller Boni, ohne sie dort einzeln zu nennen. Nur wer ein weiteres Fenster öffnet, sieht, wie hoch die Boni sind.
Positiv: Hat den Filter „Tarife mit Anmeldung im Tarifrechner". Wer ihn wegklickt, sieht auch Tarife, die direkt beim Versorger abschließbar sind und nicht über das Portal.[6]
Der Rechner kommt von Verivox, hat aber andere voreingestellte Filter und Ergebnisse. **Positiv:** Hat Filter „Nur mit Wechselmöglichkeit". Wer ihn wegklickt, sieht auch Tarife, die direkt beim Versorger abschließbar sind und nicht über das Portal.[6] **Negativ:** Der Rechner schließt durch seine Voreinstellungen Tarife mit „Vorauskasse" nicht automatisch aus. Diese Tarife sind jedoch selten.
Positiv: Monatlicher Abschlag ist leicht zu finden: Stellt in der Ergebnisliste als erste Tarifinformation den monatlichen Abschlag ohne Abzug aller Boni dar. Bei vielen anderen Rechnern müssen Kunden hierfür Extrafenster öffnen.
Der Rechner kommt von Verivox, hat aber andere voreingestellte Filter und Ergebnisse. **Positiv:** Hat Filter „Nur mit Wechselmöglichkeit". Wer ihn wegklickt, sieht auch Tarife, die direkt beim Versorger abschließbar sind und nicht über das Portal.[6] **Negativ:** Der Rechner schließt durch seine Voreinstellungen Tarife mit „Vorauskasse" nicht automatisch aus. Diese Tarife sind jedoch selten.
Positiv: Hat Filter „Direkte Wechselmöglichkeit". Wer ihn wegklickt, sieht auch Tarife, die nicht über Verivox abschließbar sind, aber beim Versorger.[6] Bis vor Kurzem hatten wir von Verivox abgeraten, weil Preise von Ein- und Zweijahresverträgen in der Ergebnisliste gemischt wurden. Das hat das Portal inzwischen verändert. **Negativ:** Die Ergebnisliste ist nach durchschnittlichem Monatspreis sortiert. Dort sind Boni eingerechnet. Der tatsächliche Monatsabschlag ist meist höher, weil die Boni extra ausgezahlt oder später gutgeschrieben werden.

3) Dieser Rechner bietet auch einen Wechselservice an.
4) Umweltnutzen der gelisteten Ökotarife für Strom und Gas haben wir nicht geprüft.
5) Monatlicher Abschlag ist inzwischen vom Anbieter ausgewiesen.
6) Ein solcher Stromtarif lag im Betrachtungszeitraum einmal auf Platz 1 in Berlin.

Stand Filter für die Suche und Darstellung der Ergebnisse: 19. November 2020
Stand Finanztest-Kommentar: 6. Dezember 2020

Geld fürs Homeoffice

Berufstätige, die Zuhause arbeiten, können 2020 und 2021 eine Homeoffice-Pauschale geltend machen. Was bei der Steuererklärung wichtig ist.

3/2021 Berufstätige, die 2020 zu Hause gearbeitet haben, können mit der neuen Homeoffice-Pauschale ihren Arbeitsplatz daheim in ihrer Steuererklärung geltend machen. Wo in der Wohnung er war, spielt keine Rolle. Alle können bis zu 600 Euro absetzen – ebenso im Jahr 2021. Die strengen Regeln für ein Arbeitszimmer müssen sie nicht erfüllen. Ob sie wegen Corona zu Hause arbeiten müssen oder dürfen, ist unerheblich. Steuerlich schneidet aber meist besser ab, wer ein separates Arbeitszimmer daheim hat. Dafür zählen die tatsächlichen Kosten – je nach Nutzung bis zu 1250 Euro im Jahr oder sogar unbegrenzt.

? Wann kann ich die neue Homeoffice-Pauschale ansetzen?

Sie können die Pauschale für jeden Tag abrechnen, an dem Sie nur zu Hause gearbeitet haben – und nicht im Betrieb waren.

Pro Tag sind 5 Euro pauschal als Werbungskosten drin. Als Selbstständige setzen Sie die Pauschale als Betriebsausgaben ab. Maximal hakt die Behörde bei jedem insgesamt für alle beruflichen Tätigkeiten 600 Euro im Jahr ab – also 5 Euro pro Tag, für 120 Arbeitstage im Jahr. Außen vor bleibt dabei, wo Sie daheim arbeiten. Und auch, wie lange Sie an dem Homeoffice-Tag arbeiten oder ob der Arbeitgeber einen anderen Arbeitsplatz zur Verfügung stellt.

? Wie viel Steuern spare ich mit der Pauschale als Arbeitnehmerin?

Das kommt darauf an. Zumindest müssen insgesamt mehr als 1000 Euro Werbungskosten im Jahr zusammenkommen, damit Sie durch die Homeoffice-Pauschale einen Steuervorteil haben. Denn 1000 Euro werden schon pauschal ohne Nachweis beim Lohnsteuerabzug berücksichtigt. Aber über die 1000-Euro-Grenze können Sie leicht kommen.

Waren Sie 2020 120 Tage im Homeoffice, kommen Sie schon auf 600 Euro (5 Euro × 120 Tage). Dazu addieren Sie die Pendlerpauschale von 30 Cent je Kilometer der einfachen Entfernung für Tage, an denen Sie in Ihrer regelmäßigen Arbeitsstätte waren. Waren es zum Beispiel 110 Tage im 15 Kilometer entfernten Büro, ergeben sich dafür 495 Euro (0,30 Euro × 15 Entfernungskilometer × 110 Tage). Dann erreichen Sie inklusive Homeoffice-Pauschale 1095 Euro. Dazu kommen meist weitere Werbungskosten, zum Beispiel für Büromöbel, Büromaterial, Fachliteratur, Fortbildung, Bewerbung, Gewerkschaftsbeiträge, den beruflich bedingten Umzug oder beruflichen Zweithaushalt. Fernpendler können ab 2021 sogar mehr absetzen: Ab dem 21. Entfernungskilometer beträgt die Pendlerpauschale 35 Cent statt 30 Cent wie noch für 2020.

? Ich habe 2020 in meinem separaten Arbeitszimmer zu Hause gearbeitet. Wie viel kann ich absetzen?

Voraussetzung ist zunächst, dass der Raum fast nur zum Arbeiten dient. Arbeiten Sie mehr zu Hause als in der Firma Ihres Arbeitgebers, können Sie voll die anteiligen Miet- und Nebenkosten für Ihr steuerlich anerkanntes Arbeitszimmer als Werbungskosten ansetzen. Denn das Heimbüro ist dann Mittelpunkt Ihrer Tätigkeit. Es spielt keine Rolle, ob Sie Teil- oder Vollzeit arbeiten oder ob Ihr Arbeitgeber einen anderen Arbeitsplatz für diese Arbeit zur Verfügung stellt (BMF-Schreiben, 6. Oktober 2017, Randziffer 1). Entscheidend ist, dass das Heimbüro Dreh- und Angelpunkt Ihrer Arbeit ist.

Anders ist es für die Zeiten, in denen Sie wieder mehr im Büro Ihres Arbeitgebers arbeiten als daheim. Für diese Monate zählen die Kosten für Ihr Arbeitszimmer zu Hause nur bis zu

1250 Euro im Jahr. Bedingung ist außerdem: Der Chef stellt Ihnen in der Zeit Ihrer Heimarbeit keinen Arbeitsplatz zur Verfügung oder Sie dürfen ihn wegen des Infektionsrisikos nicht nutzen. Sind die Bedingungen nicht erfüllt, können Sie zumindest die Homeoffice-Pauschale von 5 Euro pro Tag ansetzen, für insgesamt 120 Tage im Jahr.

? Wie ermittle ich die Kosten für mein häusliches Arbeitszimmer?

Die anteiligen Raumkosten rechnen Sie aus den Gesamtkosten für Ihre Wohnung raus – etwa für Miete, Strom und Heizung und andere Nebenkosten wie Beiträge für die Hausratversicherung. Dazu ermitteln Sie den Anteil Ihres Arbeitszimmers an der Gesamtwohnfläche nach folgender Formel: Fläche des Arbeitszimmers geteilt durch Gesamtwohnfläche der Wohnung mal 100. Das Ergebnis ist Ihr Arbeitszimmeranteil in Prozent. Hat Ihre Wohnung 90 Quadratmeter und der Arbeitsraum 9 Quadratmeter, können Sie 10 Prozent der Miet- und Nebenkosten ansetzen. Zusätzlich gehören zu den Arbeitszimmerkosten auch Ihre Ausgaben für Renovierung und Einrichtung des Raumes – etwa für neue Lampen und Teppiche, aber nicht für Luxus. Separat zählen Büromöbel und PC. Diese Posten kann jeder unabhängig vom Heimbüro geltend machen.

? Ich habe mir im Jahr 2020 einen PC und Bücherregale fürs Homeoffice gekauft. Zählt das zusätzlich?

Ja. Benötigen Sie als Arbeitnehmerin diese Dinge in erster Linie für Ihren Job, zählen die Ausgaben als Werbungskosten. War ein Teil teurer als 800 Euro (ohne Mehrwertsteuer), müssen Sie dies über die Jahre der Nutzung monatsgenau in Raten abschreiben – etwa ein Büromöbel über 13 Jahre. Anders ist es seit 2021 bei Computerhardware und -software. Diese Arbeitsmittel können Sie in der Steuererklärung ab 2021 immer auf einen Schlag abschreiben – auch den Restwert, wenn Sie das Teil bis Ende 2020 gekauft haben. Bis Ende 2020 musste der PC über drei Jahre abgeschrieben werden.

Unser Rat

Steuererklärung 2020. Die Homeoffice-Pauschale erhalten Sie, wenn Sie in Anlage N, Zeile 48 Ihre Homeoffice-Tage multipliziert mit 5 Euro angeben. Alternativ rechnen Sie Kosten fürs Arbeitszimmer in Zeile 44 ab.

Belege. Belege für Jobkosten wie für Heimarbeit müssen Sie erst vorlegen, wenn es das Amt verlangt. Vorsorglich sollte Ihnen der Chef Ihre Heimarbeitstage bestätigen.

Hilfe. Unser Finanztest-Spezial „Steuern 2021" bietet umfassende Hilfe bei der Steuererklärung. Das gibt es für 9,80 Euro (test.de/shop). Ihre Steuerersparnis berechnet für Sie unser Onlinerechner (test.de/steuerrechner).

? Ich bin meist im Homeoffice, muss aber beim Dienstwagen den geldwerten Vorteil für den Arbeitsweg voll versteuern. Kann ich das korrigieren?

Ja, das können Sie in Ihrer Steuererklärung korrigieren. Dort rechnen Sie anhand Ihrer Aufzeichnungen Ihre Fahrten zur Arbeit einzeln ab und setzen als geldwerten Vorteil 0,002 Prozent für den Arbeitsweg an statt 0,03 Prozent wie der Arbeitgeber (Anlage N, Zeile 6). Das lohnt, wenn Sie monatlich höchstens 15-mal in Ihre Firma gefahren sind.

Beispiel. Eine Frau fuhr 2020 mit dem Dienstwagen (50 000 Euro Bruttolistenpreis) nur an 96 Tagen ins 30 Kilometer entfernte Büro. Als geldwerten Vorteil berechnet sie: 50 000 Euro × 0,002 Prozent × 30 Kilometer × 96 Fahrten = 2 880 Euro. Ihr Chef ermittelte 5 400 Euro (50 000 Euro × 0,03 Prozent × 30 Kilometer × 12 Monate). Sie beantragt in der Steuererklärung, ihren Arbeitslohn um 2 520 Euro (5 400 minus 2 880) zu reduzieren. ■

Mit Mobilität Steuern sparen

Für weite Wege zum Job ist seit diesem Jahr mehr Steuerabzug drin. Wer ständig für den Chef unterwegs ist, holt am meisten raus.

9/2021 Vorbei ist die Pflicht zum Homeoffice. Viele Angestellte arbeiten aber weiter einige Tage in der Woche daheim. Steuerlich bringt ihnen jeder Tag dort wieder zumindest pauschal 5 Euro für bis zu 120 Tage im Jahr.

Doch mehr als die Hälfte der über 44 Millionen Erwerbstätigen profitiert davon nicht, so der Datenreport 2021 des Bundesinstituts für Bevölkerungsforschung. Vom Busfahrer bis zum Monteur – sie müssen ohnehin vor Ort arbeiten. Kleiner Trost für alle, die viel unterwegs sind: Fernpendler dürfen ab 2021 etwas mehr für ihre Arbeitswege absetzen. Für ihre hohen Kosten können sie schon jetzt einen Freibetrag bei der Lohnsteuer erhalten.

Alle mit einem ersten Arbeitsort – Steuerdeutsch „erste Tätigkeitsstätte“ – bekommen zumindest die Pendlerpauschale. Wer für seinen Job auswärts unterwegs ist, kann jedoch die höheren Reisekosten ansetzen. Sie bringen oft steuerlich mehr, weil hier auch die Verpflegungskosten zählen.

So viel gibt es für den Arbeitsweg zum ersten Arbeitsort 2021

Beträgt der Arbeitsweg maximal 20 Kilometer zur ersten Arbeitsstätte, gibt es wie schon zuvor 30 Cent pro Kilometer der einfachen Wegstrecke. Fernpendler werden 2021 etwas entlastet. Sie erhalten ab dem 21. Kilometer der einfachen Wegstrecke von daheim 35 Cent Pendlerpauschale statt 30 Cent.

Steuerregel. Jeder kann die Pendlerpauschale für seinen Weg zum ersten Arbeitsort absetzen. Fußgänger, Radfahrer genauso wie diejenigen, die mit Bus, Bahn oder Auto fahren. Selbst Beifahrer erhalten die Entlastung.

Diese Entfernungspauschale gibt es auch für Familienheimfahrten im Rahmen der doppelten Haushaltsführung.

Höchstgrenze. Maximal sind für jeden 4500 Euro Pendlerpauschale im Jahr drin. Es kann mehr sein, wenn Autofahrer ihre Fahrkilometer etwa mit Tachoständen und Rechnungen über Inspektionen nachweisen. Auch wenn die Ticketkosten höher sind als insgesamt die Pendlerpauschale im Jahr, greift keine Grenze.

Beispiel. Ben Müller fährt von Montag bis Freitag zur 56 Kilometer entfernten Arbeitsstelle. So errechnet er die Pendlerpauschale:

- 1. bis 20. Entfernungskilometer: 20 Kilometer × 225 Arbeitstage × 30 Cent,
- 21. bis 56. Entfernungskilometer: 36 Kilometer × 225 Arbeitstage × 35 Cent.

Insgesamt kommt Müller auf 4185 (1350 + 2835) Euro. Das sind 405 Euro mehr als 2020.

Höhere Ticketkosten statt der Pendlerpauschale

Berufstätige mit Jahres-, Monats- oder Wochenabos für den öffentlichen Nahverkehr können statt der Pendlerpauschale die Ticketkosten für ihre Arbeitswege absetzen. Sie zählen wie die 5-Euro-Homeoffice-Pauschale für Arbeitstage daheim zu den Werbungskosten.

Steuerregel. Die Ausgaben für eine Zeitfahrkarte für Wege zwischen Wohnung und erster Tätigkeitsstätte muss das Finanzamt abhaken, wenn die Ticketkosten 2021 höher sind als insgesamt die Pendlerpauschale für 2021.

Tipp. Notieren Sie Ihre Tage im Homeoffice. Für maximal 120 Tage gibt es 5 Euro Homeoffice-Pauschale. Für diese Tage erhalten Sie dann keine Pendlerpauschale.

Mehrere Arbeitsorte: Hohe Kosten für Arbeitswege

Wie viel Arbeitnehmer für Arbeitswege steuerlich geltend machen können, hängt hauptsächlich davon ab, wie viele Arbeitsorte sie haben und wie viel sie beruflich unterwegs sind.

Steuerregel. Reisekosten müssen Finanzbeamte bei allen beruflichen Einsätzen akzeptieren, die nicht zum ersten Arbeitsort führen. Das kann auch zu einer Weiterbildung sein oder zum Bewerbungsgespräch. Zumindest zählen die Ticketkosten und 30 Cent je gefahrenem Kilometer mit dem eigenen Pkw oder alternativ der tatsächliche Pkw-Kilometersatz.

Das Gute ist: Dazu kommen Verpflegungspauschalen, wenn die Abwesenheit von daheim mehr als 8 Stunden dauert. Es gibt dann

- mindestens 14 Euro pro Tag oder
- 28 Euro bei 24-stündiger Abwesenheit,
- 14 Euro für den An- und Abreisetag.

Obendrauf kommen eventuelle Kosten für die Unterkunft. Auch Unfallkosten und Parkgebühren zählen mit.

Nur was der Arbeitgeber erstattet, geht von der Summe ab, oder wenn es umsonst eine Mahlzeit gibt – 2021 gehen für ein Frühstück 5,60 Euro ab und für ein Mittag- oder Abendessen 11,20 Euro.

Allerdings ist mit der Verpflegungspauschale nach drei Monaten Schluss. Wurde die Auswärtstätigkeit mindestens für vier Wochen unterbrochen, beginnt die Dreimonatsfrist neu. Gar keine Frist greift, wenn es keinen ersten Arbeitsort gibt.

Ohne erste Tätigkeitsstätte: Immer die Verpflegungspauschale

Richtig viel Steuern sparen können Arbeitnehmer, die keine erste Tätigkeitsstätte haben wie Monteure oder Busfahrer.

Steuerregel. Ohne erste Arbeitsstätte muss das Finanzamt Reisekosten akzeptieren: Jeder Fahrkilometer mit dem eigenen Auto zum Einsatzort und wieder zurück bringt pauschal 30 Cent. Alternativ oder ergänzend zählen die Ticketkosten. Zudem gibt es die Verpflegungspauschale für unbegrenzte Zeit.

Ausnahme. Für Fahrten von daheim zum vom Arbeitgeber festgelegten Sammelpunkt wie dem Busdepot oder Firmensitz sowie für Fahrten zum weiträumigen Tätigkeitsgebiet wie bei Hafenarbeitern oder Förstern lässt sich nur die Pendlerpauschale abrechnen.

Unser Rat

Steuerersparnis. Sammeln Sie für Ihre Steuererklärung Belege für Ihre Jobkosten wie für Dienstreisen, PC, Weiterbildung. Sind es 2021 mehr als 1 000 Euro, bringt jeder Euro darüber Steuerersparnis (test.de/steuersparrechner).

Arbeitswege. Sie fahren meist mit öffentlichen Verkehrsmitteln? Sind die Ticketkosten höher als die Pendlerpauschale, die Sie für 2021 abrechnen können, dann zählen die Ticketkosten. Für Wege zu anderen Arbeitsorten können Sie Reisekosten absetzen.

Mehr Netto. Sie haben 2021 mehr als 1 600 Euro Jobkosten? Beantragen Sie beim Finanzamt einen Freibetrag per „Antrag auf Lohnsteuerermäßigung" (formulare-bfinv.de). Das bringt mehr Nettogehalt, weil dann die monatliche Lohnsteuer sinkt.

Ab 2021 für Geringverdiener: Mobilitätsprämie statt Steuervorteil

Geringverdiener mit einem weiten Arbeitsweg gehen bei den Fahrtkosten nicht mehr leer aus. Weil bei ihnen die höhere Pendlerpauschale von 35 Cent nicht greift, da sie keine Steuern zahlen müssen, erhalten sie eine Mobilitätsprämie. Dafür gibt es ein neues Steuerformular zur Steuererklärung 2021.

Steuerregel. Ab dem 21. Kilometer erhalten sie 14 Prozent der erhöhten Pendlerpauschale, also 4,9 Cent (35 Cent × 14 Prozent), als Bonus.

Beispiel. 2021 kommt der verheiratete Max Müller auf 19 200 Euro zu versteuerndes Einkommen. Damit bleibt er zusammen mit seiner Frau unter dem Grundfreibetrag von 19 488 Euro, und es fallen keine Steuern an. Müller erhält rund 254 Euro (225 Tage × 23 Kilometer × 4,9 Cent) Mobilitätsprämie. ■

Abfindung zum Abschied

Die Corona-Krise fordert Arbeitsplätze. Wer den Job verliert, kann häufig eine Ausgleichszahlung aushandeln – mit Steuervorteil.

4/2021 Wird ein Arbeitsvertrag aufgehoben, erhalten Angestellte oft eine Abfindung. Diese müssen sie wie Arbeitslohn versteuern. Zahlt der Arbeitgeber das Geld auf einen Schlag aus, steigt im Jahr der Auszahlung der Steuersatz der abgefundenen Person. Das führt zu einer größeren Steuerlast, als wenn der Arbeitgeber diese außerordentlichen Einkünfte auf mehrere Jahre verteilt. Diesen Nachteil soll die Fünftelregelung ausgleichen.

Angestellte unter Druck

Die vorteilhafte Fünftelregelung bekommen Abgefundene, wenn ihnen auf Druck ihres Arbeitgebers Einnahmen entgehen oder entgangen sind und er den finanziellen Schaden ausgleicht. Das ist der Fall, wenn der Arbeitgeber kündigt und dafür eine Abfindung leistet. Auch wer sich dem Wunsch des Arbeitgebers nach Auflösung des Beschäftigungsverhältnisses lediglich nicht widersetzt und sich gütlich mit ihm geeinigt hat, darf die günstige Formel beanspruchen. Das Finanzamt kann eine Auflösung unter Druck annehmen, wenn der Arbeitgeber überhaupt eine Abfindung zahlt (Bundesfinanzhof, Az. IX R 16/17). Selbst bei geringfügig Beschäftigten, die am Ende eine Entschädigung erhalten haben, kann die Steuer dafür ermäßigt berechnet werden.

Bei einer Änderungskündigung bleibt das Arbeitsverhältnis bestehen, aber die Arbeitszeit wird auf unbefristete Dauer reduziert Damit fällt die bisherige rechtliche Grundlage für Einnahmen weg. Leistet der Arbeitgeber dafür Ersatz, ist die Entschädigung ebenfalls begünstigt (BFH, Az. IX R 3/09).

Ausgleich für Verschwiegenheit

Vereinbarungen über die Auflösung eines Arbeitsverhältnisses können auch einen sogenannten Nachteilsausgleich vorsehen – etwa wenn Arbeitnehmer über bestimmte Erfahrungen schweigen oder auf die Tätigkeit bei

Fünftelregelung

Wie die günstige Rechenformel wirkt

- Zunächst wird die Einkommensteuer für das zu versteuernde Einkommen ohne Abfindung berechnet.
- Anschließend wird ein Fünftel der Abfindung auf das zu versteuernde Einkommen aufgeschlagen und die Steuer erneut ermittelt.
- Der Unterschiedsbetrag zwischen den beiden Ergebnissen wird verfünffacht und ergibt die Steuer für die Abfindung.
- Die insgesamt zu zahlende Einkommensteuer ergibt sich aus der Steuer für die Abfindung plus der Steuer auf das ursprüngliche Einkommen.
- Die günstige Berechnungsformel wendet das Finanzamt an, wenn Abgefundene ihre Steuererklärung einreichen. Versteuert schon der Arbeitgeber bei der Auszahlung nach dieser Rechnung statt nach dem üblichen Steuersatz, besteht automatisch eine Abgabepflicht.

der Konkurrenz verzichten sollen. Das Finanzamt prüft, ob es sich beim Nachteilsausgleich um nicht steuerpflichtigen Schadenersatz handelt. Wertet das Amt die Zahlung aber als steuerpflichtige Einnahme, darf auch hier die Besteuerung anhand der vorteilhaften Fünftelregelung erfolgen.

Keine Steuerermäßigung gibt es dagegen für bereits verdiente Zahlungen, die nachträglich ausgezahlt werden, wie rückständigen Arbeitslohn, anteiliges Urlaubs- oder Weihnachtsgeld, Gratifikationen oder Tantiemen.

Auf einen Schlag

Voraussetzung für die günstige Rechenmethode ist, dass es im Abfindungsjahr auf die eine oder andere Weise zu einer Zusammenballung von Einkünften kommt, die über die normalen Verhältnisse hinausgeht. Zum Vergleich schaut sich das Finanzamt die Einkünfte des Vorjahres an. Führt die Abfindung im Jahr der Auszahlung also zu einer außergewöhnlich hohen Steuer, entsteht eine Mehrbelastung, die die Fünftelregelung abmildern kann.

Der Arbeitgeber sollte die Entschädigung deshalb grundsätzlich in einem Kalenderjahr zahlen. Teilt er sie auf mehrere Jahre auf, geht der abgefundenen Person der Steuervorteil verloren. Das Recht auf die Fünftelregelung bleibt ausnahmsweise erhalten, wenn der Arbeitgeber die Entschädigungszahlung nachweislich aufgrund finanzieller Engpässe über zwei Jahre streckt. Das Finanzamt drückt zudem ein Auge zu, wenn maximal 10 Prozent der gesamten Abfindungssumme in einem anderen Kalenderjahr fließen (BMF-Schreiben vom 4.3.2016, Abfindungen).

Die Fünftelregelung können Abgefundene zudem nur beanspruchen, wenn ihre Entschädigung höher ist als der bis zum Jahresende wegfallende Arbeitslohn, den sie bei Fortführung ihres Jobs erhalten hätten – schon 1 Euro genügt. Gleiches gilt für alle, die im Jahr der Einmalzahlung höhere Einnahmen erzielen, als im ehemaligen Arbeitsverhältnis möglich gewesen wären, etwa weil sie anschließend eine besser entlohnte Tätigkeit annehmen.

Unser Rat

Anwalt. Droht die Kündigung, wenden Sie sich an einen Fachanwalt für Arbeitsrecht. Profis klären über Ihre Rechte auf, verhandeln meist sachlicher und holen nahezu immer eine bessere Abfindung raus als der Chef anbietet.

Vertrag. Halten Sie die Details Ihrer Abfindung schriftlich fest. Sie profitieren nur dann von der günstigen Fünftelregelung, wenn Ihr Arbeitgeber Sie für entgangene oder entgehende Einnahmen oder den Jobverlust entschädigt und die Zahlung in einem Jahr leistet.

Steuererklärung. Reichen Sie für das Jahr der Ausgleichszahlung eine Steuererklärung ein. Das Finanzamt überprüft den Steuerabzug. Hat Ihr Arbeitgeber die Fünftelregelung bereits angewandt, ist die Erklärung sogar Pflicht.

Wenn es was obendrauf gibt

Vorsicht, wenn der Arbeitgeber neben der Barabfindung noch weitere Leistungen gewährt, etwa Belegschaftsrabatte für kommende Jahre zusichert. Nur wenn diese den Abgefundenen auch bei jeder anderen Beendigung ihres Arbeitsverhältnisses zustehen würden, zum Beispiel bei Eintritt in den Ruhestand, bleibt der Anspruch auf die Fünftelregelung erhalten.

Manchmal gestatten Arbeitgeber ausgeschiedenen Angestellten noch jahrelang Leistungen wie die Nutzung eines Dienstwagens. Andere zahlen in einem späteren Jahr eine Jubiläumszuwendung, die Arbeitnehmerin oder Arbeitnehmer bei Weiterbeschäftigung erhalten hätte. Derartige Leistungen sozialer Fürsorge sind für die Steuerermäßigung unschädlich, wenn sie 50 Prozent der Hauptleistung nicht übersteigen (BMF-Schreiben vom 1.11.2013, Entlassungsentschädigung). ■

Kosten vorher abwägen

Lehnt das Finanzamt einen Einspruch ab, bleibt der Gang vor Gericht. Eine Klage birgt Chancen, aber auch ein Kostenrisiko.

2/2021 Der Einbau neuer Fenster, Fahrtkosten fürs Pendeln zum Job, eine neue Brille – für viele Steuerzahlerinnen und Steuerzahler ist klar: Diese Ausgaben machen sie in ihrer Einkommensteuererklärung geltend. Ärger droht, wenn das Finanzamt nicht alle Kosten akzeptiert. Lehnt das Amt dann auch die im Einspruch vorgebrachten Einwände ab, bleibt als letztes Mittel eine Klage vor dem Finanzgericht.

Unser Rat

Erfolg abwägen. Hat das Finanzamt Ihren Einspruch abgelehnt, können Sie klagen. Loten Sie erst Ihre Chancen aus.

Kosten kalkulieren. Der Streitwert beträgt immer mindestens 1 500 Euro, auch wenn Sie nur um 50 Euro streiten. Verlieren Sie, müssen Sie in jedem Fall 284 Euro zahlen.

Hilfe holen. Sie können allein vors Gericht ziehen. Ist Ihr Fall komplizierter, vertrauen Sie auf einen Anwalt, Steuerberater oder Lohnsteuerhilfeverein. Der hilft Mitgliedern und trägt meist die Klagekosten.

Versicherung einschalten. Übernimmt Ihre Rechtsschutzversicherung Ihren Fall? Oft ist das Erstberatungsgespräch enthalten (siehe test.de/rechtsschutz).

Keine Verschlechterung möglich

Steuerzahlende, die meinen, ihr Steuerbescheid sei falsch, können sich an bundesweit 18 Finanzgerichte wenden. Nur wer Einspruch gegen seinen Steuerbescheid eingelegt hat und dabei entweder ganz oder teilweise erfolglos geblieben ist, darf klagen.

Dabei brauchen Steuerpflichtige keine Angst zu haben, dass im Falle einer Niederlage das Gericht eine noch höhere Steuerzahlung festsetzt. Es gilt ein Verböserungsverbot – die strittige Steuer darf nicht erhöht werden. Dennoch sollten die Chancen auf Erfolg besser vorher ausgelotet werden. Dabei helfen Fachanwälte für Steuerrecht, Steuerberater, Wirtschaftsprüferinnen, aber auch der Lohnsteuerhilfeverein.

Tipp. Klären Sie zuvor mit Ihrer Rechtsschutzversicherung, ob diese Ihren Anwalt oder Steuerberater sowie die Gerichtskosten für den Prozess übernimmt. Oftmals wird auch das Erstberatungsgespräch bezahlt – immerhin Kosten von bis zu 190 Euro plus Mehrwertsteuer und Auslagen des Anwalts. Lohnsteuerhilfevereine beraten ihre Mitglieder, je nach Satzung, kostenfrei.

Schnelles Handeln gefragt

Die Klage muss spätestens einen Monat nach der Einspruchsentscheidung beim Finanzamt oder direkt beim Finanzgericht eingehen. Die Einspruchsentscheidung gilt am dritten Tag nach dem Absendedatum beim Finanzamt – Datum steht auf dem Schreiben – als bekannt gegeben. Ab dann läuft die einmonatige Frist.

Tipp. Berechnen Sie Ihre Einspruchsfrist bei uns online (test.de/steuerbescheid).

Zwar kann sich jeder vor dem Finanzgericht selbst vertreten. Es ist aber ratsam, mit einem versierten Prozessbevollmächtigten vors Gericht zu ziehen. Denn das Verfahren ist auch Formsache. Vertreten können Sie Fachanwälte für Steuerrecht, Steuerberater oder Lohnsteuerhilfevereine. Diese legen die Klage form-

und fristgerecht ein, begründen sie und erläutern, auf welche Belege es ankommt.

So läuft das Verfahren ab

Hat das Gericht die Klage erhalten, bekommen Kläger zunächst eine Eingangsbestätigung. Ist die Klage noch nicht begründet, werden sie aufgefordert, das nachzureichen. Danach bittet das Gericht das Finanzamt um Stellungnahme und Übersendung der Akten. Der weitere Gang des Verfahrens hängt vom Einzelfall ab. Im schriftlichen Verfahren kann es mit dem Austausch von Argumenten und Unterlagen beider Seiten einige Male hin- und hergehen. Das Gericht kann zunächst einen Erörterungstermin ansetzen, um den Sach- und Streitstand mit den Beteiligten zu besprechen. Es kann aber auch schriftlich Hinweise erteilen und einen Termin für eine mündliche Verhandlung bestimmen.

Oft besprechen Richter in einem Erörterungstermin den Fall mit den Streitparteien. Der Termin ist keine mündliche Verhandlung und beendet das Verfahren oft ohne richterliche Entscheidung, weil eine einvernehmliche Lösung gefunden wurde oder das Finanzamt – auf den Hinweis des Gerichts – einen geänderten Steuerbescheid erlässt. Hier sind die Kläger oft zumindest teilweise erfolgreich.

So viel kostet eine Klage

Noch bevor sich das Gericht inhaltlich mit der Klage beschäftigt, müssen Kläger einen Gerichtsgebührenvorschuss von mindestens 284 Euro bezahlen (siehe Tabelle). Das Gerichtskostengesetz bestimmt einen Mindeststreitwert von 1500 Euro, der in jedem Fall angesetzt wird, auch wenn es nur um 200 Euro geht. Noch höher ist die Gerichtsgebühr, wenn es um mehr als 1500 Euro Streitwert geht. Das ist die Differenz zwischen dem festgesetzten und dem begehrten Steuerbetrag.

Gewinnen Kläger den Prozess, bekommen sie neben der gewünschten Steuerersparnis die Gerichtsgebühr und mögliche Anwaltskosten zurück. Verlieren sie, ist die Gebühr weg und sie müssen ihre gesamten Verfahrenskosten, etwa ihren Anwalt, selbst zahlen. Ausnahme: Fahrtkosten und andere Ausgaben des Finanzamts muss das Amt selbst zahlen.

Verloren – was nun?

Wer mit dem Urteil des Finanzgerichts nicht einverstanden ist, hat nur noch eine Möglichkeit: die Revision beim Bundesfinanzhof (BFH), dem obersten Gericht für Steuer- und Zollsachen. Allerdings muss das Finanzgericht die Revision beim Bundesfinanzhof ausdrücklich zulassen. Anderenfalls müssen Klägerin oder Kläger erst eine Nichtzulassungsbeschwerde einlegen. In diesem Fall prüft das oberste Steuergericht selbst, ob es über den Fall entscheidet. ■

So viel kostet eine Klage

Die Gerichtskosten hängen von der strittigen Steuerersparnis ab.[1)]

Strittige Steuerersparnis (Euro)	Gerichtskosten Finanzgericht (Euro)	
	Klageverfahren mit Urteil	Klagerücknahme
500	140	70
1 000	212	106
1 500	284	142
2 000	356	178
3 000	432	216
4 000	508	254
5 000	584	292
6 000	660	330
7 000	736	368
8 000	812	406
9 000	888	444
10 000	964	482
13 000	1 068	534
16 000	1 172	586
19 000	1 276	638
22 000	1 380	690
500 000	14 144	7 072

1) Ohne Kosten für Anwälte, Steuerberater, Zeugen u. a.

Neue Spielräume nutzen

Für Trainer, Betreuer und Ausbilder bleiben 2021 bis zu 3 000 Euro steuerfrei. Kombiniert mit einem Minijob ist noch mehr möglich.

9/2021 Endlich wieder mit der ganzen Mannschaft trainieren, den Seniorentreff öffnen und im Jugendclub mehr als nur eine Notbetreuung anbieten: Nach dem Corona-Lockdown starten viele Vereine, Verbände und soziale Einrichtungen wieder durch. Unterstützt werden sie von mehr als 17 Millionen Jugendlichen und Erwachsenen, die sich in Deutschland ehrenamtlich engagieren.

Erhalten sie für ihr Engagement eine Aufwandsentschädigung, profitieren sie seit Jahresbeginn von erhöhten Steuerfreibeträgen. Durch die sogenannte Übungsleiterpauschale bleiben häufig Einnahmen bis 3 000 Euro im Jahr steuerfrei, vorher waren es 2400 Euro. Für andere ehrenamtliche Tätigkeiten gilt ein Freibetrag von 840 Euro im Jahr. Unsere Übersicht zeigt, wer diese Vorteile nutzen kann und wie sich steuerlich etwas mehr herausholen lässt.

? Ich habe nur von März bis Juni im Impfzentrum gearbeitet. Steht mir trotzdem die volle Pauschale zu?

Ja, Sie haben Anspruch auf den vollen Jahresbetrag von 3 000 Euro, auch wenn Sie die begünstigte Tätigkeit nicht im gesamten Kalenderjahr ausüben. Wenn Sie in den Monaten jeweils höchstens 750 Euro brutto verdient haben, müssen Sie keine Abzüge fürchten.

? Ab Herbst kann ich nebenbei als Jugendtrainerin arbeiten. Gilt für mich die Übungsleiterpauschale?

Ja, als Trainerin im Verein steht Ihnen dieser Freibetrag zu. Weitere begünstigte Tätigkeiten – etwa Chorleiterin, Ferienbetreuer und Dozentin an der Volkshochschule – nennen wir im Kasten rechts zu den Steuerfreibeträgen.

Tipp. Sind Sie bereits als Trainer oder in einem sozialen Bereich tätig, haben Sie durch die erhöhte Pauschale etwas mehr Freiraum. Bei Bedarf können Sie beispielsweise einige Stunden mehr steuerfrei arbeiten.

? Wie viel Zeit darf ich in die Vereinsarbeit stecken?

Anspruch auf die Übungsleiterpauschale haben Sie nur für nebenberufliche Tätigkeiten. Aufs Kalenderjahr gesehen darf das Engagement höchstens ein Drittel der Arbeitszeit eines vergleichbaren Vollzeitjobs ausmachen.

Tipp. Die Vorgabe der Nebentätigkeit gilt auch, wenn Sie etwa als Rentnerin, Student, Hausmann oder -frau keinen Hauptberuf haben. Sie können die Übungsleiterpauschale für begünstigte Tätigkeiten ebenfalls nutzen, wenn Sie den Zeitrahmen einhalten.

? Darf ich als Studentin neben einem Minijob im Café als Hausaufgabenbetreuung in der Schule arbeiten?

Ja, beide Jobs sind nebeneinander möglich, sodass Sie auf Dauer bis zu 700 Euro monatlich steuerfrei verdienen können – 250 Euro in der Schule und 450 Euro im Minijob. Das klappt, wenn der Café-Betreiber Ihren Verdienst pauschal versteuert.

Klären Sie am besten vor Antritt einer neuen Tätigkeit, ob Sie von der Übungsleiterpauschale profitieren können. Ist Ihr Job begünstigt, sparen Sie nicht nur die Steuer, sondern auch Sozialversicherungsbeiträge.

Tipp. Sie können eine begünstigte Tätigkeit und einen Minijob auch beim selben Arbeitgeber kombinieren. Als Studentin könnten Sie also beispielsweise den Kellnerjob aufgeben und bei passendem Angebot mit dem Job in der Schule bis zu 700 Euro im Monat brutto wie netto verdienen. Mehr Informationen finden Sie unter minijob-zentrale.de.

? Was gilt, wenn ich zwei begünstigte Zusatzjobs annehme?

Es kommt darauf an: Fallen beide Tätigkeiten unter die Übungsleiterpauschale, sind insgesamt trotzdem nur 3000 Euro steuerfrei.

Mehr Spielraum haben Sie, wenn Sie sich beispielsweise neben einem Trainerjob auch im Vereinsvorstand engagieren. Erhalten Sie für beides eine Aufwandsentschädigung, können Sie neben der Übungsleiter- auch die Ehrenamtspauschale in Höhe von 840 Euro pro Jahr beanspruchen (siehe rechts). Insgesamt bleiben dann jährlich 3840 Euro steuerfrei.

? Muss ich einen Zusatzverdienst in der Steuererklärung angeben, obwohl er innerhalb der Pauschale liegt?

Ja, Sie müssen den Zusatzverdienst angeben. Üben Sie die begünstigte Tätigkeit als Selbstständiger aus, tragen Sie Ihre Einnahmen in Anlage S zur Steuererklärung ein. Sind Sie angestellt beschäftigt, geben Sie Ihren Zusatzverdienst in Anlage N an.

? Ich habe meinen Trainerschein selbst bezahlt. Kann ich die Ausgaben beim Finanzamt abrechnen?

Ja, Sie dürfen diese und andere eigene Ausgaben, etwa Fahrtkosten, geltend machen. Der Bundesfinanzhof hat klargestellt, dass das auch möglich ist, wenn Ihr Verdienst innerhalb der Übungsleiter- oder Ehrenamtspauschale bleibt (BFH, Az. VIII R 17/16). Bis dahin konnten eigene Ausgaben nur abgerechnet werden, wenn Einnahmen und Ausgaben oberhalb der Pauschale erzielt wurden.

Tipp. Ihre Ausgaben für den Trainerschein waren höher als die Jahreseinnahmen aus dem Trainerjob? Dann erzielen Sie einen steuerlichen Verlust, den das Finanzamt mit anderen Einkünften verrechnet. Dadurch sinkt Ihre Steuerlast insgesamt. Voraussetzung ist allerdings – so der Bundesfinanzhof im oben genannten Verfahren –, dass Sie mit Ihrer Tätigkeit einen Gewinn erzielen wollen. Einen dauerhaften Verlust wird das Finanzamt nicht akzeptieren. ■

Steuerfreibeträge

Begünstigte Tätigkeiten

Der Staat belohnt soziales Engagement. Wie groß der Steuervorteil dafür ist, ergibt sich je nach Tätigkeit:

Übungsleiterpauschale. Das Finanzamt gewährt den Freibetrag von bis zu 3000 Euro im Jahr für Engagement im gemeinnützigen, mildtätigen oder kirchlichen Bereich. Er gilt außerdem für Tätigkeiten bei einer öffentlich-rechtlichen Körperschaft wie Schule, Volkshochschule, Universität und Sportverein. Parteien und Gewerkschaften sind außen vor. Begünstigt sind zum Beispiel:

- Trainer, Übungsleiter und Ausbilder in Vereinen,
- Dozenten, Lehrende und Prüfer an Universitäten, Schulen, Volkshochschulen und öffentlichen Einrichtungen,
- Pfleger, Spielkreis- oder Ferienbetreuer, Betreuer in Kirchen, Kulturstätten oder im Umwelt- und Katastrophenschutz, Chorleiter und Dirigenten.

Ehrenamtspauschale. Den Freibetrag von 840 Euro im Jahr gewährt das Finanzamt für Tätigkeiten wie:

- Kassierer, Platzwart, Bürokraft, Vorstand, Reinigungspersonal oder Schiedsrichter in Vereinen,
- Eltern, die im gemeinnützigen Verein Fahrdienste übernehmen,
- Betreuer in öffentlichen Jugendklubs, Seelsorger in Kirchen oder als Helfer in Wohlfahrtsorganisationen.

Corona. Infolge der Pandemie gelten die Freibeträge 2021 auch für die Mitarbeit im Impf- oder Testzentrum. Führen Helfer beispielsweise Aufklärungsgespräche im Impfzentrum, steht ihnen die Übungsleiterpauschale zu.

Wer hilft bei der Steuer?

Zum Lohnsteuerhilfeverein oder zum Steuerberater? Wo Sie richtig sind und wie viel das Abrechnen mit dem Finanzamt so kostet.

11/2021 Mit Steuerangelegenheiten geht es vielen Menschen ähnlich wie mit dem Besuch beim Zahnarzt: Oft kümmern sie sich erst um die Steuererklärung, wenn es schon weh tut – oder die Abgabefrist bevorsteht.

Doch viele scheuen sich, die Steuererklärung selbst in die Hand zu nehmen. Hilfe bekommen sie gegen Bezahlung von Lohnsteuerhilfevereinen und Steuerberatern. Die Expertinnen und Experten kennen die Regeln und können Tipps zum Steuersparen geben, die Laien oft nicht kennen. Wir stellen beide Beratungsmöglichkeiten vor und sagen, mit welchen Kosten man rechnen muss.

Lohnsteuerhilfeverein: Nicht für alle

Steuerliche Hilfe durch einen Lohnsteuerhilfeverein ist für Freiberuflerinnen und Freiberufler sowie für Selbstständige ausgeschlossen. Die Vereine richten sich insbesondere an Angestellte, Beamte sowie Menschen, die Rente oder Pension beziehen. Aber auch Arbeitslose, Unterhaltsempfänger oder Studierende finden bei ihnen Rat.

Steuerberater auch für Selbstständige

Gewerbetreibenden, Freiberuflern und anderen Selbstständigen bleibt der Weg zum Lohnsteuerhilfeverein verschlossen.

Manchen ist gar nicht bewusst, dass auch sie ausgeschlossen sind, denn die Grenzen sind strikt: Schon wer eine Photovoltaikanlage betreibt und für den ins Stromnetz eingespeisten Strom eine umsatzsteuerpflichtige Einspeisevergütung erhält, gilt als gewerbetreibend und kann steuerlichen Rat nur in einem Steuerberatungsbüro bekommen.

Unser Rat

Fachleute. Arbeitnehmer und Rentner oder Pensionäre, die ihre Steuererklärung nicht selbst erledigen wollen, können sich an einen Lohnsteuerhilfeverein oder Steuerberater wenden. Freiberuflern oder Selbstständigen steht nur der Weg zum Steuerberater offen.

Gewerkschaftsmitglied. Bei einigen Gewerkschaften können Mitglieder einen Steuerservice nutzen oder von Kooperationen mit Lohnsteuerhilfevereinen profitieren. Fragen Sie nach.

Unterlagen. Sortieren Sie Ihre Unterlagen gut vor, um es der Beratungsperson leichter zu machen. Beim Steuerberater können Sie so Gebühren sparen.

Kosten. Machen Sie Beratungsgebühren je nach Sachverhalt ganz oder teilweise steuerlich geltend – beim Steuerberater beruflich bedingte Kosten. Ausgaben für Lohnsteuerhilfeverein, Steuersoftware oder Fachliteratur ordnen Sie pauschal bis zu 100 Euro den Werbungskosten zu.

Auch wer angestellt, aber mit einem Selbstständigen verheiratet und gemeinsam veranlagt ist, kann nicht zu einem Verein gehen. Jana Bauer vom Bundesverband Lohnsteuerhilfevereine (BVL) sagt: „Es gibt keine Mandatsteilung.“ Mit den Arbeitnehmereinkünften zum Lohnsteuerhilfeverein, mit der Solaranlage zum Steuerberatungsbüro – das geht nicht. Selbstverständlich stehen die Dienste einer Steuerberaterin auch allen Angestellten, Beamten und Rentnern offen.

Lohnsteuerhilfeverein – oft die günstigere Lösung

Die Vereine beraten und erstellen für ihre Mitglieder die Einkommensteuererklärung, sie berechnen die Höhe der Steuerzahlung oder Rückerstattung, prüfen den Steuerbescheid und legen notfalls Einspruch dagegen ein. Auch Klagen vor Finanzgerichten führen sie im Streitfall durch, sofern das sinnvoll erscheint. Viele Vereine informieren auch über ihre Internetseite oder über Newsletter zu aktuellen Steuerthemen.

Beiträge abhängig vom Einkommen

Für die Aufnahme in den Verein zahlt man in der Regel eine Aufnahmegebühr, meist 10 bis 20 Euro. Hinzu kommen die Jahresbeiträge, die sich an den Bruttojahreseinnahmen orientieren. Die großen Vereine unseres Vergleichs (siehe Tabelle S. 180) verlangen zwischen 31 und 456 Euro im Jahr.

Nebeneinkünfte in Grenzen erlaubt

Zusätzlich zu Lohn oder Gehalt darf man pro Kalenderjahr als alleinstehende Person höchstens 18 000 Euro (Ehepaare 36 000 Euro) an Einnahmen aus Kapitalvermögen, Vermietung und Verpachtung oder privaten Veräußerungsgeschäften erzielen, sonst darf ein Lohnsteuerhilfeverein keine steuerliche Hilfe leisten. Wer als Angestellter in seiner Freizeit nebenbei als Übungsleiter ein Nachwuchstraining im Sportverein hält und dafür eine Übungsleiterpauschale von bis zu 3 000 Euro erhält, darf ebenfalls zum Lohnsteuerhilfeverein. Eine nebenberufliche Selbstständigkeit ist aber tabu.

Passenden Verein finden

Auf der Website des BVL (bvl-verband.de) lässt sich online nach einer Beratungsstelle in der Nähe suchen.

Steuerberater – offen für alle

Steuerpflichtige mit Einkünften aus Land- und Forstwirtschaft, Gewerbebetrieb oder aus selbstständiger Tätigkeit erhalten Rat nur bei einem Steuerberater oder bei einer Steuerbevollmächtigten. Selbstverständlich stehen Steuerberatungsbüros auch Angestellten oder Menschen im Ruhestand offen.

So rechnet der Steuerberater ab

Die Gebühren für eine Steuererklärung über den Steuerberater sind in aller Regel höher als im Lohnsteuerhilfeverein. Bei der Berechnung gilt die Grundregel: Je höher der so genannte Gegenstandswert und je komplexer der Fall, desto höher fällt die Rechnung aus. Was ein Steuerberatungsbüro für seine Tätigkeiten verlangen darf, ist in der umfangreichen Steuerberatervergütungsverordnung (StBVV) geregelt. In Grenzen sind die Kosten verhandelbar. Es scheint hierbei auch regionale Unterschiede zu geben.

Damit Mandanten die Honorarrechnung leicht nachvollziehen können, muss diese bestimmte Angaben enthalten. Dazu gehören etwa die Beträge der einzelnen Gebühren, eine Bezeichnung des Gebührentatbestands sowie die Vorschriften der StBVV und bei Wertgebühren auch der Gegenstandswert.

Passenden Berater finden

Im amtlichen Steuerberaterverzeichnis der Bundessteuerberaterkammer sind alle in Deutschland zugelassenen Steuerberaterinnen und Steuerberater, Steuerbevollmächtigten und Steuerberatungsgesellschaften zu finden. Wer nach bestimmten Qualifikationen oder Spezialisierungen der Fachperson sucht, wird fündig beim Steuerberater-Suchdienst der Bundessteuerberaterkammer (bstbk.de) oder aber beim Suchservice des Deutschen Steuerberaterverbandes (steuerberater-such service.de).

Die großen Lohnsteuerhilfevereine Deutschlands im Überblick

Wer Unterstützung bei der Steuererklärung braucht und nicht selbstständig oder als Gewerbetreibender tätig ist, findet bei den Vereinen Rat und Hilfe – unabhängig davon, wie hoch das Einkommen ist. Studierende mit Nebenjob bekommen ebenso Hilfe wie Topverdiener unter den Angestellten. Von ihrem Einkommen hängt aber die Höhe des Jahresbeitrags ab.

Name des Vereins	Bundesweit tätig	Beratungsstellen	Aufnahmegebühr (Euro)	Jahresbeitrag, Spanne (Euro)
Lohnsteuerhilfeverein Vereinigte Lohnsteuerhilfe e. V.	■	Zirka 3 000	10	39 – 365
Lohnsteuerhilfe Bayern e. V.	■	Über 300[2)]	15	45 – 375[3)]
Lohn- und Einkommensteuer Hilfe-Ring Deutschland e. V.	■	Zirka 1 100	14[5)]	55 – 350
Lohnsteuerhilfe Baden-Württemberg e. V.	■[6)]	Zirka 100	16	31 – 456[7)]
Aktuell Lohnsteuerhilfeverein e. V.	■	Zirka 700	15	52 – 339
Lohnsteuerhilfeverein Hilo e. V.	■	628	20	55 – 399[8)]
Altbayerischer Lohnsteuerhilfeverein e. V.	■	Zirka 300	15	52 – 339
LBV Lohnsteuer-Beratungs-Verein e. V.	■	91	15	55 – 390
Isar e. V. Lohnsteuerhilfeverein	■	24	0	60 – 240
Lohnsteuerhilfeverein für Arbeitnehmer e. V.	■	308	5,95[9)]	47,48 – 424,12
Lohnsteuerhilfeverein Fuldatal e. V.	■	233	15[10)]	40 – 370
Lohnsteuerhilfe Berlin-Brandenburg e. V.	■	14	8[1)]	50 – 240[4)]

■ = Ja.
Sortiert nach Mitgliederzahl.

1) 16 Euro für Ehepaare.
2) Davon rund 90 Prozent mit ZVL-Zertifikat.
3) Kostenfreie Beratung für Kinder von Mitgliedern in ganzjähriger Ausbildung mit Einnahmen unter 12 000 Euro.
4) Kinder von zahlenden Mitgliedern, die sich ganzjährig in Ausbildung befinden, zahlen im Beitrittsjahr die Aufnahmegebühr, bleiben aber beitragsfrei, wenn ihre Jahreseinnahmen insgesamt 10 000 Euro nicht übersteigen.
5) Entfällt für Kurzarbeiter.
6) Beratungsstellen gibt es nur in Baden-Württemberg.
7) Spezielle Mitgliedsbeiträge: 31 Euro für Azubis, Schüler, Studenten, die weniger als 12 000 Euro Jahreseinnahmen haben und ganzjährig kindergeldberechtigt sind.
8) Azubis, von denen ein Elternteil Mitglied ist, bleiben bis zum Ende der Ausbildung in der Beitragsstufe 1 beitragsfrei.
9) 11,95 Euro für Ehepaare.
10) Aufnahmegebühr von 15 Euro wird bei Ehegatten oder Gleichgestellten nur einmal berechnet und nicht pro Person; bei Neumitgliedern wird vom 1. Mai bis 31. Dezember 2021 auf Aufnahmegebühr und zusätzlich auf eine Beitragsstufe der Mitgliedsbeiträge verzichtet, wenn Mitglieder 2020 oder 2021 Kurzarbeitergeld erhielten.

Quelle: BVL, Liste der größten Lohnsteuerhilfevereine des Dachverbands, Angaben der Vereine, eigene Recherchen Stand: 30. Juni 2021 Aufnahmegebühr und Jahresbeitrag Stand: 30. September 2021

Ab in die Steuerklasse II

Sie benötigen:

- Telefon und/oder Computer mit Internetzugang
- Das Formular „Antrag auf Lohnsteuer-Ermäßigung"
- Das Formular „Anlage Kinder zum Lohnsteuer-Ermäßigungsantrag"

11/2021 Für Alleinerziehende gibt es die Steuerklasse II. Als alleinerziehend im Sinne des Einkommensteuergesetzes (EStG) gilt, wer alleine mit mindestens einem Kind zusammenlebt, für das es Kindergeld oder den Kinderfreibetrag gibt. Das Kind sollte im Haushalt des Antragstellers oder der Antragstellerin gemeldet sein. Zudem gilt: Es darf kein anderer Volljähriger in dem Haushalt leben. Volljährige Kinder, für die Kindergeld gezahlt wird, zählen hier nicht.
Der Vorteil in der Steuerklasse II: Es gibt seit 2020 einen Steuerfreibetrag in Höhe von 4008 Euro. Der Betrag wurde im Zuge der Pandemie erhöht, um Alleinerziehende mehr zu entlasten. Für jedes weitere Kind im Haushalt erhöht sich der Gesamtbetrag um 240 Euro (§ 24b EStG). Damit steht einer alleinerziehenden Mutter mit zwei Kindern für das Jahr 2021 ein Entlastungsbetrag von 4248 Euro zu (4008 + 240).

Schritt 1. Rufen Sie das für Sie zuständige Finanzamt an, sagen Sie, dass Sie alleinerziehend sind und die nötigen Formulare für den Steuerklassenwechsel benötigen. Das Finanzamt schickt Ihnen die Unterlagen dann zu. Alternativ können Sie auch online unter formulare-bfinv.de die zwei nötigen Vordrucke „Antrag auf Lohnsteuer-Ermäßigung" und die „Anlage Kinder zum Lohnsteuer-Ermäßigungsantrag" herunterladen. Die beiden Formulare finden Sie im Ordner Steuern, dann Lohnsteuer (Arbeitnehmer).

Schritt 2. Füllen Sie beide Formulare aus, unterschreiben Sie und schicken es an das für Sie zuständige Finanzamt – oder werfen Sie Ihre Unterlagen dort in den Briefkasten. Der Wechsel ist jeweils bis 30. November möglich.

Schritt 3. Prüfen Sie in den Folgemonaten anhand Ihrer Gehaltsabrechnung, ob der Steuerklassenwechsel geklappt hat. Haken Sie gegebenenfalls bei Ihrem Finanzamt nach, wenn dem nicht so ist.

Tipp. Sollten Sie im Zuge der Trennung vergessen haben, den Steuerklassenwechsel zu beantragen, ist das nicht schlimm. Sie machen dann im folgenden Jahr eine Steuererklärung. So können Sie auch noch rückwirkend vom Entlastungsbetrag für Alleinerziehende profitieren. ■

Mehr als ein Hobby

In sozialen Medien aufzutreten, kann schnell lukrativ werden und das Finanzamt auf den Plan rufen. Finanztest erklärt wichtige Steuerregeln.

8/2021 Wer sich auf Youtube, Instagram oder anderen digitalen Kanälen eine Fangemeinde aufgebaut hat, kann mit Produktplatzierungen und Werbung Geld verdienen. Viele Follower abonnieren Kanäle beliebter Influencer, kostenlose Produkte kommen ungefragt ins Haus, Werbeanfragen folgen. Längst ist Social Media Marketing kein unbekannter Berufszweig mehr. Influencern folgen Millionen Menschen.

Das macht auch das Finanzamt hellhörig. Selbst wenn das Bloggen und Posten von Fotos und Videos als Hobby beginnt, kann es sich schnell zur Einkommensquelle entwickeln. Dieses Geld muss versteuert werden. Was gilt, wenn es um teure Gratisprodukte, Reisen oder andere Dienstleistungen geht? Welche steuerlichen Pflichten gibt es?

? Womit verdienen Influencer überhaupt ihr Geld?

Social-Media-Akteure teilen je nach Plattform (Blogs, Youtube, Instagram, TikTok) in Videos, Fotos oder Texten ihre Meinung, Gedanken oder einfach ein Stück Privatsphäre mit anderen. Je mehr Follower oder Abonnenten sie haben, also Menschen, die ihnen regelmäßig folgen, desto erfolgreicher sind sie. Die hohe mediale Reichweite ist interessant für Unternehmen. Sie lassen ihre Produkte, Dienstleistungen oder Werbebotschaften über Influencer an relevante Zielgruppen verbreiten. Das ist lukrativ. Je nach Zahl der Follower liegt der Verdienst pro Beitrag zwischen 1000 und 10 000 Euro und mehr.

Neben dem Geld für Werbevideos und -fotos erzielen Influencer auch Einnahmen aus Kooperationen oder mit Affiliate-Marketing.

? Wann müssen Influencer Steuern zahlen?

Für das Finanzamt spielt es keine Rolle, ob jemand Geld als Arbeitnehmer oder Influencer verdient: Wer ein zu versteuerndes Einkommen, also Einnahmen abzüglich Ausgaben und eventueller Freibeträge pro Jahr über dem Grundfreibetrag (2021: 9 744 Euro) hat, muss grundsätzlich Steuern zahlen. Da das Finanzamt bei Influencern von einer gewerblichen Tätigkeit ausgeht, besteht in der Regel die Pflicht, eine Einkommensteuererklärung abzugeben, sobald die gesamten Einkünfte über dem Grundfreibetrag liegen. Sogar dann, wenn am Ende gar keine Steuer anfällt.

? Gilt das auch, wenn es nur ein Nebenjob ist?

In den meisten Fällen ja, denn die Freigrenze ist sehr niedrig. Wer hauptsächlich andere Einkünfte hat, etwa als Angestellte in einem Unternehmen, und sich nur nebenberuflich als Influencerin in den sozialen Netzwerken tummelt, darf nebenbei nur bis 410 Euro im Jahr steuerfrei verdienen. Zwischen 410 und 820 Euro greift ein Härteausgleich. Das heißt, es fallen zwar Steuern an, aber noch nicht in voller Höhe. Erst ab 820 Euro sind die zusätzlichen Einnahmen voll zu versteuern.

? Müssen Influencer Geschenke oder Gratisprodukte versteuern?

Nicht immer fließt Geld. Influencer bekommen üblicherweise kostenlose Produkte von den Firmen zugeschickt. Ob Luxusmode und Kosmetik, Reisegutscheine oder Diätgetränke: Influencer platzieren diese geschickt in ihren Postings. Doch was wie ein Geschenk aussieht, zählt steuerlich als Betriebseinnahme. Auch gratis Hotelübernachtungen oder Reisen müssen mit dem für sie üblichen Preis versteuert werden. Deren Höhe ist nicht immer so einfach zu bestimmen, es sei denn, der übliche Preis der Geschenke ist bekannt.

Was gilt, wenn Sachen zurückgeschickt oder verlost werden?

Viele Social-Media-Akteure verschenken oder verlosen gratis erhaltene Produkte. Werden etwa die Turnschuhe direkt nach den Fotoaufnahmen verschenkt, kommt es zu keiner steuerpflichtigen Entnahme in das Privatvermögen, es muss nichts versteuert werden.

Auch geringwertige Warenproben von unter 10 Euro netto je Probe bleiben steuerfrei. Sie werden als Streu- beziehungsweise Werbeartikel eingestuft (BMF-Schreiben vom 19. Mai 2015, „Sachzuwendungen").

Die Steuerpflicht für Influencer entfällt auch, wenn sie die Waren an den Werbepartner zurücksenden oder das Unternehmen diese pauschal versteuert – sofern der Wert nicht höher als 10 000 Euro ist. Schickt eine Firma mehrere pauschal versteuerte Produkte in einem Wirtschaftsjahr, darf der Gesamtwert 10 000 Euro nicht überschreiten.

Gibt es eine Dokumentationspflicht?

Eine Pflicht gibt es nicht. Alle Einnahmen, egal, ob Gratisprodukte oder gesponserte Beiträge, sollten Influencer dennoch akribisch dokumentieren. Eine einfache Excel-Tabelle reicht aus. Bei Nachfragen des Finanzamts können sie damit alle Einnahmen lückenlos belegen. Hat das Unternehmen für die Produkte oder Dienstleistungen pauschal Steuern abgeführt, ist ein Nachweis besonders wichtig, etwa in Form eines Kooperationsvertrags.

Ab wann müssen Influencer ein Gewerbe anmelden?

Es gibt zwar keine klare Definition, wann genau aus einem Hobby ein Beruf wird. Doch wer regelmäßig als Influencer tätig ist und Einnahmen erwirtschaftet, erzielt Einkünfte aus Gewerbebetrieb. Die Absicht, Gewinn zu erzielen, reicht aus. Sie liegt vor, sobald die Einnahmen höher sind als die Ausgaben oder sie nachweislich das Ziel sind. Die Folge: Influencer müssen sich beim zuständigen Gewerbeamt anmelden, in der Regel am Wohnsitz.

Müssen Influencer ihre Tätigkeit dem Finanzamt melden?

Nachdem die Gewerbeanmeldung erledigt ist, sollte im zweiten Schritt der „Fragebogen zur steuerlichen Erfassung" ausgefüllt werden. Dieser muss innerhalb eines Monats nach Beginn der Tätigkeit oder der Eröffnung des Gewerbes beim Finanzamt sein. Seit Anfang 2021 ist das nur noch elektronisch möglich.

Wird neben der Einkommensteuer auch Gewerbesteuer fällig?

Influencer müssen in ihrer Steuererklärung neben dem Hauptvordruck die Anlage G ausfüllen. Darin wird der Gewinn aus der Influencer-Tätigkeit eingetragen. Dieser wird mit einer Einnahmenüberschussrechnung in der Anlage EÜR ermittelt. In dem Fall besteht grundsätzlich die Pflicht, die Einkommensteuererklärung elektronisch abzugeben, etwa über „Mein Elster". Neben Einnahmen zählen auch Ausgaben, etwa Produktionskosten für Videos, um den Gewinn zu ermitteln. Erst wenn der Gewinn auf volle Hundert Euro abgerundet höher als 24 500 Euro ist, fallen Gewerbesteuern an. Die Höhe wird von der Gemeinde anhand des dort geltenden Satzes festgelegt.

Sind auch Umsatzsteuervoranmeldungen notwendig?

Influencer sind Unternehmer, sobald sie selbstständig sind und wiederholt eine gewerbliche Tätigkeit ausüben mit der Absicht, Gewinn zu erzielen. Ob eine Umsatzsteuervoranmeldung notwendig ist, ist abhängig vom Umsatz. Soweit die Umsätze plus die darauf entfallende Steuer im vorangegangenen Kalenderjahr nicht über 22 000 Euro lagen und im laufenden Kalenderjahr voraussichtlich nicht höher als 50 000 Euro sein werden, können Influencer von der Kleinunternehmerregel Gebrauch machen und sich auf Antrag befreien lassen. Sie bieten dann ihre Leistungen ohne Umsatzsteuer an und sind nicht verpflichtet, regelmäßig eine Umsatzsteuererklärung abzugeben. Im Gegenzug können sie keine Vorsteuer geltend machen. ■

Höhere Pauschbeträge nutzen

Wer andere pflegt oder selbst Hilfe braucht, kann seine Ausgaben seit dem Jahr 2021 durch verbesserte Pauschalen einfacher absetzen.

Behindertenpauschbetrag

So zählen die ständigen Pflege- und Krankheitskosten pauschal, wenn ein Grad der Behinderung (GdB) besteht.

Grad der Behinderung	Pauschbetrag ab 2021 (Euro)	Fahrtkostenpauschale[1] (Euro)
20	384	
30	620	
40	860	
50	1 140	
60	1 440	
70	1 780	900[2]
80	2 120	900
90	2 460	900
100	2 840	900
Hilflos/blind	7 400	4 500[3]

1) Als außergewöhnliche Belastungen mit Eigenanteil.
2) Mit Merkzeichen „G" für „geh- und stehbehindert".
3) Auch mit dem Merkzeichen „aG" für „außergewöhnlich geh- und stehbehindert".

Pflegepauschbetrag

Wer andere pflegt, kann je nach Pflegegrad einen Pauschbetrag absetzen.

Pflegegrad des Pflegebedürftigen	Pflegepauschbetrag[1] ab 2021 (Euro)
2	600
3	1 100
4, 5 oder hilflos/blind	1 800

1) Sie erhalten für die Pflege keine Einnahmen.

5/2021 Gleich zwei Freibeträge rund um Pflege und Behinderung haben sich geändert: Viel mehr Menschen profitieren vom Behindertenpauschbetrag. Sie können seit 2021 doppelt so viel absetzen – und das ab einem Grad der Behinderung von 20–, ohne Pflege- und Krankheitskosten einzeln nachzuweisen.

Steuern spart auch, wer Menschen mit mindestens Pflegegrad 2 versorgt. Jetzt gibt es bis zu 1800 Euro Pflegepauschbetrag statt wie bisher 924 Euro. Knapp eine Million Steuerpflichtige erhalten ihn, schätzt die Bundesregierung. Bisher bekamen ihn sehr wenige, weil zumindest Pflegegrad 4 Bedingung war.

Verbesserter Behindertenpauschbetrag
Bei Ihnen wurde ein Grad der Behinderung von mindestens 20 festgestellt? Dann erhalten Sie einen Behindertenpauschbetrag und können damit Ihre regelmäßigen Pflege- und Betreuungskosten pauschal abrechnen, statt diese einzeln als außergewöhnliche Belastung nachzuweisen.

Der Pauschbetrag beträgt seit dem Jahr 2021 ab einem Grad der Behinderung von 20 zwischen 384 Euro bis maximal 7400 Euro im Jahr (siehe Tabelle links). Bis Ende 2020 gab es die Pauschale erst ab einem Grad von 25.

Sie erhalten den vollen Pauschbetrag auch, wenn erst während des Jahres eine Behinderung eintritt. Steigt der Grad der Behinderung, steht Ihnen entsprechend der höhere Pauschbetrag zu.

Zusätzlich können Sie ab einem Grad der Behinderung von 70 eine Fahrtkostenpauschale von 900 bis 4500 Euro als außergewöhnliche Belastung absetzen. Anders als beim Behindertenpauschbetrag wirken sich diese Kosten aber erst über einem gewissen Eigenanteil aus.

Bedingungen. Das Versorgungsamt oder das zuständige Amt der Kommune muss den Grad der Behinderung festgestellt haben. Wie bisher genügt aber auch, wenn Sie wegen der Behinderung eine gesetzliche Rente oder andere laufende Bezüge erhalten und durch den Rentenbescheid oder andere laufende Bezüge das nachweisen (BMF-Schreiben vom 1. März 2021, IV C 8 – S 2286/19/10002 :006).

Tipp. Sammeln Sie Belege für Ihre einmaligen Kosten – etwa für den Einbau eines Treppenlifts, für Heilbehandlungen, Kuren, Arzneien, extra Rechnungen vom Pflegedienst für häusliche Intensiv- und Behandlungspflege. Diese können Sie als außergewöhnliche Belastungen mit Eigenanteil absetzen.

Dazu gehört auch das Entgelt, das Sie nahen Angehörigen für die Pflege bezahlen. Bedingung: Die verwandten Helfer leben nicht in Ihrem Haushalt und Sie haben mit ihnen einen Anstellungsvertrag wie unter Fremden üblich vereinbart – etwa als Minijob über minijobzentrale.de – und das vereinbarte Entgelt wird per Banküberweisung gezahlt.

Achtung. Sind Ihre regelmäßigen behinderungsbedingten Kosten im Jahr höher als der Pauschbetrag? Dann sollten Sie den Abzug als außergewöhnliche Belastung wählen. Hier wird zwar eine zumutbare Belastung angerechnet. Aber diese dürfen Sie als haushaltsnahe Pflege- und Betreuungskosten absetzen.

Unser Rat

Antrag stellen. Selbst eine leichte gesundheitliche Behinderung sollten Sie beim Versorgungsamt oder zuständigen Amt der Kommune feststellen lassen. Seit 2021 gibt es schon ab einem Grad von 20 einen Behindertenpauschbetrag. Zudem wurden die Beträge verdoppelt.

Mehr Nettogehalt. Beantragen Sie beim Finanzamt einen Freibetrag per „Antrag auf Lohnsteuerermäßigung" (formulare-bfinv.de). Dann steigt Ihr Nettogehalt, weil die Lohnsteuer sinkt.

Pflegende Angehörige. Sie pflegen einen Menschen, der mindestens Pflegegrad 2 hat, ohne Einnahmen zu bekommen? Dann können Sie ab 2021 einen Pflegepauschbetrag erhalten.

Höherer Pauschbetrag für Pflegende

Sie pflegen einen Angehörigen oder einen anderen nahestehenden Menschen in seinem oder Ihrem Haushalt? Dann erhalten Sie seit 2021 einen Pflegepauschbetrag, wenn der Gepflegte zumindest Pflegegrad 2 hat (siehe Tabelle links unten). Bisher war mindestens Pflegegrad 4 erforderlich. Den Pflegepauschbetrag erhalten Sie auch, wenn ambulante Pflegedienste mithelfen.

Bedingungen. Sie müssen mit dem Menschen, den Sie betreuen, nicht verwandt sein. Eine enge persönliche Beziehung genügt (BFH, Az. III R 4/95). Zudem darf die Behörde den Pauschbetrag nicht kürzen, wenn Sie nur kurzfristig oder nur an den Wochenenden die Betreuung übernehmen (BFH, Az. III R 34/07).

Voraussetzung ist jedoch, dass Sie für die Pflege keine Einnahmen erhalten – auch kein Pflegegeld. Ausnahme: Erhalten Sie als Eltern Pflegegeld für Ihr behindertes Kind, zählt das nicht als steuerschädliche Einnahmen.

Den Pflegebedarf weisen Sie durch den Bescheid der Pflegekasse über den Pflegegrad von mindestens 2 nach oder mit dem Bescheid des Versorgungsamts oder dem Schwerbehindertenausweis mit Merkzeichen „H". Eine Bescheinigung des Hausarztes genügt nicht.

Achtung. Teilen Sie sich mit anderen die Pflege, müssen Sie sich auch den Pauschbetrag teilen. Das ist auch so, wenn der andere, der auch pflegt, auf seinen anteiligen Pflegepauschbetrag verzichtet oder ihn steuerlich nicht geltend macht (BFH, Az. III R 34/07).

Tipp. Kosten, die Sie etwa für ein behindertengerechtes Bad oder den Treppenlift übernommen haben, rechnen Sie als außergewöhnliche Belastung ab. Das geht, wenn Sie gegenüber dem Pflegebedürftigen unterhaltspflichtig sind. Das gilt auch für zeitweise Heimkosten und vorübergehende Beschäftigung von Pflegepersonal. ■

Weniger zahlen im Ruhestand

Viele Seniorinnen und Senioren müssen jedes Jahr beim Finanzamt abrechnen. Wir zeigen, wie sie das am besten tun und Steuern sparen.

6/2021 Jedes Jahr müssen mehr Rentnerinnen und Rentner eine Steuererklärung beim Finanzamt abgeben. Allein durch die gesetzliche Rentenerhöhung im Jahr 2020 kamen 63 000 Menschen hinzu.

Doch längst nicht alle, die abrechnen müssen, zahlen auch Steuern. Laut Bundesfinanzministerium tun dies nur rund 7 Millionen von insgesamt rund 20 Millionen Rentenempfängern. Meist steigt die Zahl etwas gegenüber dem Vorjahr, weil ein immer kleinerer Anteil der Rente steuerfrei bleibt. Das Rentenplus vom Juli 2020 von 4,20 Prozent in den neuen Bundesländern und 3,45 Prozent in den alten ist komplett steuerpflichtig, sodass auf höhere Einkommen mehr Steuern anfallen.

Wer erstmals 2020 eine Rente erhielt, muss davon 80 Prozent versteuern. Bei Rentenstart bis 2005 waren es nur 50 Prozent. Den Freibetrag schreibt das Finanzamt im Jahr nach Rentenbeginn für immer fest. Wie viel Steuern fällig werden, ist jedoch erst nach der Abrechnung gewiss. Viele können ihre Steuerschuld drücken, indem sie ihre Ausgaben in der Steuererklärung geltend machen.

Bis zum 2. August 2021 musste die Steuererklärung 2020 beim Finanzamt sein. Helfen ein Lohnsteuerhilfeverein oder ein Steuerberater, ist bis zum 28. Februar 2022 Zeit. Welche Ausgaben und Freibeträge Rentnerinnen und Rentnern Vorteile bringen, erklären wir auf den nächsten Seiten. ■

Unser Rat

Loslegen. Sie können Ihre Steuererklärung am PC mit einem kommerziellen Programm (test.de/steuerprogramme) machen oder kostenlos über das Portal der Finanzverwaltung (test.de/elster).

Formulare. Die gewohnten Formulare gibt es beim Finanzamt und online (formulare-bfinv.de).

Hilfe. Viele Tipps und Beispiele bietet unser Ratgeber „Steuererklärung für Rentner und Pensionäre“. Er kostet 14,90 Euro und ist im Buchhandel oder online (test.de/rentnersteuern) erhältlich

Wann Sie im Rentenalter Steuern zahlen müssen

Ob Sie als Seniorin oder Senior Steuern zahlen müssen, können Sie selbst prüfen. Wie das geht, zeigen wir in fünf Schritten:

1 Fordern Sie beim Rententräger die Steuerbescheinigung an

Nehmen Sie die „Mitteilung zur Vorlage beim Finanzamt“ Ihres gesetzlichen Rentenversicherers oder fordern Sie das Papier dort an. Ob eine Steuererklärung nötig ist, können Sie anhand der folgenden Daten ermitteln:

Datum des Rentenbeginns. Das ist entscheidend für Ihren Rentenfreibetrag. Begann Ihre Rente im Jahr 2017, sind 26 Prozent der Ursprungsrente steuerfrei. Begann sie 2020 sind es nur 20 Prozent.

Gesamtbruttorente. Inklusive Kranken- und Pflegeversicherung, die Sie 2020 erhielten.

Rentenanpassungsbetrag. Diese regulären Erhöhungen sind voll zu versteuern.
Tipp. Stimmen die Beträge, müssen Sie nichts in die Anlage R eintragen. Die Daten wurden dem Finanzamt elektronisch gemeldet. Anlage R geben Sie nur ab, wenn Sie höhere Werbungskosten als 102 Euro haben – etwa für eine Rentenberatung.

2 So rechnen Sie mithilfe der Mitteilung des Versicherers

Rechnen Sie anhand der Beträge aus der Mitteilung wie die Rentnerin im Beispiel.

Beispiel: Eine Frau ist seit 2017 in Rente

Ihr Bruttorentenbetrag 2020[1]	14 029
Rentenanpassungsbetrag[1]	– 1 029
Zählt für den Rentenfreibetrag	= 13 000
Davon 74 Prozent[2] zu versteuern	9 620
Rentenanpassungsbetrag	+ 1 029
Zu versteuernde Rente	10 649
Werbungskostenpauschale	– 102
Gesamtbetrag ihrer Einkünfte	**10 547**

Angaben in Euro. 1) Abrunden. 2) Rentenbeginn 2017.

Da die Frau über die 9 408 Euro Grundfreibetrag für 2020 kommt, können die Beamten eine Steuererklärung fordern. Sie tun das nicht, wenn nach Abzug der Kranken- und Pflegeversicherungsbeiträge keine Steuern anfallen.

3 Trotz Steuererklärung keine oder nur wenig Steuern

Im nächsten Schritt ziehen Sie von Ihren Einkünften wie im Beispiel Ihre Ausgaben ab:

Diese Ausgaben gehen immer ab

Gesamtbetrag der Einkünfte	10 547
Kranken-, Pflegeversicherung[1]	– 1 530
Sonderausgabenpauschale	– 36
Zu versteuerndes Einkommen	8 981
Keine Steuern, wenn weniger als 9 408 Euro Grundfreibetrag	**0**

Alle Angaben in Euro. 1) Basisbeitrag aufrunden.

Haben Sie noch eine Witwenrente oder Witwerrente, rechnen Sie für diese Rente genauso wie zuvor im Beispiel. Die 102 Euro Werbungskostenpauschale wird allerdings für alle Renten nur einmal abgezogen.

4 Gemeinsame Steuererklärung ist für Ehepaare meist günstiger

Als Ehepaar ist meist eine gemeinsame Steuererklärung günstiger als die Einzelveranlagung. Bei einer gemeinsamen Veranlagung profitieren Sie vom Splittingtarif, wenn Ihr Jahreseinkommen unterschiedlich hoch ist. Das ist auch der Fall, wenn einer der beiden Ehepartner so wenig Rente hat, dass keine Steuern fällig wären.
Tipp. Vergleichen Sie am besten mit einem Steuerprogramm, was günstiger für Sie ist. In unserem letzten Test kommerzieller Programme (test.de/steuerprogramme) haben wir mit Gut bewertet: Wiso (rund 30 Euro) und Tax 2021 (rund 13 Euro), beide Programme sind von Buhl Data.

5 Eventuelle Steuervorauszahlung einkalkulieren

Müssen Sie im Jahr 2021 voraussichtlich zumindest 400 Euro Steuern zahlen, kann die Finanzbehörde Geld im Voraus verlangen. Diese Vorauszahlung verrechnet sie später bei der Jahresabrechnung.
Höhe. Die Vorauszahlung ermittelt das Finanzamt anhand Ihrer Werte aus dem Jahr 2020 und 9 744 Euro Grundfreibetrag für 2021.
Beispiel. Lars Uhlig muss bis Mitte Oktober 2021 rund 600 Euro Steuern für 2020 nachzahlen. Zugleich muss er für 2021 Steuern im Voraus zahlen, da voraussichtlich auch im Jahr 2021 seine Steuerschuld bei 600 Euro liegt. So werden im Dezember weitere 600 Euro fällig. Auch für 2021 setzt die Finanzbehörde gleich die Vorauszahlung fest und zwar jeweils 150 Euro pro Quartal.
Tipp. Zahlen Sie pünktlich die fälligen Steuern, sonst drohen Säumniszuschläge – 1 Prozent der Steuerschuld je angebrochenem Versäumnismonat.

Mit welchen Posten Sie Steuern sparen

Ihre Steuerlast können Sie senken, wenn Sie Ihre Ausgaben und Freibeträge in der Steuererklärung geltend machen.

Ihre Basisbeiträge zur Krankenversicherung zählen in voller Höhe

Einiges wie die Basisbeiträge für die Kranken- und Pflegeversicherung berücksichtigt das Finanzamt in der Steuerabrechnung als Sonderausgaben automatisch, da die Daten elektronisch vorliegen.

Tipp. Stimmen die übermittelten Beiträge nicht, korrigieren Sie das über die Anlage Vorsorgeaufwand in den Zeilen 16 und 18.

Steuerfreier Anteil der Rente hängt vom Jahr des Rentenbeginns ab

Jede Rentnerin und jeder Rentner erhält derzeit einen Rentenfreibetrag. Den ermittelt das Finanzamt auf Grundlage der Bruttorente im Jahr nach dem Rentenbeginn. Hat die Rente 2005 oder früher begonnen, sind 50 Prozent steuerfrei. Für jeden späteren Rentenjahrgang ist es weniger. Bei Rentenbeginn im Jahr 2021 sind es nur noch 19 Prozent.

Der Freibetrag gilt für immer und ändert sich nur, wenn die Rente aufgrund gesetzlicher Änderungen wie der Mütterrente steigt. Erhöhungen der Rente in den Jahren nach dem Rentenbeginn sind voll steuerpflichtig.

Tipp. Meinen Sie, dass Sie als Rentnerin oder Rentner doppelt Steuern zahlen, müssen Sie nicht extra Einspruch einlegen. Seit 30. August 2021 müssen die Finanzämter die Steuerbescheide vorläufig erteilen. Bewahren Sie die Rentenbezugsmitteilungen und alle Steuerbescheide gut auf. Gehen die Verfahren des BVerfG oder des BFH zu Ihren Gunsten aus, müssen Sie Doppelbesteuerung anhand Ihrer Belege dem Finanzamt nachweisen.

Ausgaben für den Rentenberater gehen als Werbungskosten ab

Für Renten können Sie Werbungskosten absetzen, etwa für eine Rentenberatung. Pauschal gibt es für alle Renten 102 Euro. Höhere Kosten gehören in Anlage R, Zeilen 37–38.

Tipp. Sie haben 2020 lohnsteuerpflichtig gearbeitet? Dann gehen zudem pauschal 1000 Euro Werbungskosten ab oder Ihre höheren Kosten (eintragen in Anlage N).

Krankheits- und Pflegekosten zählen über einem bestimmten Eigenanteil

Auch Ihre Kosten für Krankheit, Pflege, Behinderung oder Heim aus dem Jahr 2020 wirken sich aus. Sie bringen Steuerabzug, sofern sie Ihren zumutbaren Eigenanteil übersteigen. Wie hoch dieser ist, ermittelt unser Onlinerechner (test.de/zumutbare-belastung). Ihre Ausgaben geben Sie in der Anlage Außergewöhnliche Belastungen an, Zeilen 14–15.

Tipp. Lassen Sie sich Arzneien, Hilfsmittel und Therapien ärztlich verordnen und Kuren, Reha, Psychotherapie sowie nicht anerkannte Therapien vom Amtsarzt oder Medizinischen Dienst attestieren. Dann zählen die Kosten.

Freibetrag für Renten

Für Jüngere bleibt weniger von der gesetzlichen Rente oder Renten aus beruflichen Versorgungswerken steuerfrei.

Beginn der Rente (Jahr)[1]	Wie viel ist von der Rente ... steuerfrei (Prozent)[2]	steuerpflichtig (Prozent)
Bis 2005	50	50
...	...	...
2017	26	74
2018	24	76
2019	22	78
2020	20	80
2021	19	81

1) Werte für weitere Jahrgänge stehen in der Tabelle im Einkommensteuergesetz Paragraf 22.

2) Anhand des steuerfreien Anteils und der Gesamtrente im ersten vollen Kalenderjahr nach Rentenbeginn wird der Rentenfreibetrag ermittelt.

Fehler berichtigen

Gegen einen fehlerhaften Bescheid können sich Steuerzahlende binnen eines Monats wehren. Danach sind Korrekturen schwieriger.

6/2021 Bei der Berechnung von Fahrtkosten wurden Zahlen vertauscht? Offensichtliche Irrtümer lassen sich oft schon mit einem Anruf beim Finanzamt, einem formlosen Brief oder einer E-Mail beheben. Ein solcher „Antrag auf schlichte Änderung" muss innerhalb der einmonatigen Einspruchsfrist gestellt werden. Die Vorteile: Die Korrektur geht schnell und das Amt darf nur den fraglichen Punkt prüfen.

Frist einhalten, Einspruch begründen

Grundsätzlich gilt sonst: Wer Fehler findet oder dem Finanzamt in einer Sache widerspricht, legt Einspruch ein. Das geht per Brief, E-Mail, online über Elster oder die meisten Steuerprogramme – Hauptsache, der Einspruch erreicht das zuständige Finanzamt innerhalb eines Monats nach Bekanntgabe des Bescheids. Wurde das Anliegen rechtzeitig abgeschickt, kommt aber zu spät an, kann das zu Ärger führen. Wer knapp dran ist, sollte ein Einschreiben nutzen, um im Zweifel den fristgerechten Zugang nachzuweisen. Auf den letzten Drücker kann man den Brief auch direkt in den Briefkasten des Finanzamts einwerfen, am besten mit Zeugen.

Ein Einspruch muss mehr als das Ergebnis der Steuerberechnung kritisieren. Ob es am Steuerbescheid wirklich etwas zu beanstanden gibt, ist meist auf der letzten Seite zu erkennen. Dort muss das Finanzamt Abweichungen von der Erklärung erläutern. Drängt die Zeit, kann man die Einspruchsbegründung nachreichen.

An ähnliche Fälle anhängen

Manchmal hilft es, sich auf die Argumentation anderer zu stützen. Entspricht die eigene Angelegenheit einer Frage, die beim Bundesfinanzhof, Bundesverfassungsgericht oder dem Europäischen Gerichtshof verhandelt wird, können sich Steuerzahlende an das entsprechende Verfahren anhängen. Weil Finanzämter sich an der Rechtsauffassung der Gerichte orientieren, ruht der eigene Fall bis zum Urteil. Wer sich anhängt, hat nichts zu verlieren: Entscheidet das Gericht gegen die Kläger, bleibt im eigenen Fall alles beim Alten. Fällt das Urteil zugunsten der Kläger aus, profitieren in der Regel auch Eingeklinkte.

Allerdings dürfen Finanzämter Urteile erst anwenden, wenn sie offiziell im Bundessteuerblatt Teil II veröffentlicht sind. Das kann lange nach der Verkündung sein. Manchmal passiert

Unser Rat

Prüfen. Vergleichen Sie den Steuerbescheid Punkt für Punkt mit Ihrer Erklärung. Wer das Onlineportal Elster nutzt, erhält einen Datenabgleich.

Frist. Wenn Sie Fehler finden, legen Sie Einspruch ein. Dafür bleibt Ihnen nach Bekanntgabe Ihres Steuerbescheids ein Monat Zeit. Wie lange Ihre Frist genau läuft, können Sie mit unserem Rechner auf test.de/steuerbescheid ermitteln.

Form. Einspruch können Sie schriftlich, per E-Mail oder über Elster einlegen. Beim Verfassen eines Schreibens helfen unsere Musterformulierungen (siehe S. 191) oder manche Steuerprogramme.

Risiko. Im Einspruchsverfahren kann das Finanzamt alle Fehler korrigieren. Bevor es etwas zu Ihren Ungunsten ändert, muss es Sie informieren. Sie können Ihren Einspruch zurückziehen.

es aber nie, etwa weil der Fall keine grundlegende Bedeutung entfalten soll. Oder die Finanzverwaltung hebelt ein Urteil nach Veröffentlichung mit einem „Nichtanwendungserlass" aus. Wer den Einspruch auf eine Entscheidung des Bundesfinanzhofs stützt, kann also trotzdem eine Abfuhr bekommen.

Bei Verschlechterung zurückziehen

Beim Einspruch prüfen die Finanzbeamten den gesamten Steuerfall erneut. Überzeugt die Argumentation des oder der Steuerpflichtigen, ändern sie den Steuerbescheid mit einem Abhilfebescheid. Bleibt das Finanzamt bei seiner Auffassung, legt es diese erneut dar und bittet, den Einspruch bis zu einem bestimmten Termin zurückzunehmen. Sonst lehnt es das Anliegen mit einer Einspruchsentscheidung ab.

Fallen der Bearbeiterin oder dem Bearbeiter im Laufe des Verfahrens weitere Unstimmigkeiten auf, können sie diese mitkorrigieren – auch wenn sich dies nachteilig für die Betroffenen auswirkt. So kann ein erfolgreicher Einspruch trotzdem zu einer höheren Steuer führen Auf eine mögliche Verschlechterung muss das Amt aber vorab hinweisen und anbieten, den Einspruch zurückzuziehen.

Säumniszuschläge vermeiden

Selbst wer noch mit dem Finanzamt uneinig ist, sollte die festgesetzte Steuer pünktlich begleichen. Andernfalls drohen Säumniszuschläge: Für jeden angefangenen Monat fällt 1 Prozent des rückständigen Steuerbetrags an, abgerundet auf den nächsten durch 50 teilbaren Betrag. Das Finanzamt darf seine Steuerforderung sogar vollstrecken. Das können Aufschieber mit einem Antrag auf „Aussetzung der Vollziehung" verhindern, den sie am besten schon im Einspruchsschreiben stellen.

Die Uhr zurückdrehen

Frist verpasst? Eine zweite Chance gewährt das Finanzamt nur Steuerzahlenden, die einen triftigen Grund vorweisen, warum sie plötzlich und unerwartet gehindert waren, ihre steuerlichen Pflichten selbst oder mithilfe eines Vertreters rechtzeitig zu erledigen. Eine zu hohe Arbeitsbelastung oder ein langer Urlaub genügen nicht als Entschuldigung. Zuspätkommer müssen innerhalb eines Monats, nachdem der Verhinderungsgrund entfallen ist, einen Antrag auf „Wiedereinsetzung in den vorigen Stand" stellen und den Einspruch nachholen.

Nachträgliche Änderung

Ist oben auf dem Bescheid vermerkt, dass er „gemäß Paragraf 164 Abgabenordnung unter dem Vorbehalt der Nachprüfung" steht? Dann bleibt er auch nach Ablauf der Einspruchsfrist offen. Das Finanzamt kann einen Bescheid unter Vorbehalt innerhalb der vierjährigen Festsetzungsfrist jederzeit ändern – zum Vor- oder Nachteil. Steuerzahlende haben ebenso lange noch Zeit, Fehler zu rügen. Das Finanzamt hebt den Vorbehalt auf, sobald alle Fragen geklärt sind. Dann wird der Bescheid bestandskräftig.

Rechen- und Übermittlungsfehler

Besteht keine Chance mehr, Einspruch einzulegen oder den Vorbehalt zu nutzen, ändert das Finanzamt einen Bescheid nur noch, wenn eine Vorschrift der Abgabenordnung (AO) greift:

Flüchtigkeitsfehler. Manchmal schleichen sich Schreib- oder Rechenfehler in die Steuererklärung. Konnte das Finanzamt einen Fehler aus den übersandten Unterlagen nicht erkennen und hat ihn deshalb übernommen, kann es diesen nachträglich korrigieren. Steuerzahlende stellen dafür einen Antrag auf Berichtigung nach Paragraf 173a AO.

Übermittlungsfehler. Viele steuerrelevante Informationen erhält das Finanzamt vorab von Dritten, etwa vom Arbeitgeber. Diese elektronischen Daten (E-Daten) wertet die Finanzverwaltung als Angaben der Steuerzahlenden. Wer im Bescheid entdeckt, dass E-Daten zum eigenen Nachteil falsch sind oder ganz fehlen, muss die Verantwortlichen aufspüren:

Hat die meldende Stelle Daten fehlerhaft oder gar nicht gesendet, sollte sie dies innerhalb von sieben Jahren nach dem Veranlagungsjahr korrigieren oder nachholen. Das Finanzamt muss innerhalb von zwei Jahren

Formulierungshilfen

Einspruch verfassen

Einkommensteuerbescheid 2020 vom ...
Steuernummer ...

Hiermit lege ich Einspruch gegen den oben genannten Steuerbescheid ein.

Begründung:
Ausgaben fehlen. Ich habe bemerkt, dass ich noch folgende Ausgaben für das Jahr 2020 geltend machen kann. Ich bitte, diese Posten in Höhe von ... Euro anzuerkennen. Entsprechende Belege liegen bei.

Ausgaben gestrichen. Sie haben folgende Ausgaben nicht anerkannt / gekürzt. Sie stehen mir aber nach Paragraf ... Einkommensteuergesetz voll / in Höhe von ... Euro zu.

Neues Urteil, neuer Erlass. Ich habe von einem neuen Urteil des Bundesfinanzhofs / Verwaltungserlass erfahren (Aktenzeichen ..., Fundstelle ...). Demnach kann ich für 2020 noch folgende Kosten absetzen: ...

Musterverfahren. Beim Bundesfinanzhof / Bundesverfassungsgericht / Europäischen Gerichtshof ist der Fall mit dem Aktenzeichen ... anhängig. Dieses Verfahren ist für mich von Bedeutung, weil ... Ich bitte um Ruhen meines Verfahrens nach Paragraf 363 Absatz 2 Satz 2 Abgabenordnung bis zur Entscheidung des Gerichts.

Aussetzung beantragen. Gleichzeitig mit meinem Einspruch beantrage ich für die Nachzahlung von ... Euro die Aussetzung der Vollziehung nach Paragraf 361 Abgabenordnung.

Begründung ankündigen. Eine ausführliche Begründung und entsprechende Nachweise reiche ich bis zum ... nach.

folgen. Lässt es auf sich warten, stellen Steuerzahlende einen Änderungsantrag nach Paragraf 175b AO. Nach Korrektur der Daten bleiben dazu ebenfalls zwei Jahre lang Zeit.

Stellt sich heraus, dass die übermittelten Daten korrekt waren, hat das Finanzamt sie falsch oder gar nicht übernommen. Auch dann hilft ein Antrag nach Paragraf 175b AO. Das Finanzamt muss die Angelegenheit bis zum Ablauf der Festsetzungsfrist geraderücken, also üblicherweise innerhalb von vier Jahren nach Ende des Veranlagungsjahres.

Vergessene Belege nachreichen

Tauchen nachträglich Belege auf, kommt das Finanzamt Korrekturwünschen nur nach, wenn der oder die Steuerzahlende keine Schuld daran trägt, dass die Kosten ursprünglich vergessen wurden (Paragraf 173 Absatz 1 Nr. 2 AO). Geht der Fehler dagegen auf die Kappe des Steuerzahlenden, lehnt das Finanzamt ab. Bei elektronisch erstellten und übermittelten Erklärungen ist es etwa grob fahrlässig, Hinweise in Steuerprogrammen oder bei Elster zu missachten, die auf Sparpotenzial hinweisen und für Laien verständlich sind.

Letzter Ausweg: Klage vor Gericht

Lässt sich das Finanzamt nicht überzeugen, hilft nur noch eine Klage vor dem Finanzgericht. Das überprüft als unabhängige Instanz, ob die Bescheide der Behörde den Steuervorschriften entsprechen. Eine Klage muss spätestens einen Monat nach der Einspruchsentscheidung eingelegt werden. Die Frist wird wie bei einem Einspruch berechnet. ■

Zähne gut versichern

Zahnersatz ist teuer. Unser Test von 244 Angeboten zeigt: Mit dem richtigen Vertrag haben Kassenpatienten die Kosten im Griff.

4/2021 Braucht jemand eine Zahnkrone, eine Brücke oder ein Implantat, tut die Zahnarztrechnung oft genauso weh wie die Behandlung. Gesetzliche Krankenkassen zahlen zwar seit 1. Oktober 2020 etwas mehr für Zahnersatz. Doch das hilft in erster Linie Versicherten, die mit dem Kassenstandard zufrieden sind. Die Kasse beteiligt sich nämlich nur an der sogenannten Regelversorgung. Das ist eine wirtschaftliche Versorgung, die dem medizinischen Standard entspricht.

Eigenanteil im Schnitt rund 880 Euro

Wer mehr will, zahlt die Mehrkosten selbst. Denn die Kasse übernimmt einen festen Betrag, egal, ob sich jemand zum Beispiel einen fehlenden Zahn durch eine schlichte Metallbrücke ersetzen lässt oder ein Implantat für mehrere Tausend Euro bekommt. Eine Studie der Barmer Ersatzkasse zeigt: Rund 880 Euro mussten ihre Versicherten 2018 bundesweit im Schnitt aus eigener Tasche zahlen. In Bayern und Baden-Württemberg war es teurer, hier zahlten sie 1100 Euro zu. Die besten Zahnzusatzversicherungen in unserem Test übernehmen auch bei sehr teuren Zahnersatzlösungen alle Kosten, die die gesetzliche Kasse nicht zahlt.

Jedes dritte Angebot sehr gut

Wir haben 244 Tarife getestet. Ergebnis: Es gibt noch mehr sehr gute Tarife als im vergangenen Jahr. Mehr als ein Drittel der Angebote erhielt das Qualitätsurteil Sehr gut, davon 13 die Bestnote Sehr gut (0,5). Unsere 43-jährigen Modellkunden zahlen für diese Tarife im ersten Vertragsjahr 33 bis 46 Euro im Monat, die Beiträge steigen im Lauf der Jahre auf 56 bis 88 Euro an. Wem das zu viel ist, der wird im Test ebenfalls fündig. Dauerhaft günstige Angebote für 43-jährige Neukunden mit der Note Gut (2,0) gibt es schon für 15 Euro Monatsbeitrag.

Maßgeblich für unser Urteil sind die Leistungen für Zahnersatz. Dabei haben wir auch beurteilt, ob und wie sehr die Leistung begrenzt wird, zum Beispiel auf eine bestimmte Anzahl Implantate pro Jahr.

Wann ein Wechsel sinnvoll ist

Auch wer schon seit einigen Jahren eine Zahnzusatzversicherung hat, sollte nachlesen, was in welcher Höhe versichert ist. Denn vor allem beim Thema Implantate hat sich in den Vertragsbedingungen viel verändert. Angebote, die heute sehr gut abschneiden, bieten deutlich höhere Leistungen als Tarife, die vor zehn oder mehr Jahren an der Spitze lagen. Wer hier umfassend versichert sein will, kann einen Wechsel erwägen. Ebenso Kunden, denen die Beiträge zu teuer geworden sind. In beiden Fällen empfehlen wir, erst einmal die Angebote des eigenen Versicherers zu prüfen.

Der Vorteil beim Wechsel des Tarifs innerhalb derselben Versicherungsgesellschaft: Wartezeiten und Begrenzungen der ersten Versicherungsjahre entfallen – zumindest für Leistungen, die im bisherigen Vertrag bereits enthalten sind.

In welchem Alter abschließen

Die meisten Menschen interessieren sich erst mit Anfang 40 für eine Zahnzusatzversicherung, wenn sie die ersten hohen Rechnungen für Zahnersatz erhalten. Besser schon mit Mitte 30 versichern sollten sich alle, die

- zum Zähneknirschen oder zu Zahnfleischproblemen neigen oder
- bereits etliche Zähne mit Füllungen haben.

In einem neuen Vertrag müssen sich Versicherte nämlich erst drei bis sieben Jahre gedulden, ehe sie vollen Zugriff auf die Versicherungsleistungen haben. Vorher gelten jährliche Obergrenzen. Typisch ist zum Beispiel eine solche Staffelung: 1000 Euro in den ersten 12 Monaten ab Vertragsschluss, 2000 Euro in den ersten 24 Monaten, 3000 Euro in den ersten 36 Monaten und 4000 Euro in den ersten 48 Monaten. Erst ab dem fünften Jahr gibt es die volle Leistung – es sei denn, Zahnersatz wird wegen eines Unfalls nötig. Braucht jemand schon in den ersten Vertragsjahren mehrere Implantate, reicht das nicht.

Immerhin verzichten viele Versicherungsgesellschaften mittlerweile auf die reguläre Wartezeit von acht Monaten, bis Neukunden überhaupt erstmals eine Zahnersatzrechnung erstattet bekommen, oder verkürzen diese zumindest.

Erst versichern, dann zum Zahnarzt

Schnell noch eine Versicherung abzuschließen, wenn teurer Zahnersatz nötig wird, bringt nichts. Sobald der Zahnarzt feststellt, dass etwas nicht in Ordnung ist, gilt das für Versicherer bereits als begonnene Behandlung. Dafür bezahlen sie nicht.

Auch wer sich schon in jungen Jahren kümmert, muss im Versicherungsantrag Fragen zu seinem Gebisszustand beantworten. Gefragt wird beispielsweise, ob Zähne fehlen, die noch nicht ersetzt sind. In manchen Antragsformularen müssen Kunden auch angeben, wie alt ihr bestehender Zahnersatz ist. Wer sich nicht erinnert, sollte sich diese Angaben von der Zahnarztpraxis heraussuchen lassen.

Alle, die im Antrag etwas weglassen oder falsch ausfüllen, verletzen ihre Anzeigepflicht und riskieren im ungünstigsten Fall den Rauswurf. Meist fordern Versicherer die Patientenunterlagen vom Zahnarzt an und prüfen die Angaben im Antrag, sobald Versicherte die ersten Rechnungen einreichen.

Wer keine Versicherung braucht

Um Kronen und Brücken nach dem Kassenstandard, also der Regelversorgung, zu finanzieren, braucht es eigentlich keine Versicherung. Es gibt aber Menschen, die sich trotzdem versichern möchten, zum Beispiel, um sicherzustellen, dass das Geld für die Zähne auf jeden Fall da ist, auch wenn zugleich andere Ausgaben anfallen. Sie benötigen nur eine einfache Police für wenige Euro im Monat.

Menschen mit sehr geringen Einkünften sollten gar keine Zahnzusatzversicherung abschließen. Wer Arbeitslosengeld II, Grundsicherung oder Bafög bezieht oder als Alleinstehender ein monatliches Bruttoeinkommen von 1316 Euro oder weniger hat, kann bei seiner Krankenkasse die Kostenübernahme für die gesamte Regelversorgung beantragen. Für ein Paar mit einem Kind gilt die Härtefall-

Unser Rat

Sinnvoll. Eine Zahnzusatzversicherung lohnt sich, wenn Sie gesetzlich krankenversichert sind und auch teure Implantate, Kronen oder Brücken wünschen. Versichern Sie sich möglichst, solange Ihr Gebiss noch in Ordnung ist.

Auswahl. Welches Angebot für Sie das beste ist, hängt von Ihren Wünschen und Lebensumständen ab. Tarife mit maximalen Zahnersatzleistungen und zwei gute und besonders günstige finden Sie auf Seite 194. Haben Sie spezielle Wünsche oder wollen Sie eine Obergrenze für die Beiträge festlegen, dann ist unsere individuelle Analyse unter test.de/analyse-zahn richtig für Sie.

Wechsel. Sie haben schon eine Versicherung und wollen eine bessere oder günstigere? Wechseln Sie möglichst in einen anderen Tarif desselben Versicherers. Bei einem neuen Anbieter dauert es einige Jahre, bis Sie den vollen Leistungsanspruch haben. Beim jetzigen Versicherer gelten Wartezeiten nur für Mehrleistungen des neuen Tarifs.

regelung bis zu einem Haushaltseinkommen von 2138,50 Euro im Monat. Auch wer leicht über den Grenzwerten liegt, sollte sich von seiner Krankenkasse beraten lassen und erhält auf Antrag einen höheren Festzuschuss.

Sparen können alle gesetzlich Versicherten auch mit dem Bonusheft. Wenn sie ihre Zähne gut pflegen und einmal jährlich vom Zahnarzt durchchecken lassen, erhalten sie einen höheren Festzuschuss zur Regelversorgung. Der Zuschuss beträgt 60 Prozent und erhöht sich nach fünf Jahren im Bonusheft nachgewiesener Zahnarztbesuche ab dem sechsten Jahr auf 70 Prozent des für die Regelversorgung festgelegten Betrags.

Ab dem elften Jahr steigt er auf 75 Prozent. Ein gut gepflegtes Bonusheft zahlt sich übrigens auch bei einigen privaten Zusatzversicherern aus. Sie gewähren dann ebenfalls höhere Leistungen. ■

Viele empfehlenswerte Zahnzusatztarife

Die Tabelle zeigt die Testsiegertarife mit der Bestnote Sehr gut (0,5) sowie besonders günstige der besten Zahnzusatztarife für Versicherte aller Krankenkassen. Insgesamt waren 244 Angebote im Test. Alle Ergebnisse online (test.de/zahnversicherung).

Anbieter	Tarif	Monatsbeitrag (Euro) – Tarif mit altersbedingter Beitragsanpassung: für Alter 43 Jahre (maximal bis 73 Jahre)	Monatsbeitrag (Euro) – Tarif mit altersbedingter Beitragsanpassung: Durchschnittsbeitrag (von 43 bis 73 Jahre)	Tarif ohne altersbedingte Beitragsanpassung: Eintrittsalter 43 Jahre	Finanztest QUALITÄTSURTEIL
Berlin Direkt	DZL	33 (56)	47		SEHR GUT (0,5)
Barmenia	Mehr Zahn 100[1)]	34 (61)	51		SEHR GUT (0,5)
Münchener Verein	ZahnGesund 100[1)]	38 (80)	65		SEHR GUT (0,5)
WGV	Plus	39 (72)	60		SEHR GUT (0,5)
Huk-Coburg	ZZ Pro100	40 (64)	53		SEHR GUT (0,5)
Deutsche Familienversicherung	DFV-Zahnschutz Exklusiv 100[1)]	40 (65)	56		SEHR GUT (0,5)
SDK	Zahn 100	40 (76)	56		SEHR GUT (0,5)
Bayerische	Zahn Prestige	41 (68)	58		SEHR GUT (0,5)
Besonders günstige der mindestens mit gut (2,0) bewerteten Tarife[2)]					
Debeka	EZ50			15	GUT (2,0)
R+V	Zahn Comfort			20	GUT (2,0)

Bewertung: Sehr gut (0,5–1,5). Gut (1,6–2,5). Befriedigend (2,6–3,5). Ausreichend (3,6–4,5). Mangelhaft (4,6–5,5).
Bei gleichem Qualitätsurteil Reihenfolge nach Monatsbeitrag für 43-Jährige, Durchschnittsbeitrag und Alphabet. Monatsbeiträge sind kaufmännisch gerundet.

Eine Beschreibung unserer Vorgehensweise gibt es im Internet (test.de/zahnversicherung/methodik).

1) Zukünftige Heilbehandlungsmaßnahmen sind automatisch mitversichert.

2) Die Tarife kosten bis zum Alter von 73 Jahren höchstens 20 Euro im Monat.

Stand: 1. März 2021

Zahnarztrechnung prüfen

Sie benötigen:

- Zahnarztrechnung
- Heil- und Kostenplan
- Kostenvoranschlag des Dentallabors
- Gebührenordnung für Zahnärzte (kostenlos unter bzaek.de/goz)

1/2021 Ganz gleich, ob privat oder gesetzlich krankenversichert – wenn Sie nach einer Zahnarztbehandlung eine Rechnung erhalten, prüfen Sie diese.

Schritt 1. Gleichen Sie zuerst die grundlegenden Angaben mit Ihren Unterlagen ab: Stimmt das Datum der Behandlung? Sind die behandelten Zähne korrekt aufgeführt? Sind die Behandlungen tatsächlich erfolgt? Auch wenn Sie medizinische Details nicht verstehen, werden Sie sich erinnern, ob Sie geröntgt wurden.

Schritt 2. Vergleichen Sie den Rechnungsbetrag mit dem Heil- und Kostenplan und dem Kostenvoranschlag des Dentallabors. Der Rechnungsbetrag darf bis zu 15 Prozent höher sein als veranschlagt, wenn der Zahnarzt das vorher schriftlich angekündigt hat. Gab es während der Behandlung unvorhergesehene Schwierigkeiten, können auch bis zu 20 Prozent Abweichung zulässig sein.

Schritt 3. Nehmen Sie sich jetzt die Steigerungssätze für jeden Rechnungsposten vor. Alles zwischen dem 2,3- und 3,5-fachen Satz muss in der Rechnung begründet sein. Wichtig: Größere Steigerungsfaktoren als 3,5 sind nur dann zulässig, wenn Sie das vorab schriftlich mit dem Zahnarzt vereinbart haben.

Schritt 4. Haben Sie in der Rechnung etwas entdeckt, das aus Ihrer Sicht nicht stimmt oder das Sie nicht verstehen? Fragen Sie bei Ihrer Zahnärztin oder Ihrem Zahnarzt nach. Manche Missverständnisse lassen sich leicht klären. Kommen Sie nicht zu einer Einigung, widersprechen Sie der Rechnung schriftlich und bitten Sie um Zahlungsaufschub.

Schritt 5. Haben Sie noch immer Fragen oder kommen Sie bei Ihrem Zahnarzt nicht weiter, lassen Sie die Rechnung bei einer Patientenberatungsstelle der Landeszahnärztekammer prüfen. Das ist kostenlos (bzaek.de/fuer-patienten/beratung). Die Entscheidung der Kammer ist rechtlich nicht verbindlich, der Zahnarzt dürfte es aber schwer haben, seine Honorarforderung gegen die Rechtsmeinung seiner Berufsaufsicht einzuklagen. Auch viele gesetzliche und private Krankenversicherer prüfen in solchen Fällen Zahnarztrechnungen. ■

Erst der Plan, dann das Geld

Bevor der Zahnarzt loslegt, muss die gesetzliche Krankenkasse den geplanten Zahnersatz genehmigen. Was für Versicherte wichtig ist.

8/2021 Rund 9 Millionen Mal im Jahr heißt es für gesetzlich Krankenversicherte: Sie benötigen Zahnersatz! Dabei kann es sich um Kronen, Brücken, Implantate oder um die Reparatur von vorhandenem Zahnersatz handeln. Nach einem Beratungsgespräch erstellen Zahnärzte einen Heil- und Kostenplan (HKP). Der Plan enthält folgende Informationen:

- Dokumentation, für welche Zahnersatz-Version die Patientin oder der Patient sich nach der zahnärztlichen Beratung entschieden hat.
- Antrag an die Krankenkasse, den gesetzlich festgelegten Kostenanteil zu übernehmen.
- Kostenvoranschlag, der Auskunft über den voraussichtlichen Eigenanteil gibt.

Plan ist zugleich Kostenvoranschlag

Der wichtigste Teil des Heil- und Kostenplans ist ein rosa Papierformular, das Patienten und Zahnärzte unterschreiben. Oft gibt es auch ein zweites weißes Blatt, das höhere Kosten zeigt. Diese müssen privat gezahlt werden, wenn der Zahnersatz von der Kassen-Regelversorgung abweicht. Der Festzuschuss der Krankenkasse deckt nur einen Teil der Gesamtkosten. Versicherte erfahren mit dem Plan den Anteil, den sie selbst tragen müssen.

Vor Beginn der Behandlung müssen Versicherte den Heil- und Kostenplan zusammen mit einer Kopie ihres Bonusheftes an ihre Krankenkasse senden. Bei vielen Kassen ist das elektronisch möglich. Die Dokumente werden eingescannt oder fotografiert und per E-Mail versandt. Mitunter reichen auch Zahnarztpraxen diese Dokumente ein. Die Kasse prüft den Plan und setzt anhand der erreichten Bonusstufe ihren Zuschuss fest.

Zweite Meinung einholen

Patienten müssen dem Heil- und Kostenplan nicht gleich zustimmen. Bevor sie sich entscheiden, können sie kostenlos eine zweite Meinung einholen oder auf Onlineportalen wie 2te-zahnarztmeinung.de nach anderen Angeboten suchen. Mit ihrer Unterschrift auf dem Heil- und Kostenplan erklären sie sich dann damit einverstanden, dass die Behandlung wie geplant abläuft, und stimmen ihrem Eigenanteil zu.

Wer eine Zahnzusatzversicherung hat, sollte sich vorab an seinen Versicherer wenden, um die Kostenübernahme zu klären.

Hinterher die Rechnung prüfen

Nach Abschluss der Behandlung hilft der Heil- und Kostenplan, die Rechnung zu prüfen. Unangekündigte Abweichungen von mehr als 20 Prozent braucht keiner hinzunehmen. ■

Unser Rat

Grünes Licht. Erst wenn der von Ihrer Kasse bewilligte Plan vorliegt, kann die Behandlung beginnen. Denken Sie daran auch, wenn Sie sich Zahnersatz im europäischen Ausland machen lassen.

Offene Fragen. Zahnärzte sind verpflichtet, Ihnen den geplanten Zahnersatz und mögliche Alternativen zu erklären und die jeweiligen Kosten zu nennen. Wenn Sie etwas nicht verstehen, fragen Sie nach und unterschreiben Sie erst, wenn alles geklärt ist.

Zweitmeinung. Holen Sie bei größeren Zahnprojekten eine zweite Meinung ein. Für den Heil- und Kostenplan darf der Zahnarzt kein Geld von Ihnen verlangen.

Hauptsache, der Tarif passt

Ob E-Auto oder Verbrenner – bei der Wahl der Autoversicherung lassen sich viele Hundert Euro sparen. Ein Vergleich lohnt sich.

11/2021 Einmal im Jahr, meist im November, kommt Post vom Kfz-Versicherer. In dem Schreiben steht, wie hoch der Beitrag im kommenden Jahr ausfällt. Ein guter Anlass, um seinen Tarif zu überprüfen und zu einem anderen Anbieter zu wechseln. Wer das plant, sollte wissen: Das Kündigungsschreiben muss bei den meisten Verträgen spätestens am 30. November beim bisherigen Versicherer sein.

Das Interesse an Autos mit elektrischem Antrieb ist gestiegen. Deshalb haben wir zusätzlich wichtige Versicherungsleistungen für E-Autos aufgelistet (siehe S. 199).

Hunderte Euro Sparpotenzial

Weil die Versicherer um Neukunden kämpfen, sind Preise für Einsteiger oder Wechsler manchmal günstiger als für Bestandskunden. Die Preisunterschiede zwischen den Tarifen sind enorm. Beim Wechsel geht es nicht um 10 oder 20 Euro Sparpotenzial, sondern oft um mehrere Hundert Euro jährlich. So zahlt etwa eine Familie für Haftpflichtschutz plus Teilkasko eines Ford Focus Turnier beim günstigsten Anbieter DA Deutsche Allgemeine (Komfort) 214 Euro im Jahr, andere verlangen dafür bis zu 600 Euro jährlich (siehe Tabelle S. 198).

Viele Faktoren bestimmen den Tarif

Wie viel Versicherte zahlen, hängt von verschiedenen Faktoren ab. Entscheidend sind etwa das Automodell und in welcher Region das Auto angemeldet ist. Außerdem ist der Beitrag für die Autoversicherung von weiteren Komponenten abhängig, etwa:

- Wie alt sind Fahrerin oder Fahrer?
- Wie viele Leute dürfen ans Steuer?
- Wie alt ist das Auto?
- Seit wann bin ich Versicherungsnehmer?
- Welche Fahrpraxis kann ich nachweisen?
- Welcher Schutz ist gewünscht? Reicht die Kfz-Haftpflichtversicherung oder soll es zusätzlich ein Teilkasko- oder ein Vollkaskoschutz sein?

Unser Rat

Kündigungstermin. Sie überlegen, Ihren Kfz-Tarif zu wechseln? Die meisten Verträge können Sie bis zum 30. November eines Jahres kündigen.

Schadenfreiheitsklasse. Wenn Sie einen älteren Vertrag haben, in dem die Schadenfreiheitsstaffel (SF-Staffel) bei SF 35 endet, prüfen Sie, ob sich ein Wechsel in einen neuen Vertrag mit einer längeren SF-Staffel, etwa bis SF 50, für Sie lohnt.

Haftpflicht. Besonders günstige Tarife für alle geprüften Altersgruppen mit den von uns empfohlenen Leistungen bieten **Axa Easy** (Mobil Online [S]) und **DA Deutsche Allgemeine** (Komfort).

Kasko. Günstige Haftpflicht, Teil- und Vollkaskotarife für alle geprüften Altersgruppen mit den von uns empfohlenen Leistungen bietet **DA Deutsche Allgemeine** (Komfort), bei Haftpflicht plus Vollkasko **Axa Easy** (Mobil Online [M]).

Kaskoschutz oder nur Haftpflicht?

Ob es nur die vorgeschriebene Kfz-Haftpflichtversicherung oder auch ein Teilkasko- oder sogar Vollkaskoschutz sein soll, müssen Autofahrerinnen und Autofahrer erstmal für sich klären. Kaskoschutz ist freiwillig.

Ohne eine Kfz-Haftpflichtversicherung kann ein Auto dagegen gar nicht zugelassen werden.
Kfz-Haftpflicht. Sie kommt für Schäden auf, die Fahrer bei anderen verursachen. In allen von uns empfohlenen Versicherungstarifen beträgt die Höchstdeckungssumme 100 Millionen Euro und maximal 15 Millionen Euro pro geschädigter Person.
Teilkasko. Die Policen zahlen bei Diebstahl oder Glasbruch – zum Beispiel, wenn ein Riss die Frontscheibe unbrauchbar macht.

Außerdem ersetzt sie Unwetterschäden, die beispielsweise durch Überschwemmung, Sturm, Hagel oder Blitzeinschlag entstehen. Mitversichert sind auch Schäden durch Brand, Explosion oder Kurzschluss. Hinzu kommen Wildunfälle und Marderbisse. Einige Tarife leisten auch bei Schäden durch Schnee und zum Teil auch bei Schäden durch Dachlawinen.
Vollkasko. Dieser Schutz enthält die Teilkaskoleistungen und hilft zusätzlich bei selbst verschuldeten Unfällen. Die Vollkasko greift auch bei Vandalismus und springt ein, wenn man unverschuldet in einen Unfall verwickelt wird und der Verursacher Unfallflucht begeht. Außerdem ist es möglich, bei unverschuldeten Unfällen im Ausland zunächst die Vollkasko in Anspruch zu nehmen. Das erspart Streit mit dem ausländischen Haftpflichtversicherer. Sinnvoll ist die Vollkaskoversicherung vor allem für Neuwagen, teure gebrauchte Autos und E-Autos.

Familie

Kfz-Haftpflicht plus Teilkaskoschutz für einen älteren Ford Focus Turnier.

Anbieter (Tarif)		**Jahresbeitrag** (Euro)
DA Deutsche Allgemeine (Komfort)		**214**
Huk24 (Classic Select)	@	**260**
Axa Easy (Mobil Online Extra [M])		**285**
Huk-Coburg (Classic Select)		**290**
CosmosDirekt (Comfort)		**293**
EuropaGo (Komfort Sorglos)	@	**299**
Axa Easy (Mobil Online Top [L])		**311**
Friday	@	**311**
Europa (Komfort Spar-Kasko)		**312**
Verti (Klassik Kasko Clever)		**325**
Teuerster Tarif im Test		**599**

Nur Tarife mit von uns empfohlenen Leistungen.
Modell: Angestellter, 45 Jahre alt, beide Eheleute fahren, 14-jähriges Kind, wohnhaft in Erfurt, Pkw: Ford Focus Turnier 1.6 TDCI, 85 kW, 6 Jahre alt. Keine Garage, SF-Klasse 20, Selbstbeteiligung in Teilkasko 150 Euro. Kunde ist Halter. Nutzung privat. Letztes Jahr schadenfrei. 15 000 km pro Jahr. Inklusive Autoschutzbrief. Auch Werkstatt- und Internettarife.
@ = Angebot nur über Internet.

Stand: 1. September 2021

Online-Preisvergleich

Individuell für Sie

Persönlicher Bedarf. Unser Preisvergleich unter test.de/kfz-analyse nennt preisgünstige Kfz-Versicherungsangebote, zugeschnitten auf Ihren Bedarf. Sie erhalten auch eine Übersicht mit den Leistungen aller 159 von uns untersuchten Tarife.

Gratis mit Flatrate. Haben Sie eine test.de-Flatrate? Dann ist die Analyse für Sie kostenlos. Sonst kostet sie 7,50 Euro und gilt für zwei Pkw. Ihre Transaktionsnummer gilt 13 Monate lang, sie funktioniert also auch nächstes Jahr.

Keine Provision. Ähnliche Vergleiche gibt es auch kostenfrei im Internet. Doch die Stiftung Warentest nimmt – anders als die meisten anderen Onlineportale – keine Provision von Versicherern. Wir sind unabhängig! Und unser Vergleich enthält fast alle Tarife am Markt.

Das bieten unsere besten Tarife für E-Autos

Der Markt für E-Autos ist in Bewegung – die Leistungen der Autoversicherer dazu auch.

Schon jetzt ist absehbar, dass viele Unternehmen in der nächsten Zeit immer wieder ihre Leistungen anpassen werden, indem sie beispielsweise den Schadenersatz für bestimmte Schäden anheben und Schadenssummen in einigen Bereichen anheben oder anpassen.

Manche Versicherer bieten auch einen pauschalen Preisnachlass für die Versicherung eines Elektroautos von 10 oder sogar 20 Prozent auf die generelle Jahresprämie.

Wichtige Leistungen für E-Autos

Die Leistungen in den Versicherungstarifen für Elektro-Autos unterscheiden sich. Möchten Sie ein Elektro-Auto versichern, schauen Sie nach und entscheiden Sie, welche Sachen Ihnen besonders wichtig sind.

Wir haben aufgelistet, an welche Extra-Leistungen in einem Tarif Autofahrer und Autofahrerinnen eines E-Autos denken könnten.

Akku. Der Akku ist das Herzstück eines jeden E-Autos und sollte deshalb eine gewisse Zeit lang bis zur Höhe des Neuwerts versichert sein. Die Neuwerterstattung übernehmen manche Tarife in den ersten zwölf Monaten, andere bis zu drei Jahren oder noch länger.

Ladekabel und Wallbox. Wenn das Ladekabel während des Aufladens gestohlen wird, ist das ärgerlich. Manche Tarife decken diesen Schaden automatisch ab, andere sehen das nicht vor. Ähnlich ist es bei der Wallbox (Elektroauto-Ladestation für Zuhause). Schäden daran sind in vielen Policen bis zu einer bestimmten Höhe mitversichert.

Bedienfehler. Schäden durch Bedienfehler können die teure Elektronik lahmlegen oder den Akku schädigen. Es ist deshalb hilfreich, wenn Bedienfehler im Tarif mitversichert sind. Die Leistungen fallen auch hier sehr unterschiedlich aus. Einige Versicherer zahlen Schäden bis zu einer Summe von 5 000 Euro, andere übernehmen Kosten bis zu 20 000 Euro oder mehr.

Tesla Model 3, 153 kW

Kfz-Haftpflichtversicherung plus Vollkaskoschutz.

Anbieter (Tarif)		**Jahresbeitrag** (Euro)
DA Deutsche Allgemeine (Komfort)		**532**
Huk24 (Classic)	@	**591**
Huk24 (Classic Kasko Plus)	@	**621**
Huk-Coburg (Classic)		**643**
Huk-Coburg (Classic Kasko Plus)		**675**
CosmosDirekt (Comfort)		**776**
VRK (Classic)		**787**
WGV (Optimal)		**810**
GVV Direkt (Classic)		**826**
VRK (Classic Kasko Plus)		**829**
Teuerster Tarif im Test		**1 828**

Tarife mit von uns empfohlenen Mindestleistungen.
Modell: Angestellter, 45 Jahre alt, beide Eheleute fahren, 14-jähriges Kind, wohnhaft in Düsseldorf. Neuwagen, Garage, SF-Klasse 20, Selbstbeteiligung in Vollkasko 300 Euro, in Teilkasko 150 Euro. Kunde ist Halter. Nutzung privat. Letztes Jahr schadenfrei. 10 000 km pro Jahr. Inklusive Autoschutzbrief. Keine Werkstatttarife.
@ = Angebot nur über Internet.
Stand: 1. September 2021

Tierbiss. Teuer kann es werden, wenn Marder Kabel anknabbern oder durchbeißen. Wichtig ist, dass auch Folgeschäden mitversichert sind. Die Leistungen der Tarife sind unterschiedlich und reichen von 1 000 Euro bis 20 000 Euro. Manche leisten sogar „ohne festes Limit", was meist maximal den Wiederbeschaffungswert als Grenze meint.

Schutzbrief. Wichtig kann es für Autofahrer und Autofahrerinnen bei reinen Elektroautos sein, einen Schutzbrief zu haben, der Pannenhilfe anbietet, falls man doch einmal mit einem leerem Akku irgendwo liegen bleibt. ■

Irrtümer zur Autoversicherung

Wer ein Auto fährt, braucht eine Versicherung. Doch ob Haftpflicht, Teil- oder Vollkasko – immer wieder gibt es falsche Vorstellungen.

3/2021 Es gibt drei Arten der Autoversicherung: Haftpflicht, Teil- und Vollkasko. Die Kfz-Haftpflichtversicherung ist für jedes angemeldete Auto nötig. Sie kommt für Schäden auf, die man als Fahrer anderen zufügt. Für Schäden am eigenen Fahrzeug gibt es die Kaskoversicherung. Beim Teilkaskoschutz sind beispielsweise der Diebstahl des Autos und Unwetterschäden versichert. Die Vollkaskoversicherung geht noch darüber hinaus und zahlt auch Reparaturen am eigenen Wagen, wenn man selbst den Unfall verursacht hat, und bei Schäden durch Vandalismus. Doch Autoversicherungen decken nicht alle Fälle ab. Wer sich in falscher Sicherheit wiegt, muss unter Umständen draufzahlen. Wir klären sieben häufige Irrtümer auf.

1 Zur Absicherung der Mitfahrer ist eine Unfallversicherung nötig.

Nein. Werden durch einen Verkehrsunfall Menschen verletzt, zahlt ihnen die Haftpflichtversicherung des Unfallverursachers Schmerzensgeld und Schadenersatz. Das gilt, wenn die Verletzten im Auto des Verursachers oder in einem anderen Fahrzeug saßen. Auch für Ehepartner und Kinder übernimmt sie die Kosten. Lediglich für den Unfallverursacher selbst bezahlt dessen Haftpflichtversicherung nicht. Für ihn ist daher die Option „Fahrerschutz“ als Teil seiner Kfz-Haftpflichtpolice sinnvoll.

Da Mitfahrer fast immer abgesichert sind, ist die Insassenunfallversicherung aus unserer Sicht überflüssig. Es gibt Ausnahmen, in denen sie nützlich wäre: etwa, wenn ein Fußgänger einen Unfall auslöst und keine Privathaftpflichtversicherung und auch kein ausreichend großes Vermögen hat oder wenn der Unfallverursacher Fahrerflucht begeht. Da die Versicherungssumme meist unter den Verletzten aufgeteilt wird, erhalten sie allerdings oft nur eine geringe Leistung.

2 Jede Kfz-Haftpflichtversicherung bietet ausreichend Schutz.

Große Unfälle können in die Millionen gehen, deshalb ist eine ausreichend hohe Deckungssumme wichtig. Die Kfz-Haftpflichtversicherung kommt für Schäden auf, die ein Fahrer bei anderen Personen oder an Gegenständen verursacht hat. Dafür ist gesetzlich eine Mindestdeckungssumme vorgeschrieben. Für Personenschäden beträgt sie 7,5 Millionen Euro, für Sachschäden liegt sie bei 1,22 Millionen Euro. Wir empfehlen höhere Deckungssummen von 50 oder 100 Millionen Euro, wobei pro geschädigter Person meist eine Grenze von 15 Millionen Euro gilt. In vielen Tarifen sind die höheren Deckungssummen bereits Standard oder können gegen einen geringen Aufpreis vereinbart werden.

3 Navigationsgeräte und Gepäck im Auto sind mitversichert.

Nicht in jedem Fall. Durch eine Teil- oder Vollkaskoversicherung ist nur der Diebstahl des Fahrzeugs selbst oder von bestimmten Fahrzeugteilen versichert. Navigations- und Multimediasysteme, die fest verbaut sind, gelten als Fahrzeugteile und werden bei Diebstahl ersetzt. Allerdings zahlt die Versicherung oft nur den Zeitwert und nicht den Neupreis.

Nicht versichert sind mobile Navigationssysteme, Smartphones oder Digitalkameras. Sie sind auch ohne das Auto verwendbar, weshalb die Autoversicherung nicht zahlt, wenn sie jemand stiehlt. Das gilt auch für Gepäck und sonstige persönliche Gegenstände. In den Versicherungsbedingungen gibt es eine Liste des versicherten Zubehörs, die teilweise gegen Aufpreis erweitert werden kann.

Wer mobile Gegenstände gegen Diebstahl aus dem Auto versichern möchte, tut dies am besten mit einer Hausratversicherung. Sie kommt in der Regel für Diebstahl von Hausrat auf, der sich vorübergehend außerhalb der Wohnung befindet. Wertsachen wie Schmuck oder Portemonnaies sollten Sie dennoch nicht offen liegen lassen. Das kann als grob fahrlässig gelten.

4 Für ein E-Auto kommt die übliche Versicherung infrage.

Wer ein Elektroauto anschafft, sollte genau prüfen, was die Kaskoversicherung abdeckt. Besonders der Akku ist bei E-Autos teuer und sollte durch die Versicherung gut gedeckt sein, am besten mit einem fünfstelligen Betrag oder bis zur Höhe des Neuwerts. Einige Versicherer ersetzen auch gestohlene Ladekabel oder Schäden an der Wallbox, die zu Hause dem schnelleren Laden dient. Eine Übersicht solcher Leistungen in den einzelnen Tarifen ist in unserem neuen Autoversicherungstest enthalten (test.de/test-autoversicherung, kostenpflichtig).

Falls der Strom mal nicht bis zur nächsten Ladesäule reichen sollte, ist oft Abschleppen nötig. Mit einem Schutzbrief übernimmt die Versicherung die Kosten. Allerdings umfassen nicht alle Tarife diese Option.

5 Vorab nicht angegebene Zusatzkilometer sind nicht versichert.

Doch, der Versicherungsschutz bleibt auch dann bestehen, wenn Autobesitzer deutlich mehr Kilometer pro Jahr fahren als bei der Versicherung angegeben. Das bedeutet aber nicht, dass bei der Abfrage eine Fantasiezahl genannt werden darf. Wer im Laufe eines Jahres bemerkt, dass er seinen Wagen deutlich mehr bewegen wird als ursprünglich gedacht, sollte das der Versicherung melden. Eine absichtlich zu niedrig angegebene Fahrleistung, um Geld zu sparen, kann später teuer werden.

Erhält der Versicherer Kenntnis davon, kann er den Differenzbetrag und unter Umständen eine Strafzahlung fordern. Auch ein bei Versicherungsbeginn zu hoch angegebener Kilometerstand eines Gebrauchtwagens kann ärgerliche Folgen haben. Wird das Auto gestohlen, fällt die Erstattung unter Umständen geringer aus. Manche Versicherungsgesellschaften verlangen für die nachgemeldeten Kilometer keine Nachzahlung. Ist die Fahrstrecke im Jahr deutlich geringer ausgefallen als erwartet, erstatten einige Versicherungsgesellschaften einen Teil des Beitrags.

6 Der Schaden durch Zusammenstoß mit Tieren ist abgedeckt.

Es kommt aufs Kleingedruckte an. Eine Kollision mit Tieren ist in Kaskoverträgen versichert. Häufig ist die Leistung jedoch auf Haarwild beschränkt. Laut Bundesjagdgesetz fallen unter anderem Rehe, Hirsche, Wildschweine, Füchse, Dachse und sogar Seehunde darunter. Ziegen, Hunde, Kühe, Waschbären und Eichhörnchen zählen nicht dazu. Damit Unfälle mit ihnen abgedeckt sind, muss in den Versicherungsbedingungen „alle Tiere" stehen.

7 Fahrer, die nicht im Vertrag stehen, sind nicht versichert.

Doch, die Versicherung greift auch in diesen Fällen. Wenn sich beispielsweise eine Freundin oder ein Verwandter das Auto leiht und der Fahrzeughalter das nicht der Versicherung meldet, zahlt bei einem Unfall die Haftpflichtversicherung trotzdem für die Schäden anderer Verkehrsteilnehmer. Besteht auch eine Vollkaskoversicherung, übernimmt sie meist auch dann die Schäden am eigenen Auto, wenn der Ausleiher den Unfall verursacht hat.

Eine finanzielle Folge hat die Fahrt durch eine nicht gemeldete Person aber in aller Regel. Erfährt die Versicherung davon, verlangt sie nachträglich den Beitrag, der fällig geworden wäre, wenn der Versicherte von Anfang an den korrekten Fahrerkreis angegeben hätte. Wenn Kunden bewusst geschummelt haben, können Versicherer Strafzahlungen verlangen.

Geplante Fahrten einer anderen Person sollten der Versicherung also vorab gemeldet werden. Bei manchen Anbietern ist das problemlos und ohne Zusatzkosten möglich. Andere Versicherer verlangen dafür einen Aufpreis. ■

Guter Schutz für unsere Räder

Immer mehr Menschen besitzen hochwertige Räder. Eine Versicherung gegen Diebstahl und Unfälle kann sich lohnen.

4/2021 In Deutschland wurden 2020 rund 261000 Fahrräder gestohlen, nur 10 Prozent der Fälle hat die Polizei aufgeklärt. Ein gestohlenes Rad gibt es also selten zurück. Zugleich steigt die Anzahl der verkauften Räder stetig, insbesondere die der höherpreisigen Pedelecs mit Elektromotor, meist E-Bikes genannt.

Versicherungsschutz auf zwei Wegen

Wer sein Fahrrad gegen Diebstahl versichern möchte, kann zwischen zwei Möglichkeiten wählen. Als Option zur Hausratversicherung gebucht, gilt der Fahrradschutz auch außerhalb der eigenen Wohnung oder des Kellers. Der Preis variiert je nach Wohnort, eine spezielle Fahrradversicherung kann sogar günstiger sein. Außerdem eignet sich die Spezialversicherung für diejenigen, die keine Hausratversicherung haben oder besonderen Wert auf Zusatzschutz wie Leistung bei Unfällen legen.

Angebot hat sich stark vergrößert

Wir haben 62 Tarife von 24 Anbietern getestet. Das Angebot ist seit dem vergangenen Test vor vier Jahren stark gewachsen; damals waren es 25 Tarife von elf Anbietern. Die Versicherungsunternehmen sollten Preise und Leistungen für drei verschiedene Modelle angeben: ein klassisches Fahrrad, das neu 1500 Euro kostet, und zwei E-Bikes mit Neupreisen von 2500 und 3500 Euro. Da sich die Preise in manchen Tarifen je nach Region unterscheiden, haben wir sie für Leipzig und Remscheid abgefragt. Laut polizeilicher Kriminalstatistik 2020 ist Leipzig die Großstadt mit den meisten Fahrraddiebstählen pro 100000 Einwohnern (1539), Remscheid die mit den wenigsten (55).

Fahrradschutz über die Hausratversicherung

Über eine Hausratversicherung (siehe test.de/hausrat) sind Fahrräder in Haus, Wohnung oder Keller als Teil des Hausrats versichert. Der Versicherungsschutz lässt sich erweitern, sodass er auch für Fahrräder außer Haus gilt. Oft kann die Entschädigungssumme für Fahrräder auf maximal 10 Prozent der Versicherungssumme erhöht werden oder darf einen festen Betrag nicht übersteigen. Für teure Räder ist das eventuell zu wenig.

Umfang. In der Hausratversicherung sind alle Räder eines Haushalts zusammen bis zur Entschädigungssumme versichert. Werden mehrere auf einmal gestohlen, reicht die Summe eventuell nicht. Der Anbieter darf den Vertrag nach jedem Schadensfall kündigen. So verliert man möglicherweise nach ein oder zwei verhältnismäßig geringen Schäden den Fahrradschutz oder den gesamten Hausratschutz.

Diebstahlrisiko. Die Beiträge richten sich nach dem Diebstahlrisiko des Wohnorts, weshalb sie in Großstädten meist höher sind als in ländlichen Gebieten. Fragen Sie bei Ihrem Hausratversicherer nach dem Mehrbetrag und vergleichen Sie ihn mit speziellen Fahrradversicherungen.

Diebstahl und Raub immer versichert

Alle Tarife leisten bei Diebstahl, Einbruchdiebstahl und Raub. Die Tarife kosten für ein 2500 Euro teures Elektrorad mindestens 32 Euro pro Jahr. Soll der Schutz umfassender sein und zum Beispiel auch Unfälle abdecken, beginnt die Jahresprämie bei 65 Euro.

Damit die Versicherung ein am Straßenrand abgestelltes Rad ersetzt, falls Diebe es entwenden, muss es in der Regel an einem „ortsfesten Gegenstand" wie einem Laternenpfahl angeschlossen werden. Teilweise zahlen Versicherungen aber auch, wenn das Schloss nur das Wegfahren verhindert. Für das Schloss selbst machen Versicherer ebenfalls Vorgaben. Oft muss es einen Mindestwert haben, meist 50 Euro. Manchmal sind auch nur Modelle bestimmter Hersteller erlaubt. Hier lohnt es sich, die Bedingungen genau zu lesen.

Einzelteile ebenfalls versichert

Neben dem Diebstahl des gesamten Fahrrads decken alle Tarife im Test den Diebstahl einzelner Teile wie Sattel oder Vorderrad ab, wenn sie fest mit dem Gefährt verbunden sind. In E-Bike-Tarifen umfasst das auch den Akku. Allein der Anbieter Qover-me schränkt ein. Teile sind hier nur bis 100 Euro versichert.

Weitere Gefahren abgesichert

Zusätzlich zum Diebstahl decken die speziellen Fahrradversicherungen meist andere Gefahren ab. Vandalismus, also die mutwillige Zerstörung des Rads, ist in 52 Tarifen versichert. Auch für Schäden durch Unfälle oder Stürze kommen die Anbieter in drei Viertel der Verträge auf. Für Menschen, die ein E-Bike fahren, kann der Schutz der Elektronik vor Feuchtigkeit oder Überspannung sinnvoll sein. Da der Versicherungsschutz in 46 Fällen weltweit und oft zeitlich unbegrenzt gilt, können Radreisende mit einem guten Gefühl fremde Länder erkunden. Wer mit dem Fahrrad viel auf Reisen ist oder im Alltag keine langen Einschränkungen hinnehmen will, kann einen Tarif mit Schutzbrief abschließen. Dann übernimmt der Versicherer im Fall eines Diebstahls oder einer Panne etwa den Transport, schickt eine Mechanikerin zur Reparatur vor Ort oder bezahlt ein Mietfahrrad (Details im Internet unter test.de/fahrradversicherung-pdf).

Einige Anbieter bieten zudem Rabatte, wenn außer dem Schloss noch ein Gerät zur Ortung per GPS vorhanden ist. Der Anbieter Asspario gibt beispielsweise 20 Prozent Preisnachlass.

Nicht zu lange mit Abschluss warten

Radfahrerinnen und Radfahrer können die Versicherung direkt beim Fahrradhändler, über Makler oder im Internet abschließen. Meist ist für jedes Fahrrad ein eigener Vertrag nötig. In 13 Tarifen darf das Rad bei Vertragsabschluss beliebig alt sein. In den anderen

Unser Rat

Vergleichen. Sie können Fahrräder und E-Bikes über Ihre Hausratversicherung oder spezielle Fahrradversicherungen für den Fall eines Diebstahls schützen. Die Spezialversicherungen bieten oft auch Unfallschutz und teilweise Pannenhilfe. In Regionen mit hohem Diebstahlrisiko sind sie oft günstiger.

Tarif wählen. An einem Ort mit hohem Diebstahlrisiko ist das 2500 Euro teure E-Bike am günstigsten mit dem Tarif **Klassik** von **Medien** versichert. Er bietet Schutz bei Diebstahl und weiteren Gefahren. An Orten mit geringem Risiko bietet sich **Neo-mobil-S-Diebstahl-Reparatur** des Anbieters **Neodigital** an. Wer nur günstigen Diebstahlschutz wünscht, kann das Rad für 32 Euro bei **Signal Iduna** versichern.

Buch. Unser „Handbuch Fahrrad und E-Bike" enthält viele Tipps. Erhältlich für 29,90 Euro im Buchhandel und online: test.de/fahrrad-e-bike-buch

müssen sich Neukäufer innerhalb von drei Monaten bis vier Jahren nach dem Erwerb entscheiden. In rund der Hälfte der Tarife sind auch gebraucht gekaufte Räder versicherbar.

Die Verträge haben oft eine Laufzeit von einem Jahr, manchmal auch länger. In der Regel verlängern sie sich automatisch, wenn die Versicherten sie nicht rechtzeitig kündigen. Aufgepasst: Teilweise gibt es eine maximale Vertragslaufzeit von drei oder fünf Jahren. Wer nicht ohne Schutz dastehen möchte, sollte sich frühzeitig um den Wechsel zu einer anderen Fahrradversicherung oder die Erweiterung der Hausratversicherung kümmern.

Ersatzfahrrad oder Geld

Ist das Fahrrad gestohlen oder hat es einen Totalschaden, leisten die Versicherer mit einem neuen, gleichwertigen Ersatzrad oder bezahlen Geld. Meist ersetzen sie den Neuwert. In manchen Tarifen bekommen die Kunden jedoch nur den Zeitwert erstattet, bei dem der Wertverlust abgezogen wird. Wenige Anbieter verlangen eine Selbstbeteiligung von bis zu 250 Euro. Versicherte sollten die Rechnung des Fahrrads und Schlosses vorlegen können. Ist ein Schaden durch den Vertrag abgedeckt, muss der Versicherer leisten. Danach darf er den Vertrag allerdings kündigen. ■

Günstige Fahrradversicherungen mit umfassendem Schutz

Die Tabelle zeigt günstige Tarife, die neben (Einbruch-)Diebstahl und Raub auch Vandalismus, Unfälle, Stürze sowie bei E-Bikes Schäden an der Elektronik und durch Feuchtigkeit abdecken. Online zeigen wir alle getesteten Tarife und mehr Kriterien (test.de/fahrradversicherung).

Anbieter	Tarif	Beitrag für einen Einjahresvertrag (Euro) in Leipzig: E-Cityrad 2 500 Euro	Maximales Radalter bei Vertragsabschluss (Monate)	Ersatz bei Diebstahl	
				Ersatzrad	Geld
Medien	Klassik[1]	75	36	–	■[8]
Hepster	Vollkaskoschutz	78	Unbegrenzt	–	■[8]
Ammerländer	Pedelec Classic[1)2]	79	36	–	■[8]
Zurich	Mobilschutz	79	36	–	◪[8)9]
BD24 Berlin Direkt @	Komfort[3]	79	6[6]	–	■[8]
Asspario	Fahrrad AllRisk Best Select	89	36[6]	–	■[8)10]
Assona	Bike Protect Premium[4]	99	12[6]	■	–
Wertgarantie	Komplettschutz E-Bike und Diebstahlschutz[5]	99	Unbegrenzt	■[11]	–

Beiträge sind kaufmännisch gerundet.
@ = Angebot nur über Internet.
■ = Neuwerterstattung.
◪ = Eingeschränkt.

1) Schäden an Carbonrahmen sind nicht versichert.
2) Gegen Mehrbeitrag können Familienfahrräder bis 3 000 Euro eingeschlossen werden.
3) Carbonräder sind nicht versichert.
4) Vertrag kann auch mit drei oder fünf Jahren Laufzeit abgeschlossen werden.
5) Aktuell nur über Fahrrad-Fachhandel abschließbar.
6) Gebraucht gekaufte Räder können nicht versichert werden.
7) Anliegerstaaten Mittelmeer, Kanaren, Madeira, Azoren.
8) Der Versicherte muss davon ein neues Rad kaufen.
9) Der Neuwert wird für bis drei Jahre alte Räder erstattet, danach reduziert sich die Erstattungshöhe.
10) Die Selbstbeteiligung beträgt 50 Euro.
11) Bei gebraucht gekauften Rädern wird der Zeitwert erstattet.

Stand: 25. Januar 2021

Schneller zum Bonus

Früherkennung und Zahnvorsorge bringen vielen Versicherten jetzt leichter einen Geldbonus von ihrer gesetzlichen Krankenkasse.

4/2021 Viele gesetzliche Krankenkassen bieten seit 2021 ein neues Bonusprogramm. Es unterscheidet zwischen Maßnahmen der Vorsorge und solchen der Prävention. Den schnellen Bonus, oft 10 Euro, gibt es für Vorsorgemaßnahmen wie Krebsfrüherkennung oder Schutzimpfungen. Dagegen gehören Sport- und Präventionskurse oder die Mitgliedschaft im Fitness-Studio zur Prävention. Hier müssen je nach Kasse manchmal mehrere Maßnahmen für den Bonus gesammelt werden.

Die Änderung geht zurück auf das Masernschutzgesetz. Von den 71 Krankenkassen aus unserem Krankenkassentest (test.de/kranken kassen) haben 50 Kassen bereits umgestellt, 21 bieten noch das bisherige Programm.

Höhe hängt von der Kasse ab

Wie viel es für welche Maßnahme gibt, entscheidet weiterhin jede Krankenkasse selbst. Beispielsweise zahlen einige Innungskrankenkassen wie die IKK Südwest, IKK Brandenburg und Berlin sowie IKK Gesund Plus für Krebsfrüherkennung und Zahnvorsorge je 10 Euro Bonus – unabhängig davon, wie viele Maßnahmen eine Person in Anspruch nimmt.

Die Pronova zahlt 10 Euro für die erste Vorsorgemaßnahme, für jede weitere aber erhöht sich der Bonus. Wer drei Angebote wahrnimmt, erhält schon 60 Euro.

Einige Kassen bieten ihr bisheriges Bonusprogramm an. Hier gibt es teilweise höhere Geldprämien. Viel zahlen hier AOK Rheinland/Hamburg und Bahn-BKK: Versicherte erhalten für drei Maßnahmen aus allen Bereichen 125 beziehungsweise 90 Euro Bonus im Jahr. Am Bonusprogramm der Kasse teilnehmen kann nur, wer angemeldet ist. Oft geht das schon über die App der Kasse. Sonst kommt das Bonusheft per Post oder als Download zum Ausdrucken. Es bietet Platz für die Stempel nach dem Arztbesuch – ähnlich wie das Bonusheft für den Zahnarzt. Bonusprogramme laufen fast immer ein Jahr. Entweder gilt das Kalenderjahr oder ein Jahr ab Anmeldung.

Viele Krankenkassen bieten auch an, den Bonus zweckgebunden für Gesundheitsleistungen wie eine professionelle Zahnreinigung, Brillen oder einen Fitnesstracker einzusetzen. Dann wird die Geldprämie sogar oft verdoppelt. Diese Art der Bonusverwendung ist nicht relevant für die Steuererklärung. Nur Bonuszahlungen für Gesundheitsleistungen, die Versicherte nicht selbst bezahlt haben – wie reguläre Vorsorgeuntersuchungen – müssen dem Finanzamt mitgeteilt werden. ■

Unser Rat

Punkte sammeln. Seit Anfang 2021 ist es bei vielen Krankenkassen leichter, im Bereich Vorsorge einen Bonus zu erhalten. Oft zahlen die Kassen eine Geldprämie bereits nach einer Früherkennungsmaßnahme oder einem Check-up.

Anmelden. Bevor Sie das Bonusprogramm nutzen können, müssen Sie sich anmelden. Das geht oft auch online oder über die Kassen-App. Erst dann zählen die Maßnahmen. Rückwirkend können Sie meist nichts einreichen.

Mitmachen. Alle Kassen bieten ein Bonusprogramm. Den Bonus können Sie sich auszahlen lassen oder teilweise für Gesundheitsleistungen verwenden, etwa eine Zahnprophylaxe.

Mehr für die Gesundheit

Wer Beiträge und Leistungen kennt, kann seine gesetzliche Krankenversicherung verbessern. Oder Geld sparen. Finanztest hilft beim Check.

9/2021 Geld für eine Zahnreinigung, den Yogakurs oder eine Osteopathiebehandlung – das und noch vieles mehr wird den meisten gesetzlich Krankenversicherten von ihren Kassen finanziert.

Nur wissen das viele nicht – und verschenken regelmäßig Geld. Manchmal mehr als 100 Euro im Jahr.

Das lässt sich leicht ändern. Jeder kann in regelmäßigen Abständen Beiträge und Extras seines Versicherers überprüfen. Mithilfe unseres Kassenvergleichs ist das ohne großen Aufwand möglich.

Die günstigsten Krankenkassen

Kasse		Beitrag (Prozent)
BKK Euregio	Ⓔ	14,95
hkk		14,99
BKK Pfaff	Ⓔ	15,00
AOK Sachsen-Anhalt	Ⓔ	15,20
BKK Faber-Castell	Ⓔ	15,25
BKK Firmus		15,44
AOK Rheinland-Pfalz/Saarland	Ⓔ	15,50
BKK Scheufelen	Ⓔ	15,50
BKK SBH	Ⓔ	15,58
BKK Exklusiv	Ⓔ	15,59

Bei den aufgeführten Kassen kommt auf den allgemeinen Beitragssatz von 14,60 Prozent ein Zusatzbeitrag von höchstens 0,99 Prozent. Den Zusatzbeitrag legt jede Kasse selbst fest, der höchste liegt derzeit bei 2,70 Prozent.
Ⓔ = Regional eingeschränkt, nicht bundesweit wählbar.

Stand: 1. August 2021

Beiträge bleiben allgemein stabil

Finanztest hat alle 75 Krankenkassen angeschrieben, die für gesetzlich Versicherte frei wählbar sind und Beitragssätze sowie angebotene Extraleistungen abgefragt. Geantwortet haben 71 Kassen. In ihnen sind etwa 98 Prozent der gesetzlich Versicherten vertreten.

Erfreulich: Die meisten Krankenkassen haben ihre Beiträge nicht geändert. Die Mehrausgaben durch die Corona-Pandemie und gesetzliche Neuregelungen haben die Beitragssätze damit nicht steigen lassen. Auch bei den Extras, die Kassen für ihre Versicherten zusätzlich zu den gesetzlichen Leistungen anbieten können, gibt es kaum Einschnitte.

Nur zwei Kassen werden teurer

Ihre Beiträge erhöht haben zwei Kassen. Die BKK Firmus verlangt seit Juli statt 15,04 jetzt 15,44 Prozent, ist aber dennoch eine der günstigsten Kassen. Die BKK VBU verteuerte sich von 15,90 auf 16,20 Prozent und gehört jetzt zu den teuersten im Test. Die SKD BKK verringerte ihren Beitragssatz sogar von 16,50 auf 15,89 Prozent.

Gesetzlich Krankenversicherte zahlen bei allen Kassen den allgemeinen Beitragssatz von 14,60 Prozent. Dazu kommt ein Zusatzbeitrag, den jede Kasse individuell festlegen kann. Je nach finanzieller Situation kann sie einen niedrigen Zusatzbeitrag verlangen oder ihn erhöhen. Günstigste bundesweite Kasse ist weiterhin die hkk mit insgesamt 14,99 Prozent Beitragssatz. Die Teuersten verlangen dagegen mehr als 16,20 Prozent. Das sind BKK Herkules (16,30) BKK ZF & Partner (16,40) und BKK Technoform (16,50).

Wer Geld sparen will, kann zu einer Krankenkasse mit niedrigem Beitragssatz wechseln. Die Ersparnis fällt je nach Einkommen unterschiedlich hoch aus. Verdient jemand etwa 3000 Euro brutto, liegt sie bei rund 218 Euro pro Jahr, wenn der Wechsel von einer teuren Kasse (16,20 Prozent Beitragssatz) zur günstigen hkk (14,99 Prozent Beitragssatz) erfolgt. Es werden aber nur Einkommen bis zu 4 837,50 Euro brutto monatlich für die Beiträge berücksichtigt. Oberhalb dieser Grenze sind die Einkommen beitragsfrei. Ein Wechsel bringt Gutverdienenden eine Ersparnis von rund 350 Euro pro Jahr.

Schneller wechseln

Seit Anfang 2021 geht der Wechsel noch einfacher. Versicherte müssen nicht mehr bei der bisherigen Kasse kündigen. Sie teilen lediglich der neuen schriftlich mit, dass sie Mitglied werden möchten. Um alles Weitere kümmert sich die neue Kasse. Die Bindungsfrist hat sich von 18 auf 12 Monate verringert. Versicherte können jetzt schon nach einem Jahr ihre Mitgliedschaft kündigen, wenn sie unzufrieden sind.

Auf Zusatzangebote achten

Doch nicht nur der Beitragssatz, auch die angebotenen Extras und oder der Service können Grund sein, zu wechseln.

Durch die Corona-Pandemie ist die Nachfrage nach Onlineservice gestiegen. Die meisten Kassen bieten mittlerweile eine digitale Geschäftsstelle, bei der Mitglieder per App oder über den Computer etwa Rechnungen einreichen, ihre Bonusprogramme verwalten oder medizinische Fragen stellen können.

Auch umfangreiche Onlinekurse für die Schwangerschaft und nach der Entbindung bieten viele Versicherer als Extra. Sie nutzen dafür oft die Anbieter Kinderheldin oder Vimum. Diese Onlineplattformen bieten zahlreiche Live- und Videokurse für Schwangere und junge Eltern, aber auch zu Ernährung und Babypflege. Zudem können werdende Eltern hier individuellen Expertenrat erhalten.

Für Versicherte, die ihre Angehörigen pflegen, bieten 53 Kassen in unserer Untersuchung jetzt Onlinekurse und Apps. Diese informieren und bereiten auf die Pflegeaufgaben vor.

Mehr als die Hälfte der Kassen hat ihr Bonusprogramm umgestellt. Bereits für die Teilnahme an einer einzigen Vorsorgeuntersuchung gibt es dann einen Geldbonus, oft 10 Euro. Auch bei Kassen, die einzelne Vorsorgemaßnahmen noch nicht honorieren, kann sich die Teilnahme lohnen. Sie erhalten 100 Euro oder mehr, wenn sie zwei bis drei Voraussetzungen erfüllen – etwa Mitglied in einem Fitnessstudio sind oder Impfungen auffrischen lassen.

Die beschriebenen Extras gehören nicht zu den Pflichtleistungen der Kassen, daher unterscheidet sich das Leistungsspektrum zum Teil erheblich. Trotzdem muss sich niemand sorgen, mit seiner Krankenkasse schlecht bedient zu sein. Denn der Großteil der Leistungen – etwa 95 Prozent – ist gesetzlich festgeschrieben und bei allen Kassen gleich. ■

Unser Rat

Günstige Beiträge. Möchten Sie vor allem sparen, können Sie zu einer Krankenkasse mit günstigem Beitragssatz wechseln. Die **hkk** und **BKK Firmus** sind die günstigsten bundesweiten Krankenkassen.

Extras nutzen. Achten Sie nicht nur auf den Beitragssatz. Auch Extras, die Krankenkassen neben den gesetzlichen Leistungen anbieten, können viel wert sein. So zahlen etwa die bundesweiten Krankenkassen IKK – Die Innovationskasse und Tui BKK beispielsweise hohe Zuschüsse zur professionellen Zahnreinigung für ihre Versicherten.

Internet. Unser monatlich aktualisierter Krankenkassenvergleich nennt Beitragssätze und alle Extraleistungen von mehr als 70 Krankenkassen. Der enthaltene Beitragsrechner zeigt, wie viel Geld Sie durch einen Wechsel zu einer günstigeren Krankenkasse sparen können. Sie finden den Vergleich online unter test.de/krankenkassen.

Dranbleiben lohnt sich

Wenn die Krankenkasse die Mütterkur ablehnt oder den Spezialrollstuhl nicht bezahlt, haben Versicherte das Recht, sich zu wehren.

2/2021 Sind gesetzlich Krankenversicherte mit einer Entscheidung ihrer Kasse nicht einverstanden, können sie Widerspruch einlegen. Das kostet nichts und ist oft erfolgreich. Schon beim Antrag kommt es darauf an, das Anliegen mithilfe der behandelnden Ärztinnen und Ärzte gut zu begründen.

Ein Widerspruch lohnt sich besonders gegen abgelehnte Eltern-Kuren: In drei Viertel der Fälle hatten Mütter und Väter 2019 damit Erfolg. Bei Antrag und Widerspruch hilft hier das Müttergenesungswerk. In den letzten zehn Jahren sank die Ablehnungsquote auf 11 Prozent.

Ein Monat Zeit für Widerspruch

Oft liegt einer Ablehnung der Kasse ein Gutachten des Medizinischen Dienstes der Krankenkassen (MDK) zugrunde. Liegt diese Stellungnahme nicht bei, sollten Versicherte sie bei der Kasse anfordern. Sie haben ein Recht auf Akteneinsicht. Das Gutachten kann wichtige Anhaltspunkte liefern, um den Widerspruch zu begründen.

Gründe für den Widerspruch anzugeben, ist nicht vorgeschrieben, aber sinnvoll. Versicherte sollten zum Beispiel genau darlegen, warum sie eine Leistung benötigen, welche Umstände

Jeder dritte Widerspruch endete 2019 erfolgreich

In gut einem Drittel der Fälle änderten Kranken- und Pflegekassen 2019 nach einem Widerspruch ihre Entscheidung zugunsten der Versicherten. Wird ein Widerspruch zurückgewiesen, können Versicherte vor das Sozialgericht ziehen.

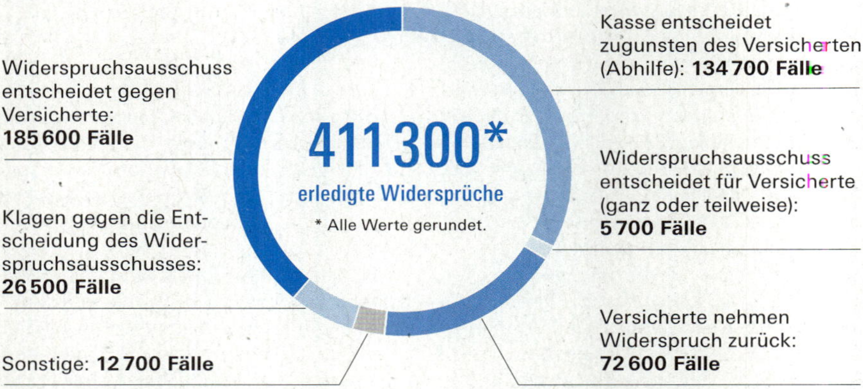

Quelle: Statistik der Sozialgerichtsbarkeit – erledigte Widerspruchsverfahren 2019

im MDK-Gutachten nicht stimmen oder unberücksichtigt blieben und sich auf Urteile zu ähnlichen Fällen beziehen. Beratungsstellen und Patientenverbände helfen dabei.

Der Widerspruch muss spätestens einen Monat nach Erhalt der Ablehnung bei der Kasse eingegangen sein. Um die Frist zu wahren, reicht zunächst ein kurzer Brief. Die Begründung des Widerspruchs mit Unterlagen können Versicherte später nachreichen. Die Frist beginnt mit dem Tag, an dem der Bescheid der Krankenkasse beim Versicherten angekommen ist. Der Widerspruch muss schriftlich sein, am besten als Einschreiben mit Rückschein. Es ist nicht möglich, ihn per Telefon oder E-Mail einzureichen.

Widerspruch nicht zurückziehen

Nicht überall ist die Erfolgsquote von Widersprüchen so hoch wie bei den Mütterkuren. Oft entscheidet die Kasse auch in der zweiten Runde gegen die Versicherten. In fast jedem fünften Fall nahmen Versicherte 2019 ihren Widerspruch sogar selbst zurück.

Die zuständige Aufsichtsbehörde ist das Bundesamt für Soziale Sicherung in Bonn. Sie bemängelt, dass Kassen teilweise sogar mehrfach fragen, ob Versicherte ihren Widerspruch zurücknehmen.

Kassen dürfen nicht den Eindruck erwecken, als sei die Ablehnung schon beschlossen, so das Amt. Sie müssen ihren Versicherten auch klarmachen, dass sie mit einem zurückgezogenen Widerspruch auch die Möglichkeit zur späteren Klage verlieren.

Haben Versicherte den Eindruck, dass ihre Krankenkasse nicht fair spielt oder die Bearbeitung ihres Falles ungebührlich lange dauert, müssen sie das nicht hinnehmen. Sie können sich bei der Aufsichtsbehörde beschweren (bundesamtsozialesicherung.de).

Bleibt ein Widerspruch grundlos mehr als drei Monate ohne Antwort, können Versicherte Untätigkeitsklage beim Sozialgericht erheben. Auch an den Patientenbeauftragten der Bundesregierung (patientenbeauftragter.de) können sie sich wenden.

Unser Rat

Widersprechen. Sind Sie mit einer Entscheidung Ihrer Krankenkasse nicht einverstanden, legen Sie schriftlich Widerspruch ein. Das gilt ebenso für Entscheidungen der Pflegeversicherung (siehe Kasten S. 210). Das ist kostenfrei und führt in vielen Fällen zum Erfolg.

Frist wahren. Sie haben einen Monat Zeit, bis Ihr Widerspruch bei der Kasse sein muss. Schicken Sie erst einmal einen kurzen Brief, um die Frist zu wahren: „Hiermit lege ich gegen den Bescheid Nr. ... vom ... Widerspruch ein. Eine ausführliche Begründung folgt."

Rat suchen. Bei Antrag und Widerspruch beraten Selbsthilfegruppen, Verbraucherzentralen (verbraucherzentrale.de) und für Elternkuren das Müttergenesungswerk (muettergenesungswerk.de). Rechtlichen Beistand für ihre Mitglieder bieten die Sozialverbände VdK (vdk.de), Sozialverband Deutschland (sovd.de) und viele Gewerkschaften (dgbrechtsschutz.de). Auch Fachanwälte für Sozialrecht können beraten.

Bundessozialgericht rudert zurück

In einem Punkt hat sich die rechtliche Situation der Patientinnen und Patienten jedoch verschlechtert. Bis zum Frühjahr 2020 galt eine Leistung automatisch als bewilligt, wenn die Kasse drei Wochen lang – mit MDK-Gutachten fünf Wochen – nicht auf einen Antrag des Versicherten reagierte. Das Bundessozialgericht hat diese sogenannte Genehmigungsfiktion früher sehr versichertenfreundlich ausgelegt. Es wertete die Untätigkeit der Kasse wie einen Bescheid zugunsten der Versicherten, von dem die Kasse nicht mehr zurücktreten kann. Außerdem konnten sich

Versicherte mit ihrer Versichertenkarte zum Beispiel operieren lassen oder einen Spezialrollstuhl bestellen, ohne die Kosten vorstrecken zu müssen.

Mit einem Urteil vom Mai 2020 (Az. B 1 KR 9/18 R) vollzogen die obersten Sozialrichter eine Kehrtwende. Die Genehmigung gilt jetzt nur noch vorläufig, die Kasse kann also nach Ablauf der Antwortfrist noch eine Ablehnung nachschieben. Hat sich der Versicherte aber in der Zwischenzeit die Leistung selbst beschafft, bekommt er sie erstattet.

Jürgen Westerath, Fachanwalt für Sozialrecht in Mönchengladbach, kritisiert: „Die frühere Rechtsprechung half auch den finanziell nicht so gut gestellten Versicherten. Jetzt gilt: Wer kein Geld hat, geht leer aus. Und wer zwar Geld hat, aber nicht ab dem ersten Tag nach Fristablauf den Behandlungsvertrag unterschreibt oder den Rollstuhl kauft, riskiert, seinen Anspruch zu verlieren."

Nächste Station: Sozialgericht

Weist die Kasse einen Widerspruch zurück, haben Versicherte erneut einen Monat Zeit, um dagegen beim Sozialgericht zu klagen. Es ist nicht notwendig, aber ratsam, sich an eine Fachanwältin oder Fachanwalt für Sozialrecht zu wenden, da das Sozialrecht sehr komplex ist. Die Honorare sind gesetzlich begrenzt, Gerichtsgebühren fallen nicht an. Wer sehr wenig Geld hat, kann beim Amtsgericht Beratungs- oder Prozesskostenhilfe beantragen. Dann trägt der Staat die Anwaltskosten.

Pflegeversicherung

Widersprechen oder neuen Antrag stellen

Gesetzlich versichert. Stuft die Pflegeversicherung pflegebedürftige Menschen in einen zu niedrigen Pflegegrad ein oder lehnt sie eine andere Leistung ab, können sie dagegen ebenso vorgehen wie gegen Entscheidungen der Krankenkasse.

Die meisten Konflikte gibt es bei der Frage, ob und wie sehr jemand pflegebedürftig ist. Olaf Christen, Referent für Pflege beim Sozialverband VdK: „Wegen der Corona-Pandemie finden Begutachtungen des Medizinischen Dienstes derzeit oft nicht persönlich, sondern per Fragebogen und telefonisch statt. Das führt vielfach zu strittigen Situationen."

Die Pflegekasse schickt mit dem Bescheid über den Pflegegrad auch das Gutachten des Medizinischen Dienstes (MDK). Fehlt das Pflegegutachten, sollten Versicherte es unbedingt anfordern. In der Widerspruchsbegründung können sie darlegen, warum das Gutachten den tatsächlichen Hilfebedarf nicht richtig wiedergibt. Die Hausärztin oder eine Pflegefachkraft können dafür Atteste und Argumente liefern.

Hat der Widerspruch keinen Erfolg, können Versicherte abwägen, ob sie Klage beim Sozialgericht einreichen. Stattdessen können sie auch einen neuen Antrag stellen, zum Beispiel, wenn sich der Gesundheitszustand verschlechtert hat.

Privat versichert. Privat Krankenversicherte können gegen Entscheidungen der Pflegepflichtversicherung beim Sozialgericht klagen. Dafür haben sie sechs Monate Zeit. Zuvor sollten sie dem Versicherer ihre Einwände mitteilen und ihn auffordern, die Einstufung zu ändern. Ein offizielles Widerspruchsverfahren wie bei der gesetzlichen Kasse gibt es nicht. Mehr zum Streit mit privaten Versicherern steht online (test.de/pkv-tipps).

Auf zur Mutter-Kind-Kur

Sie benötigen:

- Verordnung des Hausarztes, der Mutter oder Vater aus Gesundheitsgründen die Kur verschreibt, als Vorsorge- oder Reha-Maßnahme
- Verordnung des Kinderarztes, wenn das Kind ebenfalls behandelt werden soll

8/2021 Sie erziehen Kinder und sind auch daneben belastet – beruflich, durch die Pflege von Angehörigen oder eine Trennung? Der Stress hat zu körperlichen und seelischen Beschwerden geführt, die auch das Zusammenleben mit den Kindern beeinträchtigen? Kassenpatienten haben Anspruch auf eine dreiwöchige Mutter- oder Vater-Kind-Kur. Die Krankenkasse zahlt. Bei Privatversicherten hängt das vom Tarif ab.

Schritt 1. Sie gehen zu einer Beratungsstelle, zum Beispiel des Müttergenesungswerks. Die Beraterin erklärt, was es für Therapieangebote und Kliniken gibt. Kinder dürfen bis 12, ausnahmsweise bis 14 Jahren mitfahren, Kinder mit Behinderung ohne Altersgrenze.

Schritt 2. Sie schildern der Hausärztin Ihre gesundheitlichen Probleme (Rückenschmerzen, depressive Verstimmungen), die auch die Beziehung mit dem Kind belasten. Sie bitten um die Verordnung einer Mutter-Kind-Kur. Sind auch Erkrankungen des Kindes (Neurodermitis, Asthma), zu behandeln, benötigt es ein eigenes Attest. Die Ärztin kann spezielle Anforderungen an die Kurklinik in die Verordnung eintragen. Vielen Krankenkassen reicht das Formular, Sie benötigen keinen Antrag.

Schritt 3. Schicken Sie die Verordnung an Ihre Kasse. Nach drei bis vier Wochen bekommen Sie die Entscheidung.

Schritt 4. Lehnt die Kasse die Kur ab, legen Sie innerhalb eines Monats Widerspruch ein. Die Beratungsstelle hilft. Es kann sein, dass die Begründung die Kasse nicht überzeugt. In einer neuen Verordnung könnte die Ärztin die medizinische Notwendigkeit besser erläutern. Widerspruch hat oft Erfolg.

Schritt 5. Haben Sie die Bewilligung, suchen Sie sich eine Klinik aus (muettergenesungswerk.de/kliniken; mutter-kind-de/unsere-kliniken; kag-muettergenesung.de/kliniken). Wünsche muss die Kasse angemessen berücksichtigen – und eine Ablehnung schriftlich begründen. Die Kur sollte innerhalb einer Frist angetreten werden, wie viel Monate das sind, steht in der Bewilligung. Falls die Kur nur außerhalb der Ferien möglich ist, muss die Schule dem Kind freigeben. ■

Kein Geld für die Krankenkasse

Wer selbstständig ist und die Krankenkasse nicht mehr zahlen kann, erhält eine Notversorgung. Was Versicherte tun können.

7/2021 Rund 9,6 Milliarden Euro Beitragsschulden notierten die gesetzlichen Krankenkassen Anfang 2021. Meist sind kleine Selbstständige betroffen. Die Experten der Stiftung Warentest zeigen, was gesetzlich Versicherte tun können, wenn sie die Beiträge nicht zahlen können. Für privat Krankenversicherte gelten andere Regeln.

? Ich kann die Krankenkassenbeiträge nicht mehr zahlen und habe eine Mahnung bekommen. Was tun?

Das Wichtigste ist: Öffnen Sie alle Briefe und setzen Sie sich schnellstmöglich mit Ihrer Krankenkasse in Verbindung. Wenn Sie sich mit Formularen und Briefen schwertun, wenden Sie sich an eine Beratungsstelle. Das kann eine Schuldnerberatung sein oder eine andere Art von Sozialberatung, zum Beispiel von Caritas, Diakonischem Werk, Arbeiterwohlfahrt oder kommunalen Stellen.

Ein guter Kontakt zur Krankenkasse erhöht Ihre Chancen, eine Lösung zu finden. Die Kassen können zum Beispiel Ihre Beiträge stunden und eine Ratenzahlung akzeptieren.

? Was passiert, wenn ich nichts mache?

Ihre gesetzliche Krankenkasse kann Sie nicht rauswerfen, aber Sie verlieren Ihren Anspruch auf uneingeschränkte Leistungen (siehe Kasten rechts). Das ist keine Dauerlösung, denn die Schulden wachsen Monat für Monat weiter und es kommen Mahngebühren und Säumniszuschläge dazu. Erst wenn alle Schulden abbezahlt sind oder Sie mit Ihrer Kasse eine Ratenzahlung vereinbart haben und die Raten immer pünktlich zahlen, bekommen Sie Ihr Recht auf Behandlungen und Untersuchungen zurück. Hinzu kommt natürlich der laufende monatliche Beitrag.

? Schulden abstottern und den laufenden Beitrag zahlen – das packe ich nicht. Was kann ich tun?

Wenn Ihre finanzielle Lage so schlecht ist, dass Sie die Krankenkassenbeiträge nicht zahlen können, nehmen Sie Kontakt zum Jobcenter auf. Das kostet zwar erst einmal Überwindung, Sie können so aber das weitere Anwachsen Ihrer Schulden stoppen.

Sobald Sie einen Antrag auf Arbeitslosengeld 2 stellen und rechnerisch hilfebedürftig sind, haben Sie außerdem wieder vollen Leistungsanspruch. Wird Ihr Antrag bewilligt, zahlt das Jobcenter Ihre Beiträge zur Kranken- und Pflegeversicherung komplett. Falls Sie kein Arbeitslosengeld 2 bekommen, prüft das Jobcenter, ob Sie durch die Krankenkassenbeiträge hilfebedürftig im Sinne des Sozialrechts werden. Ist das der Fall, erhalten Sie einen Zuschuss zu den Beiträgen. Das Jobcenter übernimmt jedoch nur laufende Beiträge, keine Schulden.

? Sind die Beitragsschulden nicht irgendwann verjährt?

Eine automatische Verjährung gibt es nur, wenn Sie lange Zeit nicht krankenversichert waren und dann rückwirkend in die Krankenkasse aufgenommen werden. Dann müssen Sie maximal für das laufende Jahr und die vier Kalenderjahre davor nachzahlen.

Beitragsschulden aus einer laufenden Kassenmitgliedschaft verjähren dagegen erst nach 30 Jahren, falls Sie einen wirksamen Beitragsbescheid erhalten haben. Schickt die Kasse Ihnen Mahnungen, fängt die Verjährungsfrist immer wieder neu an zu laufen. Um diese Schulden müssen Sie sich also kümmern, zum Beispiel mit einer Ratenzahlung.

Was gilt, wenn der Anspruch ruht

Beitragsschulden. Zahlt jemand trotz Mahnung seine Beiträge für zwei Monate nicht oder nur teilweise, verhängt die Krankenkasse das „Ruhen des Leistungsanspruchs". Das heißt: Es gibt nur noch das Nötigste an Medikamenten, Untersuchungen und Behandlungen.

Familienversicherung. Das Ruhen gilt nur für das zahlungspflichtige Kassenmitglied. Beitragsfrei mitversicherte Angehörige können weiter ganz normal zum Arzt gehen.

Anspruch. Über eine reine Notfallbehandlung hinaus haben Versicherte Anspruch auf

- Vorsorgeuntersuchungen, zum Beispiel zur Krebsfrüherkennung,
- alles, was zur Behandlung akuter Erkrankungen und Schmerzzustände gehört. Dazu gehören die notwendigen Leistungen, damit sich eine chronische Erkrankung nicht verschlimmert, zum Beispiel Insulinbehandlung bei Diabetikern, Dialyse bei Nierenversagen,
- alle Leistungen bei Schwangerschaft und Mutterschaft.

Kein Anspruch. Ausgeschlossen sind Leistungen wie

- Geldleistungen (zum Beispiel Krankengeld, Mutterschaftsgeld), planbare Operationen,
- Hörgeräte,
- Zahnersatz,
- Schutzimpfungen.

Corona-Impfung. Unabhängig vom Versicherungsstatus – die Schutzimpfung gegen das Coronavirus Sars-CoV-2 in den Impfzentren ist für alle kostenlos. Der Bund zahlt den Impfstoff und die Vergütung für Impfungen in Arztpraxen. Die Kosten für die Impfzentren teilen sich die Länder und die gesetzliche Krankenversicherung sowie die private Krankenversicherung.

? Kann die Krankenkasse mir die Schulden nicht einfach erlassen?

Wenn keine Aussicht besteht, dass Sie jemals wieder zahlungsfähig werden, dürfen Kassen im Ausnahmefall Beiträge erlassen. Darauf sollten Sie aber nicht hoffen. In der Praxis kommt das allenfalls bei Menschen im Rentenalter vor.

? Ich habe nicht nur bei der Krankenkasse Schulden, sondern bin insgesamt pleite. Was soll ich tun?

Gehen Sie zur Schuldnerberatung. Eine Insolvenz könnte die Lösung sein. Haben Sie weniger als 20 verschiedene Gläubiger, kommt es zu einem Verbraucherinsolvenzverfahren, sonst zu einer Regelinsolvenz. Mit dem Insolvenzantrag hört das Ruhen Ihres Leistungsanspruchs auf, und nach drei Jahren „Wohlverhaltensphase" sind Sie Ihre Schulden los.

? Kann ich auch als Arbeitnehmerin mit Beiträgen für meine Krankenkasse in Verzug kommen?

Ja, als freiwillig gesetzlich Versicherte, wenn Ihr Jahresbruttoeinkommen höher als 64350 Euro liegt (Grenze für 2021). Dann sind Sie selbst gegenüber der Kasse verantwortlich, falls Ihr Arbeitgeber Beiträge nicht entrichtet.

Stellen Sie in Krisenzeiten vom „Firmenzahler-" auf das „Einzelzahlerverfahren" um. So erhalten Sie den Beitragszuschuss des Arbeitgebers mit dem Gehalt und zahlen den Beitrag selbst. ■

Guter Schutz für alle Felle

Muss ein Hund zum Tierarzt, kann es sehr teuer werden. Eine OP-Versicherung schützt Tierhalter vor hohen Kosten.

9/2021 Endlich Zeit für einen Hund! Lockdown und Homeoffice haben im vergangenen Jahr zu einem Run auf vierbeinige Hausgenossen geführt: 2020 stieg die Zahl der in Deutschland gehaltenen Hunde um 15 bis 20 Prozent auf rund 11 Millionen an.

Züchter kommen längst nicht mehr nach. Massenhaft werden Hunde aus dem Ausland über Internetplattformen und Social-Media-Kanäle angeboten. Hunde-Neulinge wissen oft nicht, worauf sie sich hier einlassen.

Egal, ob vom Züchter, aus dem Tierheim oder dem Ausland: Die Vierbeiner brauchen nicht nur Zeit, Futter, Auslauf und Liebe – sie müssen auch zum Tierarzt.

Versicherung gegen hohe Kosten

Das Angebot an Tierkrankenversicherungen boomt wie nie zuvor. Wir haben für

- 61 Operationskostenversicherungen und
- 65 Krankenvollversicherungen für Hunde

die Beiträge, Bedingungen und Leistungen detailliert verglichen.

Bei der OP-Versicherung sind leistungsstarke Angebote für einen jungen Hund schon für weniger als 200 Euro im Jahr erhältlich. Sie decken zumindest das wichtige Kostenrisiko Operation ab. Ein chirurgischer Eingriff kann dem Hund etwa nach dem Verschlucken eines Fremdkörpers oder nach einer Unfallverletzung das Leben retten.

Die umfassendere Vollversicherung zahlt zum Beispiel auch für rein medikamentöse Behandlungen oder für Klinikaufenthalte bei einer schweren Infektionskrankheit. Sie kostet aber rund das Dreifache – das überlegen sich viele Halter sicher zweimal.

Leistungsniveau sehr hoch bis niedrig

Die gute Nachricht: 17 der 61 Operationskostenversicherungen im Test bieten ein sehr hohes Leistungsniveau, weitere 16 ein hohes. Damit haben Hundebesitzer eine große Auswahl geeigneter Angebote. Wir empfehlen eine Police mit sehr hohem Leistungsniveau und möglichst ohne spezielle Leistungsausschlüsse, etwa für Operationen infolge von Erbkrankheiten. Für einen drei Jahre alten großen Mischlingshund sind solche Policen schon ab 210 Euro im Jahr zu haben.

Beitrag hängt von vielen Faktoren ab

Die Beitragshöhe variiert jedoch – je nach Rasse, Alter und Größe, zum Teil auch nach Wohnort. Manche Tarife sind nur für Hunde bis zum Alter von vier oder fünf Jahren erhältlich. In anderen liegt das Höchsteintrittsalter zum Beispiel bei sieben Jahren. Nur wenige Tarife sind noch für ältere Hunde offen.

Finanztest hat die Bedingungen durchforstet, um das Leistungsniveau zu beurteilen. Auf den ersten Blick sieht man den Tarifen kaum an, was in ihnen steckt. Die Vertragsbedingungen sind oft unübersichtlich, schwer vergleichbar und enthalten versteckte Leistungseinschränkungen.

Beispiele zeigen die Erstattungshöhe

Wir zeigen, wie viel die Versicherer in jedem Tarif für eine besonders häufige und für eine besonders teure Operation erstatten würden. Besonders teuer kann eine Bandscheibenoperation werden. In unserem Beispiel belaufen sich die Kosten auf über 3500 Euro.

Tiermediziner rechnen ihre Leistungen nach der Gebührenordnung für Tierärzte (GOT) ab. Für jede Leistung ist darin eine Gebühr festgelegt, der sogenannte einfache GOT-Satz. Doch das ist meist nicht der Preis, der auf der Rechnung steht. Tierärzte können für ihre Leistungen je nach Schwierigkeit und Zeitaufwand sowie nach dem Wert des Tieres und den örtlichen Verhältnissen einen Betrag zwischen dem 1-fachen und 3-fachen GOT-Satz berechnen, im Notdienst ist der 4-fache möglich. Auch ungerade Sätze, etwa 2,2, sind erlaubt.

Versicherer zahlen oft nicht alles

Versicherer übernehmen oft nicht alles, was auf der Rechnung steht. Bei der Ermittlung des Leistungsniveaus haben wir Klauseln berücksichtigt, die die Leistung einschränken. Die wichtigsten Beispiele:

- Jeder fünfte Tarif im Test erhält keine Physiotherapie nach einer Operation.
- Tierarzthonorare sind bei einzelnen Tarifen nur bis zum 1- oder 2-fachen GOT-Satz versichert.
- Von dem übrig bleibenden Teil des Rechnungsbetrags zieht der Versicherer dann die Selbstbeteiligung ab. Sie ist bei etwa der Hälfte der Tarife vorgesehen.
- Die Leistung ist auf einen jährlichen Höchstbetrag begrenzt.
- Die Erstattung pro Versicherungsfall ist begrenzt.
- Es gibt besonders lange Listen erblich bedingter Krankheiten oder Fehlentwicklungen, für die die Versicherung nicht zahlt.

Versicherer können Verträge kündigen

Ob der Weg zum passenden Vertrag einfach oder kompliziert war – irgendwann ist es hoffentlich geschafft. Leider gilt der Versicherungsschutz dann nicht bis zum Lebensende.

Nicht nur die Tierhalter, auch die Versicherer haben das Recht, Verträge zu kündigen – sowohl ordentlich zum Ende der Vertragslaufzeit als auch nach einem Leistungsfall.

Bei all diesen Einschränkungen: Lohnt sich eine Operationskostenversicherung überhaupt? Obwohl die Übersichtlichkeit und Kundenfreundlichkeit der Bedingungen an etlichen Stellen zu wünschen übrig lässt, halten wir sie für eine sinnvolle Möglichkeit. So oder so empfiehlt es sich, finanziell für hohe Tierarztkosten vorzusorgen. Schließlich können die wenigsten jederzeit problemlos Rechnungen von 3000 Euro oder mehr bezahlen.

Unser Rat

Sinnvoll. Sie haben einen Hund und wollen auch für medizinische Notfälle finanziell gewappnet sein? Dann ist es sinnvoll, sich frühzeitig um eine Versicherung zu kümmern. Tierarztrechnungen können schnell in die Tausende gehen, vor allem, wenn Ihr Hund operiert werden muss. Eine leistungsstarke Operationskostenversicherung erstattet einen Großteil dieser Kosten.

Auswahl. Wählen Sie eine Versicherung mit möglichst hohem Leistungsniveau und wenigen Ausschlüssen aus. Eine OP-Versicherung mit sehr hohem Leistungsniveau bekommen Sie für einen jungen Hund für weniger als 200 Euro im Jahr. Für ältere Hunde besonders teurer Rassen zahlen Sie mindestens 230 bis 350 Euro im Jahr.

Ältere Hunde. Oft haben ältere Hunde bereits gesundheitliche Probleme und die Versicherer lehnen sie deshalb ab oder vereinbaren Ausschlüsse. Versuchen Sie es bei mehreren Versicherern und vergleichen Sie die Angebote.

Manche Tierhalterinnen sind sehr diszipliniert und legen etwa jeden Monat 50 Euro für die Krankheitskosten ihrer Fellnase beiseite. Das ist mehr, als die meisten OP-Versicherungen kosten.

Trotzdem reicht das Ersparte nicht, wenn eine 3000 Euro teure Operation in den ersten fünf Jahren nötig ist.

Andererseits: Bleibt der Hund sein Leben lang gesund, können seine Menschen das Geld für etwas anderes verwenden. Auf welchem Wege Tierhalter vorsorgen, ist letztlich eine persönliche Entscheidung. Hauptsache, sie tun es überhaupt. ■

Operationskostenversicherungen für Hunde

Versicherungen mit sehr hohem Leistungsniveau sind für kleine junge Hunde schon für weniger als 200 Euro im Jahr zu haben. Unsere Beispielhunde werden zu privaten Zwecken gehalten und sind beim Abschluss der Versicherung gesund.

Anbieter	Tarif	Leistungsniveau	Höchsteintrittsalter (Jahre)	Eintrittsbeiträge für Beispielhunde		
				Jack Russell Terrier, 6 Monate alt (Jahresbeitrag in Euro)	**Großer Mischlingshund, 3 Jahre alt** (Jahresbeitrag in Euro)	**Labrador Retriever, 7 Jahre alt** (Jahresbeitrag in Euro)
Allianz	TK Kleintiere Smart 100 %	**Sehr hoch**	Ohne	184	222	569
Allianz	TK Kleintiere Komfort 100%	**Sehr hoch**	Ohne	328	398	1 042
Barmenia[1)]	OP-Schutz	**Sehr hoch**	9	206	229	379
HanseMerkur	Tier-OP Easy + Zahn	**Sehr hoch**	5	251	279	–
HanseMerkur	Tier-OP Easy (SB) + Zahn	**Sehr hoch**	8	189	210	249
HanseMerkur	Tier-OP Best	**Sehr hoch**	5	231	259	–
HanseMerkur	Tier-OP Best + Zahn	**Sehr hoch**	5	259	288	–
HanseMerkur	Tier-OP Best (SB)	**Sehr hoch**	8	177	198	238
HanseMerkur	Tier-OP Best (SB) + Zahn	**Sehr hoch**	8	194	215	255
Ias[2)]	Balunos OP Silber 100 %[3)]	**Sehr hoch**	7	283	269	288
Ias[2)]	Balunos OP Silber 90 %[3)]	**Sehr hoch**	7	245	233	249
Ias[2)]	Balunos OP Gold 100 %[3)]	**Sehr hoch**	7	318	303	324
Ias[2)]	Balunos OP Gold 90 %[3)]	**Sehr hoch**	7	275	262	280
Uelzener	Hunde OP Premium Plus	**Sehr hoch**	5	325	566	–
Uelzener	Hunde OP Premium Plus + Zahn	**Sehr hoch**	5	504	745	–
Uelzener	Hunde OP Premium Plus + Reha	**Sehr hoch**	5	372	613	–
Uelzener	Hunde OP Premium Plus + Zahn + Reha	**Sehr hoch**	5	552	793	–

Sortierung: Bei gleichem Leistungsniveau nach dem Anbieter, bei gleichem Anbieter nach dem Tarifwerk (Basisvarianten zuerst), bei gleichem Tarifwerk nach der Selbstbeteiligung (niedrigste SB-Variante zuerst).

1) Ab dem vierten Vertragsjahr verzichtet die Gesellschaft auf ihr ordentliches Kündigungsrecht und ihr Kündigungsrecht im Versicherungsfall.
2) Ias ist Assekuradeur; Risikoträger ist die Sparkassenversicherung Sachsen.
3) Vertragsschluss ist nur online möglich.

Stand: 1. Jun 2021

Der Schutz, den jeder braucht

Eine sehr gute Versicherung für finanzielle Folgen von Fehlern und Unfällen gibt es im Finanztest-Vergleich bereits ab 52 Euro.

10/2021 Schon kleine Missgeschicke, die jedem passieren können, führen im schlimmsten Fall in den Ruin. Radfahrer etwa leben besonders gefährlich. Ihre Fehler führen nicht selten zu Knochenbrüchen oder schlimmeren Verletzungen. Kommen andere Radler oder Verkehrsteilnehmer zu Schaden, haben diese Ansprüche an den Verursacher. Selbst große Vermögen reichen nicht aus, um nach schweren Verletzungen mit bleibenden Folgen Behandlungskosten, Verdienstausfall und Schmerzensgeld zu zahlen. Ohne Privathaftpflichtversicherung wären Unfallfahrer in so einem Fall ruiniert. Auch das Opfer bekäme nur einen mehr oder weniger kleinen Teil des Geldes, das ihm oder ihr zusteht.

Privathaftpflichtversicherungen schützen vor den finanziellen Folgen von Unfällen und Tragödien. Sie springen ein, wenn der Inhaber der Police Schadenersatz zahlen muss. Diesen Schutz braucht jeder.

Wechsel der Police oft sinnvoll

Schon ab 52 Euro sind sehr gute Policen zu haben. Die preisgünstigsten sehr guten Angebote zeigen wir in der Tabelle auf Seite 218. Spitzenleistung ist etwas teurer. Aber auch der als eins von drei Angeboten mit Sehr gut (0,6) am besten bewertete Plus-Tarif der WGV kostet nur 86 Euro pro Jahr.

Noch mal verbesserte Leistung

Der Privathaftpflichtschutz ist im Vergleich zu unserer letzten Untersuchung (Finanztest 10/2019) noch etwas besser geworden. Die Anbieter werben mit mehr Deckungserweiterungen und höheren Versicherungssummen um Kunden. Wer seine Privathaftpflichtversicherung vor fünf oder mehr Jahren abgeschlossen hat, sollte deshalb zu einer neuen, sehr guten Police wechseln. Mit an Sicherheit grenzender Wahrscheinlichkeit können viele Versicherte so leistungsstärkere Policen erhalten – zu Preisen, die nicht über denen ihrer alten Tarife liegen.

Zumindest Finanztest-Grundschutz

Unbedingt wechseln sollten alle, die eine Haftpflichtversicherung ohne Finanztest-Grundschutz haben. Ob das zutrifft, lässt sich unter schnellcheck.test.de/haftpflichtversicherung überprüfen. Der Finanztest-Grundschutz enthält die Leistungen, die wir für das notwendige Minimum halten. Policen ohne vollständigen Grundschutz können nicht besser als befriedigend sein.

Ein Beispiel für im Laufe der Jahre verbesserte Privathaftpflichtleistungen ist die Forderungsausfalldeckung. Unsere Testergebnisse zeigen: Die meisten leistungsstarken Policen bieten diese Deckungserweiterung. Die Forderungsausfalldeckung bietet Schadenersatz, wenn der Versicherte selbst durch Fremdverschulden verletzt wurde und der Unfallverursacher trotz Anwalt und Gericht den fälligen Schadenersatz nicht zahlt. Der eigene Versicherer springt dann ein, als wäre der Unfallverursacher bei ihm mit dem gleichen Vertrag versichert.

Autofahrer finden inzwischen etliche Angebote mit der so genannten Mallorca-Deckung. Versicherungen mit diesem Extra zahlen auch, wenn Versicherte als Autofahrer einen Schaden verursachen und die für den Wagen abgeschlossene Kfz-Haftpflichtversicherung diesen nicht vollständig deckt. Das kann mit Mietwagen im Ausland passieren. In der Türkei etwa müssen Autoversicherer zuweilen nur bis zu nicht mal 20 000 Euro für Sachschäden und 500 000 Euro für Personenschäden zahlen, das ist nach schweren Unfällen oft zu wenig. ▶

Unglücksfahrer haften in solchen Fällen mit ihrem gesamten Vermögen für alle Kosten, die darüber hinausgehen. Wer bereits eine Kfz-Haftpflicht mit Mallorca-Deckung hat, braucht sie bei der Privathaftpflicht nicht. Und umgekehrt.

Haftung innerhalb eines Haushalts

Für Schäden, die Versicherte mit einer gemeinsamen Police untereinander verursachen, zahlt die Privathaftpflicht normalerweise nicht. Nur mit Deckungserweiterung gibt es Schutz. So etwas kommt immer wieder vor: Mama schließt eine Steckdose falsch an, Papa vergisst eine Pfanne auf dem Herd. Mit Deckung für Ansprüche untereinander zahlt der Versicherer in solchen Fällen zumindest für Personenschäden.

Aber Achtung: Ehegatten haften ihrem Partner gegenüber nicht bei jeder Fahrlässigkeit, sondern nur, wenn sie die Sorgfalt außer Acht lassen, mit der sie ihre eigenen Angelegenheiten regeln. Je nach Person und Umständen können Opfer von Fehlern innerhalb der Familie daher trotz geeigneter Versicherung leer ausgehen.

Die Neuwertentschädigung, mit der etliche Versicherer werben, hilft nur wenig und selten. Normalerweise zahlen Versicherer für zerstörte Gegenstände stets nur den Betrag, der nötig ist, um gleichwertigen Ersatz zu beschaffen. Mit Neuwertentschädigung gibt es auch bei Be-

Sehr gut versichert für wenig Geld

Die zwölf günstigsten sehr guten Angebote im Finanztest-Vergleich.

Anbieter	Tarifangebot	Versicherungssumme pauschal für Personen- und Sachschäden[1)] (Mio. Euro)	Jahresbeitrag (Euro)	Finanztest QUALITÄTSURTEIL
GEV Grundeigentümer	Care Smart	50 (15)	52[2)]	SEHR GUT (1,4)
Huk24	PH Classic @	50 (15)	54	SEHR GUT (1,3)
Axa	Haftpflicht Online Leistungspaket M @	30	55	SEHR GUT (1,5)
GEV Grundeigentümer	Care Top	50 (15)	58[2)]	SEHR GUT (1,1)
WGV	Optimal	75 (15)	61	SEHR GUT (0,7)
Huk24	PH Classic PH Plus @	50 (15)	62	SEHR GUT (1,0)
Huk-Coburg Allgemeine	PH Classic	50 (15)	62	SEHR GUT (1,3)
GEV Grundeigentümer	Care Max	20 (15)	64[2)]	SEHR GUT (1,5)
GEV Grundeigentümer	Care Max	50 (15)	67[2)]	SEHR GUT (0,9)
MVK (Medien)	Premium	30	67	SEHR GUT (1,1)
NV	PrivatSpar 6.0	50	67	SEHR GUT (1,2)
Waldenburger	Premium	20	67	SEHR GUT (1,5)

Reihenfolge nach Jahresbeitrag, Qualitätsurteil, Alphabet. Beiträge sind kaufmännisch gerundet.
@ = Angebot nur über Internet.

1) Sofern die maximale Versicherungssumme pro geschädigter Person geringer ist, steht diese in Klammern.
2) Beitrag enthält Schadenfreiheitsbonus (10 Prozent, entfällt nach erstem Schaden).

Stand: 1. August 2021

schädigung gebrauchter Sachen das Geld für den Neukauf der beschädigten Sache. Allerdings: Die Beträge, die erstattet werden, sind meist gedeckelt. Oft gibt es höchstens 500 Euro. Mehr als 5 000 Euro zahlt fast kein Versicherer als Neuwert. Außerdem darf der beschädigte Gegenstand bei den meisten Policen mit Neuwertentschädigung höchstens ein Jahr alt sein.

Extras oft ohne Wert

Auch Updateautomatiken und Bestleistungsgarantien sind aus unserer Sicht kein echter Mehrwert. Automatische Bedingungsverbesserungen führen schnell dazu, dass schwierig zu klären ist, welche Bedingungen gelten und welche nicht. Bestleistungsgarantien helfen nur, wenn Versicherte nachweisen können, dass es zur Zeit des Schadensfalls eine Police mit höheren Leistungen gab.

Wichtig ist die Privathaftpflichtversicherung vor allem bei teuren Schäden. Sie zahlt aber auch Allerweltsschäden, wie die von den Kindern mit dem Fußball eingeschossene Fensterscheibe des Nachbarn oder die beim Hinsetzen übersehene Brille eines Kollegen. Auch solche Schäden können empfindliche Löcher in die Haushaltskasse reißen.

Nach jedem Schaden sind Versicherer berechtigt, die Police zu kündigen. Geschieht das, kann es schwierig werden, neuen Schutz zu bekommen. Mancher Versicherer lehnt Anträge ab, wenn die vorige Police vom Anbieter gekündigt wurde – danach wird beim Antrag gefragt. Helfen kann, den Vertrag selbst zu kündigen oder den Versicherer zu bitten, seine Kündigung zurückzunehmen.

Auf solche Bitten müssen Versicherer sich nicht einlassen. Besonders ungern tun sie es nach verdächtigen Schäden. Typisches Beispiel: IPhones gehen oft kurz vor und nach Erscheinen neuer iPhone-Modelle zu Bruch und werden als Schadensfall gemeldet.

Zu bedenken ist: Wer sich beim Vortäuschen eines Versicherungsfalls erwischen lässt, ist den Schutz los und muss mit einem Strafverfahren wegen Betrugs rechnen. ■

Unser Rat

Existenzsichernd. Das Haftungsrisiko ist hoch, der Schutz günstig. Eine Privathaftpflichtversicherung sollte jeder haben. Auch um möglicher Opfer willen. Sie bekommen vollen Ersatz oft nur, wenn der Verursacher versichert ist.

Wechsel. Ein Wechsel der Versicherung lohnt sich häufig. Neue Policen sind leistungsstärker als alte und oft günstiger. Wenn Sie Ihren Vertrag vor fünf oder mehr Jahren abgeschlossen haben, sind neue, von uns mit Sehr gut bewertete Policen höchstwahrscheinlich besser. Ob Sie wechseln sollten, erfahren Sie unter schnellcheck.test.de/haftpflichtversicherung.

Anpassung. Überprüfen Sie Ihre Privathaftpflichtpolice vor allem, wenn Sie
- heiraten oder mit Ihrem Partner zusammenziehen,
- Kinder bekommen,
- von zu Hause ausziehen,
- Bauherr, Vermieter, Tagesmutter, Vereinsvorsitzender oder selbstständiger Unternehmer werden,
- für länger ins Ausland ziehen.

Testsieger. Die besten Angebote im Vergleich sind **Plus**-Police der **WGV** (86 Euro), **PrivatPremium 6.0**-Angebot von **NV** (104 Euro) und **Haftpflichtschutz** der **DFV** (120 Euro). Sie erhielten jeweils das Qualitätsurteil Sehr gut (0,6).

Preisgünstig. Der mit 52 Euro günstigste sehr gute Schutz im Finanztest-Vergleich ist **Care Smart** von **GEV Grundeigentümer.** Die stärkste der zwölf günstigsten sehr guten Policen ist **Optimal** von **WGV** für 61 Euro mit Qualitätsurteil Sehr gut (0,7).

Urlaub unterm Corona-Schirm

Es gibt sehr gute und günstige Tarife für den unverzichtbaren Schutz auf Auslandsreisen. Der Tarif sollte auf alle Fälle Covid-19 abdecken.

6/2021 Bei Auslandsreisen sollte immer eine Auslandskrankenversicherung im Gepäck sein, die auch eine Pandemie abdeckt. Sehr gut und günstig sind viele Tarife aus unserem Test. Die können Einzelpersonen oder Familien direkt beim Versicherer für alle Urlaubsreisen im Jahr abschließen. Für Kunden mit einem älteren Jahresvertrag lohnt es sich oft, nach einem besseren Tarif zu schauen und dann zu wechseln (test.de/reisekrankenversicherung).

Wichtig ist die Auslandskrankenversicherung bei jeder Auslandsreise – selbst in Europa. Der Schutz der gesetzlichen Krankenkasse reicht oft nicht. Bei weiteren Reisen greift er gar nicht. Ein Krankenrücktransport, der viele Tausend Euro kosten kann, ist nie enthalten.

Auch privat Krankenversicherte sollten eine Auslandskrankenversicherung abschließen, wenn ihre Police zwar im Ausland zahlt, aber keinen Rücktransport einschließt.

Einreise nur mit Versicherung

Fast alle Anbieter leisten ohne Einschränkungen bei Covid-19. So wie unsere Testsieger DKV und Ergo Krankenversicherung für Einzelreisende und Vigo für Familien. Einige Anbieter zahlen nicht, wenn vor Reisebeginn eine Rei-

Krankenversicherungstarife für Familien im Urlaub

Eine Auslandskrankenversicherung zahlt medizinische Behandlungen und einen Krankenrücktransport. Die Tabelle zeigt die sechs besten Tarife für Familien. Ältere Kinder sind mitversichert. Pandemie ist abgedeckt. Es gibt keine Selbstbeteiligung

Anbieter / Risikoträger	Tarif	Finanztest QUALITÄTSURTEIL	Maximale Reisedauer pro Reise (Tage)	Beitrag für Neuverträge (Euro)	Alterszuschlag für Mitreisende ab ... Jahren	Kinder bis ... Jahre mitversichert[1)]
Vigo	Grün Versichert ARN.Familie	SEHR GUT (0,7)	56	46,80	55/75	24
DKV	ReiseMed Tarif RD	SEHR GUT (0,8)	56	19,80	65/70	17
Ergo Krankenversicherung	Tarif RD	SEHR GUT (0,8)	56	19,80	65/70	17
TravelSecure/ Würzburger	TravelSecure-AR ohne SB	SEHR GUT (0,8)	56	33,00	65/75	24
DFV	AuslandsreiseSchutz für Familien	SEHR GUT (0,9)	2 Monate	40,00	65/75	2)
HanseMerkur	JRV	SEHR GUT (0,9)	56	29,00	65	20

Bewertung: Sehr gut (0,5–1,5). Bei gleichem Qualitätsurteil Reihenfolge nach Alphabet.

1) Volljährige Kinder meist nur, wenn in Ausbildung oder unterhaltsberechtigt.

2) Versicherungsschutz erlischt erst mit Beendigung des gesetzlichen Unterhaltsanspruchs.

Stand: 1. März 2021

sewarnung ausgesprochen wird. Kommt diese, wenn Urlauber bereits vor Ort sind, springen aber alle Versicherer ein, die Pandemien nicht generell ausschließen.

Einige Länder verlangen für die Einreise den Nachweis, dass eine Versicherung für Covid-19 und den Quarantänefall aufkommt. Dann ist auch eine Reiserücktritts- mit Reiseabbruchversicherung nötig, die Quarantäne umfasst. Sie übernimmt zusätzliche Aufenthalts- und Rückflugkosten.

Welche Reiserücktrittsversicherungen bei Pandemie leisten zeigt unser Test (test.de/reiseruecktritt). Eine Quarantäne versichern – gegen Aufpreis – zum Beispiel die Top-Anbieter TravelSecure/Würzburger, Hanse-Merkur und Ergo Reiseversicherung.

Kreditkarten bieten nicht genug

Auslandskrankenversicherungen gelten für 42 bis 70 Tage Reisedauer. Wenn eine Quarantäne den Aufenthalt verlängert, kann es schwierig sein, den Schutz zu verlängern. Einige Anbieter tun das, manche aus Kulanz oder gegen Aufpreis. Wer erkrankt und nicht reisen kann, erhält in allen Tarifen eine Verlängerung, bis er oder sie wieder transportfähig ist. Ordnet der Arzt aufgrund von Symptomen einen Covid-19-Test an, zahlen die besten Tarife bis Note 0,8 auf jeden Fall. Der Pflicht-Test für den Rückflug ist selbst zu bezahlen.

Auch manche Kreditkarten umfassen eine Auslandskrankenversicherung. Diese Tarife bieten aber meist weniger und binden Leistungen an Auflagen. Wir raten auch davon ab, die Auslandskrankenversicherung über ein Reiseportal zu buchen.

Tipps für chronisch Kranke

Menschen mit Vorerkrankungen haben es schwer, sich umfassend zu versichern. Denn die Behandlung von Beschwerden, die vor der Abreise bestanden, ist oft nicht abgedeckt. Einige Anbieter kommen aber dafür auf, wenn sich der Zustand unerwartet verschlechtert. Dafür sollte ein Arzt die Reisefähigkeit bei Reisebeginn attestieren.

Unser Rat

Auslandsschutz. Jeder braucht eine Auslandskrankenversicherung für Urlaubsreisen ins Ausland, auch innerhalb Europas. Die EU-Gesundheitskarte gilt nicht überall.

Angebote. Den günstigsten sehr guten Jahrestarif für Einzelpersonen unter 50 Jahren bietet die **Axa** für 7,92 Euro. Für über 65-Jährige, die meist mehr zahlen, gibt es bei der **Debeka** einen Tarif für 8 Euro, ein älteres Paar kommt dann mit zwei Einzeltarifen auf 16 Euro für ein Jahr Schutz. Das preiswerteste sehr gute Angebot für junge Familien: **Münchener Verein,** Tarif 502 für 18,60 Euro.

Unter Umständen übernimmt die Krankenkasse absehbare Behandlungen im Ausland, zum Beispiel Dialyse. Es ist ratsam, sich von bis zu drei Versicherern bestätigen zu lassen, dass sie für diese Kosten nicht aufkommen und dies bei der Kasse vorzulegen. Die leistet weltweit für maximal sechs Wochen im Jahr.

Privatrechnung mit Vorleistung

Die Notfall-Rufnummer des Auslandskrankenversicherers gehört ins Reisegepäck. Bei teuren Maßnahmen wie Krankenhaus oder Rücktransport sollten Patienten vorher mit dem Versicherer sprechen und nichts ohne Rücksprache unterschreiben. Der kann die Kosten dann auch direkt übernehmen.

Ansonsten zahlen die Urlauber zunächst und reichen die Rechnung später ein. Wichtig sind dafür nachvollziehbare Belege auf deutsch oder englisch.

Wer mehr als sechs bis acht Wochen im Ausland unterwegs ist, braucht eine Auslandskrankenversicherung mit Langzeitschutz. Auch für diesen Fall gibt es sehr gute Tarife (test.de/reisekrankenversicherung-lang). ■

Sicher buchen trotz Corona

Eine Reiserücktrittspolice wird im Krankheitsfall wichtig, doch selbst die besten von 132 Tarifen haben Lücken. Wann ein Abschluss lohnt.

1/2021 Ob in den Schnee oder ans Meer: In den Urlaub zu fahren ist für viele wichtig, besonders im Land der Reiseweltmeister. Eine Erkrankung kann die Pläne zunichte machen. Covid-19 ist als Risiko dazugekommen. Deswegen fragen sich viele, ob und wie sie die gebuchte Reise versichern können. Wer storniert, zahlt sonst oft hohe Stornogebühren.

Zwei Anbieter Testsieger

Wir wollten wissen, wie gut Reiserücktrittsversicherungen Singles und Familien schützen. Untersucht haben wir 132 Tarife von 14 Anbietern für Einzelreisen und Jahresverträge für mehrere Reisen. Den besten Schutz für Einzelreisen bietet TravelSecure/Würzburger. Hier gab es zweimal das Urteil Sehr gut. Auch bei Jahresverträgen lag dieser Anbieter mit der Note 1,6 vorn – zusammen mit Europ Assistance.

Beide Anbieter bieten faire Bedingungen, Kunden können nun besser als früher erkennen, wann sie wegen welcher Krankheit stornieren können. Stornos wegen Krankheiten und Unfällen machen etwa 80 Prozent aller Fälle bei Reiserücktrittsversicherungen aus.

Auch Kunden, die nach der Buchung von einer Schwangerschaft, Arbeitslosigkeit oder Kurzarbeit erfahren, sind hier versichert. Was noch zu einem guten Schutz gehört: Wenn ein naher Verwandter oder ein Mitreisender erkrankt, verunglückt oder stirbt und man daher nicht reisen kann, übernehmen Versicherer die Stornogebühren des Reiseveranstalters.

Vollschutz ohne Selbstbeteiligung

Grundsätzlich empfehlen wir Vollschutz – das heißt, die Kombination von Reiserücktritts- und Reiseabbruchpolice. Gerade die vorzeitige Heimreise kann teuer werden. In unserer Tabelle zeigen wir deshalb Vollschutztarife. Die beiden Testsieger überzeugen auch in puncto Reiseabbruch: TravelSecure/Würzburger zahlt bei Reiseabbruch während der ersten Hälfte der Reise den kompletten Reisepreis. Europ Assistance tritt auch bei Terroranschlägen ein.

Wichtig: Die Tarife in unserer Tabelle sind ohne Selbstbeteiligung. Mit Selbstbeteiligung verlangen Versicherer im Schadensfall häufig 20 Prozent der Stornogebühren – zu viel aus unserer Sicht. Unter test.de/reiseruecktritt zeigen wir alle Vollschutz-Tarife ohne Selbstbeteiligung, alle Tarife mit Selbstbeteiligung und Preise für reine Reiserücktrittstarife.

Unerwartet schwere Erkrankung

Grundsätzlich springen Anbieter ein, wenn Versicherte schwer und unerwartet erkranken. Das besagt eine Klausel in den Versicherungsbedingungen. Darum gab es in den Vorjahren vor Gericht viel Streit. Was ein Unternehmen konkret darunter versteht, war oft nicht zu erkennen. Einige Anbieter haben nachgebessert. Positiv für chronisch Kranke: Die Verschlechterung einer bestehenden Krankheit ist jetzt oft versichert, wenn sie in den sechs Monaten vor Versicherungsabschluss nicht behandelt wurde. Menschen mit Vorerkrankungen sprechen am besten vor der Reise mit dem Versicherer. Sie können sich die Reisefähigkeit vom Arzt bescheinigen lassen. Das Attest sollte sich auf das Reiseziel und die geplanten Aktivitäten beziehen.

Reiserücktritt wegen Covid-19

Auch an Covid-19 kann ein Versicherter schwer erkranken und muss dann seine Reise absagen. Die Viruserkrankung zählt zu den Pandemien. Welche Versicherer in einem solchen Fall zahlen, zeigt die Spalte „Pandemiefall versichert“ in unserer Tabelle. Nur in einigen Tarifen ist der Schutz voll enthalten, darunter beim Testsieger TravelSecure/Würzburger. Andere Tarife übernehmen keine Kosten, wenn es bei Reiseantritt eine Reisewarnung gab. Oder sie schließen eine Pandemie als Rücktrittsgrund aus.

Von Quarantäne bis Symptome

Corona ist für Versicherer und Reiselustige ein Sonderfall. Nicht bei jedem, der sich angesteckt hat, kommt es zu einer „schweren Erkrankung". An sich ist ja nur die versichert. Viele Menschen haben ein positives Testergebnis, weisen aber keine oder nur leichte Symptome auf. Sie dürfen aber nicht reisen, weil sie sich daheim isolieren müssen. Nicht reisen dürfen auch die, die als Kontaktperson in Quarantäne sind.

Im November 2020 haben wir bei den Anbietern, die grundsätzlich im Pandemiefall leisten, noch einmal nachgefragt. Wie gehen Sie mit diesen Fällen um? Ergebnis: Ein Teil zahlt die Stornokosten der Reise bereits bei Vorlage eines positiven Testergebnisses. Einige fordern zusätzlich ein ärztliches Attest. Andere zahlen erst, wenn die versicherte Person oder ein Mitreisender Symptome hat und diese per Attest nachweist, oder erst bei schweren Symptomen. Wer bereits eine Reiserücktrittsversicherung hat oder neu abschließen will, sollte bei seinem Anbieter nachfragen, wie er Corona handhabt.

Kein Schutz bei Reisewarnung

Fest steht: Wer aus Angst vor einer Ansteckung beispielsweise während des Fluges oder am Urlaubsort absagt, erhält kein Geld. Der Versicherer springt auch nicht ein wegen einer Absage aufgrund einer Reisewarnung oder weil es am Urlaubsort coronabedingte Einschränkungen gibt. Bei Pauschalreisen kann es spezielle Storno-Optionen durch den Veranstalter geben.

Wer sollte Reiserücktritt absichern?

Eine Reiserücktrittsversicherung ist aus unserer Sicht kein Muss – auch in Corona-Zeiten nicht. Schließlich geht es hier nicht um existenziellen Schutz. Trotzdem kann sich eine Police vor allem für Familien mit kleinen Kindern und Senioren lohnen, weil bei ihnen gesundheitlich eher etwas dazwischenkommen kann. Die Beitragshöhe richtet sich nach dem Reisepreis und oft nach dem Alter der ältesten versicherten Person. Es gibt eine Höchstversicherungssumme. Auf Nachfrage können oft auch teurere Reisen versichert werden.

Bei mehreren Reisen im Jahr lohnt sich ein Jahresvertrag. Bei teuren Einzelreisen ab etwa 3000 Euro kann er sogar günstiger sein als der Einzelreisetarif. Der Schutz bleibt das Jahr über bestehen, die vereinbarte Höhe gilt für jede einzelne Reise in dem Zeitraum. Wichtig beim Jahresvertrag ist der Kündigungstermin. Der Vertrag verlängert sich automatisch.

Unser Rat

Abschluss. Mit einer Reiserücktrittsversicherung sorgen Sie für den Fall vor, dass Sie Ihre Reise nicht antreten können, in der Regel wegen einer unerwarteten schweren Krankheit. Der Versicherer zahlt dann die Stornokosten des Veranstalters. Die besten Tarife im Test bieten für Einzelreisen **TravelSecure/Würzburger** und für Jahresverträge **TravelSecure/Würzburger** und **Europ Assistance.**

Corona. In unserer Tabelle zeigen wir nur Anbieter, die voll oder begrenz einspringen, wenn Sie schwer an Covid-19 erkranken. Das tun nicht alle. Zuletzt erweiterten aber viele Versicherer ihre Tarife oder bieten einen kostenpflichtigen Corona-Zusatzschutz. Erkundigen Sie sich auf jeden Fall danach.

Vertrag. Jahresverträge lohnen sich in der Regel bei mehreren Reisen im Jahr. Für Familien ist dann ein Familienjahresvertrag günstiger. Mit ihm sind Familienmitglieder auch versichert, wenn sie alleine reisen.

Versicherte Personen, die vor der Reise erkranken und unsicher sind, ob sie reisen können, sollten früh mit dem Versicherungsunternehmen reden. Je länger man wartet, desto höher können die Stornogebühren ausfallen. Denn Versicherte sind verpflichtet, den Schaden begrenzt zu halten. Stornieren sie nicht rechtzeitig, kann der Anbieter die Leistung kürzen.

Reiseportale oder Kreditkarte

Auch auf Reiseportalen können Urlauber Versicherungen abschließen. Finanztest hat sie untersucht (test.de/buchen-mit-police). Unser Rat: Direkt beim Versicherer buchen.

Einige Kreditkarten umfassen eine Reiserücktrittsversicherung. Diese Tarife leisten oft nur eingeschränkt. Im Zweifel eine zweite Reiserücktrittsversicherung abschließen. ■

Gute Reiserücktrittspolicen

Bei Absage einer Reise verlangen Veranstalter meist Stornokosten. Eine Reiserücktrittsversicherung kann schützen. Die Tabelle zeigt sehr gute und gute Tarife ohne Selbstbeteiligung für Familien für eine Reise inklusive Reiseabbruchschutz. Sie leisten voll oder begrenzt bei Covid-19 (kompletter Test unter test.de/reiseruecktritt).

Anbieter	Tarif	Finanztest QUALITÄTSURTEIL	Altersklassen für Beitrag (Jahre)[1]	Beitrag (Euro) je nach Alter bei einem Reisepreis von ...[2]		Kinder mitversichert bis ... Jahre[3]	Pandemiefall versichert
				1 500 Euro	3 000 Euro		
TravelSecure / Würzburger	Reiserücktrittsversicherung Topschutz ohne SB @	SEHR GUT (1,5)	Keine	58	118	24	■
HanseMerkur	Reise-Rücktritts-Versicherung + Urlaubsgarantie + Selbstbehaltübernahme[4]	GUT (1,7)	Keine	77[5]	150[5]	20	■
Europ Assistance	Reiserücktrittsversicherung / Einmalschutz ohne SB	GUT (1,9)	Bis 64 / ab 65	65 / 88	132 / 157	27	◪[6]
Barmenia	Reiserücktrittsversicherung Travel Day ohne SB	GUT (2,0)	Bis 65 / ab 66	74 / 93	141 / 177	[7]	◪[6]
Allianz Travel / AWP P&C	Reiserücktritt-Vollschutz ohne SB	GUT (2,1)	30 / 55 / 70[8]	83 / 94 / 133	136 / 154 / 217	20	◪[6]

Bewertung: Sehr gut (0,5–1,5). Gut (1,6–2,5).
Beiträge kaufmännisch gerundet.
■ = Ja. ◪ = Eingeschränkt.

@ = Angebot nur über Internet.
SB = Selbstbeteiligung.
1) Ab bestimmtem Alter höherer Beitrag.
2) Beitrag richtet sich nach Alter der ältesten versicherten Person (siehe Spalte Altersklassen).
3) Volljährige Kinder meist nur, wenn in Ausbildung oder unterhaltsberechtigt.
4) Zusatzbaustein schließt Selbstbeteiligung aus.
5) Teilweise abweichende Beiträge für Schiffs- und Last-Minute-Reisen.
6) Pandemien ausgeschlossen bei Vorliegen einer Reisewarnung des Auswärtigen Amtes bei Reiseantritt bzw. Einreise.
7) Kinder aus demselben Haushalt in jedem Alter mitversichert.
8) Beiträge beispielhaft für die hier angegebenen Altersklassen ermittelt. Für die Berechnung der Familientarife gingen wir von zwei Erwachsenen und einem mitreisenden Kind unter 21 Jahren aus.

Stand: 1. September 2020

Existenz gut absichern

Zu krank für den Job? Der Staat hilft wenig, private Initiative ist gefragt. In unserem Test sind 35 von 71 Angeboten sehr gut.

Unser Rat

Existenzschutz. Überschlagen Sie, wie viel Geld Sie jeden Monat zum Leben brauchen, falls Sie in Ihrem Beruf aus gesundheitlichen Gründen nicht mehr arbeiten können. Wenn Sie kein Geld aus anderen Quellen haben, sollten Sie eine bezahlbare sehr gute Berufsunfähigkeitspolice abschließen. Sie ist der beste Schutz, falls Sie wegen Krankheit oder nach einem Unfall langfristig oder dauerhaft berufsunfähig werden.

Spitzenreiter. Spitzenreiter im Test sind Tarife von **Basler, Alte Leipziger, Europa, Generali, Hannoversche, Provinzial Rheinland, Allianz** und **Barmenia.** Sie bieten beste Bedingungen und Anträge.

Beratung. Haben Sie Vorerkrankungen, einen riskanten Beruf oder ein gefährliches Hobby? Wenden Sie sich an mehrere Versicherer. Ihre Annahmekriterien sind unterschiedlich. Sinnvoll ist oft, sich an einen Versicherungsmakler oder unabhängige Versicherungsberater (bvvb.de) zu wenden und beraten zu lassen.

5/2021 Der 24-jährige Simon Abels denkt darüber nach, die 29-jährige Marieke Einbrodt hat sie schon: eine Berufsunfähigkeitsversicherung, die einspringt, wenn ein Mensch aus gesundheitlichen Gründen längerfristig nicht mehr arbeiten kann. Einbrodt sagt: „Meine Mutter hat mich damals dazu überredet.“ Als sie mit 19 Jahren den Vertrag unterschrieb, war sie Studentin. „Versicherungen haben mich nicht interessiert. Heute weiß ich, wie existenziell der Schutz ist.“

Berufsunfähigkeit kann jede und jeden treffen. Egal, ob Monteur oder Juristin – im Schnitt sind die Menschen 47 Jahre alt, wenn sie aus dem Job aussteigen müssen, krankheits- oder unfallbedingt. Laut Statistik trifft es etwa 25 Prozent der Berufstätigen.

Manchen sichert die staatliche Erwerbsminderungsrente eine Mindestexistenz, teils fließt Geld von Berufsgenossenschaften. Doch das Geld reicht nicht immer zum Leben. Ein Mensch ohne Rücklagen kann zusätzlich Grundsicherung beantragen.

Damit das Geld reicht

Mehr als erfreulich ist, wenn in so einem Fall keine Geldsorgen drücken und eine Monatsrente von einem Versicherer – 1000 Euro, 2000 Euro oder mehr – den Lebensstandard sichert oder finanzielle Sorgen abfedert. Im Idealfall sind Verpflichtungen wie Altersvorsorge und Steuern davon gedeckt.

35 Top-Angebote im Test

Finanztest hat den Markt für Berufsunfähigkeitsschutz getestet und festgestellt: An sehr guten Angeboten gibt es keinen Mangel. 35 von 71 Tarifen sind sehr gut. Die Tarife unterscheiden sich im Preis, erfüllen jedoch alle in hohem Maße die Finanztest-Qualitätskriterien.

Im Vergleich zum Test vor zwei Jahren haben wir diesmal noch mehr Gewicht auf die Flexibilität eines Vertrags gelegt: Welche Möglichkeit haben Kunden, ihre garantierte Rente während der Laufzeit zu erhöhen? Wer in jungen Jahren den Schutz abschließt, vereinbart vielleicht nur 1000 Euro Rente. Dann ist es gut, wenn ohne erneute Gesundheitsprüfung die Rente auf 2000 Euro oder mehr aufgestockt werden kann. Zum Beispiel, weil eine Familie gegründet wird und höherer Absicherungsbedarf da ist oder weil das Einkommen gestiegen ist.

Zur Flexibilität zählt auch, bei Geldschwierigkeiten nicht den Vertrag kündigen zu müssen, sondern Beiträge vorübergehend aussetzen zu können. Die meisten Top-Tarife bieten solche flexiblen Gestaltungsmöglichkeiten.

Knackpunkt Fragebogen

Weitere 32 Angebote sind gut und vier befriedigend. Auffällig: Die besten guten Angebote haben oft sehr gute Bedingungen, schneiden jedoch teils nur befriedigend bei den Anträgen ab – also den Fragebogen, die Kunden vor Vertragsabschluss ausfüllen müssen. Sie sind die Grundlage dafür, ob jemand später eine Rente erhält. Deshalb fließt die Bewertung der Fragebogen zu 25 Prozent in das Finanztest-Qualitätsurteil ein.

Fragebogen mit unklaren oder für Kunden unvorteilhaften Fragen zum Gesundheitszustand erhalten nicht die volle Punktzahl.

Welche Rentenhöhe möglich ist

Unsere drei Modellkunden haben eine Rente von 2000, 1500 oder 1000 Euro bis zum 67. Geburtstag vereinbart. Welche Rente möglich ist, richtet sich nach dem aktuellen Einkommen des Kunden und den Vorgaben des Versicherers. Häufig ist eine Rente bis maximal 70 Prozent des Bruttogehalts möglich. Ob ein Versicherer zahlt, hängt davon ab, ob der Kunde berufsunfähig ist, also seinen zuletzt ausgeübten Beruf infolge von Krankheit, Körperverletzung oder mehr als altersentsprechendem Kräfteverfall meist mindestens sechs Monate lang zu mindestens 50 Prozent nicht mehr ausüben kann.

Risikoarme Berufe im Vorteil

Von seinem Beruf hängt ab, wie viel ein Kunde für den Schutz zahlt. Faustformel: Je körperlich anstrengender eine Tätigkeit, etwa im Handwerk oder in der Kranken- und Altenpflege, umso teurer der Schutz. Der medizinische Fachangestellte in unserem Test zahlt 522 Euro im Jahr bei der Europa für 1000 Euro Rente. Der Industriemechaniker findet den günstigsten Tarif bei der Hannoverschen und zahlt jährlich 797 Euro für 1500 Euro Monatsrente. Der Controller findet ein günstiges sehr gutes Angebot bei der Basler. Er zahlt 740 Euro im Jahr für 2000 Euro Monatsrente.

Lücke zwischen Theorie und Praxis

Sehr guter und bezahlbarer Schutz – das hört sich gut an. Wie wir aus Umfragen unter Leserinnen und Lesern und Expertengesprächen wissen, klaffen Theorie und Praxis manchmal auseinander.

Längst nicht alle bekommen den umfassenden Schutz, den sie wünschen. Der Grund dafür: Versicherer prüfen das Risiko der Kunden genau und beurteilen dieses durchaus unterschiedlich.

600 000 Euro Risiko versichern

Unternehmen prüfen interessierte Kunden auf Herz und Nieren, bevor sie ihnen einen Vertrag anbieten. Im Fachjargon heißt das Risikoprüfung.

Dafür sind die Daten der Kundin oder des Kunden notwendig. Unter anderem auf Grundlage der Berufsgruppe, des Hobbys und anhand der Gesundheitsdaten kalkuliert der Versicherer die Wahrscheinlichkeit eines Leistungsfalls.

Im Fall des 24-jährigen Simon Abels, dem ein sehr gutes Angebot der Axa vorliegt, geht es um rund 600 000 Euro. Diese Summe müsste die Axa aufbringen, falls der Disponent direkt nach Vertragsschluss dauerhaft berufsunfähig werden würde. Abels bekäme 42 Jahre lang eine Monatsrente von 1200 Euro.

Unangenehme Gesundheitsfragen

Per Fragebogen gibt ein Kunde Auskunft über seine Gesundheit. Es geht um den aktuellen Gesundheitszustand, dazu gehören der Body-Mass-Index (BMI) als Kennzahl für das Gewicht, Rauchen oder Medikamente. Vor allem geht es um Diagnosen, Arztbesuche, Krankschreibungen, Krankengymnastik oder Heilpraktikerbehandlungen – meist der letzten fünf Jahre. Zehn Jahre zurückliegend sind in der Regel stationäre Behandlungen anzugeben. Ohne zeitliche Eingrenzung gibt es oft Fragen nach chronischen Erkrankungen wie eine HIV-Infektion oder nach körperlichen Behinderungen.

Nicht jede und jeder erinnert sich gut an fünf Jahre zurückliegende Arztbesuche. Kunden sind gut beraten, wenn sie für ihren Versicherungsantrag ihre Patientenakte vom Arzt oder der Krankenkasse anfordern.

Wenn ein Versicherer nicht zahlt

„Zahlen Versicherer, wenn es drauf ankommt?" Abels ist skeptisch. Laut Statistik liegt die Anerkennungsquote bei 79 Prozent, knapp vier Fünftel derer, die eine Rente beantragen, erhalten sie. Ablehnungen gibt es am häufigsten, weil jemand den Grad der Berufsunfähigkeit nicht erreicht. Er kann nicht nachweisen, dass er zu mindestens 50 Prozent nicht mehr seinen Beruf ausüben kann. Zum Streit kommt es auch, wenn ein Versicherer feststellt, dass der Kunde beim Antrag Krankheiten nicht angegeben hat, die in der Patientenakte stehen. Im schlimmsten Fall zahlt er dann nicht. ■

Die besten Angebote aus unserem Test

Finanztest hat den Markt für Berufsunfähigkeitsversicherungen untersucht und 71 Tarife bewertet. Die Tabelle zeigt die Spitzenreiter. Sie bieten beste Bedingungen und Anträge. Das gesamte Testergebnis ist unter test.de/berufsunfaehigkeit zu finden.

Anbieter	Produkt- und Tarifbezeichnung	Finanztest QUALITÄTSURTEIL	Jahresbeiträge (Euro) Controller (w/m/d), 30 J., 2 000 Euro Monatsrente, Vertrag bis 67 Jahre		Industriemechaniker (w/m/d), 25 J., 1 500 Euro Monatsrente, Vertrag bis 67 Jahre	
			Nettobeitrag	Bruttobeitrag	Nettobeitrag	Bruttobeitrag
Basler	SBU BAL 8408 (01.21)	**SEHR GUT (0,8)**	740	987	989	1 319
Alte Leipziger	SBU BV10 pm 2300 – 01.2021	**SEHR GUT (0,9)**	886	1 136	1 112	1 426
Europa	SBU E-BU (01.21)	**SEHR GUT (0,9)**	739	1 231	880	1 466
Generali[1]	SBU (04.21)	**SEHR GUT (0,9)**	829	1 338	1 214	1 957
Hannoversche	SBU 20 Basis (08.20)	**SEHR GUT (0,9)**	785	1 013	797	1 063
Provinzial Rheinland Ⓔ	SBU TopSBV (04.2021)	**SEHR GUT (0,9)**	1 281	1 971	1 317	1 756
Allianz	SBU (12.20)	**SEHR GUT (1,0)**	1 000	1 235	1 701	2 100
Barmenia	SBU SoloBU (01.21)	**SEHR GUT (1,0)**	1 138	1 558	1 178	1 614

Bewertet wurden Versicherungsbedingungen und Anträge.
Reihenfolge: Bei gleicher Note wurde alphabetisch sortiert.
Jahresbeiträge: Mögliche Überschüsse senken den zu zahlenden Beitrag auf den Nettobeitrag. Ohne Überschüsse müssen Kunden in der Regel maximal den Bruttobeitrag zahlen. Beiträge kaufmännisch gerundet.

SBU = Selbstständige Berufsunfähigkeitsversicherung. Ⓔ = Angebot regional eingeschränkt.
1) Erhältlich über Vermögensberater der DVAG-Gruppe.

Stand: 1. April 2021

Schutz im künftigen Beruf

Eltern können mit einem Vertrag die künftige Arbeitskraft ihres Kindes finanziell absichern. Das kann schon für Zehnjährige sinnvoll sein.

6/2021 Berufsunfähigkeitsschutz gehört zu den wichtigsten Absicherungen. Die Versicherung springt ein und zahlt die vereinbarte Monatsrente, zum Beispiel 1000 Euro oder 1500 Euro, wenn die versicherte Person ihre zuletzt ausgeübte Tätigkeit aus gesundheitlichen Gründen zu mindestens 50 Prozent länger oder dauerhaft nicht mehr ausüben kann.

Mittlerweile gibt es auch immer mehr Angebote für Schüler. Versicherungsvertreter und -makler sprechen das Thema bei Eltern und Großeltern an. Finanztest nennt drei Gründe, warum ein Vertrag ab Schulalter sinnvoll ist.

Unser Rat

Schulalter. Der Abschluss einer Berufsunfähigkeitspolice ist ab 10 Jahre bei den Versicherern aus unserem Test des Berufsunfähigkeitsschutzes für Berufstätige möglich. Der Schutz beginnt im Schulalter und endet mit dem Rentenbeginn.

Preis. Wer als Schüler einen Vertrag bis zum 67. Geburtstag abschließt, zahlt dafür oft über die Laufzeit nicht mehr, als wenn er später einsteigt. Ein 15-Jähriger zahlt beim Spitzenreiter Basler monatlich rund 43 Euro und über die gesamte Laufzeit 26 700 Euro. Beim Einstieg als 25-Jähriger würde er bei gleichem Risiko insgesamt 26 000 Euro zahlen, nur 700 Euro weniger.

Erstens: So früh wie möglich

Bei Vertragsschluss ist unter anderem der Gesundheitszustand ausschlaggebend dafür, ob jemand umfassenden Schutz bekommt – oder nicht. Versicherer fragen den Gesundheitszustand anhand eines Fragebogens ab.

Jüngere sind zwar nicht generell gesünder als ältere, doch laut Statistik nehmen die Krankenhausaufenthalte mit dem Lebensalter zu.

Es ist sinnvoll, sich so früh wie möglich um umfassenden Schutz zu kümmern. Bei manchen Vorerkrankungen, etwa Asthma, Allergien oder Rückenleiden, bieten Versicherer häufig nur Verträge mit Ausschluss oder Beitragszuschlag an. Mit einer psychischen Erkrankung ist der Schutz nahezu unmöglich.

Angebote ab 10 oder 15 Jahre

Sehr guten Berufsunfähigkeitsschutz gibt es schon ab 10 oder 15 Jahre (siehe Tabelle). Für unseren Test des Berufsunfähigkeitsschutzes für Berufstätige haben wir Versicherer nach dem frühesten Eintrittsalter gefragt (siehe test.de/berufsunfaehigkeit).

Überraschend für Eltern: Die Kosten bei einem frühen Abschluss sind über die gesamte Laufzeit gerechnet nicht unbedingt höher als bei einem Abschluss erst zehn Jahre später.

Preisbeispiel. Unser 15-jähriger Modellschüler, der die 10. Klasse in einer Gesamtschule, Sekundarstufe I, besucht und bis zum 67. Geburtstag einen Vertrag abschließt, zahlt über die Laufzeit von 52 Jahren bei Versicherer Basler im Test rund 26 700 Euro. Beim Einstieg als 25-Jähriger würde er bei gleichem Risiko und bis zum selben Vertragsende insgesamt rund 26 000 Euro zahlen, nur 700 Euro weniger.

Stress, Krankheit und Unfälle treffen Schüler genauso wie Berufstätige. Wer wegen einer schweren psychischen Erkrankung länger in der Klinik ist oder an Krebs erkrankt, erhält auch als Schüler die Berufsunfähigkeits-Rente.

Die Tätigkeit „Schüler" definieren viele Versicherer als Beruf. Außerdem beschreiben manche Versicherer in ihren Bedingungen, welche weiteren Voraussetzungen sie an die Berufsunfähigkeit eines Schülers stellen.

Tipp. Eltern sollten sich vom Versicherer erklären und schriftlich bestätigen lassen, welche spezielle Regelung für Schüler gilt.

Zweitens: Vorteil bei Berufseinstufung

Der Versicherer stuft das „Berufsrisiko" eines Schülers in der Regel als niedrig oder mittel ein. Versicherer haben für nahezu alle Berufe Risikogruppen definiert. Dabei gilt: Je körperlich anstrengender die Tätigkeit, etwa im Handwerk oder in der Kranken- und Altenpflege, umso riskanter und teurer.

Preisbeispiel. Eine Pflegefachkraft (Gesundheits- und Krankenpflegerin) hat ein erhöhtes Berufsrisiko. Schließt sie als 30-Jährige beim Versicherer Basler aus unserem Test einen Vertrag mit 1000 Euro Monatsrente bis zum 67. Geburtstag ab, zahlt sie dafür monatlich 106 Euro, über die gesamte Laufzeit insgesamt rund 47100 Euro. Hätte die 30-Jährige schon als Schülerin mit 15 den gleichen Vertrag geschlossen, würde sie über die Laufzeit gerechnet rund 20300 Euro weniger zahlen.

Drittens: Besserstufung auf Antrag

Manche Versicherer bieten eine Besserprüfung an, auch Beitragsüberprüfungsoption genannt. Dann kann eine Kundin, die als Schülerin mit mittlerem Risiko eingestuft wurde, vom Versicherer verlangen, ohne erneute Gesundheitsprüfung in eine Berufsgruppe mit geringem Risiko eingestuft zu werden, in der sie weniger Beitrag zahlt – etwa wenn sie als Juristin oder Controllerin arbeitet. Eine Pflicht, dem Versicherer den Beruf mitzuteilen, gibt es jedoch nicht. Auch Berufswechsel müssen Kunden nicht melden. Steht die Berufsbezeichnung „Schüler" im Vertrag, bleibt diese Bezeichnung in der Regel dort stehen. Das heißt: Stellt ein „Schüler" mit 50 Jahren einen Leistungsantrag, weil er als Polizist oder Manager nicht mehr arbeiten kann, prüft der Versicherer, ob er diesen Beruf noch ausüben kann. ■

Sehr guter Berufsunfähigkeitsschutz für Schüler

Finanztest zeigt in der Tabelle die sechs besten sehr guten Angebote aus dem großen Test „Berufsunfähigkeitsschutz für Berufstätige"(siehe S. 225), die Schülerinnen und Schüler ab frühestens zehn Jahren bekommen (test.de/berufsunfaehigkeit). Ideal ist, wenn der Vertrag ab Schulalter bis zum Rentenbeginn läuft.

Anbieter	Produkt- und Tarifbezeichnung	Finanztest QUALITÄTSURTEIL	Frühestes Eintrittsalter (Jahre)	Maximale jährliche Rente für Schüler (Euro)
Basler	SBU BAL 8408 (01.21)	SEHR GUT (0,8)	10	18000
Alte Leipziger	SBU BV10 pm 2300 – 01.2021	SEHR GUT (0,9)	10	18000
Generali[1]	SBU (04.21)	SEHR GUT (0,9)	10	18000
Provinzial Rheinland Ⓔ	SBU TopSBV (04.2021)	SEHR GUT (0,9)	15	15000
Allianz	SBU (12.20)	SEHR GUT (1,0)	10	18000
Barmenia	SBU SoloBU (01.21)	SEHR GUT (1,0)	15	12000/ 15000[2]

SBU = Selbstständige Berufsunfähigkeitsversicherung.
Ⓔ = Angebot regional eingeschränkt.
1) Erhältlich über Vermögensberater der DVAG-Gruppe.
2) Schüler der gymnasialen Oberstufe/Sekundarstufe II.

Stand: 1. April 2021

Bei Unfall gut versichert

In unserem Test zeigen wir besonders leistungsstarke sowie gute und günstige Tarife, darunter auch Angebote von Vertretern und Maklern.

7/2021 Mehr als neun Millionen Unfälle passieren in Deutschland im Jahr. Die meisten gehen glimpflich aus und sind schnell vergessen. Ist die Gesundheit jedoch dauerhaft beeinträchtigt, kann eine private Unfallversicherung helfen, die finanziellen Folgen abzufedern.

Wir haben unter 112 Tarifangeboten die leistungsstärksten und günstigsten guten herausgesucht, die uns die Anbieter für unsere Untersuchung zugesandt haben. Zum ersten Mal waren darunter spezielle Vermittlertarife – also Tarife von Maklern und Vertretern.

Nur hohe Summen helfen im Ernstfall

Unfallversicherer zahlen nur, wenn die Gesundheit dauerhaft beeinträchtigt wird – etwa wenn ein Bein steif bleibt oder ein Teil des Augenlichts verloren geht. Das Unfallopfer erhält dann eine vorab festgelegte Summe ganz oder zum Teil. Wichtig für Verbraucher ist, dass die Versicherungssummen hoch genug sind.

Wir forderten deshalb von den Anbietern, dass ihre Tarife bei Vollinvalidität mindestens 500 000 Euro und bei Invalidität von 50 Prozent mindestens 100 000 Euro auszahlen. Eine so hohe Summe kann im Ernstfall eine echte Hilfe sein, etwa wenn ein Haus umgebaut oder ein behindertengerechtes Auto angeschafft werden muss.

Private Unfallversicherungen gehören zu den kompliziertesten Versicherungskonstrukten. Ob eine Police gute Leistungen bringt und

Günstige und gute Tarife für private Unfallversicherungen

Die Tabelle zeigt besonders günstige Angebote für Berufstätige der niedrigen oder hohen Gefahrengruppe und für Kinder, die mindestens das Qualitätsurteil Gut (2,1) erreichen. Alle erfüllen unsere Mindestanforderungen.

Anbieter	Tarifangebot (Grundversicherungssumme in Euro)	Jahresbeiträge (Euro)			Finanztest QUALITÄTSURTEIL
		Niedrige Gefahrengruppe	Hohe Gefahrengruppe	Kinder	
Manufaktur Augsburg / Element[1)]	Premium (150 000)	105	179	54	**SEHR GUT (1,2)**
Waldenburger	Premium (ohne Reiten, Ski- und Motorradfahren) 100 000)[2)]	91[2)]	130[2)]	53[2)]	**GUT (1,9)**
Degenia / Waldenburger[1)]	Optimum T18 (100 000)	104	164	64	**GUT (2,0)**
Neodigital	Neo L (100 000) @	105	160	57	**GUT (2,1)**
WGV	Optimal (100 000)	106	182	60	**GUT (2,1)**

Bewertung: Sehr gut (0,5–1,5). Gut (1,6–2,5). Reihenfolge bei gleichem Qualitätsurteil nach Jahresbeitrag für die niedrige Gefahrengruppe. Beiträge sind kaufmännisch gerundet.

Allen Tarifen liegt eine 500-er-Progression zugrunde.
@ = Angebot nur über das Internet.
1) Risikoträger.
2) Der Tarif und die angegebenen Beiträge bieten keinen finanziellen Schutz für die Gefahren Reiten, Ski- und Motorradfahren. Er ist aber gegen Mehrbeitrag möglich.

Stand: März 2021

wie viel sie auszahlt, hängt unter anderem von der Gliedertaxe ab. Sie legt fest, welchen Invaliditätsgrad in Prozent ein Tarif vorsieht, wenn ein Körperteil nicht mehr funktionsfähig ist oder verloren geht.

Der Gesamtverband der Deutschen Versicherungswirtschaft (GDV) hat dazu Musterbedingungen erarbeitet und setzt etwa einen Invaliditätsgrad von 70 Prozent an, wenn ein Arm verloren geht.

Auch das Ausmaß der Beeinträchtigung entscheidet: Ist ein Arm noch zu 50 Prozent funktionsfähig, halbiert sich der Invaliditätsgrad und liegt demnach bei 35 Prozent. Die Vorgaben sind nicht verbindlich, Versicherer legen eigene Gliedertaxen fest.

Auf die Progression achten

Je höher der Grad der Invalidität, desto mehr Geld erhalten Versicherte. Bei den meisten Tarifen steigen die Auszahlungen zunächst linear an. Ab einer bestimmten Grenze, meist ab einer Invalidität von 25 Prozent, legen sie aber überproportional zu und erreichen in der Endstufe ein Vielfaches der Versicherungssumme.

Bei Progression P500 zahlt der Versicherer maximal 500 Prozent, also die fünffache Versicherungssumme aus. Bei 100 000 Euro Versicherungssumme sind das bis zu 500 000 Euro. Beträgt die Versicherungssumme 150 000 Euro mit der Progression P350 wird mit 3,5 multipliziert. Bis zu 525 000 Euro könnten Kunden hier im Ernstfall erhalten.

Wechsel bei Altverträgen prüfen

Arbeiten Kunden in Jobs, die als gefahrenträchtig gelten – etwa als Handwerker oder Musikerin – ist ihr Beitrag oft höher als bei niedrigen Gefahrengruppen. Auch Anhänger von Risikosportarten müssen teils Zuschläge in Kauf nehmen, etwa wenn sie auf Berge steigen, Ski oder Motorrad fahren.

Wer bereits unfallversichert ist, sollte unbedingt seine Vertragsunterlagen prüfen. Ein Wechsel kann Geld sparen oder im Schadensfall zu höheren Auszahlungen führen – im besten Fall beides. ■

Unser Rat

Schutz. Mit einer privaten Unfallversicherung können Sie die finanziellen Folgen einer unfallbedingten Invalidität abfedern. Wollen Sie sich oder Ihre Angehörigen für den Fall eines Arbeitskraftverlusts absichern, ist eine Berufsunfähigkeitsversicherung die erste Wahl (test.de/berufsunfaehigkeit).

Leistungsstark. Die besten Angebote sind „Premium-Plus" von **Manufaktur Augsburg** ab 189 Euro jährlich für die niedrige Gefahrengruppe und „XXL (Maxi Gliedertaxe, Maxi Progression)" der **Interrisk** ab 394 Euro jährlich.
Die genauso gut bewerteten Tarife der **Huk-Coburg-Allgemeine** und **VRK,** beide namens „Classic plus (verbesserte Gliedertaxe)", bieten die besten Kapitalleistungen und kosten 277 und 305 Euro pro Jahr.

Günstig. Die einzige sehr gute günstige Police ist „Premium" des Vermittlers **Manufaktur Augsburg** ab 105 Euro pro Jahr für die niedrige Gefahrengruppe. „Premium (ohne Reiten, Ski- und Motorradfahren)" von **Waldenburger** sowie „Optimum T18" von **Degenia** liegen deutlich dahinter, bieten gute Leistungen und kosten 91 beziehungsweise 104 Euro jährlich.

Freizeitaktivitäten. Gehen Sie einem Hobby mit erhöhtem Unfallrisiko nach wie Bergsteigen oder Tauchen, achten Sie darauf, dass dieses im Vertrag abgedeckt ist.

Kündigung. Verträge müssen Sie mindestens drei Monate vor Ende des Versicherungsjahrs kündigen. Der Termin steht in Ihrem Vertrag.

Bei der Arbeit infiziert

Stecken sich Angestellte im Job an, kann das als Berufskrankheit oder Arbeitsunfall gelten. Doch je nach Beruf sind die Hürden hoch.

10/2021 Fast vier Millionen Menschen haben sich in Deutschland seit dem Beginn der Pandemie mit dem Corona-Virus infiziert. Hat sich ein Arbeitnehmer im Job mit dem Virus angesteckt, kann das unter bestimmten Voraussetzungen als Berufskrankheit oder Arbeitsunfall gelten.

In diesen Fällen haben Erkrankte Anspruch auf Leistungen der gesetzlichen Unfallversicherung. Wir sagen, welche Schwierigkeiten je nach Berufsgruppe zu überwinden sind.

Viele Arbeitgeber rühren sich nicht

Mitunter ist die erste Hürde gleich der eigene Arbeitgeber. Dieser ist verpflichtet, Berufskrankheiten und Arbeitsunfälle umgehend beim zuständigen Unfallversicherungsträger anzuzeigen, der je nach Branche eine bestimmte Berufsgenossenschaft oder Unfallkasse ist. Doch in vielen Fällen weigert sich der Arbeitgeber eine Corona-Infektion im Job zu melden.

Angestellte können dies aber auch einfach selbst tun. Helfen können Beratungsstellen, Gewerkschaften oder der eigene Betriebsrat.

Auch bei milden Symptomen melden

Viele Menschen, die mit Corona infiziert waren, leiden auch Monate später an Symptomen wie schneller Erschöpfung und eingeschränkter Leistungsfähigkeit. Diese Langzeitfolgen treten auch bei Patienten auf, die zunächst einen milden Verlauf hatten. Daher sollten Betroffene die Infektion auch bei leichten Symptomen melden. Leidet jemand später unter Langzeitfolgen, erhält er dann schneller Unterstützung.

Drei Voraussetzungen

Nach der Meldung prüft der Unfallversicherungsträger, ob bestimmte Voraussetzungen erfüllt sind. Das ist der Fall, wenn

- die Infektion mit einem positiven PCR-Test nachgewiesen ist,
- die Erkrankung ausgebrochen ist, es also mindestens leichte Symptome gibt,
- nachgewiesen ist, dass sich der Arbeitnehmer bei der Arbeit infiziert hat.

Wie konkret der letzte Nachweis sein muss, hängt davon ab, ob die Erkrankung als Berufskrankheit oder Arbeitsunfall zählt. Impfungen spielen keine Rolle. Auch Ungeimpfte haben Versicherungsschutz.

Wer erst jetzt erfährt, dass seine Infektion am Arbeitsplatz als Versicherungsfall gilt, kann dies nachträglich anzeigen. Allerdings muss auch er belegen können, dass er die genannten Voraussetzungen erfüllt.

Corona-Infektion als Berufskrankheit

Ob Ärztin, Pfleger, Apotheker oder Familienhelferin – wer in Gesundheitsdienst, Wohlfahrtspflege oder Labor arbeitet und unter Infektionsfolgen leidet, hat gute Chancen, eine Berufskrankheit anerkannt zu bekommen.

Denn Covid-19 gilt nur in bestimmten Fällen als Berufskrankheit. Nämlich nur dann, wenn medizinische Erkenntnisse belegen, dass in einem Beruf ein deutlich erhöhtes Erkrankungsrisiko im Vergleich zur übrigen Bevölkerung besteht. Für welche Krankheiten das gilt, ist auf der Liste der Berufskrankheiten festgehalten.

Kein konkreter Nachweis nötig

Zum Gesundheitsdienst zählen etwa Krankenhäuser, Arztpraxen, Apotheken, Rettungsdienste oder Pflegedienstleister. Wohlfahrtspflege meint vor allem Einrichtungen der Kinder-, Jugend-, Familien- und Altenhilfe sowie zur Hilfe für behinderte oder psychisch erkrankte Menschen.

Erkrankte in diesen Jobs müssen nicht konkret nachweisen, bei wem sie sich angesteckt haben. Für sie genügt es, wenn sie allgemein belegen können, dass sie mit Menschen gearbeitet haben, die mit dem Corona-Virus infiziert waren.

Auch in anderen Berufen kann Covid-19 als Berufskrankheit gelten. Nämlich dann, wenn Arbeitnehmer im Beruf „der Infektionsgefahr in ähnlichem Maße besonders ausgesetzt waren". Dazu zählen laut Spitzenverband der Gesetzlichen Unfallversicherung (DGUV) Berufe mit unmittelbarem Körperkontakt wie Friseure oder Kosmetikerinnen.

Corona-Erkrankung als Arbeitsunfall

Alle anderen Berufsgruppen können eine Corona-Infektion zumindest als Arbeitsunfall anzeigen. Damit die Anzeige Erfolg hat, müssen Betroffene genau darlegen, dass sie in ihrem Job engen Kontakt zu einer infizierten Person hatten. Dabei spielt es keine Rolle, ob es sich um eine Arbeitskollegin, einen Geschäftspartner oder einen Kunden handelt.

Bei der Definition eines „engen Kontaktes" bezieht sich die gesetzliche Unfallversicherung auf das Robert-Koch-Institut. Demnach ist er in drei Situationen gegeben:

- Der Betroffene hatte mit der infizierten Person länger als zehn Minuten bei einem Abstand unter 1,5 Meter und ohne Masken Kontakt.
- Der Betroffene hat mit der infizierten Person bei einem Abstand unter 1,5 Meter und ohne Masken ein Gespräch geführt.
- Der Betroffene war mit der infizierten Person länger als zehn Minuten in einem Raum, der schlecht oder gar nicht belüftet wurde, sodass sich Aerosole verteilen konnten. In dieser Situation spielt es auch keine Rolle, ob die Beteiligten eine Maske getragen haben.

Erkrankte sollten dem Unfallversicherungsträger alle engen Kontakte mit infizierten Menschen im Job nennen, die sie in den 14 Tagen vor ihrem positiven PCR-Test hatten.

Nur in Ausnahmefällen akzeptieren Unfallkasse oder Berufsgenossenschaft einen Arbeitsunfall, obwohl der Beschäftigte keinen konkreten engen Kontakt mit einer infizierten Person belegen kann. Nämlich dann, wenn es im Arbeitsumfeld viele Infektionen gab und bewiesen ist, dass sich das Virus gut verbreiten konnte. Zum Beispiel, weil es keine oder nur eine schlechte Belüftung gab.

Bei Arbeitsunfällen gilt außerdem, dass Betroffene mindestens drei Tage krankgeschrieben sein müssen. Sie sollten sich also auch bei milden Symptomen vom Arzt die Arbeitsunfähigkeit bescheinigen lassen.

Unser Rat

Infektion melden. Sie haben sich bei der Arbeit mit Corona angesteckt? Achten Sie darauf, dass Ihr Arbeitgeber dies bei der zuständigen Berufsgenossenschaft oder Unfallkasse meldet. Bitten Sie um eine Durchschrift der Meldung. Weigert er sich, die Infektion zu melden, können Sie dies auch selbst tun. Die Meldung ist auch nachträglich möglich.

Leichte Symptome. Hat die Erkrankung bei Ihnen einen milden Verlauf? Bemühen Sie sich trotzdem um Anerkennung bei der gesetzlichen Unfallversicherung. So sind Sie für den Fall abgesichert, dass Sie später unter Langzeitfolgen leiden. Wichtig: Lassen Sie sich von einem Arzt oder einer Ärztin mindestens drei Tage krankschreiben.

Umfangreiche Hilfe

Hat die gesetzliche Unfallversicherung die Infektion als Versicherungsfall akzeptiert, erhalten Kranke umfangreiche Unterstützung. Sie übernimmt zum Beispiel Behandlungen und zahlt bei Langzeitfolgen eine Verletztenrente. Die Leistungen sind oft besser als die der Krankenkasse. Im Todesfall unterstützt sie die Hinterbliebenen finanziell. ■

Die Versicherung kommt mit

Sind Haus, Handy oder Auto versichert, geht die Police beim Verkauf auf den neuen Eigentümer über. Was dabei zu beachten ist.

8/2021 Als Oliver Kienzle die Fahrradversicherung für sein kürzlich verkauftes E-Mountainbike kündigen wollte, überraschte ihn die Antwort des Versicherungsunternehmens WGV. „Der Versicherungsvertrag geht auf den Käufer über", hieß es in dessen Schreiben. Nur der Käufer und das Versicherungsunternehmen seien berechtigt, den Vertrag zu kündigen. Kienzle kannte diese Regelung bis dahin nicht. Sie ist jedoch keine Besonderheit der WGV, sondern gilt für alle Sachversicherungen wie Auto-, Gebäude- oder Handyversicherungen.

Kienzle sollte dem Versicherer Namen und Anschrift des neuen Eigentümers mitteilen, hatte jedoch nur noch dessen E-Mail-Adresse. Auf seine Nachrichten reagierte dieser nicht. Die E-Mail-Adresse reichte der WGV letztlich. Sie beendete den Vertrag mit Kienzle und erstattete ihm den zu viel gezahlten Beitrag. Selbst wenn man nach dem Verkauf keine Informationen des Käufers mehr habe, sei man nicht ewig im Vertrag gefangen, sagt Torsten Widmann, Leiter der Abteilung Produktmanagement bei der WGV. „Wenn ein Kunde den versicherten Gegenstand nicht mehr besitzt, heben wir den Vertrag wegen Risikowegfalls auf."

? Was geschieht beim Verkauf eines Fahrrads mit der Police?

Wer ein hochwertiges Fahrrad kauft, möchte es oft gegen Diebstahl und Unfälle versichern. Dass bei Gebrauchtkäufen eine bestehende Versicherung auf den Käufer oder die Käuferin übergeht, kann da von Vorteil sein: Es gibt keine Versicherungslücke, in der man ohne Schutz dasteht. Außerdem bieten nicht alle Versicherer eine Fahrradversicherung für gebraucht gekaufte Räder an. Den Versicherungsvertrag des Vorbesitzers zu übernehmen, kann also praktisch sein.

Wichtig: Käuferin oder Verkäufer müssen dem Versicherer unverzüglich mitteilen, dass das Fahrrad verkauft wurde. Sonst kann es passieren, dass er im Schadensfall nicht leisten muss. Häufig reicht eine Meldung per Telefon oder E-Mail. Versicherungsunternehmen dürfen in den Bedingungen jedoch die Textform (E-Mail, Brief) oder Schriftform (unterschriebener Brief, elektronische Signatur) festlegen.
Tipp. Teilen Sie als Verkäufer eines versicherten Gegenstands dem Käufer den Namen und die Kontaktdaten Ihres Versicherers mit oder fragen Sie als Käufer danach.

? Gilt das auch fürs Handy oder Surfbrett?

Ja, auch Versicherungen für elektronische Geräte, Musikinstrumente oder Sportgeräte gehen im Fall eines Verkaufs automatisch auf den neuen Eigentümer über. Das regelt das Versicherungsvertragsgesetz in Paragraf 95.

Auch wenn eine Versicherung oft praktisch ist: Vielleicht möchte die Käuferin sie nicht haben, da sie den Schutz nicht benötigt oder einen anderen Vertrag abschließen möchte. Und dem Versicherer wird die Kundin sozusagen „aufgezwungen". Deshalb können sowohl die Käuferin als auch das Versicherungsunternehmen den Vertrag innerhalb eines Monats nach dem Kauf kündigen. Erfahren sie erst später von dem Verkauf oder der Existenz der Versicherung, haben sie ab diesem Zeitpunkt einen Monat Zeit dafür.

Wer als Käufer seinen Vertrag kündigen möchte, hat die Wahl: Er kann das sofort oder zum Ende der laufenden Versicherungsperiode tun. Der Versicherer muss eine Frist von einem Monat wahren, damit der Käufer Zeit hat, bei Bedarf einen neuen Vertrag bei einem anderen Unternehmen abzuschließen.

Der Verkäufer hat ab dem Zeitpunkt des Verkaufs – wie in Kienzles Fall – kein Kündigungsrecht mehr. Mit einer frühzeitigen Kündigung kann man verhindern, dass die Versicherung auf die neue Eigentümerin übergeht, sofern der Vertrag vor dem Verkauf endet. Es besteht kein Sonderkündigungsrecht aufgrund eines geplanten Verkaufs.

Tipp. Meist muss die ordentliche Kündigung spätestens drei Monate vor Vertragsende eingehen, kürzere Fristen sind auch möglich.

? Wer muss die Versicherungsbeiträge bezahlen?

In der laufenden Versicherungsperiode, oft ein Jahr, sind Käufer und Verkäufer gemeinsam für die Kosten der Versicherung verantwortlich. Meist hat der Verkäufer sie bereits im Voraus bezahlt.

Würde er nun ein versichertes Fahrrad in der Mitte eines Einjahresvertrags verkaufen und die Käuferin möchte den Vertrag fortführen, sollten sich beide vorab über die Kostenübernahme einigen. Ansgar Staudinger, Professor für Bürgerliches Recht an der Universität Bielefeld, erklärt: „Der Verkäufer kann die Versicherungsprämie für das verbleibende halbe Jahr beispielsweise auf den Kaufpreis aufschlagen.“ Verlängert die Käuferin den Vertrag, muss sie anschließend allein für die Kosten der Versicherung aufkommen.

Kündigen Versicherer oder Käufer den Vertrag jedoch vor Ablauf der Vertragslaufzeit, muss der Versicherer dem Verkäufer den zu viel gezahlten Beitrag erstatten.

? Lässt sich die Gebäudeversicherung übernehmen?

Ja, die beschriebenen Regeln gelten auch beim Verkauf eines Wohnhauses. Hier ist es besonders wichtig, keine Zeiten ohne Versicherungsschutz zu haben, da ein Brand oder ein heftiger Sturm zu erheblichen Kosten führen können.

So ging es einer Hauskäuferin, der aufgrund eines Unwetters kurz nach der Übergabe ein Schaden von rund 38 000 Euro entstand. Sie war davon ausgegangen, dass eine Gebäudeversicherung besteht. Der Bundesgerichtshof entschied, dass man als Verkäufer vor dem Abschluss des Kaufvertrags nicht ungefragt darüber aufklären muss, ob ein Versicherungsvertrag besteht. Erklärt der Verkäufer jedoch erst, er habe Versicherungsschutz und verliert oder kündigt ihn vor der Änderung des Grundbucheintrags, muss er die Käuferin unverzüglich informieren (Az. V ZR 61/19).

David Sahlender, Fachanwalt für Versicherungsrecht in der Kanzlei Wittig Ünalp, empfiehlt, im Kaufvertrag festzuhalten, ob eine Versicherung besteht. Er weist auf einen weiteren Aspekt hin: „Ein Käufer übernimmt zwar den Versicherungsschutz, kennt möglicherweise aber nicht die Pflichten und Obliegenheiten, die zu dessen Aufrechterhaltung nötig sind.“ Bei leer stehenden Häusern ist das zum Beispiel die Vorgabe, alle Leitungen zu entleeren. Auch der Umfang der Versicherung ist eine wichtige Information für Hausbesitzer.

Tipp. Fragen Sie den Verkäufer oder den Versicherer nach den aktuell gültigen Versicherungsbedingungen.

? Welche Regelung gilt beim Verkauf eines Autos?

Wer ein Auto gebraucht kauft, übernimmt automatisch die Police des Vorbesitzers. Die Kfz-Haftpflichtversicherung ist in Deutschland eine Pflichtversicherung, weil sie für Schäden aufkommt, die anderen beim Autofahren entstehen. Ohne sie darf man auf öffentlichen Straßen nicht fahren. Beim Verkauf sollte vertraglich vereinbart werden, dass der Käufer das Auto unverzüglich auf sich ummeldet. Bei der Zulassung muss er eine Versicherungsbestätigung vorlegen. Sonderregelung: Die Police des Vorbesitzers wird automatisch gekündigt, wenn der Käufer eine neue abgeschlossen hat. Trotzdem müssen Käufer und Verkäufer den Eigentümerwechsel dem Versicherer melden – am besten mit Datum und Uhrzeit der Übergabe. Verursacht der Käufer danach einen Unfall, wird die Schadenfreiheitsklasse des Verkäufers nicht zurückgestuft. ■

Wann die Versicherung zahlt

Wenn Marder oder Reh Schäden anrichten, helfen Versicherungen nur selten. Wann sich ein Blick in den Vertrag dennoch lohnt.

10/2021 Bei Haustieren ist es einfach: Verursachen diese Schäden, haften die Halter. Angelt eine Katze etwa Koifische aus Nachbars Teich, zahlt dafür die Halterin. Bei Wildtieren ist das anders. Sie haben keine Besitzer, die für ihre Schäden haften könnten. Menschen bleiben daher meist auf den Kosten sitzen, wenn Wildschweine den Garten umpflügen oder ein Waschbär den Keller verwüstet. Versicherungen helfen nur selten. Lediglich bei Wildschäden am Auto stehen die Chancen gut, dass die Teil- oder Vollkaskoversicherung zahlt. Auch bei einigen Tarifen der Hausrat- und Wohngebäudeversicherung gibt es Ausnahmen.

Wild ist nicht gleich Wild

Bei der Frage, ob eine Versicherung für einen Wildtierschaden zahlt, kommt es unter anderem darauf an, um was für ein Wildtier es sich genau handelt. Wenn in Versicherungsbedingungen die Rede von Haarwild ist, sind laut Bundesjagdgesetz alle jagdbaren Säugetiere wie Füchse, Hasen und Marder gemeint. Als Schalenwild gelten nur Paarhufer wie Wildschweine und Hirsche. Zum Federwild zählen jagdbare Vögel etwa Fasane oder Rebhühner.

Kommt ein Wildtier ins Haus

Die Terrassentür steht offen, ein Wildschwein spaziert herein, es schmeißt erst eine teure Vase um und klaut dann den Teppich. Diese absurde Szene beschreibt eine der wenigen Konstellationen, in denen einige Hausrattarife überhaupt bei Wildtierschäden zahlen könnten. Denn je nach Vertrag beschränkt sich der Schutz darauf, dass Wildtiere ins versicherte Heim gelangen, Schäden am Hausrat verursachen oder Sachen abhandenkommen. Außerdem ist die Höhe der Entschädigungsleistung meist begrenzt, und der Schutz gilt oft nur für Schalenwild.

Dass die meisten Hausratversicherungen nicht für Wildtierschäden zahlen, liegt daran, dass der eigene Hausrat vor allem gegen Einbruch, Feuer, Blitzschlag, Leitungswasser und Hagel versichert ist. Für diese Gefahren gilt der Schutz oft weltweit. Die Versicherung springt also auch ein, wenn Einbrecher eine Handtasche aus einem Hotelzimmer stehlen.

Kein Fall für die Gebäudeversicherung

Ähnliche Risiken sichert eine Wohngebäudeversicherung ab. Sie zahlt, wenn durch Feuer, Leitungswasser, Sturm oder Hagel Schäden am Wohneigentum entstehen. Nistet sich eine Marderfamilie im Dachboden ein und zerstört die Dämmung, ist das kein typischer Fall für die Wohngebäudeversicherung.

Ausnahmen bestätigen die Regel

Im Schadensfall kann sich dennoch ein Blick in die Versicherungsbedingungen lohnen. Die Bedingungen rund um Wildtierschäden in den Tarifen der Wohngebäudeversicherung fallen sehr unterschiedlich aus. Einige schließen bestimmte Schäden von Wildtieren ein. So werden beispielsweise teils Ausgaben für die Wiederbepflanzung eines Gartens übernommen, der von Wildschweinen zerstört wurde. In anderen Tarifen ist ein Teil der Kosten für Marderschäden im Dach oder Schäden durch Tierbisse an elektrischen Leitungen gedeckt. Allerdings ist die Höhe der Entschädigung oft begrenzt. Ein zusätzlicher Schutz gegen Wildtierschäden wird von Versicherern nicht als Tarifbaustein angeboten.

Geringe Schäden lieber selbst zahlen

Selbst wenn die Wohngebäudeversicherung einen bestimmten Schaden durch Wildtiere einschließt, könnte es sinnvoll sein, die Leistung nicht in Anspruch zu nehmen. Vor allem, wenn es sich nur um einen kleineren Schaden handelt. Denn Versicherer dürfen Verträge nach jedem Schadensfall kündigen. Für ehemals Versicherte kann es gerade beim Wohngebäudeschutz schwierig werden, schnell einen guten und günstigen neuen Tarif zu bekommen.

Zusammenstöße auf der Straße

Insbesondere im Frühjahr und zum Jahresende kracht es auf deutschen Straßen häufig zwischen Autos und Wildtieren. Den Schaden am Wagen begleichen nur Voll- und Teilkaskoversicherungen. Personen, die lediglich eine Kfz-Haftpflichtversicherung haben, müssen Schäden am eigenen Auto selbst zahlen.

Auch in Kaskoversicherungen ist die Leistung nicht garantiert. Ob die Versicherung für einen Wildunfall zahlt, hängt vom Kleingedruckten ab. Einige Versicherer leisten beispielsweise nur bei Unfällen mit Haarwild. Ein Zusammenstoß mit einem Fasan oder einer ausgebüxten Kuh wäre in diesem Fall nicht versichert. Besser ist es daher, wenn im Vertrag steht, dass die Versicherung Unfälle mit allen Tieren oder zumindest mit allen Wirbeltieren abdeckt.

Nach Wildunfällen die Polizei rufen

Wer einen Wildunfall hatte, sollte die Polizei rufen. Sie kann den örtlichen Jäger verständigen. Der wiederum kann eine Wildunfallbescheinigung ausstellen, mit der sich gegenüber der Versicherung beweisen lässt, dass ein Wildtier am Unfall beteiligt war.

Ausweichen oder überfahren

Kompliziert kann es für Autofahrerinnen und Autofahrer werden, die einen Unfallschaden hatten, weil sie einem Wildtier ausgewichen sind. Sie müssen beweisen, dass am Unfall tatsächlich das Tier schuld war. Hilfreich ist dafür etwa eine Zeugenaussage. Wer einem kleinen Wildtier ausgewichen ist, muss damit rechnen, eine Mitschuld am Unfall zu bekommen. Das könnte etwa bei einem Kaninchen der Fall sein.

Unser Rat

Versicherung. Auf den Kosten vieler Wildtierschäden bleiben Versicherte sitzen. Prüfen Sie im Schadensfall dennoch, was Ihr Versicherungsvertrag abdeckt. Für Schäden am Auto kommt die Kfz-Teilkasko- oder Vollkaskoversicherung infrage, für Schäden an der Einrichtung die Hausratversicherung und für Schäden am Wohneigentum die Wohngebäudeversicherung.

Kleingedrucktes. Schauen Sie in das Kleingedruckte Ihres Vertrags. Womöglich gibt es für bestimmte Wildtierschäden eine Ausnahme. In der Autoversicherung stehen die Chancen dafür am besten.

Die Gerichte wägen dann ab, ob der Schaden geringer ausgefallen wäre, wenn die Person hinterm Steuer das Tier einfach überfahren hätte.

Auch einem Fuchs auf der Bundesstraße sollte man laut Bundesgerichtshof besser nicht ausweichen. (Az. IV ZR 276/02). Das Tierleben zählt hier leider nicht.

Marderbiss und Folgeschäden

Auch am stehenden Auto können Wildtiere Schäden anrichten. Handelt es sich um Tierbisse wie den klassischen Marderbiss, zahlen Teilkaskoversicherungen in der Regel. Manche Versicherer übernehmen aber nur direkte Schäden. Wer sich besser versichern möchte, sollte darauf achten, dass auch Folgeschäden versichert sind. Die Versicherung zahlt dann auch, wenn durch unbemerkte Marderbisse ein Motorschaden entsteht.

Tipp. Sie brauchen noch eine Wohngebäude- oder Hausratversicherung? Auf test.de/versicherungen finden Sie unsere aktuellen Testsieger. ■

Adressen

Allgemein

Bafin Bundesanstalt für Finanzdienstleistungsaufsicht, Graurheindorfer Str. 108, 53117 Bonn, Tel. 0 800/2 10 05 00, Fax 02 28/41 08 15 50, poststelle@bafin.de, www.bafin.de

Bauherren-Schutzbund e.V., Brückenstr. 6, 10179 Berlin, Tel. 0 30/4 00 33 95 00, Fax 0 30/4 00 33 95 12, office@bsb-ev.de, www.bsb-ev.de

Bund der Versicherten e.V., Gasstr. 18 – Haus 4, 22761 Hamburg, Tel. 0 40/3 57 37 30 98, Fax 0 40/3 57 37 30 99, info@bundderversicherten.de, www.bundderversicherten.de

SdK Schutzgemeinschaft der Kapitalanleger e.V., Hackenstr. 7b, 80331 München, Tel. 0 89/20 20 84 60, Fax 0 89/2 02 08 46 10, info@sdk.org, www.sdk.org

Zentrum für Europäischen Verbraucherschutz e.V., Bahnhofsplatz 3, 77694 Kehl, Tel. 0 78 51/99 14 80, Fax 0 78 51/9 91 48 11, info@cec-zev.eu, www.cec-zev.eu

Verbraucherzentralen

Verbraucherzentrale Bundesverband e.V., Rudi-Dutschke-Str. 17, 10969 Berlin, Tel. 0 30/25 80 00, Fax 0 30/25 80 05 18, info@vzbv.de, www.vzbv.de

Verbraucherzentrale Baden-Württemberg e.V., Paulinenstr. 47, 70178 Stuttgart, Tel. 07 11/66 91 10, Fax 07 11/66 91 50, info@vz-bw.de, www.vz-bw.de

Verbraucherzentrale Bayern e.V., Mozartstr. 9, 80336 München, Tel. 0 89/5 52 79 40, Fax 0 89/5 52 79 44 51, info@vzbayern.de, www.verbraucherzentrale-bayern.de

Verbraucherzentrale Berlin e.V., Ordensmeisterstr. 15–16, 12099 Berlin, Tel. 0 30/21 48 50, Fax 0 30/2 11 72 01, mail@verbraucherzentrale-berlin.de, www.verbraucherzentrale-berlin.de

Verbraucherzentrale Brandenburg e.V., Babelsberger Str. 12, 14473 Potsdam, Tel. 03 31/29 87 10, Fax 03 31/2 98 71 77, info@vzb.de, www.vzb.de

Verbraucherzentrale Bremen e.V., Altenweg 4, 28195 Bremen, Tel. 04 21/16 07 77, Fax 04 21/1 60 77 80, info@vz-hb.de, www.verbraucherzentrale-bremen.de

Verbraucherzentrale Hamburg e.V., Kirchenallee 22, 20099 Hamburg, Tel. 0 40/24 83 20, Fax 0 40/24 83 22 90, info@vzhh.de, www.vzhh.de

Verbraucherzentrale Hessen e.V., Große Friedberger Str. 13–17, 60313 Frankfurt/M., Tel. 0 69/9 72 01 09 00, Fax 0 69/97 20 10 40, vzh@verbraucherzentrale-hessen.de, www.verbraucherzentrale-hessen.de

Verbraucherzentrale Mecklenburg-Vorpommern e.V., Strandstr. 98, 18055 Rostock, Tel. 03 81/20 87 00, Fax 03 81/2 08 70 30, info@verbraucherzentrale-mv.eu, www.verbraucherzentrale-mv.eu

Verbraucherzentrale Niedersachsen e.V., Herrenstr. 14, 30159 Hannover, Tel. 05 11/91 19 60, Fax 05 11/9 11 96 10, info@vzniedersachsen.de, www.verbraucherzentrale-niedersachsen.de

Verbraucherzentrale Nordrhein-Westfalen e.V., Mintropstr. 27, 40215 Düsseldorf, Tel. 02 11/3 80 90, Fax 02 11/3 80 92 16, kontakt@verbraucherzentrale.nrw, www.verbraucherzentrale.nrw

Verbraucherzentrale Rheinland-Pfalz e.V., Seppel-Glückert-Passage 10, 55116 Mainz, Tel. 0 61 31/2 84 80, Fax 0 61 31/28 48 66, info@vz-rlp.de, www.verbraucherzentrale-rlp.de

Verbraucherzentrale des Saarlandes e.V., Haus der Beratung, Trierer Str. 22, 66111 Saarbrücken, Tel. 06 81/50 08 90, Fax 06 81/5 00 89 22, vz-saar@vz-saar.de, www.vz-saar.de

Verbraucherzentrale Sachsen e.V., Katharinenstr. 17, 04109 Leipzig, Tel. 03 41/69 62 90, Fax 03 41/6 89 28 26, vzs@vzs.de, www.verbraucherzentrale-sachsen.de

Verbraucherzentrale Sachsen-Anhalt e.V., Steinbockgasse 1, 06108 Halle, Tel. 03 45/2 98 03 29, Fax 03 45/2 98 03 26, vzsa@vzsa.de, www.vzsa.de

Verbraucherzentrale Schleswig-Holstein e.V., Hopfenstr. 29, 24103 Kiel, Tel. 04 31/59 09 90, Fax 04 31/5 90 99 77, info@vzsh.de, www.vzsh.de

Verbraucherzentrale Thüringen e.V., Eugen-Richter-Str. 45, 99085 Erfurt, Tel. 03 61/55 51 40, Fax 03 61/5 55 14 40, info@vzth.de, www.vzth.de

Mietervereine

Deutscher Mieterbund, Littenstr. 10, 10179 Berlin, Tel. 0 30/22 32 30, Fax 0 30/22 32 31 00, info@mieterbund.de, www.mieterbund.de

Landesverbände

Deutscher Mieterbund Baden-Württemberg e.V., Olgastr. 77, 70182 Stuttgart, Tel. 07 11/2 36 06 00, Fax 07 11/2 36 06 02, info@mieterbund-bw.de, www.mieterbund-bw.de

Deutscher Mieterbund Landesverband Bayern e.V., Sonnenstr. 10, 80331 München, Tel. 0 89/89 05 73 80, Fax 0 89/8 90 57 38 11, info@mieterbund-bayern.org, www.mieterbund-landesverband-bayern.de

Berliner Mieterverein e.V., Spichernstr. 1, 10777 Berlin, Tel. 0 30/22 62 60, Fax 0 30/22 62 61 62, bmv@berliner-mieterverein.de, www.berliner-mieterverein.de

Deutscher Mieterbund Land Brandenburg e.V., Am Luftschiffhafen 1, 14471 Potsdam, Tel. 03 31/27 97 60 50, Fax 03 31/27 97 60 59, info@mieterbund-brandenburg.de, www.mieterbund-brandenburg.de

Mieterverein zu Hamburg von 1890 r.V., Landesverband im Deutschen Mieterbund, Beim Strohhause 20, 20097 Hamburg, Tel. 0 40/87 97 90, Fax 0 40/87 97 91 20, info@mieterverein-hamburg.de, www.mieterverein-hamburg.de

Deutscher Mieterbund Landesverband Hessen e.V., Adelheidstr. 70, 65185 Wiesbaden, Tel. 06 11/4 11 40 50, Fax 06 11/41 14 05 29, info@mieterbund-hessen.de, www.mieterbund-hessen.de

Deutscher Mieterbund Landesverband Mecklenburg-Vorpommern e.V.,
G.-Hauptmann-Str. 19,
18055 Rostock,
Tel. 03 81/3 75 29 20,
Fax 03 81/3 75 29 29,
post@mieterbund-mvp.de,
www.mieterbund-mvp.de

Deutscher Mieterbund Niedersachsen-Bremen e.V.,
Herrenstr. 14,
30159 Hannover,
Tel. 05 11/12 10 60,
Fax 05 11/1 21 06 16,
info@dmb-niedersachsen-bremen.de,
www.dmb-niedersachsen-bremen.de

Deutscher Mieterbund Nordrhein-Westfalen e.V.,
Kreuzstr. 60,
40210 Düsseldorf,
Tel. 02 11/5 86 00 90,
Fax 02 11/58 60 09 29,
mieter@dmb-nrw.de,
www.dmb-nrw.de

Deutscher Mieterbund Rheinland-Pfalz e.V.,
Löhrstr. 78–80,
56068 Koblenz,
Tel. 02 61/1 76 09,
Fax 02 61/1 76 73,
dmb-rhpl@gmx.de,
www.mieterbund-rhpl.de

Deutscher Mieterbund Saarland e.V.,
Karl-Marx-Str. 1,
66111 Saarbrücken,
Tel. 06 81/94 76 70,
Fax 06 81/94 76 72 81 ,
info@mieterbund-sb.de,
www.mietrecht-saar.de

Deutscher Mieterbund Sachsen e.V.,
Fetscherplatz 3,
01307 Dresden,
Tel. 03 51/8 66 45 66,
Fax 03 51/8 66 45 11,
info@mieterbund-sachsen.de,
www.mieterbund-sachsen.de

Deutscher Mieterbund Sachsen-Anhalt e.V.,
Alter Markt 6,
06108 Halle,
Tel. 03 45/2 02 14 67,
Fax 03 45/2 02 14 68,
info@mieterbund-sachsen-anhalt.de,
www.mieterbund-sachsen-anhalt.de

Deutscher Mieterbund Schleswig-Holstein e.V.,
Eggerstedtstr. 1,
24103 Kiel,
Tel. 04 31/97 91 90,
Fax 04 31/9 79 19 31,
info@mieterbund-schleswig-holstein.de,
www.mieterbund-schleswig-holstein.de

Deutscher Mieterbund Thüringen e.V.,
Hirschlachufer 83a,
99084 Erfurt,
Tel. 03 61/59 80 50,
Fax 03 61/5 98 05 20,
info@mieterbund-thueringen.de,
www.mieterbund-thueringen.de

Schlichtungsstellen

Büro der Ombudsstelle des BVI,
Unter den Linden 42,
10117 Berlin,
Tel. 0 30/64 49 04 60,
Fax 0 30/6 44 90 46 29,
info@ombudsstelle-investmentfonds.de,
www.ombudsstelle-investmentfonds.de

Bundesamt für Justiz,
Schlichtungsstelle Luftverkehr,
Adenauerallee 99–103,
53113 Bonn,
Tel. 02 28/9 94 10 61 20,
Fax 02 28/4 10 61 21,
luftverkehr@bfj.bund.de

Bundesanstalt für Finanzdienstleistungsaufsicht,
Graurheindorfer Str. 108,
53117 Bonn,
Tel. 02 28/4 10 80,
Fax 02 28/41 08 15 50,
poststelle@bafin.de,
www.bafin.de

Bundesnetzagentur für Elektrizität, Gas, Telekommunikation, Post und Eisenbahnen,
Tulpenfeld 4,
53113 Bonn,
Tel. 02 28/1 40,
Fax 02 28/14 88 72,
info@bnetza.de,
www.bundesnetzagentur.de

Bundesärztekammer,
Postfach 12 08 64,
10598 Berlin,
Tel. 0 30/4 00 45 60,
info@baek.de,
www.bundesaerztekammer.de

Bundesverband Öffentlicher Banken Deutschlands,
Verbraucherschlichtungsstelle,
Postfach 11 02 72,
10832 Berlin,
Tel. 0 30/8 19 22 95,
Fax 0 30/8 19 22 99,
ombudsmann@voeb-kbs.de,
www.voeb.de/de/verband/ombudsmann

Deutsche Bundesbank,
-Schlichtungsstelle-,
Postfach 10 06 02,
60006 Frankfurt/M.,
Tel. 0 69/95 66 32 32,
Fax 0 69/70 90 90 99 01,
schlichtung@bundesbank.de,
www.bundesbank.de

Deutscher Sparkassen- und Giroverband,
Schlichtungsstelle,
Charlottenstr. 47,
10117 Berlin,
Tel. 0 30/2 02 25 15 10,
Fax 030/2 02 25 15 15,
www.dsgv.de

Kundenbeschwerdestelle beim Bundesverband der Deutschen Volksbanken u. Raiffeisenbanken BVR,
Schellingstr. 4,
10785 Berlin,
Tel. 030/20 21 16 39,
Fax 0 30/20 21 19 08,
kundenbeschwerdestelle@bvr.de,
www.bvr.de

Ombudsstelle für Sachwerte und Investmentvermögen,
Postfach 61 02 69,
10048 Berlin,
Tel. 0 30/25 76 16 90,
Fax 0 30/25 76 16 91,
info@ombudsstelle.com,
www.ombudsstelle.com/

Ombudsmann Private Kranken- und Pflegeversicherung,
Postfach 06 02 22,
10052 Berlin,
Tel. 0 800/2 55 04 44,
Fax 030/20 45 89 31,
ombudsmann@pkv-ombudsmann.de,
www.pkv-ombudsmann.de

Ombudsmann der privaten Banken,
Postfach 04 03 07,
10062 Berlin,
Tel. 0 30/16 63 31 66,
Fax 0 30/16 63 31 69,
ombudsmann@bdb.de,
www.bankenombudsmann.de

Schlichtungsstelle der Rechtsanwaltschaft,
Rauchstr. 26,
10787 Berlin,
Tel. 0 30/28 44 41 70,
Fax 0 30/2 84 44 17 12,
schlichtungsstelle@s-d-r.org,
www.s-d-r.org

Schlichtungsstelle Energie e.V.,
Friedrichstr. 133,
10117 Berlin,
Tel. 0 30/27 57 24 00,
Fax 0 30/2 75 72 40 69,
info@schlichtungsstelle-energie.de,
www.schlichtungsstelle-energie.de

Schlichtungsstelle für den öffentlichen Personenverkehr e.V.,
Fasanenstr. 81,
10623 Berlin,
Tel. 0 30/64 49 93 30,
Fax 0 30/6 44 99 33 31,
kontakt@soep-online.de,
www.soep-online.de

Verband der Privaten Bausparkassen e.V.,
Postfach 30 30 79,
10730 Berlin,
Tel. 0 30/5 90 09 15 00,
Fax 0 30/5 90 09 15 01,
info@schlichtungsstelle-bausparen.de,
www.schlichtungsstelle-bausparen.de/

Versicherungsombudsmann e.V.,
Postfach 08 06 32,
10006 Berlin,
Tel. 0 800/3 69 60 00,
info@versicherungsombudsmann.de,
www.versicherungsombudsmann.de

Zentralverband Deutsches Kraftfahrzeuggewerbe e.V.,
Franz-Lohe-Str. 21,
53129 Bonn,
Tel. 02 28/9 12 70,
Fax 02 28/9 12 71 50,
zdk@kfzgewerbe.de,
www.kfzgewerbe.de

Impressum

Herausgeber und Verlag Stiftung Warentest, Lützowplatz 11–13, 10785 Berlin, Postfach 30 41 41, 10724 Berlin, Tel. 0 30/26 31-0, Fax 0 30/26 31 27 27, Internet: test.de
USt-IdNr.:□DE 1367 25570

Vorstand Hubertus Primus

Weitere Mitglieder der Geschäftsleitung Dr. Holger Brackemann, Julia Bönisch, Daniel Gläser

Bereich Untersuchungen Dr. Holger Brackemann (Bereichsleiter)

Verifikation Betina Chill, Dr. Andrea Goldenbaum, Dr. Peter Schmidt, Angela Ortega-Stülper

Bereich Digitale Transformation und Publikationen Julia Bönisch (Bereichsleiterin)

Geldanlage, Altersvorsorge, Kredite und Steuern Stephan Kühnlenz (Wissenschaftlicher Leiter); Projektleiter: Dr. Bernd Brückmann, Uwe W. Döhler, Stefan Fischer, Simeon Gentscheff, Anne Hausdörfer, Stefan Hüllen, Boštjan Krisper, Thomas Krüger, Gabriele Langfermann, Heike Nicodemus, Stephanie Pallasch, Yann Stoffel, Rainer Zuppe; Projektassistenten: Christian Bothfeld, Kathy Elmenthaler, Viviane Hamann, Beatrix Lemke, Sina Schmidt-Kunter, Alexander Zabel; Teamassistentin: Sabine Eggert

Michael Beumer (Journalistischer Leiter); Redakteure: Roland Aulitzky, Kerstin Backofen Karin Baur, Renate Daum, Marieke Einbrodt, Anja Hardenberg, Katharina Henrich, Alrun Jappe, Ariane Lauenburg, Theodor Pischke, Aenne Riesenberg, Jörg Sahr, Max Schmutzer; Teamassistentin: Annette Eßelborn

Versicherungen und Recht Holger R. Rohde (Wissenschaftlicher Leiter); Projektleiterinnen: Sabine Baierl-Johna, Claudia Bassarak, Beate-Kathrin Bextermöller, Birgit Brümmel, Annegret Jende, Karin Kuchelmeister, Michael Nischalke, Dr. Cornelia Nowack; Projektassistenten: Patrizia Beringhoff, Maria Hartwig, Angela Ortega-Stülper, Romy Philipp, Achim Pieritz, Dana Soete, Marcia Lorena Vargas Canales, Alica Verwiebe; Teamassistentin: Ina Schiemann

Susanne Meunier (Journalistische Leiterin); Redakteure: Michael Bruns, Barbara Bückmann, Christoph Herrmann, Alisa Kostenow, Sophie Mecchia, Kirsten Schiekiera, Jonas Schönfelder, Ulrike Schulz, Lena Sington, Michael Sittig, Ulrike Steckkönig, Simone Weidner, Marion Weitemeier, Eugénie Zobel; Teamassistentin: Annette Eßelborn

Marketing und Vertrieb Dorothea Kern (Leiterin);
Vertrieb: DPV Deutscher Pressevertrieb GmbH, www.dpv.de
Kundenservice: Stiftung Warentest, 20080 Hamburg, Tel. 0 30/3 46 46 50 80,
Mail: stiftung-warentest@dpv.de

Kommunikation Regine Kreitz (Leiterin); Claudia Brause, Bettina Dingler, Karoline Hellmahn, Wolfgang Hestermann, Charlotte Heybrock, Ronnie Koch, Christiane Lang, Sabine Möhr, Petra Rothbart

Finanztest Jahrbuch 2022

Redaktion Finanztest Stiftung Warentest, Lützowplatz 11–13,
10785 Berlin, Telefon 0 30/26 31-0, Fax 0 30/26 31 23 95

Chefredakteur Matthias Thieme

Stellvertr. Chefredakteurin Dr. Sabine Gerasch, Ulrike Sosalla

Textchefin Renate Daum, Nina Gerstenberg

Verifikation Heinz Brakenhoff, Sabine Vogt

Redaktionsassistenz Anke Gerlach, Katharina Jabrane

Mitarbeit Timo Halbe, Gertrud Hussla, Isabell Pohlmann, Brigitte Wallstabe-Watermann

Gestaltung/Bildredaktion Lia Kurowski (verantwortlich), Detlev Davids, Detlef Kittler, Gundula Nerlich, René Reichelt, Andreas Wetzel

Leserservice Mail: finanztest@stiftung-warentest.de; Internet: test.de/kontakt

Verlagsherstellung Rita Brosius (Leitung), Romy Alig, Susanne Beeh

Litho metagate Berlin GmbH, 10178 Berlin

Druck GGP Media GmbH, 07381 Pößneck
Umschlag und Inhalt gedruckt auf Recycling-Papier mit mineralölfreien Druckfarben

Fotos Umschlag Titel: Getty Images, Font Awesome; Rückseite: Getty Images

ISBN 978-3-7471-0440-8 (HC)
ISBN 978-3-7471-0442-2 (SC)